民 · 商 · 事

裁判精要

与

规范指导丛书

总主编 杜万华

副总主编 宋晓明

04

建设工程施工合同纠纷裁判精要

周峰◎著

法律出版社
LAW PRESS · CHINA

序　　言

横贯中外，纵观古今，法律都是治理国家的一个重要工具。“立善法于天下，则天下治；立善法于一国，则一国治。”一个国家的法治建设直接反映出这个国家的治理能力和治理水平，法治建设在国家的发展进程中扮演着不可或缺的角色。自中华人民共和国成立以来，尤其是改革开放后，我国的法治建设迅速发展，与社会各个领域的建设相辅相成、相得益彰，法治中国一步步从理论走向实践，日趋完善。

良好的法治环境需要立法的科学化、民主化，执法的严格化、文明化，司法的公正化、公信化，守法的扩大化、主动化，而其中司法的公正化、公信化无疑是对法院的审判工作提出了更高的要求。司法公正是程序公正、实体公正、形象公正的有机统一，这就要求法院的审判工作既要注重司法的实践性，通过每一个具体的案件明是非、断责任、解纠纷来实现司法的基本功能；还要注重司法的思辨性，立足审判实践，加强理性思考，使每一起个案的解决，既体现法律精神又体现社情民意。

自改革开放以来，我国经济飞跃发展，社会全面进步，人民富裕安康。我国社会经济的每一步发展、群众生活环境的每一分改善，都离不开建筑业的蓬勃发展和建筑工人的辛苦劳动，而建筑业的发展离不开法律和司法的规范保障。建设工程施工合同纠纷是民事纠纷中专业性很强的领域，横跨工程和法学两大学科，建设工程施工合同既涉及私益又涉及公益；既受民法、合同法等私法的规范，又受行政管理性规定的制约；既存在合同订立、成立、效力、履行、解除、终止等合同的共性问题，也存在大量涉及建筑行业的专业性问题。建设工程施工合同的这些特点导致建设工程施工合同纠纷成为审判实践中的疑难复杂案件类型，事实认定复杂、法律适用争议大。本书立足审判实践，从建设工程施工合同的法律性质、建设工程施工合同纠纷案件的特征入手，总结出该类案件的审理要点，然后从实务角度出发，具体分析了建设工程施工合同的效力、建设工程施工合同的履行、建设工程价款结算、建设工程施工合同中的违约责任、建设工程价款优先受偿权制度以及司法鉴定制度在实践中的正确运用等问题。

本书笔者周峰 1991 年毕业于中国政法大学，毕业后进入法院工作近 30 年，一直奋斗在审判第一线。我非常欣慰的是，从政法大学走出去的这些学生，身处生活、工作的压力下仍不忘厚德、明法、格物、致公之校训，胸怀法治梦想，坚守正义追求。周峰同志在繁忙的审判工作之余仍然能善于思考、勤于学习、刻苦钻研、不辍笔耕。本书是其多年司法工作经验的积累和知识的沉淀，若能对建设工程纠纷案件之司法裁判有所贡献，实为乐见其成之幸事。

值本书告竣之际，欣然受托，聊作开篇。

是为序。

案例索引

目　　录

第二章 建设工程施工合同的效力

第三章　建设工程施工合同的履行

第四章　建设工程施工合同的工程价款结算

第五章 建设工程施工合同中的违约责任

第六章 建设工程价款优先受偿权制度

第七章 建设工程施工合同案件中的司法鉴定程序

附　录　法律行政法规、规章

第一章　建设工程施工合同纠纷案件概述

建筑业是关涉国计民生的重要产业，同时也是国民经济的支柱产业之一。近年来，由于行业管理及制度建设与建筑市场的飞速发展不相适应，部分利益群体不顾投资不足、不具备资质条件等问题而承建工程，造成建设工程施工合同纠纷层出不穷，签订“黑白合同”、无资质或低资质企业挂靠施工、肢解工程发包、违法分包、非法转包等违法违规现象频发，建设工程施工合同纠纷案件呈逐年递增态势。对建设工程施工合同纠纷案件法律问题进行深入研究，有助于维护社会稳定，促进房地产市场的持续快速健康发展。当下司法实践中，由于建设工程施工合同纠纷横跨工程和法律两大领域，涉及的法律关系复杂而多样，适用的法律法规繁多而分散，部分审判人员对审理该类案件必需的知识尤其是工程学知识知之甚少，故，在审理建设工程施工合同纠纷案件中往往只会机械地适用法条，且普遍存在畏难、抵触心理。笔者认为，要想审理好该类案件，首先要理解和掌握建设工程施工合同的基本理论。

第一节　建设工程施工合同的法律性质及特征

《民法典》第 788 条第 1 款规定：“建设工程合同是承包人进行工程建设，发包人支付价款的合同。”建设工程施工合同是建设工程合同的一种，它是指发包人（建设单位）和承包人（施工单位）为完成商定的建设工程施工任务，明确相互之间权利、义务关系的书面协议。依据施工合同的约定，施工单位应完成建设单位交给的施工任务，建设单位应按照规定提供必要条件并支付工程价款。

一、建设工程施工合同的法律性质

从法律性质上讲，建设工程施工合同本质上属于承揽合同，只不过因为建设工程的重要性和工程建设领域的混乱状况，《民法典》才将建设工程施工合同从承揽合同中分离出来单独加以规定。

建设工程合同在许多国家均包含在其他合同类型项下，不作为单独的合同类型，不少国家的立法者认为它是一种工作难度较大的加工承揽合同，而其被划分为独立的合同形式则需要艰难的探索思辨过程。罗马法中，加工承揽合同并不是一种典型化的合同，被归入租赁合同内。18 世纪的《法国民法典》并未改变其立法定位，仍认为它就是一种劳动力租赁。直到《德国民法典》实施后，承揽合同才成为一种单独合同，当时的立法者虽然认识到不动产承揽有别于一般承揽，但并未将该类合同专门分离出来单独予以规定。《苏俄民法典》首次将建设工程合同界定为新的有名合同，称其为“基本建设包工合同”，不再划分在其他合同项下。立法者之所以这样划分，是因为在计划经济体制下，合同的主要目的就是落实国家计划，而工程建设是国家计划的重点内容之一，具有非常突出的作用，所以应当将其独立出来。20 世纪 80 年代初，我国的建筑市场受国家宏观调控的影响较大，因此参照苏联的立法，将“建设工程承包合同”划分出来，单独规定在《经济合同法》里。1999 年出台的《合同法》（已废止）对此进行了承继，仍将该类合同作为独立的合同类型，专门设置成一个章节予规范，但同时规定对章节里没有作出规定的，仍参照承揽合同的规定做补充。2020 年公布的《民法典》继续延续了这一思路，在第三编第二分编典型合同部分专门设置了独立章节，并吸纳了最高人民法院颁布的相关司法解释的内容予以完善，对于该章节没有作出规定的，仍明确适用承揽合同的有关规定。

二、建设工程施工合同的特征

（一）建设工程施工合同内容的特征分析

建设工程施工合同之所以逐渐从承揽合同分离出来，嬗变成独立的合同类型，从本质上还是由其独特的法律特征决定的，这也与一般的承揽合同相区别。

1. 缔约主体的严格性

缔约主体是合同构成的基本要素。但许多合同对缔约主体并没有特别严苛的资格限制。而该类合同明显不同，要求缔约双方必须为建设单位和施工单位，这就要与普通的加工承揽合同区别开来。普通的承揽合同的主体外延较为广泛，包括自然人、其他组织等，而该类合同的主体则限制较多。对于工程的建设单位，开发的项目必须经过政府审批通过。对于施工单位，《建筑法》等相关法规亦要求从事施工的主体只能是依法持有施工资质证书的企业法人，完成与其资质相匹配的工作任务，即除了在经市场监管部门核准的经营范围内从事经营活动外，施工单位还受到企业资质等级管理的约束，不能越级承揽施工任务。唯一例外的是，根据《建筑法》第 83 条第 3 款的规定，抢险救灾及其他临时性房屋建筑和农民自建低层住宅的建筑活动，对于承、发包人的法人资格及承包人的施工资质不做要求。

2. 合同标的的特殊性

该类合同的施工标的为建设工程，它与其他普通项目相比具有工程地点固定、占地面积大、生产周期长、专业性强等特点。《建设工程质量管理条例》第 2 条第 1 款从立法层面对其概念进行了界定，“本条例建设工程，是指土木工程、建筑工程、线路管道和设备安装及装修工程”。正是由于建筑形态的多种多样，使它对于工程质量和技术的要求也相对较高。

3. 签约能力的专业性

签订建设工程施工合同须具备较强的专业能力。在建设工程施工合同签订过程中，行政审批、环评、勘测设计、施工组织、建设方、施工方、监理方等各方的合同关系、工程关系均比较专业；工程进度、工程预算与结算、工程责任、工程款支付等约定也涉及不同专业领域，其中还包括财务、税收等比较专业的问题。

4. 国家监管的必要性

首先，签订建设工程施工合同，必须以建设计划和具体建设设计文件已获得国家有关部门批准为前提。凡是没有经过规划部门的批准，不能进行工程设计，建设行政主管部门不予办理报建手续及施工许可证，更不能组织施工。对于招投标的建设工程，合同的签订必须履行招投标手续，并受相应的规制，合同的价格、标准、工期等内容必须符合法律规定。

其次，履行建设工程施工合同，由于工程质量和安全是建筑行业生存发展的奠基石，因此国家必须对合同的履行建立起非常严格的监察和引导体系。在立法层面，有大量单行法规对有关建设工程的一系列问题进行专门规定，如《城市规划法》《建筑法》等，还有大量的行政法律规范甚至是部门规章予以监管。同时，在施工合同的履行、变更、完成及保修等程序中，除了要求遵章施工外，相关职能部门等都要对施工合同进行严格监督。另外，该类合同中由于部分涉及国家基本建设项目的建设，所以必然要受到国家计划的制约。

5. 履行周期的长期性

建设工程的工期相对较长，这是由其施工内容体量庞大、结构复杂、材料类型多等特点所决定的，一般小型的工程建设也要几个月时间，有些大中型工程尤其是基础设施建设耗时就更长，短则一年长则几年甚至十几年。而且工程订立前要经过较长的施工准备期，从合同签订、履行到办理竣工、结算及保修也要履行相应的法定程序并办理施工、验收及结算的全部手续。在施工过程中，经常因为季节更替、政策变更、设计变更、资金不到位、市场价格浮动等原因而造成工期延误等，这就客观上拉长了合同履行期限。

（二）建设工程施工合同形式的特征分析

由于建设工程周期长、技术标准专业，建设工程施工合同涉及工程范围、建设工期、工程造价、质量保修等众多方面，为便于当事人之间明确各自的权利义务以减少纠纷，也出于政府行政管理的需要，《民法典》第789条规定建设工程施工合同应当采取书面形式，第795条规定了建设工程施工合同所应包含的内容，即工程范围、建设工期、中间交工工程的开工和竣工时间、工程质量、工程造价、技术资料交付时间、材料和设备供应责任、拨款和结算、竣工验收、质量保修范围和质量保证期、双方相互协作等条款。为了便于当事人订立合同更为周密、细致，国家住房和城乡建设部（以下简称国家住建部）与原国家工商行政管理总局联合发布了《建设工程施工合同（示范文本）》，并根据工程实务数次修订，供当事人在签订合同时参照使用。这里需要明确两个问题：一是当事人未签订书面形式的协议，不影响对建设工程施工事实关系成立的认定，也不影响对于口头合同效力的认定。二是《建设工程施工合同（示范文本）》仅是参考性文本，并不具有强制性使用的效力；对于示范文本中当事人在专用条款的约定与通用格式条款的约定发生冲突时，专用条款的约定优于通用条款的约定。

第二节　建设工程施工合同纠纷案件的特点与成因分析

近年来，随着建筑市场的不断升温，建设工程施工合同纠纷案件数量也呈不断上升趋势。由于市场开发力度的加大，投入资金的增大，纠纷的争议标的也越来越大，由此也加大了此类案件的审理难度。

一、建设工程施工合同纠纷的特点

（一）多重法律关系交叉混杂

一项建筑工程的顺利进行，既离不开建设方、施工方、分包方等多方合同的顺利履行；也离不开农民工、政府和其他各方工作的顺利支持。除合同关系外，还涉及管理关系、劳动关系等，承包方式涵盖承包、转包、分包、挂靠等多种情形。建设工程施工合同的非单一法律关系性质，导致合同效力及责任承担的认定非常复杂；同时，法律关系主体涉及面广、诉讼参与人多，除发包人、承包人外，还涉及分包人、实际施工人、转包人、挂靠人等，不同性质的法律主体在合同中的地位不同，所承担的责任也各有不同。另外，在工程建筑领域内，由于法律的强制规定，比如，《建筑法》禁止工程违法转包分包，禁止把工程发包给不具有资质的单位和个人，而这些法律的强制性规定与工程现实状况严重不符，并没有得到很好的遵守，大量的违法转包、分包、挂靠等事实，均加剧了建筑工程施工合同纠纷的复杂性。

（二）争议事项多、纠纷类型多

除了涉及工程价款争议外，还涉及工程质量、建设工期、质量保修、垫资款等多项争议内容，而每一争议事项下又蕴含了众多争议焦点，比如工程价款计算中涉及计价标准、结算原则、工程范围、签证单真伪等，工期计算涉及发生停、窝工的原因、天数、具体损失计算等。从法院受理案件的情况看，构成建设工程施工合同纠纷的类型有多种，包括主体纠纷、工程款纠纷、质量纠纷、竣工验收纠纷、保修纠纷、分包与转包纠纷、合同的变更、解除及违约纠纷等。根据2011年2月18日《最高人民法院关于修改〈民事案件案由规定〉的决定》（法〔2011〕42号）所颁布的案由，相关案由包括建设工程施工合同纠纷、建设工程价款优先受偿权纠纷、建设工程分包合同纠纷、装饰装修合同纠纷、铁路修建合同纠纷、农村建房施工合同纠纷等。

（三）专业性强

建设工程施工合同纠纷案件横跨工程与法律两大领域，技术门槛高。具体而言，第一，建设工程主体资格认定的专业性强。建筑业资质分为施工总承包、专业承包、劳务分包三个序列，按照工程性质和技术特点又分别划分为若干资质类别，各资质类别又按照规定的条件划分为若干等级，各企业只能在其自身资质等级范围内承接工程。这就要求案件审理法官必须具备建设工程企业资质的专业知识，查明承包人的资质等级，据此对建设工程施工合同的效力作出认定。第二，施工合同效力认定的专业性强。这里既涉及招投标管理方面的问题，审查建设工程是否属于必须招投标范围，当事人是否存在串标、骗标等导致合同无效的情形，还涉及专业分包与违法分包、肢解发包、非法转包与内部承包等审查，涉及的面广、法规多，需要相当的专业知识做支撑才能对合同效力作出正确的认定。第三，施工管理的专业性强。在审查合同当事人尤其是承包人履行合同义务是否合格时，需要掌握一定的建筑施工方面的专业知识，了解并掌握建筑术语及对应的施工活动，知晓施工各个环节及其相互间的联系，以便正确认定事实。此外还要学会审读作为施工合同附件的招投标文件，以便对于施工范围的认定和对比等能做清晰的判断。虽然不苛求法官掌握较深的建筑工程学专业知识，但是务必有初步了解，以防在案件审理过程中被当事人带偏思路。第四，工程价款结算的专业性强。对于工程价款的结算，涉及计价标准和结算原则，还涉及施工范围的变化、工程量的增减，这些均需要法官具备相关的基本专业知识。尤其是在实施量价分离的工程量清单报价模式下，更需要法官掌握一定的建筑工程定额方面的基本专业知识。

（四）案件审理周期长

如前所述，建设工程施工合同纠纷案件法律关系复杂，建筑工程施工周期长、标的额大，涉及当事人的纵横向诉争的问题较多，审查时要对案件主体是否适格、合同是否有效等进行认定，还要对工程是否符合质量要求、工程造价等进行专业性评估、鉴定，案件证据材料多，双方争议焦点大，审查难度大，导致审判周期长。有的当事人为了达到拖延支付工程款的目的，甚至人为利用诉讼程序达到中止审理目的等。

（五）维稳压力大

拖欠工程款严重损害农民工合法权益，导致农民工集体上访甚至聚众闹事现象多发，影响社会稳定。同时，让利竞标、层层分包、转包、挂靠，导致实际用于工程建设的资金严重不足，偷工减料、以次充好等现象频发，建筑工程质量堪忧。司法实践中，为了达到给法院施压以增加工程款的目的，实际施工人组织民工以保护弱势群体的名义来法院打着横幅闹访的事件频频出现，使法官在审理案件之余还需花相当多的时间和精力来做好疏导说理工作，承受了较大的维稳压力。

（六）审判较为依赖司法鉴定意见

由于建设工程施工合同纠纷案件往往涉及专业的建筑类问题，如工程造价鉴定和工程质量鉴定，所以出于审理的需要委托专业的鉴定机构予以司法鉴定，然后根据鉴定意见去判定工程造价等专业类问题；如前所述，建设工程施工合同纠纷涉及工程和法律两大领域，对于审理法官提出了很高的专业要求，而实践中具备一定工程学知识的法官较少，因此，法官对于司法鉴定意见无法依据自己的专业知识作出独立判断，碰到问题往往就去问鉴定人员，并将鉴定人员的意见作为判决理由，审判结果过于依赖鉴定意见，“以鉴代审”现象严重。

（七）息诉服判率较低

由于建筑工程施工合同的标的额较大，纠纷涉及的利益对双方当事人影响较大，尤其在工程价款结算中，随便一个设计项目的变更、一张工程签证单的认定所涉及的金额就很大，所以，此类案件往往很难调解，判决结案多。同时，由于建设工程施工周期长、外界影响干扰多，各种复杂因素交叉在一起，给案件事实的认定带来一定的影响，故而结案后，当事人也由于对判决结果的期望得不到满足而不服，提出申诉或不停地信访，息诉服判率较低。

（八）处理纠纷适用的法律法规多

建设工程施工合同纠纷涉及的法律关系复杂，处理纠纷适用的法律法规众多，且相对分散，给办案法官正确运用法律处理纠纷带来挑战。从司法实践看，根据案件类型和诉讼请求的不同，需要运用和掌握《民法典》《建筑法》《招标投标法》《城乡规划法》《民事诉讼法》等法律，还需要掌握和了解关于建设工程许可、发包及承包、建设工程质量管理等方面的行政法规、规章及规定和部门规章，如《建设工程质量管理条例》《建筑业企业资质管理规定》《建筑工程施工许可管理办法》，此外还有最高人民法院关于建设工程施工合同纠纷案件的司法解释和批复需要掌握，如《最高人民法院关于审理建设工程施工合同纠纷案件适用法律问题的解释（一）》（以下简称《建设工程司法解释（一）》）、《最高人民法院关于审理建设工程施工合同纠纷案件适用法律问题的解释（二）》（以下简称《建设工程司法解释（二）》）、《最高人民法院关于建设工程价款优先受偿权问题的批复》（以下简称《优先受偿权批复》）等，法律知识要求高、知识面广、门槛高。

二、建设工程施工合同纠纷案件成因分析

随着房地产和建筑业的飞速发展，建设工程施工合同纠纷案件呈逐年增加的态势，该类纠纷发生的原因是多方面，主要有以下几个方面的问题：

（一）建设方资金严重不足

发包人拖欠工程款是引发建设工程施工合同纠纷的最主要原因之一，尤其在商业性质的房地产开发项目中，发包方一般都没有足够的资金准备或仅有少量资金，却盲目开发建设项目。从实践来看，建设方除了少量自备资金外，房地产项目开发的资金来源主要是一靠银行融资，二靠收取客户预付款，三靠建设工程承包人垫资。一旦银行银根收紧或由于房地产市场政策调整，资金压力凸显，就会产生拖欠施工方工程款的现象，最终导致建设工程施工合同纠纷大量出现。

（二）建筑市场行为不规范

一是租借他人施工资质或承包与自身资质不相适应的建设工程的现象普遍存在。有些不法承包商在自己不具有或不具备相应建设项目施工资质的情况下，为了达到承包工程的目的，非法借用他人施工资质参加工程投标，并以不法手段获得承包资格，签订无效合同。同时，相当多的建筑企业包括大量国企在内，在获得高等级施工资质后，专门从事施工资质出借业务，非法

谋取私利。这些行为，不仅严重破坏了建筑市场的秩序，同时也增加了施工合同纠纷产生的概率。二是出现非法转包和违法分包的情况屡禁不止。一些承包商人为了获得建设项目承包资格，不惜以低价中标，在中标之后又将工程肢解并以更低价格非法转包给一些没有资质的施工队伍，这些承包人缺乏对建设工程的基本控制步骤和监督手段，进而对工程进度、质量造成严重影响，最终形成与发包人及实际施工人的矛盾和纠纷。三是“黑白合同”充斥市场，严重扰乱了建筑市场秩序。有些发包人以种种理由和借口，与承包人按照招标文件签订“白合同”，供建设行政主管部门审查之外，私下再与承包人签订一份在施工活动中实际履行的“黑合同”，其内容与原合同相违背。这种承、发包双方责任、利益不对等的“黑白合同”，违反了国家有关法律法规，严重损害了承包人利益，为履行合同埋下了隐患，并将直接影响工程建设目标的实现，进而给承、发包双方都带来不可避免的损失。四是施工合同履约程度低，违约现象严重。例如，发包人以垫资为条件，违法发包；在施工过程中发包人不按照合同约定支付工程款；建设工程竣工验收合格后，发包人不及时办理竣工结算，甚至部分业主已使用工程多年，发包人仍以种种理由拒付工程款，形成建设市场严重拖欠工程款的顽症。承包人不按约定组织施工，致使工程延期、质量低劣，也是违约行为的主要表现。五是目前建筑市场的激烈竞争和不规范管理，大量的施工队伍与建筑市场存在的建设项目数量严重失衡，承包人施工过程中采取偷工减料或违法分包甚至非法转包，以便维护自己利益，由此给建设工程埋下隐患，同时，不可避免地导致了纠纷的发生。

（三）当事人法治理念缺失

一是建设工程施工合同有失公正，合同双方权利、义务不对等。从目前司法实践中的建设工程施工合同文本来看，施工合同中绝大多数条款是由发包方制定的，其中大多强调了承包方的义务，对发包方的制约条款偏少，特别是对发包方违约、赔偿等方面的约定不具体，也缺少行之有效的处罚方法。二是合同文本不规范。如前文所述，国家住建部与原国家工商行政管理总局为规范建筑市场的合同文本联合制定了《建设工程施工合同（示范文本）》，以全面体现承、发包双方的责任、权利和风险。但有些发包人为了规避自己的风险，在签订合同时不采用标准的合同文本，而是采用一些自制的、不规范的文本进行签约。通过自制的、笼统的、含糊的文本条件，避重就轻，转嫁工程风险。有的甚至采用口头委托和政府命令的方式下达任务，待工程完工后，再补签合同，这样的合同根本起不到任何约束作用。三是证据意识淡薄。在合同履行过程中，当事人不注重保存证据，承包人对施工资料保存不善而遗失或交给发包人而自己没有备份，一些签证单或技术联系单只有复印件而无原件，导致纠纷发生后无法举证。四是对违约后果认识不足。在施工过程中，对于逾期竣工、迟延付款等不够重视，并随意作出违约承诺，导致诉讼中面临了承担高额违约金的风险。

第三节　建设工程施工合同纠纷案件的程序审理要点

建设工程施工合同案件具有合同类型多、案由多、合同主体多、法律法规多等特点，在具体的案件审理过程中除注重对实体问题的审查外，还需注意对一些程序性问题的把握。

一、建设工程施工合同纠纷案件诉讼管辖问题

民事诉讼管辖是确定上下级人民法院之间和同级人民法院之间受理第一审民事案件的分工和权限。我国《民事诉讼法》规定了下列几种管辖：级别管辖、地域管辖、指定管辖和移送管辖。其中：级别管辖是指人民法院系统内划分上下级人民法院之间受理第一审民事案件的分工和权限。地域管辖是指确定同级的不同区域的人民法院受理第一审民事案件的分工和权限。我国民事诉讼法规定的地域管辖，包括一般地域管辖、特殊地域管辖、协议管辖、专属管辖和共同管辖。从法律规定看，一般地域管辖是指按照当事人所在地与人民法院辖区的隶属关系所确定的管辖，该类管辖遵循“原告就被告”的原则，即原告起诉应到被告所在地的人民法院提出；特殊地域管辖是指以诉

讼标的所在地、被告住所地与法院辖区之间的关系所确定的管辖；协议管辖是指根据双方当事人的约定确定的管辖。专属管辖是指法律规定某些诉讼标的特殊的案件由特定的人民法院管辖，其中因不动产纠纷提起的诉讼，由不动产所在地人民法院管辖。建设工程施工合同纠纷案件涉及的管辖主要是从前文所述的规定出发予以确定。

（一）建设工程施工合同纠纷案件的管辖原则

人民法院对于建设工程施工合同纠纷案件的立案受理，主要涉及地域管辖和级别管辖问题。对于相关案件在立案受理时应注意把握的原则是：

第一，关于地域管辖问题。建设工程施工合同纠纷案件的地域管辖问题，最高人民法院在《建设工程司法解释（一）》第 24 条中规定了以施工行为地为合同履行地，紧接着在《最高人民法院关于适用〈中华人民共和国民事诉讼法〉的解释》（以下简称《民诉法解释》）第 28 条第 2 款规定了按照不动产纠纷确定管辖的原则，由此对于一直以来存在的争议有了一个明确的结论，即建设工程施工合同纠纷案件属于专属管辖的范围，由建设工程所在地人民法院管辖。这一管辖规定具有强制性和排他性，排除了当事人协议管辖或者选择被告所在地法院管辖的可能。基于最高人民法院的这一规定，对该项涉及的建设工程施工合同纠纷的管辖理解，应不限于《民事案件案由规定》的建设工程合同纠纷项下的第三级案由“建设工程施工合同纠纷”，还包括该案由项下的建设工程施工合同纠纷相关案件：建设工程勘察合同纠纷、建设工程设计合同纠纷、建设工程价款优先受偿权纠纷、建设工程分包合同纠纷、装饰装修合同纠纷、铁路修建合同纠纷、农村建房施工合同纠纷等。

第二，关于级别管辖问题。对于级别管辖，我国立法上主要是以案件性质、案件影响及标的额的大小为标准予以确定。针对不同的时期、不同的地区等情形，最高人民法院曾先后出具不同的指导意见，明确各地高级人民法院、中级人民法院受理一审案件的范围，对于建设工程施工合同纠纷案件的管辖问题，应按照最高人民法院的规定执行。根据《最高人民法院关于调整高级人民法院和中级人民法院管辖第一审民事案件标准的通知》（法发

〔2019〕14号）的精神，中级人民法院管辖第一审民事案件的诉讼标的额上限原则上为50亿元（币种：人民币），由于各地区情况的不一致，诉讼标的额下限规定也不一致，目前继续按照《最高人民法院关于调整地方各级人民法院管辖第一审知识产权民事案件标准的通知》（法发〔2010〕5号）、《最高人民法院关于调整高级人民法院和中级人民法院管辖第一审民商事案件标准的通知》（法发〔2015〕7号）、《最高人民法院关于明确第一审涉外民商事案件级别管辖标准以及归口办理有关问题的通知》（法〔2017〕359号）、《最高人民法院关于调整部分高级人民法院和中级人民法院管辖第一审民商事案件标准的通知》（法发〔2018〕13号）等文件执行。高级人民法院管辖诉讼标的额50亿元（币种：人民币）以上（包含本数）或者其他在本辖区有重大影响的第一审民事案件。

需要说明的是，仲裁案件管辖不受级别、地域的限制，也不受法律规定的法院专属管辖的限制，即法律规定的专属管辖只对法院受理的案件具有约束力，对于仲裁案件是没有约束力的。因此，对于专属管辖的案件，如不动产纠纷、继承纠纷、与港口作业有关的纠纷、与破产债务人相关的案件等，都可以约定仲裁管辖，不受管辖地和案件专业性质的限制。当事人在建设工程施工合同中约定了仲裁管辖的，法院对于当事人因该合同而产生的纠纷不具有管辖权，应由当事人约定的仲裁机构管辖，最高人民法院司法解释所规定的不动产纠纷管辖、诉讼标的额管辖级别等均不适用于仲裁管辖。

（二）建设工程施工合同纠纷案件管辖实务中应注意的问题

第一，反诉标的额超出受理法院的受理范围，仍应由原受理法院管辖。基于被告向受诉法院提出反诉，应视为其接受该法院管辖。不因反诉改变案件级别管辖，亦是司法实践中管辖恒定原则的一般体现。因为，当事人完全可以不提起反诉，而根据诉讼标的额及对管辖利益的考虑，向其认为有管辖权的人民法院另行起诉。在当事人没有另行起诉，而是通过反诉主张相关诉讼请求的情况下，由受诉法院将之与本诉合并审理，符合《民事诉讼法》第140条的规定。

第二，在确定级别管辖时，不应对原告诉求的诉讼请求进行实质性审查，除非有明确证据证明原告的诉讼请求与事实不符。如已有证据证明双方实际的争议额，则应以实际的争议额作为确定级别管辖的判断基础。

第三，同一工程项目，同一当事人之间存在多份合同，可以合并诉讼并据此确定管辖法院。对于同一工程项目，同一当事人之间存在多份合同，是否可以作为一个诉讼案件，合并计算诉讼标的从而确定级别管辖的问题，最高人民法院在相关案件的审理中明确，多份合同彼此之间存在关联，且均涉及同一工程项目，合同的性质相同，起诉标的种类相同，其实质系债权纠纷。至起诉时，所有债权均已到期，其一并起诉，属客体合并，不违反法律的规定，也有助于查明案件事实，减轻当事人诉累，提高审判效率。[1]

第四，请求确认合同无效，诉讼标的以合同所涉标的额作为级别管辖的依据。对于无效合同的处理，应对合同无效的后果一并处理，其中涉及损失范围的确定、财产的返还等，处理的依据涉及合同的标的额，故级别管辖的确定不能脱离合同标的额来认定。在预收诉讼费时，亦应按合同标的额计算对应的诉讼费用，实践中有些法院一概对请求确认合同无效的案件按50元标准预收诉讼费用，该做法应避免并予以否定。

第五，实际施工人对发包人提起的代位权诉讼，涉及工程款债权的由建设工程所在地法院管辖，不涉及工程价款的债权由发包人住所地人民法院管辖。《建设工程司法解释（二）》第25条赋予实际施工人可以向发包人提起代位权诉讼。《最高人民法院关于适用〈中华人民共和国合同法〉若干问题的解释（一）》（以下简称《合同法司法解释（一）》）第14条规定："债权人依照合同法第七十三条提起代位权诉讼的，由被告住所地人民法院管辖。"根据这一规定，实际施工人对发包人提起的代位权诉讼原则上由发包人住所地人民法院管辖，但是，实际施工人提起的代位权诉讼通常涉及建设工程价款债权，涉及建设工程施工合同纠纷，而如前文所述，建设工程施工合同纠纷按照不动产纠纷确定管辖，由不动产所在地人民法院管辖，即由建设工程所在

[1] 参见最高人民法院（2013）最高法民一终字第56号民事判决书。

地管辖。对于两者的冲突，通说认为，《民事诉讼法》的效力位阶高于《合同法司法解释（一）》，因此实际施工人对发包人提起的代位权诉讼涉及工程款纠纷的，应由建设工程所在地法院管辖，不涉及工程价款的债权，由发包人所在地法院管辖。[1]

案例1

确认建设工程施工合同无效之诉，应按合同标的额确定管辖法院

——西昌电力公司与水利水电公司确认合同无效纠纷案[2]

基本案情

上诉人（原审被告）：湖北水总水利水电建设股份有限公司（以下简称水利水电公司）

被上诉人（原审原告）：四川西昌电力股份有限公司（以下简称西昌电力公司）

2010年1月，西昌电力公司在木里河固增水电站项目尚未取得国家有关部门立项手续的情形下，通过自主邀标的方式对项目监理、引水隧洞和沙石骨料生产系统等共计8个标段进行了招标。水利水电公司于2010年2月5日就上述工程递交了投标文件，同月25日西昌电力公司向水利水电公司发出中标通知书，确定水利水电公司为中标人，后双方签订施工合同。2010年3月水利水电公司开始进场施工，但终因西昌电力公司未取得项目建设的相关手续未能施工，西昌电力公司于2010年11月4日向水利水电公司发出要求撤离施工现场的清场通知。

因水利水电公司未撤离现场，西昌电力公司向四川省高级人民法院提起诉讼，请求判令：(1) 双方签订的施工合同无效；(2) 责令水利水电公司立

---

〔1〕 参见最高人民法院民事审判第一庭编著：《最高人民法院建设工程施工合同司法解释（二）理解与适用》，人民法院出版社2019年版，第518页。

〔2〕 参见最高人民法院（2015）最高法民一终字第178号民事裁定书。

即撤离施工现场。

水利水电公司在提交答辩状期间提出管辖权异议，认为西昌电力公司的诉请是确定合同无效，未涉及合同金额大小，不应按照合同金额来确定级别管辖，故本案不应由四川省高级人民法院审理，而应由被告住所地湖北省武汉市人民法院管辖。

法院裁判

一审法院认为，原告西昌电力公司提起的确认合同无效诉讼所涉法律关系属于建设工程的施工合同关系，其合同标的额为 7470.5022 万元，合同履行地在四川省西安区内，被告水利水电公司住所地在湖北省辖区。根据《民事诉讼法》第 23 条“因合同纠纷提起的诉讼，由被告住所地或者合同履行地人民法院管辖”，以及 2008 年发布的《最高人民法院关于调整高级人民法院和中级人民法院管辖第一审民商事案件标准的通知》第 1 条的规定，该院可管辖诉讼标的额在 1 亿元以上的第一审民商事案件，以及诉讼标的在 5000 万元以上且当事人一方住所地不在本辖区或者涉外、涉港澳台的第一审民商事案件，故本案属于该院管辖的第一审民事案件。

一审法院裁定：驳回水利水电公司对本案管辖权提出的异议。

水利水电公司不服，向最高人民法院提起上诉，主张本案属确认合同无效之诉，不应以合同金额作为诉讼标的来确定管辖。

二审认为，根据 2008 年发布的《最高人民法院关于调整高级人民法院和中级人民法院管辖第一审民商事案件标准的通知》第 1 条的规定，四川省高级人民法院可管辖诉讼标的额在 1 亿元以上的第一审民商事案件，以及诉讼标的在 5000 万元以上且当事人一方住所地不在本辖区或者涉外、涉港澳台的第一审民商事案件。故一审原告西昌电力公司主张的诉讼请求达到四川省高级人民法院受理的诉讼标的额，是该院行使管辖权的一个条件。对于诉讼标的额的计算原则，应根据原告请求判决的权利主张将给原告带来的经济利益来确定。本案所涉合同标的金额 7470.5022 万元，一审原告西昌电力公司提起的确认合同无效的请求能否得到支持，关系到7470.5022万元的合同是否继续履行，与一审原告西昌电力公司利益直接相关。故一审法院以合同标的作为确定级别管辖的诉讼标的额并无不妥。

二审裁定：驳回上诉，维持原裁定。

案例评析

本案例涉及确认建设工程施工合同无效之诉案件的级别管辖问题。

对于级别管辖问题，我国法律主要是以案件性质、案件影响及标的额的大小为标准予以确定。对于无效合同的处理，需对合同无效的后果一并处理，其中涉及了损失范围的确定、财产的返还等，处理的依据涉及合同的标的额，故级别管辖的确定不能脱离合同标的额来认定。最高人民法院的判例精神可以明确，确认合同无效之诉的诉讼标的应以合同所涉标的额作为级别管辖的依据。另外，在预收案件受理费时，亦应按合同标的额计算对应的诉讼费用。

本案中，涉案的建设工程施工合同的标的额为7470.5022万元，根据2008年发布的《最高人民法院关于调整高级人民法院和中级人民法院管辖第一审民商事案件标准的通知》第1条的规定，四川省高级人民法院可管辖诉讼标的额在1亿元以上或诉讼标的在5000万元以上且当事人一方住所地不在本辖区的第一审民商事案件，故本案虽为确认合同无效之诉，但依据施工合同标的额，一审受理法院应为建设工程所在地的高级人民法院，需要说明的是，本案一审涉诉时间在2015年之前，故相应的级别管辖规定应适用最高人民法院于2008年发布的前述规定。

二、建设工程施工合同纠纷案件诉讼参加人的确定

建设工程施工合同纠纷案件的诉讼主体资格依合同相对性原则予以确定，这是应遵循的基本原则。基于建设工程施工合同的特殊性，在违法分包、非

法转包及借用施工资质等无效施工合同中，还存在分包人、转包人、[1] 挂靠人、被挂靠人、实际施工人等诸多权利主体，如何依法、合理地确定诉讼主体，也是实践中应予以重点考虑的事项。《建设工程司法解释（一）》《建设工程司法解释（二）》对于突破合同相对性原则作了有限的尝试，但司法实践中对此的理解和掌握还是存在一定的争议。

（一）实际施工人可以作为原告直接起诉主张工程款

《建设工程司法解释（一）》赋予了实际施工人可以作为原告直接起诉发包人的权利，根据该解释第26条第2款的规定，"实际施工人以发包人为被告主张权利的，人民法院可以追加转包人或者违法分包人为本案当事人……"，这一规定虽然有限突破了传统民法理论上的合同相对性原则，但对于实际施工人合法权益的保护有积极的意义。据此，在违法分包及非法转包情形下的无效施工合同纠纷中，实际施工人为追索工程款，可以作为原告依据其所签订的分包、转包合同以转包人、违法分包人为被告提起诉讼，也可以直接以发包人为被告主张权利。

在审理实际施工人作为原告主张工程款的纠纷中，需要注意以下内容：

1. 正确理解"发包人"的定义

"发包人"的概念应当理解为与承包人直接签订建设工程施工合同的当事人，亦称为发包单位、建设单位或业主、项目法人。不应扩大理解为转包人、违法分包人等中间环节的相对发包人。

2. 实际施工人仅限于违法分包及非法转包中

根据《建设工程司法解释（一）》第26条的规定，可以作为原告提起诉讼主张工程款的实际施工人仅存在于违法分包及非法转包法律关系中，不包括挂靠施工中的实际施工人。需要注意的是，建筑工人追索欠付工资或劳务

---

[1] 对于分包、转包合同的双方当事人的称谓，《建设工程司法解释（一）》《建设工程司法解释（二）》将分包合同、转包合同的发包方称为分包人、转包人，颠倒了实践中的正常称呼，造成理解上的混乱。为便于读者理解，也为了与司法解释的称谓一致，本书统一将分包、转包合同的发包方定义为分包人、转包人，合同相对方定义为实际施工人。

报酬的，不属于建设工程施工合同纠纷范畴，应按照劳动关系或雇佣关系妥善处理。

3. 法院不主动依职权追加发包人作为共同被告

实际施工人以转包人、违法分包人为被告主张权利的，人民法院一般不主动依职权追加发包人作为共同被告参加诉讼。突破合同相对性原则是基于目前社会形势需要而不得已为之，在司法解释赋予实际施工人相应权利的情况下，实际施工人选择被告起诉，人民法院应予尊重，更无须节外生枝。

4. 发包人、转包人、违法分包人可以成为共同被告

实际施工人还可以以发包人、转包人、违法分包人为共同被告主张权利，当事人之间依据相应的合同关系承担法律责任。根据《建设工程司法解释（二）》第24条的规定，实际施工人以发包人为被告主张权利的，人民法院应当追加转包人或者违法分包人为本案第三人，在查明发包人欠付转包人或者违法分包人建设工程价款的数额后，判决发包人在欠付建设工程价款范围内对实际施工人承担责任。故对于发包人与其合同相对人间的工程价款结算及支付情况，发包人、转包人或违法分包人应举证予以证明，并据此确定发包人应承担的付款责任。

5. 挂靠人不能以实际施工人身份直接起诉发包人

司法实践中一个较大的争议是，借用施工资质的挂靠人是否能够以实际施工人的身份作为原告向发包人主张权利。有观点认为挂靠人是建设工程的实际施工人，在合同无效的情况下，合同相对性应当弱化，可赋予挂靠人等实际施工人以诉权，允许其直接向发包人主张权利。[1]

对此，笔者认为，挂靠人不能以实际施工人身份直接向发包人主张权利。虽然《建设工程司法解释（一）》第1条第2项直接将挂靠人称为实际施工人，但该解释第26条直接将挂靠人排除在以实际施工人身份向发包人主张权利的范围外，《建设工程司法解释（二）》第24条、第25条对此也进一步予

〔1〕 参见最高人民法院民事审判第一庭编著：《最高人民法院建设工程施工合同司法解释的理解与适用》，人民法院出版社2004年版，第224～230页。

以了明确规定，挂靠施工人除不能直接向发包人主张权利外，也不能以行使代位权方式来实现自己权利保护。应该强调的是，《建设工程司法解释（一）》《建设工程司法解释（二）》赋予实际施工人可以有限突破合同相对性原则而向发包人主张权利，是最高人民法院从维护社会稳定的角度出发而作出的一种妥协，旨在保护农民工利益不受损害。司法实践中，对于这种有限突破合同相对性原则的适用问题应予严格掌握而不能做扩大化的理解，这在最高人民法院的数次会议上已多次强调。挂靠施工人借用资质承接建设工程的行为，是一种违法行为，不受法律保护；对于被挂靠人可能怠于向发包人追偿工程款的行为，是其在借用施工资质时应能考虑到的风险，相应的后果应由其自行承担。因此，对于挂靠施工的实际施工人以发包人为被告提起诉讼的，法院不予受理，已经受理的，应当裁定驳回起诉。

（二）发包人可以将实际施工人与承包人、转包人、被挂靠人等作为共同被告主张工程质量保证责任

《建设工程司法解释（一）》第25条规定："因建设工程质量发生争议的，发包人可以以总承包人、分包人和实际施工人为共同被告提起诉讼。"《建设工程司法解释（二）》第4条规定："缺乏资质的单位或者个人借用有资质的建筑施工企业名义签订建设工程施工合同，发包人请求出借方与借用方对建设工程质量不合格等因出借资质造成的损失承担连带赔偿责任的，人民法院应予支持。"根据上述规定，在建设工程质量纠纷及因质量问题引发的损害赔偿纠纷中，发包人可以根据不同的情况分别提起诉讼：

第一，对于承包人经发包人同意将自己承包的部分工程交由第三人完成的，就第三人承建部分的工程质量问题，发包人应以承包人、第三人为共同被告主张权利，请求承包人和第三人承担连带责任。

第二，承包人非法转包、违法分包建设工程的，发包人可以选择以承包人为被告主张权利，也可以选择以承包人、转包人、违法分包人和实际施工人为共同被告主张权利，请求承担连带责任。

第三，在实际施工人借用资质施工所引发的工程质量纠纷和赔偿纠纷中，

发包人可以将实际施工人与资质出借人作为共同被告并请求对建设工程共同承担质量保证责任和赔偿责任。

需要注意的是，实际施工人仅对自己施工部分的工程质量问题及可能引发的损害赔偿承担相应的责任。对此抗辩，实际施工人应进行举证证明以求免责。

（三）其他诉讼参加人的确定

《建设工程司法解释（二）》第25条规定，实际施工人在转包人或分包人怠于行使到期债权的，可以向发包人提起代位权诉讼，根据民法典的规定，法院应追加转包人或违法分包人为第三人参加诉讼以便查明事实。在多层转包或违法分包情况下，实际施工人向发包人主张权利的，人民法院应当追加各转包人或违法分包人为第三人以查明事实。

司法实践中，还需注意某些特殊情况下诉讼参加人的确定：

第一，因收取工程款人员的身份争议而应确定的诉讼参加人。审判实践中经常遇到此类情形，发包人主张已经支付工程款，并提供承包方人员签收工程款的凭证，而承包人往往就签收人员的身份及是否收取相关款项提出异议。具体可以从实践中遇到的以下不同情形加以区分和考虑：一是发包人有证据证明收款人是受承包人的委托且已实际支付了款项，则无须通知收款人参加诉讼，可直接依据证据作出认定；二是发包人有证据证明收款人是受承包方的委托，但对付款事实的举证存在瑕疵且承包人否认收款的情况下，宜追加收款人为第三人，查清是否付款这一事实；三是发包人有证据证明已经支付了款项，但对收款人身份举证存在瑕疵而承包人又对收款人身份提出异议的情况下，宜追加收款人为第三人，查清收款人与承包人之间的关系以及收款人是否有权代表承包人收取工程款；四是发包人对收款人的身份以及付款事实的举证均存在瑕疵，承包人对收款事实予以否认的，宜追加收款人为第三人，查清其身份以及是否收取工程款的事实。

第二，因收取建筑材料人员的身份争议而应确定的诉讼参加人。依据发包方式的不同，建设工程施工合同可分为清包工与包工包料，在包工包料的情况下，施工材料应当由承包人负责，但在实践中，承包人以建设工程项目部名义采购材料后拖欠货款，供货商往往会直接向发包人主张货款，而发包人支付了货款要求在工程款中予以抵扣时，承包人经常会抗辩收货人员无权收货或者直接否认收货的事实。另外，在清包工及存在“甲供材料”的情况下，承包人对于部分建筑材料的领取不予认可，或抗辩领取材料人员无权或不认可其身份。具体可以从实践中遇到的以下不同情形加以区分和考虑：一是发包人有证据证明收取材料人是受承包人的委托且材料客观上已经收取，则无须通知收取材料人参加诉讼，可直接依据证据作出认定；二是发包人有证据证明收取材料人是受承包方的委托，但对是否收取材料之客观事实的举证存在瑕疵且承包人否认收货的情况下，宜追加实际收取材料人为第三人，查清是否收取材料这一事实；三是发包人有证据证明收取材料是客观事实，但对收取材料人身份举证存在瑕疵而承包人又对收货人身份提出异议的情况下，宜追加收货人为第三人，查清其与承包人之间的关系以及其是否有权代表承包人收取材料；四是发包人对收取材料人的身份以及收取材料事实的举证均存在瑕疵，承包人对收货事实予以否认的，宜追加实际收取材料人为第三人，查清其身份以及是否收取材料的事实。另外，鉴于包工包料合同的特殊性，如发包人能举证证明其主张的材料已实际用于争议工程的，则不论承包人是否确认收取材料人员的身份，均无须确定材料收取人员为诉讼参加人。

司法实践中对于上述两类案件中的第三人追加亦有争议，有观点认为，可以通过法院调查或通知相关人员到庭作证或接受询问的方式查明事实，而无须启动追加第三人的诉讼程序。笔者认为，上述观点有合理之处，但是基于目前社会公民不愿配合法院工作的现实，通知其到庭接受询问往往难以落实，启动追加第三人的诉讼程序，赋予一定的强制力，对于查明案件事实可以从程序上起到保障作用；同时，查明收取工程款或领取建筑材料的相关事实，与领取人有直接利害关系，甚至涉及相关民事责任的承担，追加其为第三人，能确保其享有相应的诉讼权利以维护自己的合法权益。

（四）其他应注意的问题

1. 发包人与房屋产权人不一致的情况下，诉讼参加人的确定

建设工程施工合同的发包人与房屋产权人不一致的情况主要发生在合作开发房地产的过程中，合作开发房地产的一方作为发包人与承包人订立建设工程施工合同的情形。审判实践中，经常出现承包方将并非发包人身份的建筑物所有权人或房地产开发的其他合作方作为共同被告要求承担责任的情况。从程序诉权的角度讲，当事人有选择被告的权利，但如果承包人没有向建筑物产权人或其他合作开发商主张权利时，因产权人或其他合作开发商并非建设工程施工合同的当事人，依合同相对性原则的规定，法院一般没有必要追加建筑物产权人或受益人参加诉讼。

2. 工程款债权人将债权予以转让的，诉讼参加人的确定

基于建设工程合同纠纷的特殊性，因原债权人尚未与债务人就工程价款进行结算，债权受让人很难对工程价款结算问题发表意见，此时法院应追加原债权人为第三人参加诉讼，让其对工程价款的结算提供充分证据、发表意见，从而有利于查明事实。

案例2

实际施工人起诉主张工程价款，需对其实际施工人的身份承担举证责任

——罗国华与大理十二建公司等建设工程施工合同纠纷案[1]

基本案情

再审申请人（一审原告、二审上诉人）：罗国华

被申请人（一审被告、二审上诉人）：大理市第十二建筑工程有限责任公司（以下简称大理十二建公司）

一审被告：云南双江拉祜族佤族布朗族傣族自治县人民政府（以下简称

[1] 参见最高人民法院（2018）最高法民再204号民事判决书。

双江县政府）

一审被告：云南双江拉祜族佤族布朗族傣族自治县教育局（以下简称双江县教育局）

一审第三人：吴良生

一审第三人：罗七三

2013 年 7 月 12 日，双江县政府与大理十二建公司签订的《双江拉祜族佤族布朗族傣族自治县民族小学勐勐幼儿园整体搬迁建设项目（全额垫资建设—回购）合同》《双江自治县民族小学勐勐幼儿园整体搬迁建设项目合作协议书》，约定将涉案项目发包给大理十二建公司施工，合同对价款、工期、回购方式等做了约定。签订前述合同、协议时吴良生分别作为大理十二建公司的委托代理人和代表。吴良生系大理十二建公司双江项目部经理。双江县教育局根据双江县政府的安排，对所涉工程的施工建设相关事项进行监督、管理。

2013 年 7 月 18 日，吴良生、杨辉（甲方）与罗国华（乙方）签订《合作协议书》《支付协议》，约定合作方式：该项目由乙方全额垫资施工，按甲方与双江县政府所签订的协议由乙方全权执行该工程的施工任务，乙方做好前期融资及筹备资金来完成该项目的投资……

罗国华在签订转包合同后即购买仪器、聘请技术管理人员进场施工、进行管理。罗国华在接受转包后又将拉土回填（装土、运土、回填）等劳务交由罗七三完成。土方回填中的土石等材料由罗国华购买。施工过程中，大理十二建公司双江项目部与建设方所签订的《机械台班计价协议书》《临时道路施工协议书》《赔偿协议书》《忙袜河农村公路修复协议》《填方场地腐殖土清除协议》《清除土、拆除鱼塘毛石挡墙协议书》等协议的原件均由罗国华持有且有其签名。作为大理十二建公司承建工程组成部分的土方回填及其他零星工程所涉及的《工程中间验收计量签证表》等工程签证表原件均由罗国华持有。

2014 年 1 月 19 日，罗国华向大理十二建公司双江项目部移交施工仪器和办公用品。罗国华持《双江教育局民族小学和勐勐幼儿园搬迁土方回填及其他零星工程竣工结算书》要求结算、支付工程款未果。遂涉讼。

罗国华向云南省临沧市中级人民法院提起诉讼请求：(1) 判令双江县政府和双江县教育局向其支付工程款8,228,839元，并由大理十二建公司承担连带责任；(2) 判令双江县政府和双江县教育局向其支付所欠工程款的资金占用费，并由大理十二建公司承担连带责任；(3) 判令大理十二建公司向其支付双江项目部办公用品费用39,425元。

法院裁判

一审法院认为：第一，罗国华与吴良生、杨辉签订的合作协议书和支付协议，名为合作，但实为建设工程施工转包合同，违反了法律的规定，为无效合同。第二，关于本案双江自治县民族小学、勐勐幼儿园整体搬迁建设项目土方回填及其他零星工程实际施工人的界定问题。罗国华在签订转包合同后即购买仪器、聘请技术管理人员进场施工、进行管理；土方回填中的土等材料由罗国华购买；施工过程中大理十二建公司双江项目部与建设方所签订的《机械台班计价协议书》《临时道路施工协议书》《赔偿协议书》《忙袜河农村公路修复协议》《填方场地腐殖土清除协议》《清除土、拆除鱼塘毛石挡墙协议书》等协议的原件均由罗国华持有且有其签名；土方回填及其他零星工程所涉及的《工程中间验收计量签证表》等工程签证表原件均由罗国华持有；就本案所涉工程，罗国华向罗七三支付、代付劳务等费用。故对罗国华作为所涉工程接受转包人以及双江自治县民族小学、勐勐幼儿园整体搬迁建设项目土方回填及其他零星工程实际施工人的身份予以确认。第三，虽然双方签订的协议无效，但罗国华所完成的涉案工程无验收不合格的证据，发包方双江县政府亦自认本案所涉及的土方回填项目已经结算、审计，故双方仍应参照合同约定计算、支付工程价款。第四，对于付款主体，双江县政府系本案所涉工程项目建设工程的发包人，罗国华与双江县政府间并无合同关系，本案中并无发包人双江县政府欠付工程价款的证据，罗国华对双江县政府提起诉讼要求承担责任无充分的事实及法律依据；双江县教育局并非本案所涉建设工程施工合同的当事人，仅是根据双江县政府的安排，对所涉工程的施工建设相关事项进行监督、管理，罗国华对双江县教育局提起诉讼要求承担责任无事实及法律依据；故对于经结算罗国华应得的款项 2,499,154.40 元应由大理十二建公司支付。

一审判决：(1) 大理十二建公司支付罗国华工程款项 2,499,154.4 元及利息；(2) 驳回原告罗国华的其他诉讼请求。

判决后罗国华、大理十二建公司均不服，分别向云南省高级人民法院提起上诉。

罗国华上诉请求：(1) 改判大理十二建公司支付工程款 3,456,716.30 元；(2) 按照年利率 11%，从 2014 年 1 月 27 日起至款项付清之日止，支付资金占用费；(3) 判令大理十二建公司支付办公用品费用 39,425 元。

大理十二建公司上诉认为，工程实际由第三人罗七三进行施工，罗国华并非本案实际施工人，故无权主张工程款，故请求：撤销一审判决，改判大理十二建公司不承担付款责任。

二审认为，首先，大理十二建公司承包涉案工程后，其项目负责人吴良生与案外人杨斌共同将工程转包给罗国华，罗国华又将工程的"三通一平"挖方、填方、运土和零星工程交由罗七三完成，上述事实有各方当事人的一致陈述为证。大理十二建公司承包以及罗国华转包的工程虽为双江自治县民族小学、勐勐幼儿园整体搬迁项目建设工程，但工程实际履行的部分仅为工程中的"三通一平"挖方、填方工程和零星工程，除罗国华外，涉案各方当事人均确认已经履行的工程实际由罗七三施工完成。其次，罗国华所提交的证据中，与双江县教育局签订的各分项协议中加盖的是十二建项目部的印章，签证单中也并无罗国华的签名，罗国华陈述在签证单中"施工单位"处签名的人员系其聘用的人员，但未能提交相应证据，在其自行认可罗七三系以劳务分包方式完成了涉案"三通一平"挖方、填方工程和零星工程的情况下，罗国华所提交的证据不能证明其实际进行了涉案工程的施工。再次，一审委托春城司法鉴定中心作出的云春鉴〔2015〕建鉴字 185 号司法鉴定意见书中载明，罗国华与罗七三所完成工程量完全一致，只是在价款构成、单价标准和计价方式上不同，因此同样的工程量不可能由两个不同的主体完成施工。

最后，大理十二建公司与罗七三就涉案已完工工程在案外已经进行了结算，并有相应的付款行为，大理十二建公司已经针对实际施工的工程款项与罗七三之间进行了结算和处理。综上，罗国华未能提交充分证据证明其进行涉案工程的实际施工，无权主张工程款。一审法院认定罗国华为涉案已完工工程的实际施工人，并判决大理十二建公司支付工程款，缺乏事实依据，二审法院予以纠正。

二审判决：(1) 撤销一审判决；(2) 驳回罗国华的诉讼请求。

判决后，罗国华向最高人民法院申请再审，认为其是涉案工程实际施工人，故请求：撤销一审、二审判决，判令大理十二建公司支付工程款3,756,716.3元及工程款的资金占用费。

最高人民法院再审认为，首先，罗国华与吴良生、杨辉签订的《合作协议书》约定，由罗国华负责案涉项目的全额垫资施工，而非代替吴良生进行项目管理。罗国华在签订上述协议后即购买仪器、土方回填中的土石等材料，并聘请技术管理人员进场施工。再审中，大理十二建公司亦认可，罗国华为案涉项目垫付了人工工资及材料费。其次，施工过程中，大理十二建公司双江项目部与双江县教育局签订了《机械台班计价协议书》《临时道路施工协议书》等协议，上述协议不仅加盖有项目部印章，亦有罗国华签字。因此，大理十二建公司称其直至罗七三提出付款申请才知道罗国华的存在，与事实不符。最后，从大理十二建公司与罗七三签订的《付款协议》可看出，大理十二建公司知晓罗国华与罗七三之间有口头协议，大理十二建公司与罗七三之间的结算单价正是依据罗国华与罗七三之间口头协议的约定。综上，大理十二建公司承包案涉工程后，通过吴良生、杨辉将案涉工程转包给罗国华施工，罗国华又将工程劳务部分分包给罗七三施工，一审法院认定罗国华为案涉工程的实际施工人，并有权向大理十二建公司主张工程款是正确的。另一审法院对于工程款及资金占用利息的处理均无不当。

最高人民法院再审判决：(1) 撤销云南省高级人民法院二审判决；(2) 维持云南省临沧市中级人民法院一审判决。

案例评析

本案例涉及建设工程施工合同纠纷案件中实际施工人的身份认定问题。

基于我国对于建设工程施工企业资质管理的特别要求，工程实践中出现了大量没有资质的企业或者个人借用资质承接工程的现象。从维护社会稳定、保护农民工利益的角度出发，我国法律尝试突破合同相对原则，有条件地允许实际施工人可以作为原告提起诉讼主张工程欠款。《建设工程司法解释（一）》第26条第1款规定，“实际施工人以转包人、违法分包人为被告起诉的，人民法院应当依法受理”，这一规定虽然有限突破了传统民法理论上的合同相对性原则，但对于实际施工人合法权益的保护有积极意义。因此，在违法分包及非法转包情形下的无效施工合同纠纷中，实际施工人为追索工程款，可以作为原告依据其所签订的分包、转包合同以转包人、违法分包人为被告提起诉讼，也可以直接以发包人为被告主张权利。对于此类基于实际施工人的身份而提起的诉讼，司法实践中首先需要审查的是原告主体资格是否适格，即原告是否符合实际施工人的身份条件。施工是一个比较复杂的过程，对于实际施工人身份的认定，应结合合同的实际履行情况、施工的实际支配权、施工过程中的相关资料等因素综合审查确认，具体可以从以下方面进行审查：一是审查是否存在实际施工行为，包括在施工过程中是否存在组织人员施工、购买材料、支付工人工资等行为；二是审查是否参与转包合同或分包合同的签订与履行；三是审查是否存在收款和工程价款结算行为；四是审查相关施工资料由谁持有和控制。

本案中，罗国华所提供的证据能证明其与大理十二建公司签订了转包合同、组织罗七三等进行劳务施工、购买回填土施工所需的建筑材料、持有相关的施工资料等，因此，罗国华具有实际施工人身份，其作为原告提起本案诉讼的主体资格适格。

案例3
施工负责人或管理人不能以自己名义提起追索工程价款的诉讼
——环亚公司与医大四院、刘国力建设工程施工合同纠纷案[1]

基本案情

上诉人（原审原告）：黑龙江省环亚建筑工程有限公司（以下简称环亚公司）

被上诉人（原审被告）：哈尔滨医科大学附属第四医院（以下简称医大四院）

原审第三人：刘国力

2005年8月，环亚公司与刘国力共同对讼争医技楼工程前期管网改造。2005年10月17日，刘国力以环亚公司为其提供的公章与医大四院签订《建设工程施工合同》，约定由环亚公司对医技楼施工，2005年10月17日开工，2006年10月31日竣工，建筑面积为31,780平方米，地下1层、地上12层，工程价款77,000,000元……

《建设工程施工合同》签订后，刘国力以环亚公司名义进场施工，对外签订分包合同、接收工程款、缴纳各项税费、协助医大四院办理工程相关手续等。因环亚公司涉及税务问题，为保证工程正常进行，施工期间环亚公司成立了六分公司，单独设立账目，独立核算，刘国力独立管理工程。2006年7月，土建完工。2007年1月15日，工程竣工投入使用，但未办理竣工验收。刘国力以环亚公司名义与医大四院工程结算后报审计部门，核减后工程总价款105,481,571.87元。

2006年9月12日，环亚公司、刘国力和六分公司签订《协议书》约定："1. 医技楼工程全权由六分公司总承包，甲方（环亚公司）不参与管理；2. 由于施工需要甲方提供六分公司和刘国力公章和财务章，出现问题由六分公司和刘国力负责，工程结束，两枚章销毁……（5）六分公司对医技楼工程

---

〔1〕 参见最高人民法院（2009）最高法民一终字第75号民事判决书。

实行财务、税收独立，单独核算，自负盈亏。医技楼工程出现的一切法律责任，由六分公司和刘国力负责……（9）利润由三方签订合同，待工程审计后，双方再行分配。”

2007 年 1 月 10 日，因环亚公司向刘国力索要工程资料发生纠纷，环亚公司法定代表人冯玉辉书写协议，其中约定工程利润分配为刘国力六成，环亚公司四成，待工程款审计后，刘国力两日内返环亚公司应得利润。

2007 年 1 月 22 日，环亚公司与六分公司及中间人唐云川签订《协议书》，对双方后续结算、利润分成等作了约定。

环亚公司向黑龙江省高级人民法院提起诉讼，请求判令：医大四院支付工程欠款 51, 567, 671. 11 元及利息。

刘国力作为第三人参与了诉讼，并独立提起诉讼请求。刘国力主张其为实际施工人，医大四院应向其支付工程款，其与环亚公司应按协议书约定的比例分配工程利润，故请求判令：医大四院支付其工程款 15, 040, 162. 76 元，工程利润鉴定后按四六比例分配。

法院裁判

一审法院认为，医大四院与环亚公司签订《建设工程施工合同》前，环亚公司与刘国力已对工程前期管网改造，虽《建设工程施工合同》主体为医大四院与环亚公司，但根据环亚公司与刘国力于 2006 年 9 月 12 日及 2007 年 1 月 22 日签订的两份《协议书》约定，实际施工方为环亚公司与刘国力，即环亚公司及刘国力共同履行了《建设工程施工合同》，此承包方式非法律法规所禁止，《建设工程施工合同》合法有效。环亚公司仅对工程前期和地下基础施工，其他为刘国力组织施工，现环亚公司主张医大四院付全部工程款，超出了实际施工应得价款。刘国力作为共同施工人之以独立请求权第三人主张权利，有权就其施工的部分主张工程款。根据本案查明的事实，医大四院欠刘国力及环亚公司工程款 12, 001, 681. 69 元，环亚公司已取得 10, 262, 992 元，故医大四院应给付环亚公司 2, 737, 008 元；其他工程为刘国力组织施工，医大四院应付刘国力工程欠款 9,264,673.69 元，由刘国力付各分包单位。关于刘国力主张的利润分配问题，本案本诉标的为医大四院与环亚公司《建设工程施工合同》法律关系，标的为医技楼工程款。刘国力与环亚公司系合作法律关系，标的为工程利润。因此，环亚公司的主张与第三人刘国力该项主张，非同一标的及同一标的物，且刘国力与环亚公司往来账未结算，环亚公司亦不同意合并审理，刘国力可另行主张权利。

一审判决：（1）医大四院支付环亚公司工程款 2,737,008 元及利息；（2）医大四院支付刘国力工程款 9,264,673.69 元及利息；（3）驳回环亚公司的其他诉讼请求；（4）驳回刘国力其他有关医大四院给付工程款的诉讼请求。

判决后，环亚公司不服，向最高人民法院提起上诉，认为刘国力并非实际施工人，无权主张工程款，医大四院所有工程款应当支付给环亚公司，故请求撤销一审判决，依法改判医大四院支付环亚公司工程欠款 20,807,904.04 元。

二审法院认为，建设工程合同是承包人进行工程建设，发包人支付价款的合同。本案作为承包人环亚公司在完成医技楼项目前期管网改造工程后，与作为发包人的医大四院签订的《建设工程施工合同》，为双方当事人的真实意思表示，内容不违反法律法规的强制性规定，应认定合法有效。《建设工程施工合同》签订后，环亚公司陆续将安装、消防、水暖等后续工程分包给他人，并签订相关分包施工合同。各分包施工合同履行过程中，虽刘国力与环亚公司于 2006 年 9 月 12 日签订《协议书》约定，环亚公司不参与管理，出现问题由环亚公司的项目公司六分公司与刘国力负责，刘国力负责办理了工程的工程报审表、结算书报审表、工程结算报审表、工程概预算书等与施工相关的事项，但上述各类表格载明的刘国力，均为医技楼项目施工负责人或者管理人。事实证明，环亚公司为涉案《建设工程施工合同》，及分包施工合同的签约主体与义务承担主体。刘国力作为医技楼项目施工负责人，是依据环亚公司的意思表示从事负责施工管理，不符合《建设工程司法解释（一）》第 26 条实际施工人为转包人和违法分包人的承包人的条件。环亚公司关于刘国力不是实际施工人的上诉主张依据充分。一审判决认定刘国力为涉案项目工程的实际施工人，对工程款享有独立请求权，适用法律错误，法院予以纠正。此外，关于刘国力主张按其与环亚公司签订《协议书》约定的比例分配工程利润的问题，不属于本案审理的《建设工程施工合同》纠纷范围，刘国力可另寻途径解决。

最高人民法院二审判决：(1) 维持一审判决第 3 项、第 4 项；(2) 撤销一审判决第 2 项；(3) 变更一审判决第 1 项为：医大四院给付环亚公司工程款 20,807,904.04 元及利息。

案例评析

本案例涉及司法实践中如何正确认定实际施工人的身份问题，即注意避免实际施工人与项目管理者的身份混淆。

合同关系的相对性原则是合同规则和合同制度赖以建立的基础和前提，也是民法立法和审判实践必须遵循的一项重要原则。依据该原则，只有合同当事人可以就合同起诉和被诉。《建设工程司法解释（一）》第 26 条赋予实际施工人可以作为原告直接起诉发包人的权利，但是实践中对于该条款的适用应当注意：一是该规定的立意和宗旨，是为保护实际施工人利益而作出的特别规定，在一定意义上，主要是保护建筑业市场农民工的权益和利益而作出的特别规定；二是实际施工人的构成条件为：实际施工人与发包人之间没有合同上的权利义务关系，但与转包人及违法分包人之间存在转包或违法分包的无效合同关系，在此情况下，实际施工人依据无效合同关系，享有独立请求发包人支付工程款的权利。

从本案的情况来看，无论刘国力是以环亚公司提供的公章与医大四院签订施工合同，还是以环亚公司提供的财务章接收医大四院拨付的工程款和以环亚公司六分公司名义缴纳各项税费等事项，其所实施的都是医技搂项目施工管理行为，该行为非刘国力本人的意思表示。刘国力以环亚公司名义所实施的医技楼项目施工管理行为，源于环亚公司的意思表示。如同“直接代理是指代理人以被代理人的名义在授权范围内从事代理行为，代理的效果直接由被代理人承担”的道理一样，刘国力的行为之最终法律效果归于环亚公司。因此，刘国力不符合《建设工程司法解释（一）》第26条规定的“实际施工人”条件，不具有以自己名义向发包人主张工程价款的原告主体资格。

三、反诉与抗辩

民事诉讼中的反诉与抗辩，一直是争议较大的问题，也是建设工程施工合同纠纷案件审理中程序容易出现错误之处。正确认定案件审理中被告辩称主张的法律性质，是建设工程施工合同纠纷案件的程序审理要点之一。

（一）反诉与抗辩之标准厘定

通说认为，反诉是指被告向原告提出的，可以成为独立诉讼标的且能够吞并或排斥本诉原告的诉讼请求，其性质是一种独立的请求权。而抗辩是被告反驳原告诉讼请求的一种诉讼手段，其目的是排斥、延缓或阻碍原告的权利。反诉与抗辩在法律性质、目的、提出时间、诉讼地位、法律效果、处理方式等均有所不同。[1] 反诉是为了抵销或者吞并原告的诉讼请求或者使原告的诉讼请求失去意义，而抗辩则是被告针对原告的请求、事实、理由提出有利于己方的事实、证据和理由，以此否定原告的主张，维持自己的合法权益。

司法实践中，准确判断反诉或抗辩的标准主要有两方面：一是看被告的主张是否超越原告诉讼请求的范围；二是看被告是否具有独立的请求给付内容。如果被告的主张超越了原告的诉讼请求范围，且具有独立的给付内容，应认定为反诉，法院应向被告释明，被告坚持不提反诉的，对其主张不予处理并告其另行诉讼或以其他方式解决。反之，则定性为抗辩，由法院综合案件事实及诉讼证据作出判断，认定承包人的本诉诉讼请求是否应得到支持。另外，反诉与抗辩的司法后果也是不一致的，如果原告撤回本诉，则抗辩自

---

〔1〕 参见殷粟平：《反诉与抗辩的区别与认定》，载《人民法院报》2015年12月17日，第7版。

然终止，法院对被告的抗辩不再审理，案件审理终结；但如果反诉成立，原告撤回本诉不影响法院对于反诉继续审理并作出裁判。

（二）反诉与抗辩之情形区分

第一，涉双方违约问题。违约问题是合同纠纷的重要内容。在施工合同纠纷案件中，发包人以质量问题主动提起诉讼的现象相当少见，因违约问题引发反诉与抗辩争议的情形主要出现在承包人作为原告提起追讨工程价款及利息损失的诉讼中：一是追讨工程价款与工程质量问题的争执。发包人主张承包人的施工质量不符合约定标准，其拒付工程价款具有法律依据及合同依据。解决这一争议的核心是审查承包人的合同义务是否已履行完毕，即审查建设工程质量是否合格、承包人的诉讼主张是否满足法律规定的条件，由于发包人的主张只是抵抗承包人的诉讼请求，因此属于抗辩而非反诉。二是追讨工程价款与建设工程逾期竣工违约责任的争执。这是分属不同的两个违约行为，发包人提出这一主张，要求承包人承担工程逾期竣工的违约责任，该主张是一项独立的请求，其并没有否定应付工程价款的义务，而是认为承包人应承担的逾期竣工违约责任足以全部或部分抵销其支付工程款的义务，根据反诉与抗辩的区别标准，发包人的主张应属于反诉而非抗辩。三是追讨工程价款与工程质量赔偿的争执。对于承包人的工程价款主张，发包人要求承包人赔偿因建设工程的质量问题而带来的损失。如同前述的逾期竣工违约责任一样，发包人的该项主张也是独立的请求，发包人提出该主张目的是通过承包人承担工程质量的违约责任从而达到抵销工程价款的目的，因此，发包人的该项主张是反诉而非抗辩。

第二，涉合同效力问题。合同的效力是人民法院及仲裁机构依职权主动审查的范畴。根据最高人民法院发布的《全国法院民商事审判工作会议纪要》（以下简称《九民会议纪要》）的精神，在建设工程施工合同中，原告起诉请求确认施工合同有效并请求继续履行合同，对方主张施工合同无效的，或者原告起诉请求确认施工合同无效并返还财产，而被告主张合同有效的，法院应向原告释明变更或者增加诉讼请求，或者向被告释明提出同时履行抗辩，尽可能的一次性解决纠纷。[1] 因此，涉及施工合同的效力问题，并不需要被告提出反诉；即使施工合同被认定无效，法院一般会根据《民法典》关于合同无效原则对施工合同无效的后果一并处理，也不要求当事人提出反诉。

第三，涉合同解除问题。合同解除的性质是形成之诉并涉及解除合同后果的给付之诉，即原告诉请被告继续履行施工合同，被告主张合同解除权，或原告起诉请求解除合同，被告虽同意施工合同解除但主张应由原告承担合同解除的民事责任的，被告均应当以反诉的方式提出，作为一项独立的诉讼请求合并审理。[2]

案例4

发包人主张质量违约赔偿以抵销承包人工程款主张的应属反诉范畴

——第十一工程局与新安县政府建设工程施工合同纠纷案[3]

基本案情

上诉人（原审被告）：新安县人民政府（以下简称新安县政府）

被上诉人（原审原告）：中国水利水电第十一工程局（以下简称第十一工程局）

1995年10月15日，第十一工程局二分局与新安县公路建设指挥部（以下简称公路指挥部）签订《合同协议书》及《施工合同协议条款》，约定："1. 工程名称，新峪公路石井—峪里新建工程；工程内容，包括路基土石方、路面、桥涵、排水及防护工程等；开工日期1995年10月15日，完工日期1996年9月15日；2. 工程质量须符合设计标准，争创优良工程，对不合理的分项工程，承包商无条件返工，费用自理……5. 费用计算：如清单中有的项目按清单单价计算；清单中没有的项目按现行公路工程预算定额及预算编制

---

〔1〕 参见最高人民法院《九民会议纪要》第36条。

〔2〕 参见潘福仁主编：《建设工程合同纠纷》，法律出版社2015年版，第44页。

〔3〕 参见最高人民法院（2006）最高法民一终字第4号民事判决书。

办法编制预算……”该合同签订后，第十一工程局二分局即组织施工，于1996年10月31日竣工并投入使用，该工程经公路指挥部组织验收为优良工程。

1995年12月28日，第十一工程局二分局与公路指挥部签订《新安县许横公路工程改建承包合同书》，该合同约定：“1. 工程名称，新安县许横公路；工程内容，路基工程、路面工程、排水及防护工程；2. 本工程开工1996年1月1日，交工时间1996年6月30日，工期6个月；3. 承包方式为总价承包，费用一次包死，不得追加，若有变更，按变更通知书执行；工程造价，全部工程费用为230万元……”该合同签订后，第十一工程局已施工完毕，并交付使用。该合同变更后的价款为1,922,262元。上述两项工程完工后，公路指挥部已支付第十一工程局工程款35,596,522.21元。

1995年11月7日，新安县太北指挥部（以下简称太北指挥部）与第十一工程局二分局六处就杨坑路面K6+168－K6+888段15厘米碎石灰土基层施工达成协议一份，本工程采用大包干形式，费用一次包死，共计9万元整，不含税金、质保金。该协议还约定了其他事项。

1994年，太北指挥部与第十一工程局二分局签订《新峪路太北段改建工程施工承包合同书》一份，约定：“工程名称，新安县新峪路太北改建工程；开交工日期，1994年12月25日开工，1995年9月底交工；本工程采用大包干形式，路基工程总造价150万元……”

1995年2月19日，新安县新峪路石北工程指挥部（以下简称石北指挥部）与第十一工程局二分局签订了《新安县新峪路北冶至石井段路基工程施工承包合同书》一份，约定：“工程名称，新安县新峪路北石段路基工程；工程内容，路基工程；本工程1995年1月1日开工，交工时间1995年9月30日；本工程采用大包干形式，费用一次性包死，工程总造价350万元……”

2004年4月8日，第十一工程局向河南省高级人民法院提起诉讼称，上述工程均已投入适用，但第十一工程局多次要求与新安县政府进行工程决算，新安县政府以小浪底移民局工程费总价批准书未下达为由不进行结算，故请求判令：新安县政府支付第十一工程局工程款24,982,363.46元并支付逾期付款违约金。

新安县政府在答辩中指出，工程存在质量问题，新安县政府为此支出的修复费用第十一工程局应当予以赔偿。

一审审理期间，法院根据第十一工程局的申请，对其已施工完毕的石峪公路工程造价进行司法鉴定，司法鉴定结论为：第十一工程局已完工程造价58,748,817元。

法院裁判

一审法院认为，因本案所涉5份施工合同均为有效合同，在协议签订后，双方当事人本应按照合同的约定，本着诚实信用的原则，全面履行各自的合同义务。但新安县政府在第十一工程局依约履行完毕自己的施工义务后，未能及时支付剩余工程款，构成违约。新安县政府应支付第十一工程局剩余工程款，并应承担延期付款的违约责任，即剩余工程款的利息，具体工程款金额应按照司法鉴定结论作为依据。新安县政府不同意支付工程款的理由均不成立，不予采信。

一审判决：(1) 新安县政府支付第十一工程局工程款25,221,975.24元及利息；(2) 驳回第十一工程局的其他诉讼请求。

一审判决后，新安县政府向最高人民法院提起上诉称：(1) 原审法院对工程造价认定错误，新安县政府与第十一工程局签订的5份公路建设施工合同，全部约定工程价款一次包死，故工程造价不应以鉴定结论为依据；(2) 第十一工程局在施工中偷工减料，工程存在严重质量问题，新安县政府支出公路返修费用2,947,577.31元，另外由于第十一工程局不具备修建隧道及路面铺油的施工能力，没有相应的机器设备，新安县政府只得另请施工队施工，支付铺设沥青路面及隧道工程款5,076,699.9元，上述费用应当在工程款中予以扣减。请求二审法院依法进行改判。

二审法院查明：第十一工程局在网上公布的新安县政府欠款数额为1324万元。

二审法院认为：(1) 关于工程造价。本案中公路指挥部与第十一工程局二分局1995年10月15日签订的《合同协议书》《施工合同协议条款》，系双方真实意思表示，内容不违反法律、法规的禁止性规定，应当确认为有效。合同明确约定："以小浪底移民局批准下达的建安工程费总价承包。"双方履行合同过程中，未对该约定理解产生异议。由此表明，合同约定的"以小浪底移民局批准下达的建安工程费总价承包"为固定价格结算方式。固定价款是合同总价或单价在合同约定的风险范围内不可调整的价格。故一审法院依照第十一工程局的申请，委托河南省建设工程咨询公司鉴定，有悖当事人意思自治原则。二审法院对工程价款的认定予以纠正。(2) 关于新安县政府要求扣减质量维修费用。新安县政府上诉称第十一工程局施工的路段存在严重质量问题，其另行选择施工队伍对公路进行返修，支出返修费用2,947,577.31元，另外又支付铺设沥青路面和修建隧道工程款5,076,699.9元。由于新安县政府在一审时未就第十一工程局施工路段的工程质量问题提起反诉，二审不能予以合并审理。(3) 新安县政府已付第十一工程局的工程款超出了合同约定的建安工程费承包总价，故第十一工程局起诉要求新安县政府支付工程款及利息的请求，依据不足，不予支持；但鉴于本案合同履行过程中的具体情况，且工程已交付使用多年，根据公平原则，对于第十一工程局在网上公布的欠款数额1324万元，由新安县政府给予第十一工程局一半的补偿。

二审判决：(1) 撤销一审判决；(2) 新安县政府给付第十一工程局662万元补偿款。

案例评析

本案涉及建设工程施工合同纠纷审判实务中的一个程序性问题，在工程已经竣工并交付使用的情况下，发包人主张质量赔偿的性质属于抗辩还是反诉。

从反诉和抗辩的性质来分析，反诉是指被告向原告提出的，可以成为独立诉讼标的且能够吞并或排斥本诉原告的诉讼请求，其性质是一种独立的请求权。而抗辩是被告反驳原告诉讼请求的一种诉讼手段，其目的是排斥、延缓或阻碍原告的权利。从反诉和抗辩的目的来分析，反诉是被告针对原告提出的一种独立的诉讼请求，是一种积极的防御手段，原告撤回本诉也不影响法院对反诉的审理，因此，反诉的目的在于提出独立的诉讼请求，用以抵销、排挤原告的诉讼请求。而抗辩是被告提出事实、证据用以反驳原告的诉讼请求，是一种消极的防御措施，其依附于原告的主张而存在，原告一旦撤回起诉，则法院无须再对被告的抗辩继续审理，抗辩的目的在于使原告的请求失去存在的依据。

从本案施工实际来看，涉案建设工程已竣工验收合格并投入使用多年，故，新安县政府所提的质量异议不构成对支付工程价款的抗辩理由。从本案当事人的诉辩意见来看，新安县政府提出的因质量问题发生的维修费用，其性质属于要求承包人赔偿因工程质量问题所造成损失范畴，该部分主张属于独立的诉讼请求，并不依附于原告的本诉而存在，且新安县政府主张的维修费用所涉内容需要单独进行审查，与本诉部分的工程款并不具有直接关联性。因此，新安县政府所主张的质量赔偿事宜应属于反诉范畴，现其在一审、二审程序中均未提起反诉，故不能直接以工程质量异议来对抗承包人的工程款主张，法院对此不予处理是正确的。

四、建设工程施工合同纠纷案件中的刑民交叉问题

所谓刑民交叉案件，又称刑民交织、刑民互涉案件，是指案件性质既涉及刑事法律关系，又涉及民事法律关系，相互间存在交叉、牵连、影响的案件，或者根据同一法律事实所涉及的法律关系，一时难以确定是刑事法律关系还是民事法律关系的案件。[1] 目前理论界对刑民交叉案件如何处理已经有

---

〔1〕 参见何帆：《刑民交叉案件审理的基本思路》，中国法制出版社2007年版，第25~26页。

不少研究成果，尤其是研究民间借贷类刑民交叉案件的成果较多，但对于建设工程领域的刑民交叉案件的研究较少，司法实践中是采取“先刑后民”还是“先民后刑”，或者是“刑民并进”也有不同的做法。

（一）建设工程施工合同纠纷案件中涉刑民交叉的法律现象

从司法实践暴露出的问题来看，建设工程施工合同纠纷案件涉及刑民交叉案件的事实和现象主要有：

1. 偷盖公章伪造施工合同。这里主要有两种情形：一是施工人获知发包人欲对外发包工程，串通发包人的工作人员在施工人自己拟定的施工合同上盖章，然后在发包人与他人签约施工后提起诉讼，要求发包人赔偿不履行合同的违约责任和可得利益损失。二是发包人的工作人员私自与施工单位签订建设工程施工合同并偷盖单位公章，然后以发包人代理人的身份收取施工人的工程押金后携款逃逸。

2. 偷盖公章对工程结算价款予以确认。这是司法实践中出现最多的一类现象，一般是施工人串通发包人员工，在自己打印的工程结算单、签证单等能够证明发包人认可施工人工程量和工程价款的单据上加盖发包人的公章，并要求发包人按上述文件确定的工程价款数额支付。

3. 私刻公章并以他人名义对外发生经济纠纷。实践中，这类现象也主要分成两类：一是没有施工资质的施工人私刻有资质企业的公章、假冒该公司名义参加发包人的建设工程招标，中标后继续以该私刻公章签约并开展施工活动，之后施工人卷款离开，扔下“半拉子”工程，或在工程结束后不进行质量整改、不履行保修责任，导致发包人起诉被私刻公章的企业而案发。二是在挂靠施工过程中，挂靠人未经被挂靠人同意私刻公章，对外采购物品，工程结束后商品出售人起诉被挂靠人主张销售款，被挂靠人进行刑事报案引发。

4. 假冒签名领取“甲供材料”及工程款等。工程实务中，由于承、发包人的管理不善，致使承包人的员工在没有授权的情况下，假冒签名，以承包人名义从发包人处领取工程进度款或建筑材料牟私利，由此使发包人与承包人的工程材料款、进度款等对账不符，一方向公安部门报案而引发。

（二）建设工程施工合同纠纷涉刑民交叉案件的特点

1. 行为类型相对固定而集中。建设工程施工合同纠纷中，发生刑民交叉案件主要由偷盖公章、私刻公章或伪造及假冒签名等行为引发，涉嫌犯罪行为相对集中。

2. 罪名类型较多涉经济类犯罪。建设工程施工合同纠纷刑民交叉案件大部分涉及合同诈骗罪、侵占罪、伪造公司印章罪、伪造国家公文罪等罪名。

3. 案件专业性强且审理难度大。建设工程施工合同纠纷涉刑民交叉案件专业性强，办案人员普遍缺乏建设工程领域专业知识，增加了办案人员审理争议事实是否构成刑民交叉的审理难度。

4. 案件涉及面广且程序复杂。建设工程施工合同涉及标的额大，牵涉的利益除个人利益外还涉及集体和国家利益，如何处理好解决民事纠纷与追究犯罪的关系，也是其他刑民交叉案件的处理难以涉及的问题。

（三）审判程序中需把握的几个要点

《最高人民法院关于在审理经济纠纷案件中涉及经济犯罪嫌疑若干问题的规定》第 10 条规定，人民法院在审理经济纠纷案件中，发现与本案有牵连，但与本案不是同一法律关系的经济犯罪嫌疑线索、材料，应将犯罪嫌疑线索、材料移送有关公安机关或检察机关查处，经济纠纷案件继续审理。第 11 条规定，人民法院作为经济纠纷受理的案件，经审理认为不属经济纠纷案件而有经济犯罪嫌疑的，应当裁定驳回起诉，将有关材料移送公安机关或检察机关。刑民交叉案件，刑事部分的审理结果直接影响到民事案件的审理结果，故我们不能简单地按建设工程施工合同审理，而不追究犯罪嫌疑人的刑事责任，放纵了犯罪分子；也不能置民事主体的损失于不顾而驳回起诉，将案件直接移送公检部门处理，从而导致被害人的合法权益无法得到保护。具体而言，在审理涉建设工程施工合同纠纷刑民交叉案件时，应把握好以下几点：

第一，正确把握两个认定标准，即根据民事纠纷与刑事犯罪“是否属于同一法律事实”，“民事审判是否需以刑事案件的审理结果为依据”作为对涉刑民交叉案件的处理依据。

第二，如果已受理的案件实际上不属于民事纠纷而有犯罪嫌疑，根据相关规定应当裁定驳回起诉。如伪造施工合同并进行虚假诉讼以骗取高额违约金的情形，双方间并不存在契约关系，案件不属于民事纠纷，应将全案移送公安机关或检察机关处理。

第三，如果已受理的案件确属民事纠纷，但与刑事案件存在关联，需以刑事案件的审理结果为依据，应按照《民事诉讼法》的规定中止审理。如对工程价款结算单的效力认定，应根据刑事案件的审理结果作出判断。

第四，如果已受理的案件与刑事案件不属于同一法律事实，也无须以刑事案件的审理结果为依据，人民法院应将犯罪嫌疑线索、材料移送有关公安机关或检察机关查处，施工合同纠纷案件继续审理。如法院在审理中发现双方当事人在真实施工合同外，应发包人要求另外虚拟一份工程金额更高的施工合同，由发包人用于向银行申请贷款，发包人的行为可能涉及骗取贷款的犯罪行为，但该骗贷行为与双方间的施工合同履行纠纷不属同一法律事实，应将犯罪线索移送，民事案件继续审理。

第五，正确对待公安部门的函件。民事案件审理中发现案件涉刑民交叉可能源自两个方面：一是人民法院主动发现犯罪线索的情况，二是人民法院收到刑事案件办案机关的函告，被要求或建议中止民事案件的审理或将案件移送的情况。司法实践中，如遇刑事案件办案机关发函要求，人民法院应当认真审查，但不必然中止民事案件的审理。人民法院审查后，实质上仍需判断是属于民事纠纷还是刑事犯罪，根据“是否属于同一法律事实”“民事审判是否需以刑事案件的审理结果为依据”等标准，作出相应的处理。如果案件涉嫌刑事犯罪的，应将案件移送公安或中止民事案件的审理，如果案件与涉嫌的刑事犯罪不属于同一法律事实，也无须以刑事案件的审理结果为依据，应将审查的情况函告刑事案件办案机关，民事继续审理。

第四节 建设工程施工合同纠纷案件的实体审理要点

建设工程施工合同纠纷案件作为合同纠纷案件的一种分案由，其审理方法和程序与一般合同纠纷案件并无不同，但因建设工程的特殊性、建设工程施工合同纠纷案件所具有的专业性，因此在审理中需就一些特殊问题予以重视并认真审查。

一、审理建设工程施工合同纠纷案件应坚持的基本原则和审判理念

建设工程施工合同纠纷案件与社会公共利益、人民群众生命财产安全及社会稳定有密切关系，因此，在审理此类案件中必须摒弃就案论案的机械办案思维，要从大局的高度开展审判工作。笔者认为，在审理建设工程施工合同纠纷案件时要坚持以下基本原则和理念：

（一）坚持工程质量优先原则

“百年大计，质量第一”，建设工程涉及广大群众的生命安全、身体健康和财产权益，必须予以高度重视。目前建筑市场管理不规范，竞争激烈，围标串标现象严重，无资质承包、违法分包、非法转包等现象时有发生，一些施工者降低施工成本、偷工减料，导致工程质量不高。提高建设工程质量是一项系统工程，而人民法院的审判工作对于规范施工行为、提升施工质量应起到有力的督促作用。第一，严格审查工程质量标准。对于国家强制性标准，要严格适用；对于司法鉴定部门作出的工程造价鉴定和工程质量鉴定，要严格审查鉴定的方法和适用的标准是否符合合同约定和国家强制性标准，对于没有国家标准的，要审查是否符合建筑行业标准和惯例。第二，对于违反建设工程质量规范的合同效力要慎重认定。要严格依据《建设工程司法解释（一）》《建设工程司法解释（二）》《建筑法》的规定认定施工合同效力，堵塞当事人钻法律空子的余地。第三，严格把握施工质量合格与否与取得工程价款间的关系。无论施工合同有效与否，施工人获得工程价款的前提是施工

质量合格，对于施工人主张工程价款的诉讼请求进行审查的同时应审查施工义务履行情况、施工质量合格的相关证据，两者不能偏废。

（二）坚持各方当事人平衡利益原则

一般而言，建设工程耗资巨大、建设周期长、施工复杂，施工过程中发生一些意外事件也在所难免，建筑业又是微利行业，因此对于建设工程施工合同纠纷的处理要注意平衡各方利益，防止判决导致利益失衡。一是要合理确定违约金数额及违约金比例。《民法典》第585条第2款规定对于当事人约定的违约金可以根据损失情况适当调整，人民法院在审理建设工程施工合同纠纷时，认定违约金过高或过低要考虑行业特点，体现出微利行业与暴利行业计付违约金标准的差异，司法实践中也经常发生施工人因工程逾期竣工而承担了高额违约金，导致建筑工人的正常工资收益受到影响，引发维稳事件，这样的处理效果就很差。二是要有条件地适用情势变更原则。在建筑材料、人工价格暴涨暴跌时，一概适用合同约定的固定价而不做调整，对双方都是不公平的，客观上也迫使施工人偷工减料、以次充好来降低成本，给施工质量带来重大安全隐患，有条件地适用情势变更原则可以更好地平衡各方利益。三是要保护实际施工人的利益。实际施工人合法利益受损，会直接造成拖欠农民工工资的现象，因此要通过突破合同相对性原则加以平衡和保护。[1]

（三）坚持诚实信用原则

建设工程的施工、结算、保修等环节情况复杂，需要合同双方相互配合、相互信赖。在审理建设工程施工合同纠纷案件中，坚持诚实信用原则主要体现在：第一，坚决制裁诉讼不诚信行为。对于当事人滥用举证权利，伪造、提供虚假证据、故意隐瞒对方真实地址蒙骗法院缺席审理等，要依据《民事诉讼法》的规定坚决予以制裁；对于滥用管辖异议权及司法鉴定申请权利以

---

〔1〕参见《建设工程司法解释（一）》第26条，《建设工程司法解释（二）》第24条、第25条的规定。

拖延诉讼进程等，法院应在查明事实的基础上迅速作出处理，不能让不诚信的当事人获得额外的利益。第二，法院行使审判权也要坚持诚实信用原则。在审理过程中，人民法院应当根据合法、自愿的原则组织调解，不能强迫当事人达成调解协议；法院不能随意依职权启动司法鉴定程序使审理周期延长；对于当事人诉前达成的各类协议，在确认合法有效的基础上正确作出认定。

二、建设工程施工合同纠纷案件的审理重点和技巧

作为合同类案件的一种，审理建设工程施工合同纠纷案件，一般而言应从合同效力审查、合同条款审查、当事人履行义务审查、当事人诉辩主张的审查、违约责任的承担等五个方面展开。基于建设工程施工合同纠纷案件的特殊性，笔者认为，在做好上述五项环节审理工作的同时，还需有针对性地对一些重点问题和特殊环节进行审查。

（一）合同效力的审查

合同效力的审查是建设工程施工合同纠纷案件的重点。建设工程有其特殊性，违法分包、非法转包、挂靠、串标等现象在工程实务中大量出现，无效合同在建设工程施工合同纠纷中占比较高，因此，加强对合同效力的审查是此类案件审理的第一要务。对于施工合同效力的审查，主要从以下几方面进行：

1. 审查履行招投标程序是否规范

对于建设工程是否属于必须招投标范围是首先应予以审查的内容，在此基础上进一步审查施工合同的签订有无履行招投标手续，是否存在串通投标、骗取中标、违规谈判等事实，据此对合同的效力作出认定。

2. 审查建设工程是否取得规划审批手续

这里的规划审批手续应特指建设用地规划许可证和建设工程规划许可证。如果发包人未取得上述行政许可而与承包人签订的施工合同，违反了法律、法规的效力性强制性规定，所签订的建设工程施工合同应为无效。与此同时，尚需审查发包人未取得上述行政许可的原因，如果发包人能够办理审批手续

而未办理，并以未办理审批手续为由请求确认建设工程施工合同无效，应不予支持。

3. 审查承包人的施工资质情况

一是审查承包人是否具有与建设工程规模相匹配的建筑施工企业资质，以判断是否存在超越资质等级承揽建设工程项目的事实。二是审查是否存在没有资质的实际施工人借用有资质的建筑施工企业名义签订施工合同的事实，尤其要重点审查承包人背后是否存在挂靠现象。三是排除例外情形。实践中存在一些临时建筑等不需要承包人具有施工资质，需审查建筑物的特点并分别作出合同效力认定。

4. 审查是否存在肢解发包、违法分包或非法转包事实

对于建设工程分包合同要注意审查分包人的施工资质问题以及分包是否经得发包人同意等事实，要区分指定分包、专业分包、劳务分包与一般违法分包的区别。对于非法转包的审查须注意区分与企业内部承包合同的区别，特别是对名为企业内部承包合同实为非法转包或出借施工资质的情况要加强审查，正确作出认定。

（二）工程价款结算标准的审查

建设工程施工合同纠纷占比最大的案由就是工程欠款纠纷，而解决纠纷的前提是对于工程结算价款的正确认定，这必然涉及对结算标准的审查。

1. 正确认定合同价格条款的性质

这里所指的价格条款是从宽泛意义而言的，特指能够确定工程结算价款的约定条款。通过审查区分固定价格合同还是暂定价合同，对于固定价合同还要区分是固定总价合同还是固定单价合同，并审查合同约定的价格调整范围和适用前提条件；对于暂定价合同价格条款的审查，要正确认定结算计价标准，区分是适用工程定额计价标准还是工程量清单计价标准等。

2. 加强对合同附件的审查认定

施工合同附件主要包括中标通知书、投标书及附件、标准、规范及有关技术文件、图纸、工程量清单、工程报价单或预算书、双方有关工程的洽商、

变更等书面协议等。在施工合同对于工程价款结算标准、工程范围等约定不明时，应根据施工合同规定的优先解释顺序对合同附件进行审查，并结合施工合同上下文内容作出正确认定。

3. 正确认定合同约定的工程范围

施工合同对于工程范围的约定虽然从性质上说不属于价格条款，但是与工程总造价的确定密切相关，工程范围的大小决定了工程价款的高低。工程范围的认定，尤其在固定价合同中对于签证工程的认定、工程量的计算及价格调差等，具有十分重要的意义。

（三）建设工期的审查

工期的确定在建设工程施工合同纠纷案件中具有重要意义，它是判断承包人是否逾期竣工而应承担违约责任的依据，也是认定超过合同约定工期期间的工、料、机价格上涨损失的依据，还有助于对停、窝工损失的计算。

对工期的审查主要涉及两方面的情形：

1. 正确认定开、竣工日期

建设工程施工周期长、施工行为受外界各类复杂因素影响大，在各种不同情形下的开、竣工日期是不一致的，需结合不同的证据及案件客观事实予以认定。比如，先于施工许可证颁发日前进行施工的，开工日从何起算；工程完工后发包人没有组织验收即投入使用，如何确定竣工日期等。

2. 正确认定工期顺延的原因及责任分担

施工过程中造成工期顺延的原因是多方面的，既有承包人施工不当或施工能力的问题，也有发包人设计变更、增加工程量增加、未按约支付工程进度款等原因。此外，施工过程中是否存在意外事件或不可抗力影响正常施工，也是需认真注意审查的内容。正确审查、认定工期顺应的原因，有助于对工程逾期竣工违约责任及停、窝工损失的认定。

（四）工程质量异议的审查

工程质量争议是建设工程施工合同纠纷案件的又一重要内容，工程质量合格与否影响到承包人主张工程款的条件是否成就，影响到双方违约责任的认定。对于工程质量争议的审查主要做好以下几方面的工作：

1. 正确认定建设工程施工质量

司法实践中涉及工程质量争议的诉讼，往往存在于承包人提起工程欠款诉讼中，由发包人提起反诉或抗辩。发包人提出工程质量异议的目的，可能确实存在工程质量问题需要予以解决，也有可能是发包人为了拖延诉讼进程、减少支付工程款的一种诉讼技巧。对于工程质量的认定，首先要审查建设工程的现状，是已通过竣工验收还是处于在建未完工状态；其次应认真审查发包人就质量问题所提供的证据，予以初步认定，必要的时候可通过现场勘查、委托质量鉴定等方法对工程质量作出结论。

2. 正确认定发包人提出工程质量异议的性质

对于发包人所主张的工程质量问题，应对质量问题的性质作出认定，判断是属于质量整改还是质量保修，因此需审查建设工程是否通过竣工验收，或者发包人是否已占有使用。已通过竣工验收合格的，属于承包人的保修责任范围；未通过竣工验收的，则属于承包人的质量整改范畴，两者对于发包人付款条件的影响是不一样的。如果发包人已擅自占有使用的，在具体审查过程中还需注意审查发包人实际使用的工程部位、事后是否实际组织了竣工验收等。

3. 正确认定工程质量缺陷责任的承担主体

一项建设工程包含发包人、勘察单位、设计单位、施工单位和监理单位的全部工作，任何一方的工作瑕疵均可能导致工程质量缺陷，并非建设工程存在质量问题均归责于承包人。因此对于工程质量争议的审查，需查明造成建设工程存在质量问题的原因，区分并正确认定责任承担主体。

4. 正确认定工程质量缺陷的法律后果

一般而言，对于竣工验收合格工程，承包人承担的保修责任包括修理、返工或改建等，承包人拒绝履行保修义务的，发包人有权委托他人予以维修，相应的费用由承包人承担；对于未能通过验收合格的建设工程，应判令承包人限期整改，承包人拒绝修复或修复后仍不合格的，发包人有权请求解除合同并有权不支付工程款，由此造成发包人损失的，承包人应予以赔偿。

（五）司法鉴定工作的审查

司法鉴定活动在建设工程施工合同纠纷案件的审理中经常被运用，已成为一种常态，由此也造成了审判任务加大、审理期限延长。因此，加强对司法鉴定工作的审查，也是必须予以充分重视的一个环节。

1. 依法审查司法鉴定申请

开展司法鉴定活动是为了帮助法院解决专门性的技术问题，是否需要启动司法鉴定程序，应根据审理案件的需要而决定。因此，必须结合案情及审理的需要审查当事人的司法鉴定申请，避免司法鉴定被当事人用作拖延时间的工具。

2. 正确认定鉴定材料

一是及时固定鉴定材料。在委托司法鉴定后，应及时限定双方当事人围绕司法鉴定的要求提供相应的证据材料。二是正确认定鉴定材料。应及时组织双方对证据材料进行举证、质证，在此基础上予以正确认定。只有通过质证并被法院认定的证据材料才能用于司法鉴定，防止“以鉴代审”，由司法鉴定部门来认定鉴定所需材料。三是鉴定过程中对于一方当事人不配合提供证据的，法院应及时督促并释明举证不利的法律后果。四是鉴定过程中需要进行现场勘查的，应由法院组织双方当事人及鉴定单位去现场实地勘察，并做好勘查报告。

3. 加强对司法鉴定报告的审查

一是严格审查司法鉴定人员的资质及鉴定程序的合法性。法院应认真审查司法鉴定机构及鉴定人员的资质证书与所鉴定项目的匹配性，尤其要注意审查鉴定报告上签章人员与实际鉴定人员的一致性。根据对司法鉴定程序合法性审查的结果决定是否采信鉴定意见。二是司法鉴定初稿完成后，法院应及时与双方当事人沟通，听取意见，并要求司法鉴定单位根据当事人的异议完善鉴定报告。三是做好司法鉴定报告的庭审质证工作，应允许当事人委派专家辅助证人出庭对司法鉴定报告发表意见。为了质证需要，法院可以要求司法鉴定人员出庭接受询问。四是根据庭审质证情况并结合案情独立作出认定，避免不做取舍的一概认定、采信司法鉴定意见。

（六）违约责任的审查

对于建设工程施工合同纠纷案件的违约责任审查，与一般的合同纠纷审查基本一致，根据案件特点，需把握好以下几方面：

1. 正确认定违约金数额或计算比例

对于违约金数额或计算比例的确定，应在尊重合同约定的前提下充分考虑不同行业的特点，尤其要兼顾考虑建筑业属微利行业的特点，体现利益平衡。

2. 正确区分欠款利息与违约金的不同性质

因双方未能完成结算，故发包人没有按约支付工程价款的行为不能轻易认定为违约，但是利息的性质属于法定孳息，与违约金的性质不同，并不因发包人没有违约而免除支付欠款孳息的义务，否则将构成不当得利。

3. 正确认定无效施工合同的过错责任与损失间的因果关系

施工合同无效，违约金条款亦无效，故对于一方的损失不再适用违约金条款。对于无效施工合同的损失赔偿认定，一要正确审查因无效而给当事人带来的损失范围；二要正确认定并区分过错责任；三要正确认定当事人的过错责任与损失间的直接因果关系。

第二章 建设工程施工合同的效力

在建设工程领域，为建筑工程安全和质量计，我国建立了严格的建设工程质量监管机制，即对建筑业施工企业进行资质管控的同时强化建设工程招投标管理。建筑市场的准入条件较高，由此在利益驱动下，种种规避法律监管的现象层出不穷，无效合同大量出现。本章试对司法实践中常见的各类施工合同效力认定及法律应对做一剖析。

第一节 几种常见无效建设工程施工合同的分析认定

合同性质及效力认定是审理建设工程施工合同纠纷案件的基础。所谓无效合同是指合同虽然已经成立，但因其在内容上违反了法律、行政法规的强制性规定或者社会公共利益而无法律效力的合同。[1]《民法典》第 146 条、第 153 条及第 154 条对于无效民事法律行为作出了规定，这是衡量合同无效一般意义上的规定，对于建设工程施工合同的效力问题，《建筑法》、《招标投标法》及最高人民法院司法解释均作了明确规定，根据法律规定并综合司法实践的情况分析，建设工程施工合同无效情形主要集中在以下几类。

一、因违反招标投标领域法律、行政规定而无效

招标、投标方式是订立建设工程施工合同的基本方式，为了贯彻《招标

---

〔1〕 参见王利明：《合同法研究》（第 1 卷），中国人民大学出版社 2002 年版，第 628 页。

投标法》关于强制招投标、规范招投标的要求，根据《建设工程司法解释(一)》第1条第3项的规定，建设工程必须进行招标而未招标或者中标无效的，施工合同无效。此类合同无效的原因包括两方面，一是必须招标而未招标，二是中标无效。

（一）必须招标而未招标

对于必须招标的建设工程项目，如果发包人未通过招投标程序而直接与承包人签订了建设工程施工合同，该施工合同应为无效。对于必须招标的建设工程项目范围，应从建设工程项目的性质、资金来源、投资规模等方面作出认定。

1. 必须招标的建设工程项目范围

《招标投标法》第3条第1款对必须进行招标的建设工程项目作了列举式规定，即大型基础设施、公用事业等关系社会公共利益、公众安全的建设项目，全部或者部分使用国有资金投资或者国家融资的项目，使用国际组织或者外国政府贷款、援助资金的项目。对于上述项目的规模和范围，《招标投标法》第3条第2款授权国务院发展计划部门会同国务院有关部门制定具体范围和标准。2018年3月27日，国家发展和改革委员会（以下简称国家发改委）颁布了最新的《必须招标的工程项目规定》（2018年国家发改委令第16号），同年6月6日又颁布了《必须招标的基础设施和公用事业项目范围规定》(发改法规〔2018〕843号)，上述行政规章规定必须招投标的建设工程范围，概括起来大致包括：（1）全部或者部分使用国有资金投资或者国家融资的项目包括：使用预算资金200万元人民币以上，并且该资金占投资额10%以上的项目；使用国有企业事业单位资金，并且该资金占控股或者主导地位的项目。（2）使用国际组织或者外国政府贷款、援助资金的项目包括：使用世界银行、亚洲开发银行等国际组织贷款、援助资金的项目；使用外国政府及其机构贷款、援助资金的项目。（3）非前述资金投资的大型基础设施、公用事业等关系社会公共利益、公众安全的项目。（4）前3项所涉建设项目的施工单项合同估算价在400万元人民币以上；重要设备、材料等货物的采购，单项合同估算价在 200 万元人民币以上；勘察、设计、监理等服务的采购，单项合同估算价在 100 万元人民币以上。

司法实践中需注意以下几项例外情况：

第一，采取 PPP 模式的政府采购工程可以不进行招标。

依据《财政部关于在公共服务领域深入推进政府和社会资本合作工作的通知》（财金〔2016〕90 号）第 9 条的规定，“对于涉及工程建设、设备采购或服务外包的 PPP 项目，已经依据政府采购法选定社会资本合作方的，合作方能够自行建设、生产或者提供服务的，按照《招标投标法实施条例》第九条[1]规定，合作方可以不再进行招标”。据此，涉及 PPP 模式的政府采购建设工程，如果符合上述规定的，可以不进行招标。

第二，涉及“一带一路”建设工程中的国际标工程可以不进行招标。

由于不同法域的规定不同，实践中不完全采用强制招投标的相关标准，因此对于此类国际建设工程施工合同纠纷案件的审理，不以建设项目是否属于必须招投标范围对合同效力作出认定。

第三，商品住宅建设项目不属于必须招投标范围。

《工程建设项目招标范围和规模标准规定》（原国家计委 2000 年第 3 号令）第 3 条明确把“商品住宅”项目纳入“关系社会公共利益、公众安全”范围，明确规定“商品住宅”项目必须公开招标；国家发改委于 2018 年废止了前述规定并另行发布了《必须招标的工程项目规定》及《必须招标的基础设施和公用事业项目范围规定》，该规范性文件的制定得到了《招标投标法》的授权，具有法律效力，新规定将商品住宅建设项目从强制招投标的范围中移出，不列入必须招投标范围，故虽商品住宅建设项目的施工合同未履行招投标手续，施工合同依然有效。

2. 招标的方式

根据《招标投标法》第 10 条的规定，我国法律对于招标方式仅规定了公

---

〔1〕 根据《招标投标法实施条例》第 9 条第 1 款第 3 项的规定，已通过招标方式选定的特许经营项目投资人依法能够自行建设、生产或提供的项目，可以不进行招标。

开招标和邀请招标两种方式，不包括“议标”。公开招标又称竞争性招标，是指招标人在公开媒体上刊登招标公告，吸引众多企业参加投标竞争，招标人从中择优选择中标单位的招标方式。邀请招标是招标人在监督部门的监督下，随机选择 3 家以上符合条件的特定潜在投标人，向其发出投标邀请的一种招标方式。邀请招标属于有限竞争性招标，也称选择性招标，是招标投标两种方式之一。所谓“议标”是国外招投标法中的一种概念，招标人不发布招标公告，而直接与自己比较了解的潜在几个投标单位商讨，并确定中标人。工程实务中，除了公开招标和邀请招标外，还存在较多的“直接发包”的签约模式，即发包人直接选定特定的承包人，与其进行直接协商谈判，对工程建设达成一致协议后，与其签订建筑工程承包合同的发包方式。直接发包方式只适用于少数不采用招标方式发包的建设工程。

（二）中标无效

中标无效的本质是违法招标、投标。《招标投标法》第 43 条、第 50 条、第 52 条、第 53 条、第 54 条、第 55 条、第 57 条规定了导致中标无效的 6 种情形，具体表现为：招标人或其代理机构与投标人恶意串通，泄露标底；投标人串通作弊骗标或哄抬标价致定标困难或无法定标；招标人与个别投标人恶意串通、内定投标人；招标人与投标人就实质性内容进行谈判，影响中标结果；招标人自行确定中标人等。因中标无效而签订的施工合同，应认定为无效。实践中最常见的无效中标就是“明招暗定”，其主要特征表现为，虽然从外部形式上看招标人与投标人通过招投标程序而签订了施工合同，但事实上双方在投标前已就施工合同实质性内容进行了谈判磋商，也就是通常所说的“招标前已内定了中标人”，由此影响了中标结果，也破坏了招投标程序所应坚持的公平、公正、公开的竞争秩序，据此所签订的施工合同，应认定为无效。这种“明招暗定”导致中标无效的范围是否仅限于必须招投标项目，实践中争论一直很大，《建设工程司法解释（二）》第 9 条盖棺定论，规定只要当事人自愿就建设工程项目进行了招投标，就应当受到招投标法律、法规和规章的约束，就应当遵守公开、公平、公正、透明的招投标原则，否则将会破坏正常的市场竞争秩序。因此，对“明招暗定”下的中标合同效力作否定性评价同样适用于非强制性招标项目但当事人履行了招投标程序的项目。

除了上述中标无效的内容外，本着“百年大计，质量为本”的原则，对于当事人在中标合同中违反工程建设强制性标准、任意压缩合理工期、降低工程质量标准的约定，亦应认定无效。[1]

值得探讨的是，《招标投标法》第 33 条规定，投标人不得以低于成本价的报价竞标，如果投标人以低于成本价参与投标的行为未被招标人及评标人否决，由此而签订的中标合同效力如何，实践中亦有争议。有观点认为：中标合同约定的工程价款低于成本价的，建设工程施工合同无效。[2] 该观点在司法实务界有一定的市场，对此，笔者不予认可，理由是：

第一，根据《招标投标法》第 33 条的规定，“投标人不得以低于成本的报价竞标”，根据《招标投标法实施条例》第 51 条的规定，投标报价低于成本或者高于招标文件设定的最高投标限价的，评标委员会应当否决其投标，在招标人的评标委员会没有否决承包人的投标情形下，上述两项法律、行政法规均未直接规定该中标价格是否无效。《招标投标法》其他条款规定了多种中标无效情形，但低于成本价中标不在其列。因此，对于低于成本价的投标，上述法律赋予了招标人的评标委员会否决投标的权力，对于评标委员会没有否决的投标价，法律没有再去确认无效之必要和意义。

第二，对于低于成本价的判断标准，因每个投标人的管理水平、技术能力与条件不同，即使完成同样的招标项目，其个别成本也不可能完全相同，所以应依据个别成本作为判断成本价的依据，而非社会平均成本。[3] 但是如何认定投标人的投标价低于企业个别成本，不仅评标人无法判断，法院也难以认定，大动干戈地通过司法鉴定去查证投标价是否低于企业个别成本以对

---

〔1〕 参见最高人民法院发布的《第八次全国法院民事商事审判工作会议（民事部分）纪要》（以下简称《八民会议纪要》）。

〔2〕 参见《江苏省高级人民法院建设工程施工合同案件审理指南》(2010 年)。

〔3〕 参见最高人民法院（2015）民提字第 142 号民事判决书，载中国裁判文书网：http：//wenshu. court. gov. cn/website/wenshu/181107ANFZ0BXSK4/index. html？ docId = 24662418e0894fd9a586dd06a905b028，最后访问日期：2020 年 2 月 18 日。

合同效力作出认定，客观上也难以执行和落实。

第三，当投标人故意以低于成本价投标报价并中标，工程竣工后又以低于成本价违规为由主张合同价格条款甚至整个合同无效，如果裁判者支持其主张，认定施工合同无效，并对合同价格予以调增，既鼓励投标人低价投标、中标后“坐地涨价”的背信心态，也扰乱了招投标市场。

第四，至今未见具有说服力的实证数据表明，合同价格的高低与工程质量的高低具有必然的因果关系。工程实务中建设工程成本高于甚至远高于施工合同价并不少见，通常亦均不会认定相关行为或者合同条款无效。

第五，如果中标施工合同约定的工程价款低于成本价无效这一规则得到确认，直接发包的施工合同是否也应按此规则认定合同效力？如果以“质量优先”名义推广至直接发包的施工合同，与尊重当事人意思自治原则相悖；如果直接发包的施工合同不予适用，则与确立该规则的立法目的与宗旨不相符。

综上，对于低于成本价的合同价格条款的效力，应以有效认定为一般原则，以无效认定为例外情况。由于承包人投标报价的故意或者过失的原因，导致中标合同价低于其成本价时，相应的法律后果理应由承包人自己承担。

二、因违反建设工程审批手续而无效

工程建设项目的开发建设，是一个从立项到竣工验收的漫长动态过程。按照法律、法规的规定，项目建设过程中必须取得“四证”，即建设用地规划许可证、土地使用权证、建设工程规划许可证和施工许可证，而该“四证”的取得与否会对建设工程项目开发建设过程中形成的建设工程施工合同的效力产生影响，这也是审查施工合同效力的一个重要考量点。根据《建设工程司法解释（二）》第2条第1款的规定，“当事人以发包人未取得建设工程规划许可等规划审批手续为由，请求确认建设施工合同无效的，人民法院应予支持”。对于“建设工程规划许可等规划审批手续”的理解和掌握，从《城乡规划法》等法律法规的规定来看，应该仅指建设用地规划许可证和建设工程规划许可证，若建设工程施工合同所涉工程项目没有取得该两项行政许可，应认定为施工合同无效。

（一）未取得建设用地规划许可证的施工合同无效

建设用地规划许可证是城乡规划行政主管部门确认建设项目位置和范围符合城乡规划的法定依据，是建设单位合法用地的法律凭证，也是“四证”中应当申领的第一证。根据《城乡规划法》第38条的规定，房地产开发企业在以招拍挂等方式取得土地使用权，签署土地使用权出让合同后，首先应当向城乡规划主管部门申领建设用地规划许可证。虽然该条没有具体规定未取得此许可证时所签署的施工合同无效，但若在未取得此许可证时认可施工合同的效力，将导致土地利用的混乱，并严重损害国家利益和社会公共利益。故按照《民法典》第153条的规定，应当认定据此签署的施工合同无效。另外，根据《城乡规划法》第39条的规定，“规划条件未纳入国有土地使用权出让合同的，该国有土地使用权出让合同无效”。这也说明，若无相应的规划作为前提条件和基础，则会导致签署的土地使用权出让合同无效，同样的逻辑，规划条件本来也是建设用地规划许可证取得的事实基础，故未取得建设用地规划许可证的，也必然导致建设工程施工合同的无效。

（二）未取得建设工程规划许可证的施工合同无效

建设工程规划许可证是有关建设工程符合城市规划要求的法律凭证，是建设单位（房地产开发企业）进行建设工程的合法凭证，是建设活动中接受监督检查时的法定依据，取得建设工程规划许可证属于效力性的强制性规定。实践中，未依法取得建设工程规划许可证或者未按照建设工程规划许可证规定内容建设的房屋及建筑物，一般被称为“违法建筑”。故在房地产开发企业未取得该许可证的前提下，签署的建设工程施工合同应属无效。

（三）未取得土地使用权证不影响施工合同效力

土地使用权证是房地产企业拥有建设用地使用权权属的合法权利凭证。房地产开发企业在通过土地招拍挂或其他形式取得建设用地使用权后，土地使用权证的取得，仅仅是一种对房地产开发企业土地使用权权利的“登记”和“确认”行为，未申领土地使用权证，其后果是建设工程在竣工验收后申请物权登记时形成障碍，但这并不影响建设工程施工合同本身的效力。

（四）未取得建筑工程施工许可证不影响施工合同效力

建筑工程施工许可证是建筑施工单位符合各种施工条件、允许开工的批准文件，是建设单位进行工程施工的法律凭证。就其性质而言，颁发施工许可证，是建设行政主管部门审查建设单位或者承包单位是否具备法律规定的建设或者施工条件的一种行政管理和监督手段，该许可具有行政管理的性质，如果建设单位或者施工单位违反该管理规定，应当受到相应的行政处理。因此，施工许可制度应属于管理性规范，而不是影响合同效力性的规范。从时间流程看，先签订施工合同，再申领施工许可证，故施工许可证的颁发与否，不影响施工合同的效力。

（五）行政审批通过时间影响施工合同的效力认定

需要指出的是，未取得建设用地规划许可证和建设工程规划许可证的，《建设工程司法解释（二）》赋予了发包人补正的机会，即在当事人起诉前取得行政审批手续的，不影响施工合同的效力。因此，行政审批的通过时间也影响建设工程施工合同的效力认定，司法实践中对此需要注意审查。

案例5
未取得建设工程规划许可证的施工合同无效
——王远兴、赵秋桂与华都公司建设工程施工合同纠纷案[1]

基本案情

再审申请人（一审被告、反诉原告，二审上诉人）：王远兴

〔1〕参见最高人民法院（2014）民申字第2022号民事裁定书。

再审申请人（一审被告、反诉原告，二审上诉人）：赵秋桂

被申请人（一审原告、反诉被告，二审上诉人）：湖北华都建筑有限公司（以下简称华都公司）

王远兴、赵秋桂是夫妻关系。王远兴拟建泽林镇佳园新村项目。2011年12月31日，王远兴、赵秋桂收取华都公司工程质保金200,000元。2012年1月12日，王远兴与华都公司签订《建筑安装施工合同》，约定："1. 工程概况：工程名称为佳园新村商住楼，工程地点在湖北省鄂州市鄂城区泽林镇江碧大道，结构层数为框架17层，建筑面积为18,842.64平方米。2. 承包范围及施工方式：（1）承包方式：采取包工包料，包工期，保质量，包安全的承包方式；（2）承包范围：除水电、铝合金、门窗、电梯消防，凡属本工程设计图纸范围内，均属承包范围之内……3. 结算依据及办法：（1）包干价格以810元/平方米计算（不含附属工程和配套工程），按国家有关规定计算建筑面积；（2）以2011年12月的材料信息价格为准，若材料人工涨跌超过5%，单价应作相应调整；（3）属王远兴分包的工程，由分包单位支付分包总价1%的配合费用给华都公司。基础、支护所发生的一切费用均由王远兴负责。"合同另对违约责任、质量要求等内容进行了约定。

合同签订后，华都公司组织人员进场施工。其间，因王远兴存在违建行为，鄂州市城管局泽林城管中队分别于2012年1月9日、2月26日作出违法建设停工通知书，责令王远兴停止违建行为，办理规划许可手续。

2012年3月，佳园新村地基基础工程完工。2012年3月15日，佳园新村地基基础工程验收，华都公司自检合格，并在地基基础质量验收报告上加盖了公章；监理单位鄂州市土木建设监理有限公司、设计单位湖北高诚建筑设计院有限公司的验收意见均为同意验收合格，亦在地基基础质量验收报告上加盖了公章；勘察单位的验收意见为同意验收；王天云作为建设单位代表，亦签字同意验收合格。因王远兴未提供合法的房地产开发手续，质量监督机构未在地基基础质量验收报告上加盖公章。

因后续履行发生争议，华都公司向湖北省鄂州市中级人民法院提起诉讼，请求：（1）解除华都公司与王远兴、赵秋桂签订的《建筑安装施工合同》；

(2) 王远兴、赵秋桂支付华都公司工程款2,650,971.34元;(3) 王远兴、赵秋桂支付华都公司工程质量保证金200,000元;(4) 王远兴、赵秋桂支付华都公司停工损失80,160元。经一审法院释明后,华都公司变更诉讼请求为:(1) 确认华都公司与王远兴、赵秋桂签订的《建筑安装施工合同》无效;(2) 判令王远兴、赵秋桂支付华都公司工程款2,131,350元;(3) 判令王远兴、赵秋桂支付华都公司工程质量保证金200,000元;(4) 判令王远兴、赵秋桂支付华都公司停工损失80,160元;(5) 判令王远兴、赵秋桂支付华都公司工程款中的工程利润92,891.19元、塔吊租赁费175,000元、抽水费20,400元、临时设施费50,000元、退场后钢材差价损失89,425.76元、模板木方损失90,000元。

王远兴、赵秋桂提起反诉,请求:(1) 判令华都公司赔偿涉案工程返工费(以鉴定结论为准);(2) 判令华都公司承担因无施工资质和技术力量,缺乏资金,对涉案附属护坡工程多次返工等原因导致延误工期,王远兴、赵秋桂支付被拆迁人的房租等相关损失120,000元。

法院裁判

一审法院认为:(1) 从双方签订的《建筑安装施工合同》的约定看,王远兴是进行商品房开发,根据《城市房地产管理法》的规定,个人不具备房地产开发的资质,王远兴的行为违反了上述法律规定。(2) 王远兴的开发手续不齐全,从其提供的证据看,其提交的土地使用权证中的用地人是鄂州市宏图房地产开发有限责任公司,王远兴未取得建设用地许可证;同时,根据鄂州市规划局等部门证明,王远兴未取得建设工程规划许可证,亦未取得建设工程施工许可证,故泽林镇佳园新村1号楼地基基础工程属于违法建筑。因此双方签订的《建筑安装施工合同》违反了相关法律规定,应属无效合同。《建筑安装施工合同》无效,在地基基础经质量验收合格的情况下,华都公司可以主张工程款;王远兴、赵秋桂反诉地基基础质量不合格的理由不能成立。关于华都公司本诉的损失部分,工程造价、鉴定费、塔吊租赁费、工程质保金应予认定，其他损失缺乏依据不予采信。王远兴、赵秋桂反诉主张的损失缺乏依据，不予支持。关于民事责任的承担，王远兴作为工程的发包方，应当明知自然人不具备房地产开发的资格，同时，其开发的泽林镇佳园新村1号楼工程，无对应的国有土地使用权证，该项目也未经规划部门批准，属于违章建筑。华都公司作为工程的承包方，在工程施工前，未认真查看发包方的相关开发手续，其未尽到认真审查的义务。因此，对于《建筑安装施工合同》的无效，双方均有一定的过错，应当各自承担相应的民事责任。王远兴作为工程的发包方手续不齐全，就将工程发包，其应承担主要责任；华都公司作为承包方仅仅是未尽到审查的义务，其过错责任相应小一些，应承担次要责任，对责任承担的比例按90%、10%进行分担，王远兴与赵秋桂系夫妻关系，泽林镇佳园新村1号楼工程是双方共同经营，故赵秋桂应与王远兴共同承担赔偿损失的责任。

一审判决：(1) 确认华都公司与王远兴签订的《建筑安装施工合同》无效；(2) 华都公司的工程款2,131,350元、鉴定费30,000元、塔吊租赁费175,000元，损失合计2,336,350元，由王远兴、赵秋桂共同承担2,102,715元，余下的233,635元，由华都公司自行承担；(3) 王远兴、赵秋桂支付华都公司工程质量保证金200,000元；(4) 驳回华都公司的其他诉讼请求；(5) 驳回王远兴、赵秋桂提出的反诉请求。

判决后，华都公司、王远兴、赵秋桂均不服，均向湖北省高级人民法院提起上诉。

华都公司上诉称：(1) 一审判决认定华都公司对《建筑安装施工合同》无效具有过错并判令华都公司自行承担工程款10%的损失错误；(2) 一审法院对损失的具体认定存在错误。请求改判一审判决第2项，在一审判决的基础上增加判决由王远兴、赵秋桂承担工程款233,635元、停工损失54,000元、临时设施费50,000元，合计337,635元。

王远兴、赵秋桂上诉称，本案所涉工程的地基基础未经质量验收合格，故付款条件尚不成就；一审法院对双方责任比例认定不当，王远兴是自然人，没有资格发包房地产工程，王远兴对自己的行为是否合法并不知晓；华都公司作为法人单位，对自己的行为是否合法完全清楚，应承担主要责任。故请求撤销一审判决，依法改判。

二审法院认为，根据《城乡规划法》第40条第1款“在城市、镇规划区内进行建筑物、构筑物、道路、管线和其他工程建设的，建设单位或者个人应当向城市、县人民政府城乡规划主管部门或者省、自治区、直辖市人民政府确定的镇人民政府申请办理建设工程规划许可证”的规定，王远兴在湖北省鄂州市鄂城区泽林镇内进行建筑物建设，应当向有关城乡规划主管部门申请办理建设工程规划许可证。王远兴截至一审辩论终结前，尚未取得建设工程规划许可证。在此情况下，王远兴与华都公司签订《建筑安装施工合同》，委托华都公司在城市、镇规划区内进行建筑物建设，有可能破坏城市整体布局，进而损害社会公共利益，其行为违反了该条效力性禁止性规定，一审判决认定《建筑安装施工合同》无效并无不当。对于双方各自的过错比例，因王远兴在未取得建设工程规划许可证的情况下，即与华都公司签订《建筑安装施工合同》，致《建筑安装施工合同》无效，王远兴作为完全民事行为能力人，有足够的认知能力认识自己行为的违法性，并有能力预判该行为在法律上产生的后果，也应自行承担相应的法律责任。王远兴在明知其未获得行政许可的情况下，仍然与华都公司签订《建筑安装施工合同》，此行为是导致合同无效的原因，王远兴应对此负有过错责任。华都公司作为一家专业的施工公司，在工程施工前，未能认真审查发包方的相关行政审批手续，未尽到全面的审查义务，一审判决华都公司对合同无效承担一定的责任并无不当。由于王远兴系以宏图开发公司泽林镇佳园新村项目的名义与华都公司签订的合同，而且华都公司在合同中约定发包方负责办理开工前属于发包方应办理的一切手续，一审判决对华都公司与王远兴、赵秋桂过错责任的比例划分并无不当。涉案的地基基础工程完工后，曾于2012年3月15日进行了工程验收，监理单位、设计单位、勘验单位均同意验收合格并在验收报告上签字或盖章，王天云作为建设单位代表也在报告上签字。故王远兴、赵秋桂并无证据证明该地基基础工程质量不合格，其以质量是否合格不明为由拒付工程款的理由不能成立。据此，原审法院对于合同效力、双方过错及付款条件等事项所做判决均是正确的。

二审判决：驳回上诉，维持原判。

判决后，王远兴、赵秋桂不服，向最高人民法院申请再审，认为二审判决对双方责任比例的认定及华都公司实际投入金额认定有误，请求撤销二审判决，依法查清华都公司对该工程实际投入的直接材料损失，依据过错责任大小予以改判。

最高人民法院再审认为，根据查明事实，讼争工程项目未取得建设工程规划许可证。根据《城乡规划法》第40条第1款的规定，“在城市、镇规划区内进行建筑物、构筑物、道路、管线和其他工程建设的，建设单位或者个人应当向城市、县人民政府城乡规划主管部门或者省、自治区、直辖市人民政府确定的镇人民政府申请办理建设工程规划许可证”。作为建设工程发包方的王远兴因违反该强制性规定，其与华都公司签订的《建筑安装施工合同》应认定无效，原判对此认定正确。案涉建设工程地基基础工程完工后，2012年3月15日华都公司自检合格，并在地基基础质量验收报告上加盖了公章；监理单位鄂州市土木建设监理有限公司、设计单位湖北高诚建筑设计院有限公司的验收意见均为同意验收合格，亦在地基基础质量验收报告上加盖了公章；勘察单位的验收意见为同意验收；王天云作为建设单位代表，亦签字同意验收合格。王远兴、赵秋桂向一审法院申请工程质量鉴定后又放弃，亦无证据证明该地基基础工程质量不合格，现以质量是否合格不明为由拒付工程款的理由原审法院不予支持并无不当。根据《合同法》第58条[1]“合同无效或者被撤销后，因该合同取得的财产，应当予以返还；不能返还或者没有必要返还的，应当折价补偿。有过错的一方应当赔偿对方因此受到的损失，双方都有过错的，应当各自承担相应的责任”的规定，华都公司为履行《建筑安装施工合同》，进行了地基基础工程的施工，并为此投入了大量的资金，其投入劳务及建筑材料已物化于地基基础工程中，该部分投入应作为华都公

---

[1] 《合同法》已废止，该条内容更改为《民法典》第157条。需要说明的是，《民法典》第793条第1款规定了建设工程施工合同无效，但建设工程验收合格的，可以参照合同关于工程价款的约定折价补偿承包人。因此类似纠纷的处理应直接适用《民法典》第793条第1款。

司因合同无效而受到的损失，由双方按过错大小分担。综上，二审法院对本案合同效力、双方责任以及后果处理均正确。

再审裁定：驳回王远兴、赵秋桂的再审申请。

案例评析

本案例涉及建设工程项目未取得建设工程规划许可证而导致施工合同无效的法律问题。

建设工程在施工之前必须取得相应的行政许可，《建设工程司法解释(二)》第2条规定：当事人以发包人未取得建设工程规划许可证等规划审批手续为由，请求确认建设工程施工合同无效的，人民法院应予支持，但发包人在起诉前取得规划许可证等规划审批手续的除外。发包人能够办理审批手续而未办理，并以未办理为由请示确认合同无效的，人民法院不予支持。对于上述司法解释的理解，需要注意的是，该条款所指向的审批手续是建设工程规划许可和建设用地规划许可的审批手续；如果施工过程中上述规划审批没有办理的，在起诉前通过行政审批手续的，施工合同应认定为有效。但是如果有证据证明发包人能够办理审批手续而未办理，再恶意主张请求确认施工合同无效的，法院不应予以支持。

本案中，涉案的建设工程项目并未取得有关行政主管部门的规划许可批准，而截至本案涉讼前仍未取得建设工程规划许可证，从双方举证的材料也未发现存在行政部门已批准行政规划而发包人故意不办理相关手续的情形，因此所对应的建设工程施工合同应为无效，并根据施工合同无效的法律规定处理当事人间的工程折价补偿款结算纠纷。

三、因承包人违反施工企业资质管理规定而无效

《建筑法》第26条及《建设工程质量管理条例》第25条规定，承包建筑工程的单位应当持有依法取得的资质证书，并在其资质等级许可的业务范围

内承揽工程。禁止建筑施工企业超越本企业资质等级许可的业务范围或者以任何形式用其他建筑施工企业的名义承揽工程。《建设工程司法解释（一）》第1条第1~2项对承包人违反施工企业资质管理规定的行为亦作出否定性的效力评价，即由此所签订的施工合同无效。承包人违反施工企业资质管理规定的情形主要涉及两种情况，一是承包人未取得建筑施工企业资质或者超越资质等级的，二是没有资质的实际施工人借用有资质的建筑施工企业名义的。

（一）承包人没有施工资质或超越施工资质承揽工程

建筑施工企业资质管理是行政许可的范畴，属于政府管制行为，是对从事建筑施工的企业进入市场的一种准入性审查。资质是每个建筑施工企业所必须具备的素质，要想承包施工任务，进行工程建设，首先就得申请相应的建筑企业资质，并接受相关部门的监督和管理，《建筑法》第13条以及《建筑业企业资质管理规定》第3条规定，从事建筑活动的建筑施工企业，取得相应等级的建筑业企业资质证书后，方可在其资质等级许可的范围内从事建筑施工活动。工程实务中，没有施工资质或施工资质不达标的，意味着施工企业没有能力进行该建设项目的施工建设。在招投标管理中心公开招标的建设工程中，投标人均须提供企业施工资质证书及安全生产许可证等相关证件，国家行政管理部门通过对申请施工许可证的审查加强了承建工程的施工企业资质管理，因此，承包人没有施工资质或超越施工资质承揽工程，一般均发生在发包人直接发包的施工合同中。

建筑企业资质根据具体业务的不同，又可以将其分为施工总承包、专业承包、劳务分包三个类别。施工总承包资质、专业承包资质按照工程性质和技术特点分别划分为若干资质类别，各资质类别按照规定的条件划分为若干资质等级。例如，建筑工程施工总承包企业又可以分为特级、一级、二级、三级。施工劳务资质不分类别与等级。国家住建部于2014年11月6日通过的《建筑业企业资质标准》（建市〔2014〕159号）对于各等级资质可以承接施工的工程规模及条件作了详细规定，对于承包人是否超越施工资质承建工程，可以根据承包人的资质证书比对上述“资质标准”予以判断。

需要指出的是，在某些特殊情况下，法律对于施工单位的资质不作要求。《建筑法》第 83 条第 3 款规定："抢险救灾及其他临时性房屋建筑和农民自建低层住宅的建筑活动，不适用本法。"根据这一规定，涉及抢险救灾、临时房屋建筑及农民自建低层住宅这三类建筑的施工活动，即使承包人未取得建筑施工企业资质，所对应的施工合同的效力不应作无效认定，这在审判实践中需予以注意。对于这一规定的理解，笔者认为，抢险救灾及其他临时房屋建筑的施工，具有时效性、临时性和简易性特点，不可能也没有必要对施工人的施工资质按相关行政规定予以管理。涉及农民自建低层住宅的建设，司法实践中需要把握三个方面，一是"农民自建"是指农民自己施工或将工程发包给个体工匠或建筑企事业单位；二是"低层住宅"是指两层（含两层）的住宅建筑；〔1〕 三是仅限于住宅，即农村房屋中非住宅房屋仍受《建筑法》调整，承包人必须具有相应的施工资质。

（二）没有施工资质或资质较低的承包人借用有资质的建筑施工企业名义承揽工程

目前建筑领域大量出现的是没有施工资质或施工资质较低的实际施工人借用有资质的施工企业名义去签订施工合同，即通常所称的"挂靠"，也是工程实务中常说的"借名合同""戴帽子合同"。通常表现为个人或企业不具备相应的施工资质而与具备资质要求的施工企业签订挂靠合同或以项目承包名义等形式实施工程建设行为，挂靠人一般向被挂靠人交纳一定的"管理费"（或"挂靠费"），被挂靠人向挂靠人提供营业执照、组织机构代码证、税务登记证、资质证书、安全生产许可证、银行账户、印章等工程建设中必要的资料和文件，但不参与工程的实际施工和管理。

由于实践中的情况非常复杂，挂靠行为的操作手段愈发高端，表现形式不断翻新，远远超过了法律所界定的行为，因此，准确查明是否存在借用施

---

〔1〕 参见《原建设部关于加强村镇建设工程质量安全管理的若干意见》（建质〔2004〕216 号）第 3 条第 3 项；《原建设部关于加强农民住房建设技术服务和管理的通知》（建村〔2006〕303 号）第 6 条。

工资质事实即挂靠施工已成为司法实践的一大难题。笔者认为，可以从以下几方面着手审查：

第一，审查实际施工人在项目实施中的地位和作用。

无施工资质的挂靠人一般从项目招投标到合同的签订、履行直至结算，实质性地主导了工程项目运作的全过程，其熟知发包人与承包人间的第一手合同关系且直接干预结算情况，而被挂靠人一般不参与其中，整个项目的承接、磋商、管理、结算等与其关联性不大。这也是目前我国建筑市场施工资质准入制度带来的一个弊端，持有一个高等级施工资质就等于抱着一棵“摇钱树”，坐等别人来挂靠缴费，这成了一个较为普遍的现象。具有讽刺意味的是，施工资质等级越高，被挂靠的机会越多，“经营业绩越好”，施工资质也越容易进一步升级。

第二，审查工程负责人的身份情况。

频繁出现在施工合同、会议纪要、结算协议及其他施工文件上的项目负责人，一般而言均是挂靠人本人或者挂靠企业派出人员，他们与被挂靠人之间没有合法的人事或劳动合同、工资及社会保险关系，而被挂靠人一般不参与工程的施工管理，除了盖章签约外，其他施工文件中很少见其影子。

第三，审查工程款的走向和损益分配。

实践中，发包人支付工程款的方式有两种，一种由挂靠人直接领取，还有一种是发包人向被挂靠人支付，被挂靠人在扣除一定比例的挂靠费和保证金后支付给挂靠人。另外，整个施工合同的损益及经营风险，在挂靠施工模式下，均由挂靠人承担，而被挂靠人仅收取固定金额或固定比例的收益（管理费或挂靠费），不承担施工经营风险。

虽然《建筑法》第26条及《建设工程司法解释（一）》第1条第2项规定，没有资质的实际施工人借用有资质的建筑企业名义的，施工合同无效，但是实践中还存在例外情况，需要在案件审理中予以注意。有些地方政府出于“税收落地”政策或保护本地企业的考虑，规定本地建设工程项目的承包人必须是在本地注册登记的建筑企业，由此出现技术力量强、资金雄厚、具有高等级施工资质的企业借用当地低等级施工企业名义承接工程项目、签订施工合同的怪现象。类似“施工资质倒挂”现象违反了《建筑法》的规定，属于行政部门处理的范畴，但不属于《建设工程司法解释（一）》规定的无效情形，不能轻易认定为无效。笔者认为，法律禁止没有资质的实际施工人借用有资质的建筑施工企业名义承揽建设工程，该立法的价值取向是基于“质量优先”的原则。故认定借用施工资质情形下的施工合同有效与否的关键在于，挂靠人本身所具备的建筑施工资质等级是否与实际承揽的建设工程所匹配、相符合，从而确保施工质量符合国家标准。如果挂靠人实际承揽的建设工程与其自身的资质等级相符，符合立法精神，相对应的施工合同应认定为有效。

（三）承包人资质缺陷对分包合同效力的影响

如前所述，承包人违反施工企业资质管理规定而签订的施工合同无效，在此情形下，承包人与实际施工人所签订的分包合同的效力是否也无效，即前手合同无效是否会影响下游合同的效力，对此问题，理论界及实务界均有不同的观点。有观点认为，分包合同也应认定无效，总包合同是分包合同的权利来源和基础，在总包合同无效的情况下，分包合同缺乏有效的基础。还有观点认为，从施工资质的管理出发，分包合同应认定无效，否则就是变相承认了无资质承包人的法律地位，将导致建设单位疏于对承包人资质的确认，最终造成建设工程的质量安全隐患。[1] 相反观点则认为，施工合同的效力取决于承包人的资质而非发包人的施工资质，应根据分包合同的实际施工人资质确定合同效力，不能因承包人缺乏施工资质而否定分包合同的效力。笔者认为，对于分包合同的效力认定，要从合同效力的独立性原则出发作出判断。国家设立相关制度禁止无施工资质或借用施工资质承接工程等行为，不惜动用公权力干预私权的最终目的是确保工程质量，而工程质量取决于实际施工

---

〔1〕 广东省高级人民法院：《关于2009年度广东省法院民事审判工作若干具体问题分析的报告》，载最高人民法院民事审判第一庭编：《民事审判指导与参考》（2010年第1辑，总第41辑），法律出版社2010年版，第49页。

人的施工水平与能力，如果分包合同的实际施工人具有对应的施工资质，工程的施工质量能够得到保证，则法律不应过多对私权之合意予以否定，应充分尊重民事主体之间的意思自治，对于此类分包合同的效力应予以认定，否则对于实际施人的合法权益因分包合同无效而造成损失，这也不符合公平原则，我们也期待最高人民法院能对此能尽快作出解答。

案例6
实际施工人借用资质签订的施工合同无效
——刘树兴与合发公司建设工程施工合同纠纷案[1]

基本案情

再审申请人（一审被告、二审上诉人）：江苏合发鑫煌房地产开发有限公司（以下简称合发公司）

被申请人（一审原告、二审被上诉人）：刘树兴

被申请人（一审被告、二审被上诉人）：江苏云阳集团有限公司（以下简称云阳公司）

2009年8月17日，合发公司发出招标文件，就皇家花园一期工程进行招投标。2009年9月7日，云阳公司向合发公司发出投标函及工程量清单报价表，并承诺50万元投标保证金与投标书同时递交。

2009年6月4日和9月7日，经营者为刘树兴的常州市武进区邹区凯佳建筑材料加工厂分别向合发公司电汇20万元和30万元作为云阳公司的投标保证金。2009年9月22日，虞荣寿与刘树兴签订承诺书，约定：刘树兴系云阳公司合发皇家花园工地总承包人，工地项目所有材料、安全、资金收付、质量等与虞荣寿无关，虞荣寿不得参与；刘树兴给虞荣寿的业务费按合同总价的2%支付，另外每月支付虞荣寿工资5000元，帮助协调工地及大合同双方事宜；2%的业务费按大合同的付款和比例同步支付。

---

〔1〕 参见最高人民法院（2015）最高法民申字第1232号民事裁定书。

2009年10月10日，合发公司与云阳公司签订皇家花园一期工程二标段（D、E、F、G区及1~4号楼）施工合同，约定由云阳公司承接合发公司开发的皇家花园一期二标段（D、E、F、G区及1~4号楼）工程的桩基、土建工程，工期自2009年10月10日至2010年6月10日，工程款为3110万元，一次性包死，有增加工程量除外，计算时按综合单价及优惠比例进行结算。

2009年11月6日，云阳公司与合发公司皇家花园工程项目部签订《工程承建施工合同》，项目部负责人虞荣寿及代表人刘树兴在合同上签名，约定：云阳公司将其总承包的合发公司开发的皇家花园一期二标段（D、E、F、G区及1~4号楼）委托给皇家花园工程项目部承建，工程造价按云阳公司与建设方签订的承包合同约定，最后由建设方审计确定；云阳公司收取工程总价10%的管理费，该工程所涉及的所有规费、税金由云阳公司承担；工程款在扣除管理费后支付给皇家花园工程项目部。合同签订后，刘树兴遂组织人员和材料实际施工。

2010年5月3日，丹阳市建设工程管理处向合发公司、云阳公司及常州市武进建设工程有限公司发出告知书，要求立即停止施工，在施工安全隐患消除、工程质量经有关部门鉴定合格后，抓紧补办各项手续，补缴各项规费和基金，手续完备后，才能恢复施工。此后，本案工程停工至2010年10月15日。

2010年10月15日，合发公司与云阳公司签订《建设工程施工合同》，约定：合发公司将皇家花园一期二标段（D、E、F、G区及1~4号楼）的桩基、土建施工安装发包给云阳公司，工期自2010年10月25日至2011年11月15日；工程价款为固定价40,644,500元，结算时只调整数量，单价按投标文件执行，风险范围以外合同价款按照定额套用，但必须执行投标文件优惠幅度，清单中没有的项目，依据招标图纸所述工作内容，承包方应承担相应的一切施工风险；3%质量保修金，2年期满经验收后一次性结算；发包人在质量保修期满后14天内，将剩余保修金和利息返还承包人。

上述建设工程完工后，2012年5月3日，经建设单位、监理单位、施工单位及设计单位共同验收为合格。

截至2012年10月15日，合发公司已经支付给云阳公司27,719,072.48元，其中包含50万元保证金。截至2012年9月10日，云阳公司已经支付给虞荣寿24,665,572.48元。其中包含部分承兑汇票以及2012年9月10日支付的82万元代付材料款。2013年1月11日，云阳公司又支付给虞荣寿1,579,494元，该款由刘树兴直接领取支付工人工资。

2012年7月31日，刘树兴诉至江苏省镇江市中级人民法院，请求判令合发公司、云阳公司：（1）支付工程款14,910,075元，并支付迟延付款利息497,002.5元；（2）赔偿停工损失3,084,857元；（3）返还垫付的各项检测费377,312元；（4）赔偿承兑汇票贴息损失784,840元。

法院裁判

一审审理期间，法院根据刘树兴申请，依法委托江苏立信建设工程造价咨询有限公司司法鉴定，鉴定结论为：合同外增加工程造价286,775.85元，合同内工程造价37,224,986.38元，停工损失费1,178,775.77元。

一审法院认为，刘树兴通过虞荣寿借用云阳公司资质与合发公司签订建设工程施工合同，应当认定刘树兴与云阳公司之间存在挂靠关系，依照《建设工程司法解释（一）》第1条第2项的规定，合发公司与云阳公司分别于2009年10月10日和2010年10月15日签订的皇家花园一期工程二标段（D、E、F、G区及1~4号楼）施工合同及建设工程施工合同，以及云阳公司与皇家花园工程项目部签订工程承建施工合同均无效，但涉案工程已经竣工并验收合格，合同所约定的工程款可以参照适用，故依照2010年10月15日签订的建设工程施工合同作出的鉴定意见可以作为本案认定工程款的依据。

一审法院判决：（1）合发公司支付刘树兴工程款11,177,832.78元；（2）合发公司以10,352,689.75元为基数在欠付范围内自2012年5月20日起按照同期同类银行贷款利率向刘树兴支付利息损失至实际付清为止；（3）驳回刘树兴的其他诉讼请求。

一审判决后，合发公司不服，向江苏省高级人民法院提起上诉称：

(1) 合发公司将本案工程通过招投标发包给云阳公司，云阳公司再转包给第三人虞荣寿，工程款支付也是按这一合同关系支付的，合发公司、云阳公司及虞荣寿均不承认刘树兴是实际施工人，因此刘树兴作为本案原告不符合法律规定。(2) 合发公司与云阳公司于2009年10月10日签订的施工合同及2010年10月15日签订的建设工程施工合同均为有效，原审法院以刘树兴系通过虞荣寿借用云阳公司与合发公司签订施工合同为由，认定上述两份合同无效是错误的。(3) 原审法院以鉴定结论作为本案工程款的结算依据与所有合同约定均不相符，对于让利、停工损失部分认定均存在错误。故请求撤销原审判决第1项、第2项，改判决驳回刘树兴全部诉讼请求。

二审法院认为，云阳公司就本案工程与合发公司于2009年10月10日签订施工合同后，于2009年11月6日与虞荣寿和刘树兴签订工程承建施工合同，后于2010年10月15日再次与合发公司签订施工合同，工程实际由刘树兴施工完成。合发公司、云阳公司、虞荣寿虽均不认可刘树兴为实际施工人，但合发公司在原审庭审中认可本案工程最初系由虞荣寿与其进行洽谈，后虞荣寿借用云阳公司资质承接工程。本案工程的保证金50万元由刘树兴直接向合发公司交纳，合发公司在2012年7月13日向刘树兴委托律师回函中亦认可收到上述50万元保证金，并称刘树兴为项目的“实际施工承包人”；云阳公司认可虞荣寿与其为挂靠关系，而虞荣寿在2009年9月22日与刘树兴即已签订承诺书，明确刘树兴为本案工程的总承包人，虞荣寿不得参与。故原审法院认定刘树兴通过虞荣寿借用云阳公司资质与合发公司签订施工合同，刘树兴系本案工程的实际施工人，并无不当。根据《建设工程司法解释（一）》第1条第2项的规定，“建设工程施工合同系没有资质的实际施工人借用有资质的建筑施工企业名义签订的，应当根据《合同法》第52条第5项[1]的规定，认定无效”。故合发公司与云阳公司签订的两份施工合同均应认定为无效。原审法院对涉案合同效力认定正确，对工程款认定也正确。

二审判决：驳回上诉，维持原判。

---

〔1〕《合同法》已废止，该条内容更改为《民法典》第153条。

二审判决后，合发公司向最高人民法院申请再审，仍然认为双方合同有效，二审法院对工程款认定有误。

再审认为，根据一审、二审查明的事实，刘树兴没有建设工程施工资质，其通过虞某借用云阳公司资质与合发公司签订建设工程施工合同。一审、二审法院根据《建设工程司法解释（一）》第1条第2项的规定，认定合发公司与云阳公司2009年10月10日和2010年10月15日签订的两份建设工程施工合同无效合法有据。由于无建设工程施工资质的人借用他人资质签订合同进行施工建设的行为，违反法律的禁止性规定，损害社会公共利益和公共安全，国家行使公权力确认合同无效，不受当事人主观上是否知情、合同是否经过招投标或者备案程序的影响，故合发公司关于合同有效的再审理由不成立。另，一审、二审法院对于工程造价及停工损失部分的认定均正确，合发公司主张工程款认定有误的再审理由不能成立。

最高人民法院再审裁定：驳回合发公司的再审申请。

案例评析

本案是一起典型的没有施工资质的个人借用有资质的建筑施工企业名义订立建设工程合同的纠纷案件。

建筑施工事关重大，要求建筑企业有相应的施工资质，其根本目的是保障工程质量，在建设工程施工合同案件中，对于合同效力的认定首先需要审查的就是施工主体的资质问题。《建筑法》第13条规定，从事建筑活动的建筑施工企业、勘察单位、设计单位和工程监理单位，经资质审查合格，取得相应等级的资质证书，方可在其资质等级许可的范围内从事建筑活动。因此，只有具备相应资质等级的法人单位才有资格与建设单位签订施工合同，个人或者不具备相应施工资质的法人签订的建设工程施工合同因合同主体不适格而无效。

《建设工程司法解释（一）》第1条第2项明确规定，没有资质的实际施工人借用有资质的建筑施工企业名义签订的建设工程施工合同，应认定合同无效。所谓借用资质，就是没有资质或者资质等级不符合建设工程资质标准的企业或者个人，以有资质或者资质等级标准与承包工程相符的施工企业的名义签订建设工程施工合同。合同签订后，工程承包人并不实际组织施工，而是交由无资质或者资质等级低的企业或者个人组织施工，工程承包人仅收取一定数额的管理费作为出借资质的对价。在建筑市场上，借用企业资质，一般采用的方式是挂靠。借用资质主要特征为：(1) 签订施工合同的承包人实际不参与施工，也不派人在现场进行管理；(2) 实际施工人组织人力、物力进行现场施工，与建设单位进行沟通协调；(3) 承包人向实际施工人收取一定数额的管理费；(4) 有些合同在履行过程中，所有工程款都是由建设单位直接向实际施工人支付。

本案中，虽然形式上签订合同的主体是云阳公司，首先，合发公司自认本案工程最初系由虞荣寿与其进行洽谈，后虞荣寿借用云阳公司资质承接工程，故合发公司对于云阳公司仅是名义上的投标人和合同签订人这一事实是明知的；其次，实际履行中，由刘树兴直接向合发公司缴纳保证金并组织施工，云阳公司认可虞荣寿与其为挂靠关系，而虞荣寿也在承诺书中明确刘树兴为本案工程的总承包人，虞荣寿不得参与。因此，法院最终认定刘树兴通过虞荣寿借用云阳公司资质与合发公司签订施工合同，涉案的两份建设工程合同应认定无效。

本案值得探讨的是，根据《建设工程司法解释（一）》第 26 条的规定，实际施工人可以作为原告提起追索工程价款的诉讼仅限于违法分包合同及非法转包合同中，挂靠行为中的实际施工人不能突破合同相对性原则直接向发包人主张工程款。本案的审理中，三级法院在刘树兴是否具有原告主体资格问题上没有进行审查，笔者认为，此问题应引起读者注意。

四、因肢解发包或非法转包、违法分包而无效

（一）肢解发包

《建筑法》第24条规定：“提倡对建筑工程实行总承包，禁止将建筑工程肢解发包……不得将应当由一个承包单位完成的建筑工程肢解成若干部分发包给几个承包单位。”《建设工程质量管理条例》第7条第2款规定：“建设单位不得将建设工程肢解发包。”上述法律法规对于肢解发包的定义与效力作了一个明确规定，对于发包人将建设工程肢解发包的施工合同效力，最高人民法院在《建设工程司法解释（一）》及《建设工程司法解释（二）》中均未作出规定，但这并不意味着肯定肢解发包的施工合同效力。肢解发包的行为，违反了《建筑法》的强制性规定。根据《民法典》第153条的规定，应认定为无效，由此，对于肢解发包所引申出的数个施工合同，应均认定无效。实践中，随着行政管理部门的监管力度加大，肢解发包的空间被急剧压缩，实践中建设单位直接肢解发包的情况较为少见，更多的是通过指定分包的方式来规避法律规定，从而出现肢解发包与违法分包的交叉认定，这不影响对相关施工合同效力的认定，本节对此亦不再展开。

（二）违法分包

分包是承包人承包工程后，将其承包范围内的部分工程交由第三人完成的行为。分包从法律效力上分为合法分包和违法分包。合法分包主要是指分包主体符合施工资质要求、专业工程经约定或认可条件下的分包，分包的内容是除主体结构的施工外的部分内容，只允许一次分包且分包指向内容合法。根据《建设工程质量管理条例》第78条第2款的规定，违法分包主要是指以下情形：（1）总承包单位将建设工程分包给不具备相应资质条件单位的；（2）建设工程总承包合同中未有约定，又未经建设单位认可，承包人将其承包的部分建设工程交由其他单位完成的；（3）施工总承包单位将建设工程主体结构的施工分包给其他单位的；（4）分包单位将其承包的建设工程再分包

的。综合上述法律规定，对于违法分包的审查应从以下几个要素予以把握：分包给不具备资质的单位或个人、未经约定或发包人认可的分包、将主体结构施工分包、二次分包以上。对于违法分包的施工合同之效力，我国法律是明确予以否定的，根据《建设工程司法解释（一）》第4条的规定，承包人违法分包建设工程签订施工合同的行为无效。

工程实务中，除了工程分包，还存在大量的劳务分包合同。《建筑法》第29条第1款规定了总承包单位可以将承包工程中的部分工程发包给具有相应资质条件的分包单位除《建设工程质量管理条例》第78条第2款第3项及《房屋建筑和市政基础设施工程施工分包管理办法》第14条第2项规定的违法分包的类型及分包内容外，合法分包强调对于专业工程范畴的分包须有总承包合同约定或经得发包人同意，劳务分包涉及劳务作业，不涉及专业工程范畴，不以合同约定或建设单位认可为条件，也不属于“二次分包”。对于劳务分包合同的效力主要审查劳务分包人是否具有劳务作业的相应资质，根据《建设工程司法解释（一）》第7条的规定，具有劳务作业法定资质的承包人与总承包人、分包人签订的劳务分包合同是有效的。针对劳务分包合同的效力审查除了审查劳务分包人的劳务作业资质和资质范围外，还需要注意防止以劳务分包为名行工程分包之实。劳务分包企业只具备劳务作业的资质，而不可能具备施工总承包或专业承包的资质，因此，劳务分包企业只能接受劳务作业的分包，而不能接受工程分包。具体判断要审查分包内容是否指向分部分项工程以及计取工程款的内容，区别在于劳务分包的指向对象是简单劳务作业、计取的是工程结算栏目包含在直接费中的人工费和一定的管理费，而工程分包的指向对象是分部分项工程、计取的是材料及人工成本、税金和利润。

（三）非法转包

1. 非法转包的性质特征

《建设工程质量管理条例》第78条第3款对转包的性质和定义作了明确的规定，转包是指承包单位承包建设工程后，不履行合同约定的责任和义务，将其承包的全部建设工程转给他人或者将其承包的全部建设工程肢解以后以分包的名义分别转给其他单位承包的行为。转包主要有全部转包和肢解分包两种形式，不论是哪种形式，转包都是法律所禁止的。所以，转包不存在合法与否，只能是非法的，一旦认定转包关系成立，对应的施工合同就应认定为无效。其特征为：转包人不履行施工合同的全部义务，不履行施工、管理、技术指导等技术经济责任；转包人将合同权利义务全部转让给第三人，其以高额管理费的方式获取利益。[1]

2. 非法转包与挂靠施工的区别

实践中转包行为与挂靠行为两者有相类似之处，转包人与被挂靠人均是在签约承接建设工程后全部由他人施工，自己不履行施工合同的全部义务，一般均以管理费名义收取相应的好处。区别在于，在项目招投标到合同的签订过程中，挂靠人全程参与，甚至在被挂靠人出面签订的施工合同上施工单位负责人签名一栏也是由挂靠人签名，被挂靠人实际不参与其中；而转包行为中，工程项目的前期运作包括签约均由转包人负责。一般而言，转包中能承接工程靠的是转包人与发包人的关系，而在挂靠施工中工程的承接更多的是依赖挂靠人与发包人的关系。另外，转包行为严格说是一种倒卖合同的行为，往往收取的所谓"管理费"的比例较高，而挂靠施工中，一般挂靠费的比例相对较低，这也是一个可以作为参考的依据。司法实践中要对此予以甄别，准确区分认定两种合同的不同性质。

3. 关联公司间的转包行为无效

对于实践中常见的建筑施工企业母公司承接工程后交由子公司施工的现象，该行为是否属于转包，实务界也存在不同理解。国家住建部办公厅就此问题专门向全国人民代表大会常务委员会法制工作委员会致函请示。全国人民代表大会常务委员会法制工作委员会于2017年9月4日作出回复，回复中虽然没有明确该行为就是非法转包，但强调"禁止承包单位将其承包的全部建筑工程转包给他人"，"法律对建设工程转包的规定是明确的，这一问题属

---

〔1〕 参见潘福仁主编：《建设工程合同纠纷》，法律出版社2015年版，第52页。

于法律执行问题，应当根据实际情况依法认定、处理”。[1] 笔者认为，承包人与其子公司虽属关联企业，但两者是独立法人，从法律意义上讲是不同的单位，对于两者的施工资质管理也是分别进行的，因此，该行为属“承包单位将其承包的全部建筑工程转包给他人”，符合转包的构成要件，应认定为非法转包，并确认相关的施工合同无效。

第二节　无效建设工程施工合同的法律后果

《民法典》第157条规定：“民事法律行为无效、被撤销或者确定不发生法律效力后，行为人因该人行为，取得的财产，应当予以返还；不能返还或者没有必要返还的，应当折价补偿。有过错的一方应当赔偿对方因此所受到的损失，各方都有过错的，应当各自承担相应的责任。法律另有规定的，依照其规定。”该条规定基于不当得利规则明确无效民事法律行为的后果是返还财产或折价补偿，基于缔约过失责任制度规定了民事法律行为无效的损害赔偿责任，这也是对于一般无效合同的请求权基础和处理原则的规定。对于无效施工合同，《民法典》第793条第1款特别规定：“建设工程施工合同无效，但是建设工程经验收合格的，可以参照合同关于工程价款的约定折价补偿承包人。”司法实践中，施工合同无效的后果处理主要涉及折价补偿款纠纷、质量纠纷和损害赔偿纠纷等三方面问题，《建设工程司法解释（一）》第2条、《建设工程司法解释（二）》第3~4条对此分别作出了规定，实践中应准确理解并适用。

一、以建设工程质量合格为先决条件并参照合同约定计付工程折价补偿款

建设工程施工合同因其自身特殊性而与一般普通无效合同有所区别。其

[1] 参见《全国人民代表大会常务委员会法制工作委员会对建筑施工企业母公司承接工程后交由子公司实施是否属于转包以及行政处罚两年追溯期认定法律适用问题的意见》（法工办发〔2017〕223号）。

特殊之处在于，建设工程的施工过程，就是承包人将劳务及建筑材料物化到建设工程的过程。基于这一特殊性，建设工程施工合同无效，发包人取得的财产形式上是承包人建设的工程，实际上是承包人对工程建设投入的劳务和建筑材料（一般是工程款），故而无法适用无效合同恢复原状的返还原则，只能适用折价补偿的方法解决合同无效的后果处理。但是建筑工程又不同于普通物品，因其特定性质，对其价值通过鉴定方式予以折价补偿，耗时费力，成本高昂，不符合诉讼经济原则，故《民法典》第 793 条第 1 款以参照合同约定的工程款方式实现折价补偿，从司法实践反映的情况看，对于无效施工合同的工程价款结算问题，应把握以下几点：

（一）建设工程质量合格是前提

在施工合同无效的情况下，如果建设工程质量合格，承包人可以参照施工合同的约定请求发包人支付建设工程折价补偿款；对于建设工程质量不合格的，应由承包人予以整改，待整改合格以后，承包人才可以参照施工合同的约定请求发包人支付相应的建设工程折价补偿款。司法实践中应注意把握以下几点：首先，应明确在无效施工合同中，所谓的工程价款的性质是折价补偿款，参照合同执行不能理解为“无效按有效执行”。其次，应重点审查建设工程质量合格与否。这里所指的建设工程质量合格，既包括通过竣工验收手续的建设工程，也包括未完工的在建工程。如果建设工程质量存在缺陷的，还应区分造成工程质量缺陷的原因，是承包人的施工原因造成的，还是发包人的原因造成的，重点审查承包人在其中有无过错。如果能排除承包人原因的，虽然工程质量有缺陷，也应按质量合格的规定由发包人支付相应的工程折价款。最后，承包人可以获得工程折价补偿款的数额或计算方式参照合同约定的价款或者计价原则执行。这一规定既尊重当事人意思自治，又符合诉讼经济和效率原则，又可避免承包人获取高于施工合同的约定工程价款，毕竟基于无效施工合同的请求权基础是缔约过失责任，承包人不应获得比合同有效时更多的利益。

（二）“参照合同约定”包括与工程价款结算相关联事项

对于《民法典》第793条第1款及《建设工程司法解释（一）》第2条规定的“参照合同约定”是否仅指合同价款或工程价款结算方式，司法实践中有不同的理解。笔者认为，基于无效施工合同对后果的处理采取了“折价补偿”这一特点，“参照合同约定”应作宽泛的理解，与工程价款结算相关联事项均应归入其中。无效施工合同约定的付款条件、付款时间、利息、下浮率、工期等事项，虽不涉及价格计算，但与工程价款支付密切相关，也应属于价格条款的组成部分，仍应在进行工程折价款结算时参照适用，否则易造成一方因合同无效而获得高于合同有效时的利益。如施工合同约定工程结算价款分期支付的，施工合同虽然无效，但对于工程折价款的支付仍应按照施工合同的约定予以分期支付，否则承包人将因施工合同的无效而提前获得工程价款，显然与法理不符。当然，这种宽泛的理解不应包括违约条款在内，违约金及违约损失的性质不属于价格计算的组成部分，因施工合同无效，违约条款也无效，不应继续适用，承包人如因此而遭受损失的，根据《建设工程司法解释（二）》第3条的规定，根据双方的过错大小、损失程度及相互间的关联性进行综合考量，在确保利益平衡的基础上作出认定。

（三）涉“违法建筑”的工程价款应区分不同情况予以处理

对于未取得建设工程规划许可证及建设用地规划许可证的建设工程，依据《城乡规划法》的规定，应认定为“违法建筑”，根据《建设工程司法解释（二）》第2条之规定，“违法建筑”所涉的施工合同应为无效。对于该“违法建筑”已完成施工且工程经竣工验收合格的，承包人是否仍可以参照施工合同的约定向发包人主张工程折价补偿款，司法实践中存在不同的观点。笔者认为，基于我国目前各地的实际情况，“违法建筑”的出现和存在有种种原因和背景，同时从“违法建筑”的处置来看，并非所有的“违法建筑”均会产生全部拆除的法律后果，有局部拆除的可能，也有依法通过行政措施等补正为合法建筑的可能。因此，人民法院在审理此类纠纷时不应拘泥于“违法建筑”的合法性问题，而应区分两种情况分别作出处理，一是当地政府或行政主管部门已作出责令限期拆除决定或强制拆除决定的，乃至已经拆除了“违法建筑”的，应计算承包人投入的人工费、材料费、机械费等实际损失，并结合双方的过错大小予以分担；二是当地政府没有作出“违法建筑”认定的，或者没有责令拆除的，双方可以参照合同约定计算工程折价补偿款。

（四）经修复仍未质量合格的工程价款不予支付

施工合同虽然无效，但承包人仍应承担质量保证责任，这是其获得工程折价补偿款的基础。根据《民法典》第793条第2款第2项及《建设工程司法解释（一）》第2条之规定，对于建设工程质量不合格或者经修复仍未合格的，承包人请求发包人支付工程折价补偿款的请求不能支持。同时，对于承包人已收取的工程价款根据无效合同的返还财产原则，应判令返还给发包人。对于因质量不合格所造成的其他损失，包括拆除不合格的建筑物费用、发包人不能如期使用建筑物的损失等，根据双方的过错大小及损失与过错间的因果关系，一并作出处理。司法实践中需注意的是，应避免搞“一刀切”，要注意审查承包人已完成的建设工程中是否具有可利用部分，不能因为工程质量不合格而对承包人物化在建筑工程中的投入全盘否定，以避免利益失衡。在进行质量鉴定时应对可利用部分的工程价值进行评估，对于质量不合格的程度、危害程度以及无法修复的原因等进行综合考量，除承包人已完成的建设工程经司法鉴定不具有任何利用价值、需推倒重建或花费更大价值予以修复外，应适当考虑承包人在施工过程中已支付的材料费、人工费等实际支出费用，本着公平原则追求最大可能的利益平衡。

案例7
建设工程质量合格的无效施工合同承包人可以参照合同约定取得工程折价补偿款
——建安公司与历下工程处等建设工程施工合同纠纷案[1]

基本案情

申请再审人（一审被告、二审被上诉人）：济南市历城区建筑安装工程公司（以下简称建安公司）

申请再审人（一审原告、二审上诉人、原被申诉人）：济南市历下区城乡基础建设工程处（以下简称历下工程处）。

被申请人（一审被告、二审被上诉人、原申诉人）：济南市历城区建筑安装工程公司第十分公司（以下简称建安十分公司）

原审第三人：济南市历城区城市建设综合开发公司（以下简称历城开发公司）

2003年10月14日，历城开发公司与建安十分公司签订《建设工程施工合同》，该合同约定："工程名称为将军小区12#住宅楼；工程内容为1~6层，面积6640.74平方米，阁楼444.31平方米，砖混结构住宅楼一幢，半地下室，地上六层，阁楼独立户；合同价款5,101,236元（720元/平方米×7085.05平方米）；采用可调价格合同，单位平方米造价一次包死；±0.00以下变更不做任何调整，±0.00以上按实际发生量调整编入工程结算，变更部分所用材料、设备须经双方认可……"

2003年10月15日，历下工程处（乙方）与建安十分公司（甲方）签订《工程施工协议书》，该协议约定，甲方将承建的开发公司建设将军小区12#住宅楼交由乙方负责施工，其工程承包范围等所规定的条款均执行甲方与开发公司所签订的施工合同约定，另执行以下附加条款：甲方应承担招投标将军小区12#住宅楼所发生的费用，其余施工企业承担的一切费用由乙方承担；

[1] 参见最高人民法院（2013）最高法民提字第59号民事判决书。

甲方扣除工程总造价9%后，余款由乙方作为本工程最终结算值（扣款中包含税金）；乙方在该协议中加盖历下工程处三处章。2003年11月3日，山东恒信建筑设计有限公司与历城开发公司共同作出《关于高墙王将军住宅小区9#、12#楼施工图设计的变更说明》载明12#号楼套用10#住宅楼图纸，阁楼改成独立户，以及其他建筑做法变更等。2003年11月8日，历下工程处与韩还师签订《工程施工协议》约定，涉案工程交由韩还师负责施工。

2003年11月30日，涉案工程开工。2005年1月25日，经验收为合格标准。2005年9月1日，建安十分公司向历下工程处发出《结算通知书》，通知历下工程处结算。

2006年2月8日，经历城开发公司委托，山东正义有限责任会计师事务所作出《基建工程结算审核报告书》，载明：原报送合同造价为5,101,236元，审增阁楼面积增加224,388元，磨砂玻璃增加5250元，变更签证增加114,239.66元，合计原工程造价5,445,113.66元。审定工程造价为4,357,232.91元（不含建设方供材965,171.56元，维修费18,321.3元）。

因工程款结算产生争议，历下工程处向山东省济南市中级人民法院（以下简称济南中院）提起诉讼，请求判令建安十分公司与建安公司支付工程欠款3,547,734.42元并支付延期利息。

在一审诉讼过程中，经历下工程处申请，法院委托山东立信工程造价咨询事务所有限公司对涉案工程造价进行鉴定，鉴定单位出具两个鉴定结论：(1) 依据原合同包死单价计算，工程造价为5,516,913.6元，由于未提供合同价中所含甲方供材资料，未扣甲方供材造价；(2) 依据施工图纸按实计算、丙级三类取费后计算，工程造价为7,521,255.36元，扣减甲供料后造价为6,764,354.16元。

法院裁判

一审法院认为，建安十分公司承建开发公司建设的将军小区12#住宅楼后，将涉案工程转包给历下工程处施工，其与历下工程处签订的工程施工协议书违反了法律的强制性规定，该协议无效。因历下工程处施工的工程经竣工验收合格，建安十分公司应当向历下工程处支付工程款。历下工程处与建安十分公司约定，工程处承包范围等均执行建安十分公司与历城开发公司所签订的施工合同约定，建安十分公司扣除工程总造价9%后，余款由历下工程处作为本工程最终结算值。因建安十分公司与历城开发公司约定，按照单位平方米造价一次包死，地下室不计算面积。故历下工程处与建安十分公司的结算工程造价应为单位平方米造价一次包死，且地下室不计算面积。据此，应当采用鉴定结论1，历下工程处的最终结算值为5,098,160.23元，建安十分公司已付款4,670,382.26元，尚欠427,777.97元，对于迟延付款部分，建安十分公司还应支付相应利息损失。

一审法院判决：(1) 建安十分公司于向历下工程处支付工程欠款427,777.97元；(2) 建安十分公司赔偿历下工程处以274,833.16元为基数自2006年4月28日起，以152,944.81元为基数自2007年4月28日起，至判决生效之日止，按中国人民银行同期贷款利率计算；(3) 建安公司对建安十分公司的上述债务承担连带清偿责任；(4) 驳回历下工程处的其他诉讼请求。

历下工程处不服一审判决，向山东省高级人民法院（以下简称山东高院）提起上诉称，虽然双方约定了包死价格，但涉案工程有重大设计变更，合同一次性包死的价格已经不具有参考价值，应当据实结算工程价款，故请求二审法院采纳鉴定结论2来认定工程造价。

二审法院认为，一审适用无效合同约定的包死条款来确定施工设计变更后的工程款显失公平。因为该无效合同包死条款适用的前提条件是施工图设计没有变更、工程量没有变化，而本案所涉工程在进入施工后，施工图设计发生了变化，工程量明显增加，一审再参照合同约定认定工程价款不正确。从一审委托立信公司所作出的两个鉴定结论看，二者的差距巨大，很显然只参考合同约定所作出的鉴定结论1不能真实反映历下工程处实际施工的工程量；而依据变更后的施工图等资料所作出的鉴定结论2能够真实反映历下工程处实际施工的工程量，故应当以鉴定结论2作为认定本案所涉工程价款的依据。

二审法院判决：(1) 维持一审判决第 3 项、第 4 项及案件受理费、鉴定费的负担；(2) 变更一审判决第 1 项为，建安十分公司向历下工程处支付工程款 1,485,180.03 元；(3) 变更一审判决第 2 项为，建安十分公司赔偿历下工程处以 1,300,513.14 元为基数自 2006 年 4 月 28 日起，以 184,666.89 元为基数自 2007 年 4 月 28 日起，至判决履行之日止利息；(4) 驳回历下工程处其他上诉请求。

建安十分公司不服二审判决，向检察机关提出申诉称，涉案工程造价应该按照合同约定的每平方米 720 元包死单价进行结算。2010 年 7 月 16 日，最高人民检察院作出高检民抗（2010）38 号民事抗诉书，向最高人民法院提出抗诉。

在此期间，历下工程处亦向最高人民法院申请再审称，二审法院存在重复扣减工程的情况，且对部分价款认定有误。

最高人民法院以（2010）民抗字第 68 号民事裁定，指令山东高院再审本案。

山东高院再审认为，根据相关法律规定，建设工程施工合同无效，但建设工程经竣工验收合格，承包人请求参照合同约定支付工程价款的，应予支持。该规定表明，承包人要求参照合同约定主张工程价款的，可以按合同约定的计价标准计算工程款。但本案中，历下工程处主张由于原合同施工图纸作出了重大变更，原合同的平方米造价一次性包死已经不具有诉讼中的参考价值。在双方没有形成新的结算依据的前提下，按实际工程量据实结算符合公平原则。原二审依据鉴定机构按实际施工的工程量所作出的鉴定结论 2 作为确定工程造价的依据并无不当。最高人民检察院主张施工合同无效，亦应按合同约定计算工程造价缺乏法律依据，对其抗诉不予支持。另，历下工程处主张部分价款存在重复扣减的申诉理由成立，故对历下工程处的部分申诉请求予以支持。

山东高院再审判决：(1) 撤销山东高院二审判决；(2) 维持济南中院一审判决第 3 ~4 项；(3) 变更济南中院一审判决第 1 项为建安十分公司向历下工程处支付工程欠款 2,173,960.12 元；(4) 变更济南中院一审判决第 2 项为建安十分公司赔偿工程处以1,968,629.85元为基数自2006年4月28日起，以205,330.27元为基数自2007年4月28日起，至判决履行之日止利息。

建安公司、历下工程处均不服山东高院再审判决，向最高人民法院申请再审。

建安公司申请再审称，涉案工程应当参照合同约定进行结算。

历下工程处申请再审称，再审判决适用的结算原则正确，但是部分价款的认定存在错误。

最高人民法院再审认为，首先，建安十分公司与历下工程处签订的《工程施工协议书》因违反法律的强制性规定而无效。对此建安十分公司以及历下工程处均有过错，均应承担相应的法律责任。其次，本案参照合同约定结算工程价款有法律依据。按照《建设工程司法解释（一）》第2条的规定，建设工程施工合同无效，但建设工程经竣工验收合格，承包人可以请求参照合同约定支付工程价款。该规定确立了建设工程施工合同无效而建设工程经竣工验收合格的情形下，可参照合同约定结算工程价款的折价补偿原则。从本案建设工程实际履行情况来看，合同被确认无效后，如果采取鉴定结论2的结算方式，会造成无效合同比有效合同的工程价款还高，这不仅超出了当事人签订合同时的预期，也会导致合同当事人反而因无效合同获得额外利益。因此，除非双方当事人另行协商一致达成新的结算合意，否则，均应当参照合同约定进行结算。再次，本案工程项目未有重大设计变更，因此不存在据实结算的基础。所谓“阁楼改为独立户”在双方合同中早已约定，不能视为重大设计变更。最高人民法院再审期间，调查了恒信建筑设计公司，该公司亦证实12#楼套用10#住宅楼图纸，12#楼阁楼从面积的改造上看，根本不构成重大设计变更。通过上述证据足以认定，涉案工程项目未进行重大设计变更，据实结算工程价款也就失去了存在的基础。最后，本案参照合同结算工程价款较为公平。建安十分公司、历下工程处只是名义施工人而非实际施工人，涉案工程的实际施工人是韩还师。建安十分公司与开发公司结算后扣除总造价9%作为其收益，其余款项均支付给历下工程处；历下工程处将相应款项支付给韩还师。建安十分公司与历下工程处只是收取固定利益，不承担任何经营风险。经山东正义会计师事务所审核，认定涉案工程总造价为5,322,404.47元，建安十分公司与历城开发公司对此均予认可。如果本案采纳鉴定结论2的工程造价为7,521,255.36元，则作为转包方的建安十分公司不仅不能获得固定收益，反而要补差额200余万元。故此，按照鉴定结论1结算工程款较为符合本案客观情况，且无显失公平之处，应予采纳。

最高人民法院再审判决：(1) 撤销山东高院再审判决、二审判决；(2) 维持济南中院一审判决。

案例评析

本案例涉及无效建设工程施工合同如何结算工程折价补偿款的法律问题。

《民法典》第793条第1款明确规定："建设工程施工合同无效，但是建设工程经验收合格的，可以参照合同关于工程价款的约定折价补偿承包人。"根据该条款，对于无效建设工程施工合同的工程折价补偿款结算，首先，必须基于建设工程质量合格这一前提条件。如果建设工程质量合格，承包人可以参照施工合同的约定请求发包人支付建设工程折价补偿款。其次，"参照合同关于工程价款的约定"是指承包人可以获得工程折价补偿款的数额或进行工程折价补偿款结算的方式参照合同约定的价款或者计价原则执行。这一规定既尊重当事人意思自治，又符合诉讼经济和效率原则。最后，"参照合同关于工程价款的约定"还包括与工程价款结算相关联事项，包括无效施工合同约定的付款条件、付款时间、下浮率、工期等事项，这些约定虽不涉及价格计算，但影响工程折价补偿款支付，也应属于价格条款的组成部分，仍应在进行工程折价款结算时参照适用，否则易造成一方因合同无效而获得高于合同有效时的利益。

本案中，涉案施工合同因非法转包而无效，但建设工程质量合格并已投入使用，故双方应参照无效施工合同的约定结算工程折价补偿款。对于折价补偿款的数额，司法鉴定出具了两个结论，基于无效施工合同的请求权基础是缔约过失责任，承包人不应获得比合同有效时更多的利益，因此采信司法鉴定结论1更符合法理。

二、无效建设工程施工合同并不免除承包人的工程质量保修责任

无效合同的一般处理规则是各自返还财产或折价补偿；同时，合同无效，除清理结算等条款外，其余约定均为无效。由此引申出一个问题，承包人是否还需承担合同约定的保修期内的工程质量保修责任？如前文所述，无效施工合同的承包人获取工程折价补偿款的前提是工程质量合格，承包人的质量保证责任在其获取工程价款时已得以实现，故对于建设工程施工合同无效后承包人是否仍需承担工程质量保修责任，实践中有争议，法律对此也没有相关的规定。笔者认为，基于建设工程施工合同的特殊性，对施工质量合格的建设工程，无效施工合同的承包人在参照合同约定获取了相应的工程折价补偿款后，仍应承担工程质量保修责任。虽然《民法典》及《建设工程司法解释（一）》仅规定了承包人可以参照合同约定请求发包人支付工程折价补偿款，依据公平原则和权利义务一致性原则，合同规定承包人应承担的义务也应参照适用，这里同样包括质量保修责任、质量保证金及保修期限。假如基于合同无效的理论，合同中约定的质量保修责任条款无效，发包人无权预留质量保证金，承包人也不用承担质量保修责任，则承包人既可以获得全额工程价款，又不用花费人力、物力去应对可能会发生的质量保修义务，这将使承包人基于无效合同获得的利益超过有效合同，这在法理上站不住脚。因此，就公平角度而言，承包人在参照合同约定获取工程折价补偿款的同时，也应参照合同约定承担质量保修责任；据此，也应当允许无效施工合同的发包人参照合同约定预留质量保证金。对于无效施工合同承包人应承担的工程质量保修责任的方式、范围、保修期限，应参照施工合同的约定执行，施工合同没有约定的，按照相关行政规定执行。

需要注意的是，因出借资质、非法转包、违法分包而导致合同无效的，承担工程质量保修责任的主体不仅仅是无效施工合同的承包人，《建筑法》第

66 条、第 67 条明确规定，对建设工程不符合质量标准造成的损失，承包人与接受分包或者转包的单位承担连带赔偿责任，出借资质的建筑企业与借用资质的单位或个人承担连带赔偿责任。《建设工程司法解释（一）》第 25 条规定及《建设工程司法解释（二）》第 4 条亦作了类似规定。损失的赔偿既包括了对建筑物的修复义务，也包括了金钱在内的给付义务。故违法分包及非法转包的实际施工人、出借施工资质的挂靠人与被挂靠人对其施工部分的建设工程亦应承担工程质量保修责任。

根据无效施工合同的自身特点，司法实践中对于建设工程质量保修纠纷的处理，应根据承包人的施工资质确定履行保修责任方式和实施主体。首先，承包人履行质量保证责任的方式是多样的，施工维修或者支付维修费用均是履行质量保证责任的方式，在理解和适用时不能仅仅局限于承包人自己施工维修。其次，在施工合同因为承包人缺乏施工资质而导致无效的情况下，如果由承包人履行保修义务，继续对工程质量问题进行施工整改、修复，与法律对于施工人的资质管理要求相背离。因此，不能由承包人自己来履行保修义务，而应由有资质的第三人代替承包人履行保修义务，这里可由承包人自行委托并经发包人确认，也可由发包人自行委托，相应的修复费用由承包人承担。最后，如果施工合同非因承包人施工资质原因导致无效的，则仍应由承包人承担质量瑕疵的保修义务。

三、损害赔偿责任的认定应以过错与损失之间的因果关系作为判断依据

《建设工程司法解释（二）》第 3 条第 1 款对建设工程施工合同无效的损害赔偿责任作了规定："建设工程施工合同无效，一方当事人请求对方赔偿损失的，应当就对方过错、损失大小、过错与损失之间的因果关系承担举证责任。"对于合同无效，通说认为无过错一方请求由过错一方承担赔偿责任的基础是缔约过失责任，[1] 而缔约过失造成的损失是信赖利益损失，即对方当事

〔1〕 参见王利明：《合同法研究》（第 1 卷），中国人民大学出版社 2015 年版，第 662 页。

人因信赖合同有效而遭受的实际损失，不包括既得利益损失等。因此，只有当事人有过错，才能承担相应的民事法律责任，即过错与损失之间具有因果关系。无效施工合同的损害赔偿责任自然属于缔约过失责任，应根据发包人和承包人的过错程度承担相应的赔偿责任。根据上述司法解释的规定，这里的损害赔偿责任所针对的损失特指无效合同所造成的实际损失，而不包括可得利益。综合建设工程的特点和法律规定，涉及无效建设工程施工合同的损害赔偿责任认定应从以下几方面予以把握：

（一）无效施工合同关于损害赔偿约定条款的认定与适用

首先，依据《民法典》第155条的规定，无效民事法律行为自始没有法律约束力，因此，无效施工合同中约定的违约金条款也应归于无效，对于承、发包人因合同无效而遭受损失的赔偿，不能直接适用违约金条款予以解决。

其次，对于损害赔偿数额的确定应通过双方当事人举证予以认定，能够查明具体损失范围和数额的，不能直接按合同约定条款认定。

最后，基于实践中存在实际损失难以举证的客观情况，如果严格按照举证不能的规则处理，可能对遭受损失一方当事人不公平，容易导致利益失衡。从平衡合同双方当事人利益的角度出发，在无效施工合同对损失赔偿标准有明确约定的前提下，并基于无效施工合同参照合同约定支付工程折价补偿款的处理规则，在司法实践中也可以参照合同约定赔偿损失，[1] 如参照无效施工合同约定的质量标准、建设工期、工程价款支付时间等内容来确定损失大小。

（二）发包人基于施工合同无效向承包人主张损失赔偿的范围

发包人提出损失赔偿请求是基于施工合同无效是因承包人的过错而造成的，从实践来看，因承包人的过错导致施工合同无效的情形主要为：无施工

[1] 参见最高人民法院民事审判第一庭编著：《最高人民法院建设工程施工合同司法解释（二）理解与适用》，人民法院出版社2019年版，第89页。

资质或超越资质等级承揽建设工程、挂靠施工、非法转包或违法分包等。因此发包人可以主张的损失赔偿范围可以包括以下几个部分：

第一，为签约而实际支出的费用。具体包括因办理招投标手续所支出的费用、订立合同支出的费用、准备或实际履行合同支出的费用等。

第二，工期索赔，即针对工期延误所造成损失的索赔。因承包人的原因导致工期延误，主要是基于承包人的施工能力问题，也包括因施工资质被处罚而停工等，而工期延误导致发包人不能及时接收并使用建设工程，不仅造成其工程管理费用、投资成本增加，还可能会导致其不能按计划实现投资目的，失去盈利机会，损失交易利润。故虽然施工合同无效而致合同约定的工期条款及违约条款等均无效，但这不意味着承包人可以不再承担工期延误责任，发包人还是可以参照合同约定的工期要求承包人赔偿工期延误损失，但这个损失仅包括已经实际发生的损失，对于尚未发生或可能会发生的损失不能主张，待以后损失确定了再另行主张。需要指出一点，实践中发包人对于建设工程逾期竣工导致的实际损失很难举证和界定，如果简单地适用举证规则导致其权利丧失，那么在实体处理上会造成严重利益失衡，而运用法官自由裁量权来解决该问题又显得缺乏依据，影响到适法统一性，因此"参照无效施工合同约定的逾期竣工违约责任条款来确定发包人的损失，并结合双方的过错程度来确定责任分担"，[1] 不失为一条很好的解决之道，更符合公平原则和诚实信用原则。

第三，工程质量问题造成的损失。对于工程质量问题带来的损失赔偿，《民法典》第801条明确规定："因施工人的原因致使建设工程质量不符合约定的，发包人有权要求施工人在合理期限内无偿修理或者返工、改建。经过修理或者返工、改建后，造成逾期交付的，施工人应当承担违约责任。"对于承包人应承担的质量保证责任，前文也已作了充分阐述，这里不再展开。这里主要把握的几点如下：一是要确定工程质量问题造成的损失范围，包括不

---

〔1〕 参见最高人民法院民事审判第一庭编著：《最高人民法院建设工程施工合同司法解释（二）理解与适用》，人民法院出版社2019年版，第94页。

能使用及修复带来的损失，也包括工程质量问题导致的发包人或第三人人身和财产的损失，需要发包人举证证明具体损失额。二是正确认定工程质量问题的产生与承包人过错间的关系，注意审查发包人对于工程质量问题有无过错，区分发包人与承包人的责任，根据双方的过错大小对于损害后果的影响来确定各自责任承担比例。三是要区分施工合同无效的原因与工程质量问题产生的原因，建设工程存在质量问题不一定是合同无效引起的，严格审查损失与过错间的因果关系，避免将建设工程质量问题产生的损失一概归责于导致合同无效的过错方。

（三）承包人基于施工合同无效向发包人主张损失赔偿的认定

因发包人原因导致合同无效的情形，主要包括规避招标、虚假招标或者建设工程未取得规划审批手续等。实践中，基于建设工程施工合同无效而给承包人造成损失的情形，主要为建设工程被行政管理部门叫停而造成的停、窝工损失以及建设工程项目中止不再继续施工带来的损失。

第一，无效施工合同签订后未继续履行的损失。主要包括承包人因办理招投标手续而支出的费用、订立合同及为履约准备而支出的费用，具体的损失额需要承包人举证证明。如前所述，承包人主张损失赔偿的请求权基础是缔约过失责任，因此对于施工合同被解除而导致的可得利益，应不予支持。

第二，因施工合同无效而导致的停、窝工损失。建设工程施工过程中发生停、窝工的原因有多种，更多地与合同效力并无直接关联，要正确予以区分并适用不同的裁判规则解决损失赔偿纠纷。一是停、窝工事实的发生与合同效力无关的，按过错责任原则处理相关损失。如因发包人未履行合同义务造成的停、窝工，由过错方发包人承担赔偿责任；因承包人施工不规范而被行政管理部门处罚暂停施工的，该停、窝工损失由承包人自己承担，如果由此造成工期延误的，承包人还应赔偿发包人相应的损失。对于停、窝工损失额的具体认定，本书将在工程款结算章节作详细分析，这里不予展开。二是停、窝工的发生源于施工合同无效，应根据双方对于合同无效的过错责任大小分担相关损失。如承包人的施工被行政管理部门叫停是源于发包人缺乏规划许可证审批手续的，该损失的产生与发包人的过错有直接因果关系，应由发包人承担相应的损失。如果承包人对于建设工程无规划许可等事实明知但仍签约、继续施工等，承包人对于合同无效也有过错，由此发生的停、窝工损失根据双方的过错大小按比例承担。在认定停、窝工具体损失数额时，还需审查承包人有无采取适当措施避免损失的扩大，对于承包人放任损失扩大部分，应不予支持。

第三，因施工合同无效而导致施工终止带来的损失。承包人因施工合同无效而导致施工终止并撤场，由此遭受的损失除上面两点外，还涉及“违法建筑”的施工被行政管理部门叫停而引发的损失赔偿问题，对此应以承包人已投入的人工费、材料费、机械费等实际损失来确定损失范围，并根据双方造成施工合同无效的过错大小予以分担。

第三节 “黑白合同”的正确认定与处理

由于建设工程从招投标到合同签订等众多环节存在大量不确定因素，而信息的不对称性使建设方难以判断投标人的经验、技术及履约能力等要素。为了规避招投标带来的施工者选择的不确定风险，不少招标人想方设法控制招投标的结果，作为建设工程领域一种特殊而又常见的现象，“黑白合同”由此大量产生。“黑白合同”在大型基建项目中的普遍存在，不仅破坏了公平、公正、公开的市场竞争秩序，更造成了工程质量隐患，危害了社会公共安全和群众生命财产安全。因“黑白合同”而导致的工程款结算纠纷在司法实践中也大量出现。基于此，严格甄别“黑白合同”，有助于更准确地理解和适用法律，打击违规违法现象。

一、“黑白合同”的定义及表现形式

（一）“黑白合同”的概念

“黑白合同”从严格意义上讲，它不是一个法律概念。“黑白合同”一词

最早见于2003年10月27日的《全国人大常委会执法检查组关于检查〈中华人民共和国建筑法〉实施情况的报告》，该报告表述："所谓'黑合同'就是建设单位在工程招投标过程中，除了公开签订的合同外，又私下与中标单位签订合同，强迫中标单位垫资带资承包、压低工程款等。"国家发改委对此也作出过规定，对于国家规定必须进行招投标的建设工程项目，建设方与施工方必须要在招投标之后才能依据招投标结果签订合同；招投标合同签订后必须报国家管理建设工程的部门备案；建设工程完工后，合同当事人应当依据备案合同进行结算。[1]《建设工程司法解释（一）》第21条规定："当事人就同一建设工程另行订立的建设工程施工合同与经过备案的中标合同实质性内容不一致的，应当以备案的中标合同作为结算工程款的依据。"《建设工程司法解释（二）》第1条第1款规定："招标人和中标人另行签订的建设工程施工合同约定的工程范围、建设工期、工程质量、工程价款等实质性内容，与中标合同不一致，一方当事人请求按照中标合同确定权利义务的，人民法院应予支持。"《建设工程司法解释（二）》第9条规定："发包人将依法不属于必须招标的建设工程进行招标后，与承包人另行签订的建设工程施工合同背离中标合同的实质性内容，当事人请求以中标合同作为结算建设工程价款依据的，人民法院应予支持，但发包人与承包人因客观情况发生了在招投标时难以预见的变化而另行订立建设工程施工合同的除外。"综合全国人大常委会、国家发改委及最高人民法院的上述规定，我们可以给出一个定义，所谓"白合同"是指无论是否属于必须招投标范围，建设工程只要经过招投标程序，发包人与承包人签订的中标合同；"黑合同"是指招标人与中标人在中标合同外另行签订的，与中标合同在工程范围、建设工期、工程质量、工程价款等实质性内容不一致的施工合同。

这里需把握三个关键点：一是建设工程项目不区分是否属必须招投标范围，只要履行了招投标程序就受到招投标相关法律、法规的约束；二是不再以中标合同是否经过备案作为判断依据（不再强调中标备案合同应该是与国

[1] 参见杜万华：《杜万华大法官民事商事审判实务演讲录》，人民法院出版社2016年版，第15页。

务院住房和城乡建设部取消备案制度相衔接），而是结合中标通知、投标文件等作出判断；三是如果“黑合同”的内容与“白合同”不一致并未构成对“白合同”实质性内容的违反或者背离，属于合同变更，是合同自由的体现。[1]

（二）“黑白合同”的表现形式

现实中，“黑合同”往往比较隐蔽，从形成原因及时间顺序看主要有以下几类表现形式：第一种，在招投标之前发包人与承包方已就建设工程项目的施工问题达成合意或签订合同，在招投标行为开始之前就内定了承包人中标，经过形式上的招投标程序确定承包人中标，双方再签订“白合同”，这就是典型的“明招暗定”。此类型的“黑白合同”因事先串标违反了《招标投标法》第43条之禁止事先议标的规定，属于典型的虚假招投标行为。第二种，在招投标过程中，中标人尚未确定，招标人以中标为条件与投标人之一达成合意，双方签订“黑合同”，再由招标人发出中标通知并签订中标合同，但双方均确认实际按“黑合同”执行。第三种，招标程序结束，中标人已经确定并签订了中标合同，在此之后至施工结束前的时间内，招标人利用自己的优势地位，要求中标人与自己以补充协议方式修改中标合同中关于工程范围、价款、工期、质量等条款，形成实质上的“黑合同”。

（三）“黑白合同”的认定标准

建设工程施工存在周期长、涉及面广、复杂问题多等特点，实践中双方存在几份协议的现象并不少见，我们不能机械地把中标合同外的其他合同一概定性为“黑合同”，《建设工程司法解释（一）》以“实质性内容不一致”作为司法判定“黑合同”的实质性要件。从《招标投标法》的有关规定看，对于两份合同性质的认定，没有将合同签订时间作为一个标准，只要针对同

---

〔1〕参见最高人民法院民事审判第一庭编著：《最高人民法院建设工程施工合同司法解释（二）理解与适用》，人民法院出版社2019年版，第54页。

一工程的两份合同在实质性内容方面不一致，其中有一份是中标合同或者根据中标文件签订的合同，就可以认定为“黑白合同”或者“阴阳合同”的情形。因此，在判断“黑白合同”时，都无法绕开判断中标合同所涉及的实质性内容条款进行变更与正常的合同变更的界定。

对于实质性内容的判断应从四方面进行比对：

1. 比对工程范围

工程范围决定了承包人的施工边界和利润的多寡，实践中因设计变更、规划指标调整等带来的工程范围改变不属于背离中标合同实质性内容，更多的是发包人以指定分包的方式改变了承包人的施工范围。通过指定分包等方式变更承包人施工范围的，应认定为背离了中标合同的实质性内容。

2. 比对建设工期

投标人在投标文件中确定的竣工日期是决定其能否中标的关键要素之一，在施工过程中，在施工设计、施工范围没有发生重大变化的情况下，发包人与承包人另行签订协议缩短或延长工期，也是背离中标合同实质性内容的一种。

3. 比对工程价款

变更工程价款是“黑白合同”最常见的典型现象，《建设工程司法解释（二）》第1条第2款对4种典型变相降低工程价款的形式作了规定，除此之外，实践中出现的让利、下浮结算款、改变计价方式等也应认定为背离中标合同实质性内容。

4. 比对工程质量

施工质量与承包人的施工能力密切相关，尤其是工艺要求高的建设项目，更是对承包人的施工能力提出要求，这也是我国实行施工资质等级规定的初衷。对于超越自身施工能力的工程项目，承包人在中标后，与发包人达成的降低工程质量和工艺要求的协议，亦应认定为背离中标合同实质性内容。

二、“黑白合同”的效力及性质认定

当前理论界及实务界对于“黑白合同”的效力存在一种误区，主流观点认为当事人在中标合同外另行签订“黑合同”违反了国家法律禁止性规定，一律应为无效。对此，笔者不能认同，“黑白合同”现象违反法律规定，确实不应提倡，但是对于“黑白合同”的效力评价应根据不同的情况区别对待。遗憾的是，我国现行法律及司法解释在界定建设工程“黑白合同”时回避了对其效力的认定，仅指明以哪份合同作为工程价款结算的依据。

（一）“黑白合同”效力之争的法理分析

法律行为之所以发生法律效果，是因为行为人具有发生该法律效果的意愿，这种意愿包含在行为人的意思表示之中，所以法律行为的效力都取决于意思表示的内容。[1] 建设工程“黑白合同”本质上是一系列的合同行为，意思表示是其基本要素，应当遵循意思表示理论的一般原则。

追本溯源，笔者认为，建设工程领域“黑白合同”本质是典型的“通谋虚伪表示行为”，缔约主体的真实意思表示是希望“黑合同”发生效力，中标的“白合同”仅是应付行政机关的监管要求，并不希望其发生法律效果。通谋虚伪表示在《民法典》第154条中定义为“恶意串通损害他人合法权益的民事法律行为”。实践中处理建设工程“黑白合同”纠纷往往只能从是否存在恶意串通、违反法律强制性规定或其他有意思瑕疵的角度认定，以至于出现效力认定混乱的情况，未能有效约束当事人规避法律的行为。

一般而言，通谋虚伪表示整体上可以拆分出三个相对独立的法律行为：第一，对外部的虚假行为；第二，对内部的隐藏行为；第三，外部行为不产生内部效力的通谋行为。“黑白合同”构成通谋虚伪表示，可以拆分为“黑合同”、“白合同”、通谋合意三个法律行为，这三个法律行为相对独立，通过通谋合意串联起来。因此，认定“黑合同”与“白合同”的法律效力，不能脱离当事人之间的通谋合意，通谋合意是“黑白合同”的特殊性所在，也是认定其法律效力的关键所在，尤其是针对“白合同”的法律效力。至于“黑合同”的法律效力，构成隐藏行为应当依据招投标法律规定单独认定，不受“白合同”效力的影响。

---

〔1〕 参见谢怀栻：《民法总则讲要》，北京大学出版社2007年版，第136页。

在有通谋合意的情况下，“白合同”是建设单位与施工单位通谋一致用于建设主管部门备案的虚假表示，双方当事人都无意发生“白合同”约定内容的法律效果。根据通谋虚伪表示的一般效力规则，“白合同”无效，对当事人不具有法律约束力。“黑合同”是相同的主体就同一工程私下签订与“白合同”的实质性内容不一致的实际履行的秘密协议，构成“白合同”的隐藏行为。先有通谋合意而签订的“黑合同”属于规避建设工程招投标相关法律的虚假招投标行为，应认定为无效。

需要注意的是，标前“黑白合同”与标后“黑白合同”都违背《招标投标法》的禁止性规定，二者不会因为签约时间节点而影响其虚伪行为的本质。因此，不应将签约时间节点作为认定“黑白合同”效力的标准，而应以事先是否有通谋合意来进行认定。

（二）不同“黑白合同”的效力认定

1. 标前合意的“黑白合同”均无效

对于标前合意，实践中主要表现为是在招投标之前，招标人与潜在的投标人就施工合同实质性内容进行谈判并达成合意，双方签订合同或在中标合同后根据标前合意另外签订了一份合同，甚至有的工程项目在进行招投标之前施工企业就已进场施工。依据《招标投标法》第43条的规定，“在确定中标人前，招标人不得与投标人就投标价格、投标方案等实质性内容进行谈判”；依据该法第53条的规定，“投标人相互串通投标或者与招标人串通投标的”，中标无效。标前签约属于规避建设工程招投标相关法律的虚假招投标行为，《建设工程司法解释（一）》第1条规定，建设工程必须进行招标而未招标或者中标无效的合同无效。所以，这种情况下，无论是中标前后签订的“黑合同”还是中标的“白合同”，均应认定为无效。这有利于《招标投标法》实现规范社会招标投标活动的目的，同时也是维护市场竞争秩序的需要。

2. 合法招投标下的中标合同亦存在无效情形

最高人民法院发布的《第八次全国法院民事商事审判工作会议（民事部

分）纪要》第30条[1]规定，当事人违反工程建设强制性标准、任意压缩合理工期、降低工程质量标准的约定，应认定为无效。这类情况在实践中主要是中标后，承、发包双方仅签订了一份施工合同（中标合同），从形式上看，该份中标合同似乎不存在“黑白合同”的问题，但是该份施工合同的内容在工程范围、建设工期、工程质量、工程价款等方面与招投标文件的内容不一致，根据《建设工程司法解释（二）》第10条[2]的规定，应以招投标文件及中标通知书作为适用依据，就这个意义而言，该中标合同亦可归入宽泛意义上的“黑白合同”范畴。根据前述规定，如果该中标合同存在违反工程建设强制性标准、任意压缩合理工期、降低工程质量标准的约定，虽然是正常的、合规的招投标，不考虑“黑白合同”的效力影响，中标合同即“白合同”本身亦应认定为无效。

3. 标后签订的“黑合同”不能作为结算工程价款依据

所谓标后签约是指“黑合同”签订于“白合同”之后，双方在招投标开始前及招投标过程中并未达成合意。招标人与中标人在招投标过程中并不存在《招标投标法》规定的中标无效情形，首先应认定中标有效。在中标合同外双方另外又签订了一份合同，两份合同对工程价款、工程质量、工程期限等约定内容不一致，在此情况下中标合同即“白合同”应为有效并无争议，但对于中标合同外的所谓“黑合同”是否应认定无效值得商榷。一般认为，根据《招标投标法》第46条第1款的规定，“招标人和中标人应当自中标通知书发出之日起三十日内，按照招标文件和中标人的投标文件订立书面合同。招标人和中标人不得再行订立背离合同实质性内容的其他协议”，据此“黑合同”应为无效。

对此笔者认为，根据相关法律和司法解释的规定，在中标有效的前提下，

---

〔1〕《八民会议纪要》第30条规定：“要依法维护通过招投标所签订的中标合同的法律效力。当事人违反工程建设强制性标准、任意压缩合理工期、降低工程质量标准的约定，应认定无效。对于无效后的工程价款结算，应依据建设工程施工合同司法解释的相关规定处理。”

〔2〕《建设工程司法解释（二）》第10条规定：“当事人签订的建设工程施工合同与招标文件、投标文件、中标通知书载明的工程范围、建设工期、工程质量、工程价款不一致，一方当事人请求将招标文件、投标文件、中标通知书作为结算工程款依据的，人民法院应予支持。”

承、发包双方在招投标程序结束后签订的“黑合同”不能作为双方结算工程款的依据，这一点应在审判实践中予以坚持。但并不能据此就认定“黑合同”无效，双方当事人在招投标过程中并没有“通谋虚伪”的合意去破坏招投标程序，由此在标后所签订的“黑合同”不应被认定为无效，具体阐述如下：

第一，认定“黑合同”无效缺乏法律依据。《建设工程司法解释（一）》第21条规定“应当以备案的中标合同作为结算工程价款的根据”，这一规定回避了“黑白合同”的效力问题，仅仅约定工程价款结算以中标合同即“白合同”为依据，“黑合同”不能作为结算依据。《建设工程司法解释（二）》延续了这一思路，在第1条、第9条、第10条均强调了中标合同优先级地位，并没有规定“黑合同”无效，故认定“黑合同”无效缺乏法律依据。

第二，“黑合同”没有违反法律效力性强制规定。中标后签订的“黑合同”违反的是《招标投标法》第46条第1款的规定，而对于违反本条款的法律后果按《招标投标法》第59条规定，仅承担“责令改正”或者“罚款”的行政责任。因此不能认定该条款是效力性强制性规定，应当认定为管理性强制性规范。所以中标后签订的“黑合同”并不能因为违反《招标投标法》管理性强制性规范而无效。

第三，“黑合同”没有侵犯其他投标人的合法权益。从司法实践中反映出的情况分析，“黑合同”对于“白合同”内容的改变，往往是对承包人不利的，承包人基于“黑合同”非但没有获益，相反其收益较“白合同”减少，因此招标人和中标人在经过合法招投标程序后再签订“黑合同”并不必定会对其他投标人的利益产生实际的影响，不符合《民法典》第154条规定的无效情形，不应被认定无效。当然，如果经审查，“黑合同”对于“白合同”实质性内容的改变导致其获益，客观上也侵害了其投标人的合法权益，破坏了招投标程序的公平、公开、公正的秩序，则应根据《民法典》第154条之规定，认定“黑合同”无效。

第四，“黑合同”对于实质性内容外的约定具有约束力。如果“黑合同”约定的内容在没有违反国家强制性规定的情况下，即没有违反工程建设强制性标准、没有任意压缩合理工期、更没有降低工程质量标准的情况下，“黑合同”不能想当然地认定为无效，只是与中标合同的优先地位而言，由于现阶段法律有明确规定，其不能在工程范围、工程质量、建设工期及工程价款方面作为适用依据。但是对于中标合同中没有规定的事项，如违约责任、安全管理等方面，“黑合同”中相关的约定，依旧具有约束双方的效力。

三、“黑白合同”认定规则在审判实践中的运用

对于“黑白合同”在审判实践中的认定及适用，应依照《建设工程司法解释（一）》《建设工程司法解释（二）》规定，根据建设工程项目的特点、招投标活动的情况以及“黑白合同”内容的差异特点等进行分别处理。

（一）中标无效，“黑白合同”均无效，按实际履行的合同执行

依据《建设工程司法解释（二）》第11条第1款的规定，“当事人就同一工程订立的数份建设工程施工合同均无效，但建设工程质量合格，一方当事人请求参照实际履行的合同结算建设工程价款的，人民法院应予支持”。该条秉承了无效施工合同的结算原则，体现了质量优先的立法精神。同时，对于中标无效情形下的工程价款结算，结合《建设工程司法解释（一）》第1～2条的规定，应作如下理解：第一，中标无效的，“黑白合同”均为无效，不再考虑以何优先适用的问题。第二，建设工程施工合同的效力并不是结算工程价款的首要因素。第三，在工程质量合格的前提下，双方应按照实际履行的合同结算工程价款，如果实践中存在多份合同而无法判断实际履行哪一份合同，则应按“后合同优于前合同”的原则，参照最后签订的施工合同结算建设工程价款。

这里需指出，一是“参照合同约定”并非完全“按照合同约定”。在合同无效的情形下，承包人获取工程款的前提必须是建设工程质量合格，而评定工程质量合格的标准，如果施工合同约定的标准符合国家及行业标准的，参照合同标准执行；如果合同约定的标准低于国家及行业标准的，应按国家或行业标准作为工程质量验收标准。二是如果工程质量不合格且无法修复合

格的，则应按照一般无效合同的处理原则，承包人负责将该部分工程拆除并将发包人支付的工程款返还。此外，若因发包人过错导致合同无效的，发包人对己方的损失自行承担，同时应该赔偿承包人施工过程中发生的人工费、材料费等实际支出费用；若因承包人过错致使合同无效的，承包人亦应向发包人承担赔偿责任；双方都有过错的，按过错大小承担相应赔偿责任。

（二）中标有效，“白合同”优先适用

《建设工程司法解释（一）》第21条及《建设工程司法解释（二）》第1条、第9条、第10条均规定了在中标有效的前提下，应按中标合同确定双方的权利义务，这些规定赋予了中标合同优先级地位。《建设工程司法解释（二）》将中标合同优先适用的范围从原来的工程价款扩展到工程范围、建设工期及工程质量等实质性内容，如果“黑白合同”在工程范围、建设工期、工程质量及工程价款等实质性内容不一致的，按中标合同执行。

实践中尚需注意，“白合同”优先适用也有限制和例外，根据《建设工程司法解释（二）》第10条的规定，如果“白合同”与招标文件、投标文件、中标通知书载明的工程范围、建设工期、工程质量、工程价款不一致的，应按招标文件、投标文件、中标通知书作为结算工程款的依据。

司法实践中对于“白合同”优先适用存在的困惑是：当“黑合同”确定的工程范围小于或大于“白合同”（中标合同）时，是否仍然按“中标合同确定双方权利义务”？从合同性质分析，“黑白合同”工程范围不一致，其导致的后果必然是工程价款的变化，其性质是合同“实质性内容不一致”，根据《建设工程司法解释（一）》《建设工程司法解释（二）》的规定，双方应以中标合同作为结算工程价款的依据。但是在实践中，承包人已根据“黑合同”确定的工程范围进行了实际施工且已通过竣工验收质量合格，相比中标合同约定的工程范围，承包人可能多付出或少付出施工投入，如果单纯地按中标合同或招投标文件确定的工程范围结算工程价款，必然会对其中一方构成不当得利，有违公平原则。对此，笔者认为，对于这一问题，应根据“黑合同”

的签订时间并结合工程范围的变动程度分别作出认定：第一，“黑合同”签订于中标前或实际进场施工前，鉴于工程范围的变动涉及设计变更、工程量预算等诸多事宜，并非简单地随意改变，应认定承、发包双方存在“通谋虚伪表示行为”，依据《招标投标法》第43条、第55条的规定，中标无效，即“黑白合同”均无效，对于工程价款的结算参照无效施工合同的相关规则处理。第二，如果“黑合同”签订于承包人施工过程中，且工程范围的变动程度较小，可以在承包人的施工过程中继续进行下去，此时如果予以废标而重新进行招投标，从效率和经济成本的角度考虑，是不妥的。同时，在施工过程中，发包人对于建设工程进行适当的设计变更也是一种常态，是合理现象，这种设计变更没有对原定工程范围发生质的改变。因此，对于工程范围变动程度较小的行为应认定是对“白合同”的合理变更而对变更效力作肯定性评价，对于相应的工程价款结算按变更后的工程量为计算依据。第三，虽然“黑合同”签订于承包人施工过程中，但工程范围的变动程度较大，对承包人的利益影响也较大，“黑合同”的签订在性质上是一份新合同的建立，该行为已严重违反了《招标投标法》的规定，其实质上已构成废标，等同于“应招标而未招标”，应按照违反招投标领域法律、行政规定的相关法律原则及规定处理。司法实践中，对于工程范围变动程度的认定，应结合施工设计图的对比、工程价款的变动比例等综合作出认定。

（三）分包合同的工程价款结算不受前手“黑白合同”效力的影响

在工程实务中，分包合同经常出现这样的约定：“当承包人与发包人就工程价款结算标准发生变更时，分包合同的工程价款结算亦随之调整。”当承包人与发包人对于中标合同的工程价款数额或计价标准进行变更构成“黑白合同”时，分包合同的工程价款结算如何确定？是继续按原分包合同的约定进行结算，还是根据变更后的标准结算？司法实践中对此存有争议。有观点认为，根据最高人民法院相关司法解释对于涉“黑白合同”工程价款结算的规定，承包人与发包人的价格变更约定不能适用，双方仍应按中标合同进行结算，那么分包合同结算参照的依据不复存在，仍应按原约定标准进行结算。

笔者对此持不同意见，笔者认为，分包合同的工程价款结算应按变更后的数额或计价标准进行，即分包合同的工程价款结算不受“黑白合同”效力的影响，理由是：

1. 分包合同不受招投标法律规定的约束

中标合同的工程价款变动受招投标程序相关法律的约束，但对于分包合同的工程价款调整并无相关的法律强制性规定。分包合同的签订并非通过招投标程序建立的，招投标程序的相关规定、规则，对其没有约束力，故其关于工程价款结算标准的变更不受“黑白合同”相关法律规定的规制。

2. 分包合同具有独立性

从合同性质来看，分包合同对于中标合同而言是相对独立的，不仅工程价款条款独立于中标合同，对工程价款结算标准的变更也独立于中标合同，而这种变更约定体现了签约双方的真实意思表示，根据合同意思自治原则，应予以尊重。就另外的角度而言，如果中标合同没有发生工程价款结算标准的变更，分包合同的签约双方在履约过程中自行对合同价格条款进行变动，这种变更对合同双方是有约束力的，故分包合同的独立性还体现在不受中标合同效力变更的影响。

3. 分包合同结算变更仅是形式上借用了中标合同的约定内容

虽然分包人与实际施工人并未直接签订工程价款变更协议，但当实际施工人确认中标合同的工程价款或计价标准变更时，意味着分包人与实际施工人对于分包合同的工程价款结算也进行了变更约定，具体约定的内容，就是中标合同约定的变更内容。分包合同的约定变更是独立的，一旦确立即对合同双方具有约束力，仅仅是形式上将变更的内容借助于前手协议来表达，而这恰恰是司法实践中容易陷入认识误区之处。

案例8
中标无效情形下"黑白合同"均无效，应按实际履行的施工合同进行结算
——汕头公司与秦浪屿公司建设工程施工合同纠纷案[1]

基本案情

上诉人（原审原告）：汕头市建安（集团）公司（以下简称汕头公司）

上诉人（原审被告）：北京秦浪屿工艺品有限公司（以下简称秦浪屿公司）

2007年3月1日，汕头公司与秦浪屿公司及案外人中泰国际投资有限公司签订《工程质量保证金使用约定》，约定汕头公司提供工程保证金3000万元，用于秦浪屿公司投资北京八达岭景区项目的施工认证银行验资，验资后，该款项在本项目工程的施工中支出使用。

2007年4月19日，通过招投标程序，秦浪屿公司与汕头公司签订《建设工程施工合同》，约定秦浪屿公司将八达岭景区西部停车场综合服务设施的土建、装饰、电气、暖通、消防、给排水等工程发包给汕头公司施工，合同价款为79,150,668元；开工日期为2007年4月20日，竣工日期为2008年6月20日；工程范围为总承包；合同专用条款第6条约定了合同价款与支付，其中第23.2条约定合同价款采用可调总价方式确定。合同另对付款方式、违约责任等进行了约定。该中标合同在北京市延庆县建设委员会登记备案。

2007年6月6日，双方签订《工程总承包补充协议》，约定本工程采用包工包料、包质量、包安全的总承包方式；承包范围为所有红线图内与项目有关的工程（室内装修中的橱柜、台、隔断不包），红线图外的排污管线和供电线路的数量在直线一公里内的长度属于本协议的承建范围；工程总承包造价为1.85亿元；合同工期双方另行协商确定。

2007年7月30日，双方签订《建设工程补充施工合同》，约定八达岭景区西部停车场综合服务设施的土建、装饰、安装等工程新增加的工程量、设

---

[1] 参见最高人民法院（2011）最高法民一终字第62号民事判决书。

备工程、弱电系统工程、外场地配套工程、绿化工程、外供电、排水、排污工程（一公里内）、钢结构工程、室内二次装修工程、制冷系统工程的合同价款为105,849,332元。其他事项按2007年4月19日签订的《建设工程施工合同》条款执行。

2007年10月8日，秦浪屿公司作为八达岭景区西部交通综合服务设施建设项目的建设单位，向北京市延庆县建设工程招标投标管理办公室提出《关于装饰工程招标方式的申请》，申请将工程内外装饰、园林景观配套、市政配套直接发包。北京市延庆县建设工程招标投标管理办公室回函同意。秦浪屿公司于是将与汕头公司于2007年7月30日签订的《建设工程补充施工合同》在北京市延庆县建设委员会进行了备案。

为履行施工合同，双方当事人先后于2007年9月14日、2008年3月28日签订《工程总承包补充协议（二）》《工程总承包补充协议（三）》，确认工程总承包价为1.85亿元，并约定了汕头公司提前竣工奖金数额及按时完工赶工费用数额。

《工程总承包补充协议（二）》约定开工日期为2007年4月20日，竣工日期为2008年6月30日；秦浪屿公司应于主体封顶时给付工程进度款2000万元，20日后再给付2000万元，余款除预留5%作为工程质保金外，均应于工程竣工验收合格后30日内付清。工程质保金于工程验收后一年内付清。若秦浪屿公司拖延付款，每天应支付违约金50万元；汕头公司竣工日期为2008年6月30日，每提前一天奖励50万元，每拖延一天支付违约金50万元。《工程总承包补充协议（三）》约定，工程总承包价为1.85亿元；若汕头公司按《工程总承包补充协议（二）》约定，按时完成工程施工，按时通过工程竣工验收并交付，秦浪屿公司承诺另付汕头公司赶工费2000万元。

涉案项目于2008年6月27日通过竣工验收合格，并交付秦浪屿公司接收管理。2008年6月27日，双方签署工期确认单，确认工程已于2008年6月27日全部竣工，并通过了质量监督站、监理公司、设计单位、勘察单位各方预验收。2008年7月3日，秦浪屿公司、汕头公司就八达岭景区西部停车场综合服务设施工程移交签订说明书，确认该项目于2008年6月27日通过竣工验收合格，汕头公司将项目整体交付秦浪屿公司接收管理。依照双方约定，汕头公司实际提前3日完工。双方对工程款未进行最后结算。

结算过程中双方发生争议，汕头公司认为应当以合同约定的1.85亿元作为结算标准，秦浪屿公司认为应当按照第一份合同约定的79,150,668元进行结算。因协商未果，汕头公司向北京市高级人民法院提起诉讼，请求判令：(1) 秦浪屿公司给付工程款16,090万元（包括工程提前完工的奖励950万元、赶工费2000万元）及利息；(2) 秦浪屿公司承担违约金（自2008年7月28日起至实际付款之日止按每日50万元计算）；(3) 汕头公司在上述债权范围内对八达岭景区西部停车场综合服务设施工程项目享有建设工程价款优先受偿权。

一审审理期间，经汕头公司、秦浪屿公司申请，法院委托北京中兴恒信工程造价咨询有限公司（以下简称恒信造价公司）对本案工程的造价进行鉴定。恒信造价公司于2010年11月24日出具1013号造价报告结论书，结论为：按照工程的实际状态确定的工程造价为156,640,949.11元。2010年12月15日，恒信造价公司出具1014号司法鉴定报告书，结论为：按照双方签订的备案合同的相关约定，确定的工程造价为1.85亿元。

法院裁判

一审法院认为：(1) 关于合同效力。汕头公司、秦浪屿公司于2007年4月19日经过工程招标投标签订的《建设工程施工合同》，已在建设主管部门登记备案，符合法律规定，应属有效。双方当事人于2007年7月30日签订的《建设工程补充施工合同》，是在北京市延庆县建设工程招标投标管理办公室同意的情况下，以直接发包的方式签订。建设主管部门为该份合同作了登记备案，并认可双方对该部分工程的承发包关系，承认在办理上述合同备案登记过程中工作存有瑕疵。《建设工程补充施工合同》的形成虽有欠缺，但合同的内容体现的是双方当事人真实意思，并由双方实际履行，可以作为结算工程款的参考依据。汕头公司、秦浪屿公司先后于2007年9月14日、2008年3

月28日签订的《工程总承包补充协议（二）》《工程总承包补充协议（三）》，是双方当事人因施工的有关事项另行达成的，体现了双方的真实意思表示，且没有对原备案合同的实质性条款进行变更，可以认定上述补充协议是对备案合同的补充，依法有效。双方当事人于2007年6月6日签订的《工程总承包补充协议》，没有办理招投标手续，不符合法律规定，对其效力不予确认，不作为定案依据。(2) 关于涉案工程的结算，恒信造价公司依合同作出的工程造价与工程实际造价存在一定差额，考虑备案合同的法律地位优于其他合同，依建设工程价款结算的行业惯例，若据实结算对施工方不够公平，故综合本案事实以及双方当事人在签订合同过程中的过错，以备案合同约定为基础和依据，参照据实结算的造价，平衡合同造价与实际造价之间的差额，酌情确定工程结算数额为170,820,474.56元。扣除秦浪屿公司已付工程款7610万元，秦浪屿公司应当支付尚欠汕头公司的工程款94,720,474.56元。汕头公司要求按照《工程总承包补充协议》结算支付1.85亿元工程款的诉讼请求，不符合法律规定，不予支持。秦浪屿公司主张按照备案合同已不欠汕头公司工程款，与事实不符，亦不予支持。(3) 关于汕头公司申请对涉案工程享有优先受偿权的问题，鉴于汕头公司在履行合同过程中没有过错，依照法律规定，其主张享有优先受偿权，予以支持。(4) 汕头公司要求秦浪屿公司支付提前完工奖励费以及赶工费的主张，符合双方合同约定，予以支持。

一审法院判决：(1) 秦浪屿公司支付汕头公司尚欠工程款94,720,474.56元；(2) 秦浪屿公司支付汕头公司尚欠工程款的利息（以94,720,474.56元为基数，按中国人民银行同期固定贷款利息给付自2010年11月24日起至给付之日止）；(3) 秦浪屿公司支付汕头公司奖励费150万元；(4) 秦浪屿公司支付汕头公司赶工费2000万元；(5) 汕头公司对承建的秦浪屿公司八达岭景区西部交通综合服务设施项目享有优先受偿权；(6) 驳回汕头公司其他诉讼请求。

判决后，汕头公司与秦浪屿公司均不服，分别向最高人民法院提起上诉。

汕头公司上诉称，本案工程的总承包价款为1.85亿元，一审判决将工程价款酌情认定为170,820,474.56元，缺乏事实基础与法律依据，另外一审法院对利息、奖励费的处理也不当，故请求二审法院撤销一审判决的第1项、第2项、第3项、第6项，判决支持汕头公司的全部诉讼请求。

秦浪屿公司上诉称，一审判决对于本案部分施工合同签订和备案事实认定不清，对本案工程实际造价的认定与客观事实有较大出入，对优先受偿权的认定有误，请求二审法院撤销原审判决，依法改判或者发回重审。

二审法院认为：(1) 关于合同效力问题。汕头公司、秦浪屿公司、中泰国际投资有限公司于2007年3月1日签订的《工程质量保证金使用约定》表明，在涉案工程招标前，秦浪屿公司与汕头公司已就涉案工程由汕头公司承建达成合意。双方经招投标，将上述合意体现在2007年4月19日签订的《建设工程施工合同》中。该行为违反了《招标投标法》第43条的规定，根据《建设工程司法解释（一）》第1条的相关规定，应认定无效。从涉案合同的履行看，上述《建设工程施工合同》约定工程价款为79,150,668元，但秦浪屿公司与汕头公司随后签订的《工程总承包补充协议》约定工程价款为1.85亿元。诉讼中，秦浪屿公司与汕头公司均认可，上述两份协议约定的施工范围没有发生变化。双方针对上述两份协议约定的工程价款之间的差价，签订《建设工程补充施工合同》，并向建设行政主管部门申请，以《建设工程补充施工合同》约定的施工范围为《建设工程施工合同》约定工程外新增加的工程量及配套工程为由，申请直接发包。双方当事人在履行合同过程中，又签订《工程总承包补充协议（二）》及《工程总承包补充协议（三）》，对《工程总承包补充协议》进行补充约定。上述事实表明，双方当事人虽然通过招投标签订了《建设工程施工合同》，但实际上双方另行签订《工程总承包补充协议》，对合同价款进行重大变更，并实际予以履行。《建设工程施工合同》约定的价款明显低于涉案工程的合理成本，并非双方当事人的真实意思表示。双方上述行为违反了《招标投标法》第41条、第43条的规定，故本案所涉《建设工程施工合同》、《工程总承包补充协议》及《工程总承包补充协议（二）》《工程总承包补充协议（三）》均应认定无效。本案所涉《建设工程补充施工合同》的缔约目的是使《建设工程施工合同》与《工程总承包补充协议》约定价款之间的差价符合法律规定，并不存在合同中约定的工程量增加及配套工程。因此，北京市延庆县建设工程招标投标管理办公室同意该份合同约定的工程可以直接发包的方式签订合同，延庆县建设委员会将该份合同登记备案，均不能产生对上述合同效力进行补正的法律效果，上述合同亦应认定无效。一审判决认定秦浪屿公司与汕头公司先后签订的《建设工程施工合同》《建设工程补充施工合同》《工程总承包补充协议（二）》《工程总承包补充协议（三）》有效，适用法律错误，依法予以纠正。（2）关于结算原则问题。《建设工程司法解释（一）》第2条规定："建设工程施工合同无效，但建设工程经竣工验收合格，承包人请求参照合同约定支付工程价款的，应予支持。"本案所涉建设工程已经竣工验收并交付使用，汕头公司主张依照合同约定支付工程价款，于法有据，应予支持。从本案所涉合同约定看，《建设工程施工合同》约定的工程价款并非双方当事人的真实意思，亦与工程实际造价差距巨大，无法作为结算双方工程价款的参照标准。秦浪屿公司主张依据上述合同结算工程价款，不予支持。双方实际履行的《工程总承包补充协议》约定的工程价款数额，体现了双方当事人对工程价款一致的意思表示，作为结算工程价款的参照标准，更符合本案的实际情况及诚实信用原则。对于本案所涉工程的造价，恒信造价公司出具的1013号《造价报告结论书》确定工程实际造价为156,640,949.11元。上述鉴定报告载明的鉴定人员无正当理由未出庭接受质询，且上述鉴定报告确定的工程造价并未涵盖汕头公司承建的全部工程范围，不能准确反映本案工程的实际造价数额。一审判决以合同约定的1.85亿元工程价款为基础，参照上述鉴定报告据实结算的造价，酌情确定工程结算数额为170,820,474.56元，缺乏依据，依法予以纠正。汕头公司主张按照1.85亿元结算工程价款，理据充分，予以支持。此外，原审法院对于奖励费、优先受偿权的处理均正确。

二审判决：（1）维持一审判决第3项、第4项、第5项、第6项；（2）变更一审判决第1项为：秦浪屿公司支付汕头公司尚欠工程款10,890万元；（3）变更一审判决第2项为：秦浪屿公司支付汕头公司尚欠工程款的利息（以10,890万元为基数，按中国人民银行同期同类贷款利息给付自2010年11月24日起至给付之日止）。

案例评析

本案涉及两个法律问题：一是中标合同效力的认定；二是中标合同无效的情况下如何结算工程折价补偿款。

国家设立强制招投标制度的主要宗旨，在于维护公平竞争的市场秩序，确保特定工程的工程质量。根据《招标投标法》第43条的规定，在确定中标人前，招标人不得与投标人就投标价格、投标方案等实质性内容进行谈判。根据该法第55条的规定，依法必须进行招标的项目，招标人违反本法规定，与投标人就投标价格、投标方案等实质性内容进行谈判，影响中标结果的，中标无效。因此，“明招暗定”违反了招投标法禁止事先议标的规定，是典型的虚假招投标行为，在此情况下中标无效，相对应的中标合同亦当然无效。

本案中，从双方当事人缔约过程可以认定，双方通过“明招暗定”方式规避招投标，并采用分割整体项目造价的方式使部分建设工程通过直接发包方式规避招投标管理，属于典型的“黑白合同”表现形式，据此二审法院认定双方之间就涉案工程签订一系列合同的行为违反了《招标投标法》的禁止性规定，均应为无效。

对于“黑白合同”均为无效的情况下如何确定工程价款结算依据，《建设工程司法解释（一）》第2条规定：“建设工程施工合同无效，但工程竣工验收合格，承包人请求参照合同约定支付工程价款的，应予支持。”《建设工程司法解释（二）》第11条第1款规定：“当事人就同一建设工程订立的数份建设工程施工合同均无效，但建设工程质量合格，一方当事人请求参照实际履行的合同结算建设工程价款的，人民法院应予支持。”结合上述司法解释的规定，应作如下理解：在工程质量合格的前提下，双方应按照实际履行的合同结算工程价款；如果实践中存在多份合同而无法判断实际履行哪一份合同，应根据施工过程中发包人、承包人以及监理等的往来签证、会议纪要、通知、函件、工程款收支凭证等证据进行综合判断；如果仍然无法作出判断的，根据“后合同优于前合同”的原则，参照最后签订的施工合同结算建设工程折价补偿款。

本案中，从实际履约过程中反映的情况看，双方对工程总承包补充协议约定的1.85亿元工程价款数额均没有异议，体现了双方的真实合意，是双方实际履行的合同，对于最终工程折价补偿款的结算，应以此为参考依据。

四、正确认定“黑合同”对“白合同”的合理变更

（一）对“白合同”实质性内容的合理变更一般仅限于非必须招投标工程项目

建设工程施工工期长、不确定性大的特点决定了施工合同签订后难以一成不变，如在中标合同履行过程中客观情况突然发生了重大变化，或是设计发生重大变更导致工程量的重大增减，承包人与发包人经协商对中标合同的实质性内容如工程范围、工程价款、工期等作出修改的，这类因情势变更导致的合同实质性内容的变更是否有效？从目前的法律规定及最高人民法院的思路来看，坚决维护招投标秩序并严格执行中标合同是应遵循的基本原则，这一点不容改变。考虑建设工程行业的复杂性，同时兼顾客观情况发生变化时的特殊情形，法律作了一些例外规定以便司法实践中能灵活运用。

1. “实质性内容的合理变更”仅限于非必须招投标项目

《建设工程司法解释（二）》第9条规定：“发包人将依法不属于必须招标的建设工程进行招标后，与承包人另行订立的建设工程施工合同背离中标合同的实质性内容，当事人请求以中标合同作为结算建设工程价款依据的，人民法院应予支持，但发包人与承包人因客观情况发生了在招投标时难以预见的变化而另行订立建设工程施工合同的除外。”因此，“黑合同”对“白合同”的合理变更仅限于非必须招投标建设工程范畴，对于必须招投标范围内的中标合同，不得对工程范围、建设工期、工程质量和工程价款进行变更，

否则变更内容不具有法律约束力，继续按中标合同执行。

2. “实质性内容的合理变更”的前提条件是客观情况发生了重大变化

承、发包双方在履行招投标程序并签订中标合同后，不能随意变更中标合同的实质性内容，只有当履行合同过程中客观情况发生了重大变化，这种重大变化带来的后果是如果不对中标合同进行变更将导致双方当事人利益严重失衡，有违公平原则，客观上将影响施工合同的完全履行及工程质量。

第一，客观情况发生的变化必须是当事人在招投标时难以预见的。如果客观情况的变化是当事人能够预见或应当预见的正常商业风险，则不能适用。[1]

第二，工程价款占比较高的原材料、工程设备及人工的市场价格发生了重大变化。需要指出的是，在市场经济制度下，物价发生变化是正常现象，作为承包人应有一定的风险意识，原材料、工程设备及人工价格发生变化是承包人在签约时应能预见的市场风险，不属于可调整范围，唯有上述价格变化超出了正常的市场涨跌幅度，达到重大变化，超出了承包人能够承受的幅度，如继续履行合同会导致双方的等价关系发生动摇，基于公平原则，应当允许当事人对相关合同条款予以变更。

第三，建设工程的规划、设计发生了重大变化。规划调整或设计变更，必然会导致施工范围、工程量等的变化，这些变化亦是双方在招投标时不能预见的客观情况变化，不能按照原中标合同继续履行，双方可另行签订合同作为结算工程款的依据。需澄清一个认识误区，此类变更本质上是建立一个新的合同关系，而非对相关合同条款的变更，其性质等同于废标。但如司法解释规定的那样，此类中标合同的变更仅限于非必须招投标工程项目，有别于必须招投标工程项目废标后必须重新进行招投标程序的强制性规定，故双方当事人废标后不再进行招投标程序直接另行签订建设工程施工合同，不违反法律规定。

---

〔1〕 参见最高人民法院民事审判第一庭编著：《最高人民法院建设工程施工合同司法解释（二）理解与适用》，人民法院出版社2019年版，第215页。

（二）“黑合同”对“白合同”非实质性内容的合理变更合法有效

法律维护中标合同的绝对地位，是为了确保公开、公平和公正的市场竞争秩序，避免对其他不特定竞标人合法利益的损害。《招标投标法》和最高人民法院的相关司法解释均强调不得订立背离合同实质性内容的其他协议，但对合同实质性内容之外的变更没有涉及，该变更的有效性应值得探讨。笔者认为，中标合同的变更是否有效应该以是否规避法律、损害其他竞标人的合法利益作为判断依据。当事人对工程范围、工程价款、工程质量、工程期限等实质性内容之外的合同内容进行变更，倘若不涉及双方利益的重大调整，对合同履行及工程款结算也不会产生根本性影响，更不影响到其他竞标人的合法利益，除损害国家、集体和他人的合法权益或有违公序良俗外，应认定有效并对双方当事人产生约束力。如双方当事人在中标合同外另行签订协议，对承包人的文明施工、安全管理义务约定了比中标合同更为严格的内容，该约定不涉及中标合同的实质性内容，也不损害他人的利益，相反更有益于督促承包人文明、安全施工，其价值取向符合立法精神，应该认定有效。对于此类非实质性内容之外的合理变更，应本着后合同优于前合同的原则处理。

案例9

对中标合同非实质性内容的变更，应认定有效

——中建公司与陆桥公司建设工程施工合同纠纷案[1]

基本案情

上诉人（原审原告）：中建二局第三建筑工程有限公司（以下简称中建公司）

上诉人（原审被告）：武汉大陆桥投资开发有限公司（以下简称陆桥公司）

---

〔1〕参见最高人民法院民事审判第一庭编：《民事审判指导与参考》（2010年第2集，总第42集），法律出版社2010年版，第190页。

2006年2月15日，陆桥公司与中建公司签订《建设工程施工合同补充协议》(以下简称《2·15协议》)，约定：中建公司承包陆桥公司开发的位于武汉市硚口区多福路中段武汉汉正街品牌服饰批发广场（一期）工程（以下简称批发广场工程)。工程质量等级：合格。工期：260天。2006年2月18日开工，达到竣工条件，经预验收合格，向甲方移交日为竣工日期。工程款暂定价1.2亿元。工程执行2003年《湖北省建筑工程消耗量定额及统一基价表》，安装工程执行2003年《湖北省安装工程消耗量定额及单位估价表》。2006年3月17日，陆桥公司向中建公司及中国建筑第七工程局等发出邀请通知书，经评标，中建公司中标。

2006年4月10日，陆桥公司与中建公司签订《建设工程施工合同》(以下简称《施工合同》)，合同主要内容与《2·15协议》一致。

2006年4月17日，陆桥公司与中建公司签订《建设施工合同补充协议》(以下简称《4·17协议》)。《4·17协议》除时间及代理人与《2·15协议》有别，其余内容一致。

2007年8月23日，批发广场工程经陆桥公司、武汉地质工程勘察院、中建公司武汉分公司及湖北合联建设监理有限公司验收，确认质量合格。2007年9月20日，中建公司向陆桥公司提交工程结算报告，陆桥公司工作人员宋琮签收相关资料，但中建公司未提交竣工图纸。2007年9月25日、10月20日及11月19日，中建公司向陆桥公司发出工作联系函，催要工程款。

2007年12月21日，中建公司向湖北省高级人民法院提起诉讼称，依据双方签订的《施工合同》约定，中建公司承建批发广场工程，现工程已经完成验收，质量合同，中建公司向陆桥公司报送的工程结算书为1.5520983718亿元，陆桥公司实际付款7734万元。故请求判令：陆桥公司支付拖欠的工程款7,321.354206万元及利息，并确认中建公司在工程折价或拍卖价款中享有优先受偿权。

一审诉讼期间，经中建公司申请，法院委托由双方抽签确定的湖北长江工程造价咨询事务有限责任公司（以下简称咨询公司）对工程造价鉴定。2009年2月12日，咨询公司出具《关于武汉汉正街品牌服饰批发广场（一期）工程造价项目的补充报告》结论为：批发广场工程造价1.223323369亿元（不含争议项目），未确认的争议工程造价335.823469万元，已扣除所有甲供材料费用，但含甲供材料税金138.179803万元。

法院裁判

一审法院认定：(1) 关于双方当事人签订的《4·17协议》是否有效的问题。陆桥公司经过投标与中建公司签订的《施工合同》有效。双方签订的《4·17协议》虽未备案，但有关竣工验收与结算等主要内容与备案主合同内容一致，虽对工程款支付及材料设备等部分有补充，但也与主合同无实质不同。《4·17协议》关于工程竣工与结算及工程款支付部分的约定有效。《2·15协议》已为《4·17协议》取代，双方未实际履行该协议。(2) 关于涉案工程造价的确定问题。咨询公司出具的鉴定结论程序合法，结论科学公正，应作为定案依据。《施工合同》及《4·17协议》有效，应按约定计算工程造价。据此，认定本案工程造价为1.2366760683亿元。(3) 中建公司虽未按合同约定提交竣工结算资料，但陆桥公司已接收工程，实际变更了合同约定，且双方对工程欠款的支付未协商。工程已交付，中建公司主张工程尾款条件已成就。陆桥公司占有工程后，享有了使用权、收益和处分权，其以合同交付竣工资料之约定抗辩中建公司支付工程尾款的请求，有违公平原则，不予支持。

一审法院判决：(1) 陆桥公司向中建公司支付工程欠款4261.757862万元及利息；(2) 中建公司在工程欠款4261.757862万元范围内就批发广场工程折价款或拍卖价款享有优先受偿权；(3) 驳回中建公司其他诉讼请求。

中建公司与陆桥公司均不服一审判决，分别向最高人民法院提起上诉。

中建公司上诉称，《2·15协议》及《4·17协议》为未招而立的协议，未经备案，为无效协议；《2·15协议》及《4·17协议》无效，已完工程造价应增加；故请求二审法院依法改判双方签订的《2·15协议》及《4·17协议》无效，调增工程造价1760.727624万元。

陆桥公司上诉称，中建公司未提供完整竣工资料等合同义务，致无法结算和办理工程备案及产权手续，质监及监理部门提出的工程质量影响正常使用，故工程未达工程结算条件；原审法院对已付款部分及部分工程款认定有误；请求二审法院撤销原审判决，改判驳回中建公司的诉讼请求。

二审法院认为，《建设工程司法解释（一）》第21条规定："当事人就同一建设工程另行订立的建设工程施工合同与经过备案的中标合同实质内容不一致的，应当以备案的中标合同作为结算工程价款的依据。"该规定表明，建设工程发包人与承包人之间就同一工程签订中标合同与中标合同内容不一致的合同，原则上应以中标合同作为结算工程价款的依据。但如两份合同在工程价款、工程质量与工程期限等内容方面无实质性差异，并不必然导致非中标合同无效。本案双方当事人在项目招标前签订了《2·15协议》。中建公司中标后，双方当事人签订《施工合同》。合同的主要内容与《2·15协议》一致。后双方当事人又签订与《2·15协议》内容一致的《4·17协议》。《4·17协议》虽未备案，但有关工程造价数额、工程质量、工程期限及取价标准等合同主要内容与《施工合同》一致。事实证明，《4·17协议》为双方当事人意思表示真实，内容不违反法律法规的强制性规定，一审判决认定合法有效，适用法律正确。原审法院对于工程造价、已付款、付款条件是否成就等事宜的处理均正确。

最高人民法院二审判决：驳回上诉，维持原判。

案例评析

本案例涉及是否构成"黑白合同"的法律问题，即"对中标合同实质性内容的变更"的效力认定问题。

《建设工程司法解释（一）》第21条规定：当事人就同一建设工程另行订立的建设工程施工合同与备案的中标合同实质性内容不一致的，应以备案的中标合同作为结算工程价款的依据。因此，是否构成"黑白合同"，应判断当事人在中标合同外所签订的协议是否对中标合同的"实质性内容"进行了变更。《八民会议纪要》第31条规定：招标人和中标人另行签订改变工期、工程价款、工程项目性质等影响中标结果实质性内容的协议，导致合同双方当事人就实质性内容享有的权利义务发生较大变化的，应认定为变更中标合同实质性内容。《建设工程司法解释(二)》第1条第1款规定：招标人和中标人另行签订的建设工程施工合同约定的工程范围、建设工期、工程质量、工程价款等实质性内容，与中标合同不一致，一方当事人请求按照中标合同确定权利义务的，人民法院应予支持。据此，对于“中标合同实质性内容”的认定，应从工程范围、工程质量、建设工期、工程价款等方面予以判断。如果双方在中标后签订的补充协议变更了中标合同约定的上述内容，应认定构成对中标合同实质性内容的变更，该变更无效，双方应按中标合同执行；反之，如双方签订的补充协议未对中标合同的实质性内容进行变更，应视为双方在合同履行过程中协商对合同部分内容进行的合法变更，合法有效。

本案中，双方在中标合同外另行签订了《2·15协议》及《4·17协议》，该2份协议在工程造价数额、工程质量、工程期限及计价标准等合同主要内容与中标合同基本一致，因此并不构成对中标合同“实质性内容的变更”，不应认定为无效。

第四节 游离于效力边缘的特殊合同——建设工程内部承包合同的审查

在建设工程施工领域，以“项目经理承包制”为主要形式的内部承包管理模式屡见不鲜。施工企业将其承包的工程以内部承包的方式转交由项目经理进行实际施工，是目前较为常见的一种经营模式。内部承包本身并不违法，但实践中常出现名为内部承包实为违法分包、转包或挂靠的情况，这是法律所明令禁止的。在司法实践中，建设工程内部承包行为与分包、转包及挂靠行为最易混淆，内部承包合同的效力游离于有效与无效的边缘，稍有不慎即易导致裁判出现偏差。正确甄别工程内部承包与违法分包、非法转包及挂靠施工，是司法实践需要解决的一个问题。

一、建设工程内部承包合同的效力及特征

内部承包并不是一个标准的法律术语，我国现行法律法规对此也一直没有系统性的专门规定，但内部承包的经营模式并不为我国法律法规所禁止。“工程内部承包”又叫“内包”，是指承包人承接工程后，将工程交由其内部的生产职能部门、分支机构或职工负责完成的一种经营行为，这是一种企业的内部经营方式和激励机制，其表现形式主要有项目部承包、分公司承包。当前工程实务中最为普遍的工程内部承包合同特指项目经理内部承包合同，其含义是施工企业与企业内部职工之间签订承包协议，约定许可内部职工完成一定的工程项目施工，实行独立核算，自负盈亏，并向施工企业缴纳一定比例的管理费或一定数额承包费等。

（一）建设工程内部承包合同的法律特征

1. 签约双方具有劳动合同关系

建设工程内部承包合同的承包人是施工企业的内部员工，双方具有劳动合同关系，存在上下级间行政隶属上的管理关系。这个特征保证了内部承包合同的主体适格，这是内部承包合同有效的前提条件，也是工程内部承包与分包、转包及挂靠等最大的区别。

2. 施工企业对内部承包人具有全方位的管理职责

与挂靠、转包及分包模式不同，施工企业有权也有义务加强对内部承包人的管理，包括工程质量管理、安全生产管理和财务管理，甚至内部承包人的工程管理人员或其他现场管理人员也应接受施工企业的任免、调动和聘用。施工企业通过在资金、技术、设备、人力等方面提供支持的方式加强对施工质量和安全生产的监督和管理。

3. 施工企业是外部权利义务的承担主体

建设工程内部承包合同的履行，对外，由内部承包人以施工人的名义开展经营活动，相应的法律责任也由施工企业承担；对内，内部承包人在经济

上可以独立核算，自负盈亏，这也符合一般意义上内部承包合同的特征。在工程实务中，内部承包人一般通过设立工程项目部来开展施工活动，施工企业往往允许内部承包人刻制项目部公章并设立银行账户以方便其经营。这一特征与转包、挂靠施工等最为相似之处，也是两者容易混淆的原因。

4. 内部承包不是施工企业经营权的承包和转让

建设工程内部承包合同只是针对具体建设工程项目的经营模式进行约定，不是企业经营权的承包和转让，这是其最本质的特征。内部承包人不享有企业的经营和管理权，仅对建设工程项目本身享有一定的管理和组织权。这也避免了施工企业被无资质企业或个人以企业承包方式规避法律对于出借资质的禁止性规定。

5. 施工资产属施工企业所有

在转包、分包及挂靠施工模式下，实际施工人缴纳一定比例的管理费后，施工中的一切投入及收益均由其承担和享有。而在建设工程内部承包合同模式中，用于建设工程施工的主要资产属于施工企业所有，施工所需的人、财、物由施工企业提供支持，这也是工程内部承包与分包、转包及挂靠等又一重要区别。

（二）真实的工程内部承包行为合法有效

对于建设工程内部承包合同的效力，司法实践中历来存有争议。有观点认为：建设工程内部承包属于转包的一种形式和变种，是无效的；另外，建筑市场中，工程内部承包合同的存在给违法分包和挂靠施工提供了很大的空间和漏洞，造成了管理上的混乱，从规范建筑市场的秩序出发，认定工程内部承包合同无效更有益于净化市场。对此，笔者不予认可，笔者认为，真实内部承包关系下的工程内部承包合同是合法有效的，人民法院在审理此类纠纷时应坚决维护合同效力。

第一，企业内部承包这一经营模式的开启是改革开放以来为搞活企业、转换经营方式的一种尝试，从一定程度上解决了企业所有权与经营权相分离和责、权、利相统一的问题，达到了提高企业职工积极性、主动性，提高整个企业的生产经营效率和效益的目标。从实践来看，签订建设工程内部承包合同的施工企业绝大部分是国有建筑企业，这一经营模式符合国家的政策导向，不能随意作否定性评价。

第二，现行法律对于企业内部承包这一经营模式并未予以否定，根据民法的一般原理以及《民法典》的规定，如果当事人的民事行为没有违反法律、行政法规的强制性规定及公序良俗，当事人的契约自由应予保护，契约行为应为有效。我国住建部颁布并于2018年正式实施的《建设项目工程总承包管理规范》规定，建设项目工程总承包要实行项目经理负责制，这是我国目前建设工程领域最常见的内部承包方式，是施工项目管理的制度之一，是建筑企业突破传统的“大锅饭”式管理制度的创新，是成功进行施工管理项目的前提和基本保证。

第三，建筑企业承包工程项目后，将工程的施工与管理交由内部员工承包完成的行为不属于《民法典》《建筑法》《建设工程质量管理条例》规定的将工程转包给他人或第三人的行为。工程内部承包合同约束的是施工企业及其内部员工，对外不具有约束力。从组织形式上，对施工任务的完成由施工企业各个不同部门协同负责改由专人负责；在财务管理上，经营利润和成本的承受由施工企业改为由内部承包人独立核算并自负盈亏。这些均是企业内部经营管理的问题，不涉及建设工程施工人身份的改变。建设工程的施工主体依然是施工企业，施工力量由其组织，施工设备属其所有，技术和财务管理人员由其派遣，相对应的法律后果由其承担。

第四，工程内部承包合同的签订和履行，对于发包人的利益没有构成重大影响，也没有规避政策监管。工程内部承包合同的签订和履行，只是法人经营的策略或手段，不属于转包；关于对施工资质的管理和认定，是属于施工企业本身的问题，内部承包人亦属于施工企业的一员，只要施工企业有资质，内部承包人就不存在资质问题。

第五，虽然在工程内部承包的背景下，内部承包人有较大程度的自主权，但该自主权受到施工企业的限制，施工企业有权也有义务对施工质量、安全施工及财务运行进行管理，这有别于一般的挂靠施工等。

（三）建设工程内部承包合同无效的情形

不可否认，工程内部承包合同的存在给违法分包、非法转包和挂靠施工提供了很大的空间和漏洞。如前所述，工程内部承包合同合法有效的前提是存在真实的工程内部承包关系，但实践中也确实存在大量名为内部承包实为违法分包、非法转包或挂靠施工的现象，需要我们根据真实的法律关系对合同性质及效力作出认定。一是名为内部承包、实为违法分包或非法转包行为的，对于工程内部承包合同应定性为违法分包合同或非法转包合同。对于相对应的施工合同，如果没有《建设工程司法解释（一）》第1条第1款、第3款，《建设工程司法解释（二）》第2条规定情形的，则施工合同依然有效。二是名为工程内部承包、实为借用施工资质的挂靠行为的，应对于挂靠行为的效力作出否定性评价，继而对于所谓的工程内部承包合同应认定为无效。基于挂靠行为而签订的施工合同，依据《建设工程司法解释（一）》第1条的规定，应认定为无效。

二、建设工程内部承包合同纠纷案件审判要点

如同大家所争议的那样，工程实务中，充斥着大量的分包、转包及挂靠行为，该些行为与内部承包行为混杂一起，给正确认定工程内部承包合同的效力带来障碍。对于建设工程内部承包合同纠纷审查，应从工程内部承包合同的性质特征出发，厘清内部承包与挂靠、转包等行为的区别，从而正确认定合同的效力并从程序及实体上依法作出处理。

（一）当事人之间存在合法劳动关系是认定工程内部承包关系合法有效的前提

工程内部承包区别于转包、挂靠等的一个重要方面就是内部承包合同双方不是平等的民事主体关系，而是管理与被管理的隶属关系。因此，在案件审理中，法院应综合劳动合同、工资单、社保缴纳情况、考勤记录等认定内部承包人与施工企业间是否存在劳动合同关系，如果当事人未能提供上述证

据，则不能认定两者之间存在劳动合同关系，工程内部承包合同的主体不适格，涉嫌非法转包或挂靠而无效。实践中尚需注意对比劳动合同与内部承包合同签订的时间，以防止施工企业外人员为规避法律规定在承接工程前后与施工企业签订临时劳动合同的现象发生。

（二）施工企业缺乏对内部承包人资质管理的应当认定为借用施工资质

内部承包合同虽然约定了相关权利义务，但实际中并无证据证明施工企业对内部承包人进行了资质管理，即在资金、技术、设备、人力等方面给予相应的支持，对工程质量及资金使用进行了管理，如该部分事实举证不足，不能认定施工企业履行了应尽的资质管理义务，工程内部承包合同的有效要件未达成。实践中施工企业内部人员也可以与施工企业建立挂靠、转包等关系，施工企业对内部承包人进行了资质管理，间接地赋予内部承包人施工资质，这也是有效甄别两者区别的重要之处。如果经审查，施工企业在整个建设工程的施工过程中缺乏对施工质量、安全施工等方面的管理，存在“只包不管”“以包代管”的，也应认定为挂靠经营。

（三）诉讼程序上应将施工企业列为案件当事人

区别于分包、转包及挂靠施工，工程内部承包合同的本质属性决定了建设工程的施工主体为施工企业，因此内部承包人不具有建设工程纠纷案件实际施工人的地位，也不能作为实际施工人单独提起诉讼或作为被告参加诉讼。实践中发生内部承包人与施工企业发生纠纷，施工企业故意不提起诉讼向发包人主张工程款、损害内部承包人合法权益的，内部承包人可行使代位权向发包人代为追偿，以维护自己的合法权益。

（四）施工过程中所产生的风险责任由施工企业承担

内部承包人对外实施施工管理等行为产生的债权债务由施工企业承担，施工企业对外承担责任后可向内部承包人追偿。内部承包人对外的行为，既有职务行为，亦有可能存在表见代理，除内部承包人以个人名义实施的行为外，按照相关的法律规定，相应的责任由施工企业承担。施工企业对外承担责任后，可依据工程内部承包合同的规定，依法向内部承包人追偿。

案例10
名为工程内部承包实为非法转包的合同无效
——杨国利与东方建筑公司建设工程施工合同纠纷案[1]

基本案情

抗诉机关：中华人民共和国最高人民检察院。

申诉人（一审被告、二审上诉人）：杨国利

被申诉人（一审原告、二审被上诉人）：哈尔滨市东方国际建筑工程有限责任公司（以下简称东方建筑公司）

2002年8月12日，东方建筑公司与东方开发公司签订《建设工程施工合同》，合同主要约定：东方开发公司将欧洲新城二期G区住宅及地下车库发包给东方建筑公司施工，结算方式采用可调价格。

2003年6月16日，东方建筑公司与杨国利（名义上是东方建筑工程有限责任公司项目部）签订《工程内部承包合同》，合同主要约定：工程名称：欧洲新城二期G区住宅及地下车库（3栋）；工程地址：道里区新阳路；工程内容（结构、面积、层数）：砖混、框架、7层、面积按实际发生为准；承包范围：土、水电、装饰；结算方式：按合同；开工、竣工时间：按与东方开发公司约定的时间。

2003年11月10日，东方建筑公司与东方开发公司签订施工协议，协议的主要内容：工程名称：欧洲新城二期D3栋、D4栋、E1栋、E2栋、F1栋、G区住宅、车库及附属工程，建筑面积151，030平方米，依据建筑面积规则，以竣工实际发生建筑面积为准计算（住宅地下室两层计入住宅面积）；发包方式及内容：建筑物2米以内土、水、电、包工包料（含东方开发公司部分分

---

[1] 参见最高人民法院（2016）最高法民再141号民事判决书。

包项目)；结算方式及造价：平方米造价包干，住宅D、E、F区793元/平方米、G区813元/平方米，车库1232元/平方米，办公楼665元/平方米，商服929元/平方米。杨国利及案外人王凤国、徐永泉以东方建筑公司经办人的名义，在《施工协议》上签字同意认可。

《施工协议》签订后，杨国利进入施工现场并依据《工程内部承包合同》的约定，组织对欧洲新城二期G区G1栋、G2栋、G3栋住宅及地下车库进行施工。2007年7月，杨国利对G区G2栋、G3栋住宅及地下车库施工完毕，对G区G1栋住宅主体五层施工完毕，剩余主体楼层未完工即撤离工地。嗣后，东方建筑公司另行组织人员将G区G1栋主体剩余工程施工完毕。

因与杨国利之间因工程价款结算发生纠纷，东方建筑公司向黑龙江省哈尔滨市道里区人民法院提起诉讼，请求判令杨国利返还多收取的工程款8,403,702.40元。

法院裁判

一审审理期间，法院根据东方建筑公司的申请，按照《施工协议》第3条"结算方式及造价包干"与欧城二期大包干工程费统计表的约定，委托鉴定机构对杨国利施工的欧洲新城二期G区G1栋、G2栋、G3栋及地下车库工程造价进行鉴定，鉴定机构先后出具了司法鉴定意见书及补充鉴定说明，最终鉴定结论为：上述涉案的工程建筑面积为38,162.10平方米，按照鉴定要求的计算方式计算总造价34,442,072.01元。

一审审理期间，法院组织东方建筑公司与杨国利对双方工程款往来账目明细进行对账，对账结果为：东方建筑公司已付工程款32,110,539元，东方建筑公司支付甲供材3,074,703.14元，东方建筑公司支付水费85,316.05元；杨国利不认可东方建筑公司支付G区工程维修款1,084,628.99元，不认可G区G1栋未完工后续工程款5,473,159.47元。

一审法院认为，东方建筑公司与杨国利签订的《工程内部承包合同》以及杨国利等人以东方建筑公司经办人名义与东方开发公司签订的《施工协议》

系双方当事人真实意思表示，符合法律规定，依法应受法律保护。依据《施工协议》第3条“结算方式及造价包干”的约定，以及司法鉴定意见书与补充鉴定说明的鉴定结论，杨国利施工范围内欧洲新城G区住宅及车库工程建筑面积为38,162.10平方米，其工程总造价为34,442,072.01元。据此，东方建筑公司要求杨国利返还多收取的工程款的诉请，一审法院在符合法律规定的基础上予以支持。

一审法院判决：(1) 杨国利于本判决生效后10日内返还东方建筑公司工程款7,556,085.36元；(2) 驳回东方建筑公司的其他诉讼请求。

判决后，杨国利不服一审判决，向黑龙江省哈尔滨市中级人民法院提起上诉，认为原审法院对合同效力认定有误，对工程款计价方式认定错误，请求二审法院依法予以改判。

二审法院认为：(1) 关于杨国利与东方建筑公司签订的《工程内部承包合同》的效力问题。该合同名为内部承包合同，但杨国利并未与东方建筑公司存在用工关系，杨国利项目部亦未办理工商登记，东方建筑公司从东方开发公司承包案涉工程后，不履行合同约定，直接将工程再转包给杨国利个人，并按工程造价的10%（含营业税3.4%）收取管理费，属于《建筑法》中规定的非法转包。根据《建设工程司法解释（一）》第4条的规定，“承包人非法转包、违法分包建设工程或者没有资质的实际施工人借用有资质的建筑施工企业名义与他人签订建设工程施工合同的行为无效”，故该合同应认定为无效合同。(2) 关于杨国利与东方建筑公司应适用的结算标准问题。东方建筑公司与东方开发公司签订《建设工程施工合同》的时间为2002年8月12日。东方建筑公司与杨国利签订《工程内部承包合同》，将该工程转包给杨国利的时间为2003年6月16日。东方建筑公司与东方开发公司就同一工程签订《施工协议》的时间为2003年11月10日。故《工程内部承包合同》中约定的“结算方式：按合同”，所指向的合同应为东方建筑公司与东方开发公司签订的《建设工程施工合同》，而并非《施工协议》。即杨国利与东方建筑公司的结算方式为《建设工程施工合同》约定的“结算方式采用可调价格”。(3) 关于东方建筑公司请求杨国利返还其多拨付的工程款的诉讼主张能否成立问题。首先，东方建筑公司仅系单方依据《施工协议》的结算方式计算应付工程款，从而主张多拨付杨国利工程款，并主张予以返还，与《工程内部承包合同》约定的结算方式不符，且杨国利对此不予认可，并提出应当按照《建设工程施工合同》进行结算的抗辩主张。东方建筑公司请求杨国利返还多拨付的工程款缺乏事实和法律依据。

二审法院判决：(1) 撤销一审判决；(2) 驳回东方建筑公司的诉讼请求。

判决后，东方建筑公司不服，向黑龙江省高级人民法院申请再审。

再审法院认为：(1) 东方建筑公司与东方开发公司签订《建设工程施工合同》后，东方建筑公司与其项目部经理杨国利签订《工程内部承包合同》，将工程发包给杨国利施工，除收取管理费外，还要对杨国利工程技术、质量、安全文明施工等方面进行检查、监督、指导。在工程停工后具备了复工条件时，在杨国利没有复工的情况下，由东方建筑公司继续来完成其与东方开发公司《建设工程施工合同》约定的义务。故东方建筑公司与杨国利之间为企业内部承包关系，而非二审判决认定的转包关系。《工程内部承包合同》系双方当事人真实意思表示，且不违反法律、法规强制性和禁止性规定，合法有效。二审判决认定该合同无效不当，应予以纠正。(2) 关于杨国利与东方建筑公司工程款结算标准问题。《建设工程施工合同》是东方开发公司与东方建筑公司签订的，其结算方式为可调价格。但在此后东方开发公司与东方建筑公司签订的《施工协议》中双方对结算方式进行变更，即由可调价格变更为平方米造价包干，杨国利在经办人处签字。后杨国利又在《欧城二期大包干工程费用统计表》上签字，应视为杨国利对平方米造价包干这种结算方式予以认可。故东方建筑公司与杨国利在《工程内部承包合同》中约定的结算方式由最初的可调价格变更为平方米造价包干。杨国利与东方建筑公司之间系内部承包关系，双方认可并实际履行的是《施工协议》。《施工协议》虽无效，现案涉工程已竣工验收合格，根据该条规定，杨国利与东方建筑公司应按《施工协议》约定的结算方式进行结算。

再审判决：(1) 撤销黑龙江省哈尔滨市中级人民法院二审判决；(2) 维

持黑龙江省哈尔滨市道里区人民法院一审判决。

再审判决后，杨国利不服，向检察机关提出申诉。

最高人民检察院抗诉认为：（1）再审判决认为东方建筑公司与杨国利之间为企业内部承包关系，并认定《工程内部承包合同》合法有效，适用法律确有错误。（2）再审判决认为杨国利与东方建筑公司应按《施工协议》约定的平方米造价包干结算方式结算，适用法律确有错误。（3）再审判决杨国利返还工程款7,556,085.36元，确有错误。

最高人民法院再审认为，东方开发公司通过招投标方式与东方建筑公司签订《建设工程施工合同》，将欧洲新城二期G区住宅及地下车库发包给东方建筑公司，该协议系双方当事人真实意思表示，符合相关法律规定，应为合法有效。随后，杨国利及其项目部与东方建筑公司签订的《工程内部承包合同》，是东方建筑公司将从东方开发公司承包的涉案工程交给杨国利项目部实际施工，并以东方建筑公司的名义使用该公司资质对外施工，东方建筑公司不履行施工义务，只收取工程造价的10%（含营业税3.4%）的管理费。东方建筑公司提供的证据不足以证明其与杨国利之间存在劳动关系，杨国利项目部系为了涉案工程临时设立的组织。依据《建设工程司法解释（一）》第4条的规定，“承包人非法转包、违法分包建设工程或者没有资质的实际施工人借用有资质的建筑施工企业名义与他人签订建设工程施工合同的行为无效”，承包建设工程应当依法进行，法律禁止建筑施工企业以任何形式允许其他单位或个人使用本企业的资质证书、营业执照以本企业的名义承揽工程。杨国利项目部与东方建筑公司签订的《工程内部承包合同》名为承包，实为转包关系，违反了法律、法规的强制性规定，应认定为无效合同。检察机关和申诉人杨国利认为东方建筑公司与杨国利之间系非法转包关系，有事实和法律依据，本院应予支持。另，杨国利与东方建筑公司应当按照签订《工程内部承包合同》中约定的“结算方式：按合同”结算工程款即《建设工程施工合同》中约定的“结算方式采用可调价格”。东方建筑公司单方依据《施工协议》的结算方式计算工程款，主张多拨付杨国利工程款，并要求予以返还，依据不足。

最高人民法院再审判决：(1) 撤销黑龙江省高级人民法院再审判决；(2) 维持黑龙江省哈尔滨市中级人民法院二审判决。

案例评析

本案例涉及工程内部承包与非法转包、借用施工资质等行为的区别认定问题。

施工企业通过内部承包的方式来履行施工合同义务是当前工程实践中的一类常见现象，其工程内部承包合同效力游离在有效与无效边缘，界定合同效力的审查重点在于对工程内部承包行为与非法转包、违法分包或借用施工资质等行为作出正确认定。合法有效的工程内部承包合同一般具有以下特点：(1) 签约双方具有劳动合同关系；(2) 施工企业对内部承包人具有全方位的管理职责；(3) 施工企业承担外部所有的权利义务；(4) 内部承包不是施工企业经营权的承包和转让；(5) 施工资产属施工企业所有。对于工程内部承包合同的效力认定，应当遵循的原则是，如果存在真实的、符合法律规定的工程内部承包关系，则应肯定其合同效力；如果是名为工程内部承包实为违法分包、非法转包或挂靠施工的，则对工程内部承包合同应认定为无效，并按照无效合同的相关原则进行处理。

本案中，第一，杨国利与东方建筑公司间不具有劳动合同关系。第二，东方建筑公司收取管理费后，在杨国利施工过程中没有对建设工程履行应尽的管理职责。第三，东方建筑公司未承担进行建筑施工所发生的权利义务，相反这些权利义务均由杨国利承受。因此，杨国利与东方建筑公司之间的《工程内部承包合同》不符合真实的内部承包合同的特征和构成要件，最高人民法院的再审判决认定了《工程内部承包合同》名为承包，实为转包关系，违反了法律、法规的强制性规定，应为无效。当然，从相关合同签订的时间看，杨国利与东方建筑公司之间的《工程内部承包合同》签订时间早于东方建筑公司与东方开发公司签订《施工协议》的时间，因此认定杨国利与东方建筑公司间的关系名为工程内部承包、实为借用施工资质可能定性更为准确。

第三章　建设工程施工合同的履行

从合同成立的目的来看，任何当事人订立合同都是为了能够实现合同的内容，而合同内容的实现，有赖于合同义务的履行。因建设工程本身的特殊性，建设工程施工合同内容繁杂，双方当事人的合同义务涉及的内容多且牵涉面广。本章节试就承、发包人的主要合同义务及司法实践中争议较大内容作一分析阐述。工程价款结算是合同履行的一部分，也是核心内容之一，鉴于工程款纠纷案件在人民法院受理的建设工程施工合同纠纷案件中占比最高，涉及的法律问题及争议焦点最多，故本书将工程价款结算问题单独列章论述，本章不再赘述。

第一节　当事人的主要合同义务

施工合同是承包人完成工程施工任务，发包人验收合格后支付工程款的合同。施工合同的内容包括工程范围、建设工期、工程质量、工程造价、技术资料交付时间、材料和设备供应责任、拨款和结算、竣工验收、质量保修范围和质量保证期、双方相互协作等条款。

一、承包人的义务

对于承包人而言，其在建设工程施工合同中的主要义务是按期、按约完成施工任务。大致包括：按照施工合同和设计文件的要求严格施工、按期完成和交付合格工程、保修期内的保修义务及承担由此引发的损害赔偿义务。

（一）按时开工、及时竣工

按时开工、及时竣工是施工人的首要合同义务，这不仅关系到承包人是否存在逾期竣工的违约行为，还与发包人的相关重大利益密切关联。对于商品住宅建设施工而言，按时开、竣工关系到开发商能否及时申请商品房预售许可并回笼资金，关系到开发商能否按约办理产权登记并向消费者交付房屋而不承担迟延交房违约责任；对于生产经营性用房，关系到发包人后续生产设备的购买、安装、申请生产、经营许可、员工的招聘事宜等。在资金流动性差的当下，承包人的按时开、竣工还影响到发包人的抵押融资计划，在实践中甚至出现因建设项目迟迟未能竣工而引发影响社会稳定和谐的事件。司法实践中，承包人是否按时开、竣工还直接关系到工期的认定及违约责任、违约损失的审查认定，是法院审查施工合同履行情况的一个重要环节。

（二）确保施工质量符合合同标准

“百年大计，质量为本”，完成和交付合格工程是发包人的缔约目的，而工程施工质量是整个工程成功与否的关键，它直接决定了建设工程能否符合规范要求、是否满足客户需要，尤其重要的是工程质量涉及广大民众的生命安全，与民生息息相关。另外，根据我国相关法律规定，建设工程质量合格是承包人工程价款主张得到支持的前提，故确保施工质量符合合同标准是承包人的又一重要合同义务，具体而言，承包人需严格按照施工合同约定、工程设计图纸要求及施工技术标准进行施工，不得擅自修改工程设计和降低技术标准，不得偷工减料；对于建筑材料、建筑构配件、设备和商品混凝土进行检验，未经检验或检验不合格的，不得使用。

（三）接受发包人的必要监督

《民法典》第797条规定，发包人在不妨碍承包人正常作业的情况下，可随时对作业进度、质量进行检查。施工过程中，承包人应当按照合同的约定及时向发包人提供工程进度计划及相应的进度统计表、工程事故报告；隐蔽工程隐蔽之前及时通知发包人检查。对于发包人在施工过程中发出的修改设计及增减工程项目，应予以接受，如该设计变更影响整个施工工艺或施工质量的，应及时向发包人提出。对于发生增加工程量的，应及时发出书面签证材料供发包人核实，以免结算时起争议。对发包人或其委托的监理发出的质量整改要求及安全隐患防范，应及时修理或返工、改建。这里还需注意一点，在按施工进度付款的合同中，承包人需及时向发包人提供施工进度报表及工程进度款申领表，经发包人确定后，承包人有权据此主张工程进度款，这也是承包人要求发包人承担逾期支付进度款违约金或利息损失的依据。

（四）履行保修义务

由于建设工程施工复杂、材料类型多、使用期限长，很多工程瑕疵在竣工验收时难以被发现，而是在使用过程中逐步暴露，因此《建筑法》第 60 条、第 62 条，《建设工程质量管理条例》第 41 条、《房屋建筑工程质量保修办法》第 4 条均规定了在建筑工程竣工验收后的合理期间内施工人仍应承担质量保修责任，并对造成的损失承担赔偿责任。《建设工程司法解释（一）》第 27 条从司法实践的角度作了更为详细的规定，“因保修人未及时履行保修义务，导致建筑物毁损或者造成人身、财产损害的，保修人应当承担赔偿责任。保修人与建筑物所有人或者发包人对建筑物毁损均有过错的，各自承担相应的责任”。因此，承担保修义务不仅仅是承包人的合同义务，也是其法律义务。建筑工程竣工验收后，在保修范围和保修期内出现质量问题的，承包人应及时履行保修义务，因未及时保修造成人身财产损害的，承包人应当承担赔偿责任。

（五）开具税务发票与提供竣工资料

承包人在收取工程款后向发包人开具相应金额的建安发票是其应负的法定义务，从工程款的组成看，工程款中已包含了税金成本，故承包人不向发包人开具税务发票，对发包人而言造成不能冲抵成本而带来损失，对承包人而言，也是逃避纳税义务的违法行为。实践中也时有发生发包人附带诉讼要求承包人开具建安发票的案例。这里有两个注意事项需要在案件审理中予以把握：一是如果发包人或者总承包人已经代扣代缴了相应的税金，则应要求代扣代缴人提供相应的缴纳凭证；二是涉及施工人（承包人）为个人的，根据我国税务政策的规定，个人是不具有建筑施工资质的，税务机关不能为其开具税务发票，故在计算工程款时应扣除该部分税金，否则将造成实际施工人额外获益。

《建设工程质量管理条例》第16条规定了建设工程竣工验收应当具备的5项条件，其中2项为有完整的技术档案和施工管理资料，有工程使用的主要建筑材料、建筑构配件和设备的进场试验报告；该条例第17条同时规定，及时收集、整理建设项目各环节的文件资料之义务属于建设单位。但上述2项资料一般是在施工过程中由施工单位所掌握的，收集的法定义务虽在建设单位，但施工单位据此必须予以配合移交，配合移交因此也系施工单位的法定义务；如果施工单位拒不配合移交，建设工程项目则无法通过政府部门的竣工验收。[1] 因此，在工程施工完成并提请验收申请后，承包人应及时按规定将验收资料移交给发包人也是其应尽的合同义务，否则将造成建设单位无法通过验收，无法办理施工材料的归档及后续申办建筑物产权证等事宜。

需要强调的是，建设工程施工合同的核心义务即主给付义务，对承包人而言是完成并交付合同约定的建设工程，对发包人而言是按约支付工程款。根据双务合同的基本理论，合同抗辩权仅限于对价义务，承包人开具发票及交付工程竣工资料与发包人支付工程款不具有对价关系。因此，除双方合同另有约定除外，发包人不得以承包人未开具发票为由拒付工程款，承包人也不得以发包人未支付工程款为由拒绝提交工程竣工资料，司法实践中对此需予以注意。

---

〔1〕 参见彭钊：《承包人逾期移交工程竣工资料应如何承担违约责任?》，载微信公众号：https：//mp. weixin. 99. com/s? – biz = MzA5MzM4M2Mw = &mid = 2652658380&idx = 1&sn = 3d34961e5d0cd3b1b816014079fe45f3&chksm = 8ba71780bcd09e9659bc264acc3d9ca27d5797f13fac38007638acd240fac1d61b4df1274f&token = 612529091&lang = zh – CN#rd，最后访问日期：2019 年 11 月 13 日。

二、发包人的义务

配合承包人施工并及时支付工程价款是发包人的主要义务。根据建设工程的施工特点，发包人在施工前需做好相关的准备工作，在施工过程中与承包人相互配合、协调施工现场秩序并及时支付工程进度款，施工结束后及时组织验收、及时结算并按约支付工程结算款。

（一）按约提供场地及技术资料

为承包人施工提供必要的条件，是发包人的首要义务。《民法典》第803条规定，“发包人未按照约定的时间和要求提供原材料、设备、场地、资金、技术资料的，承包人可以顺延工程工期，并有权要求赔偿停工、窝工等损失”，据此，发包人需履行以下义务：第一，发包人需在约定的时间内提供符合设计规范和标准的施工图，并保证技术资料的真实、准确和完整，在承包人初步审图后组织设计单位向承包人进行设计交底。第二，承包人进场施工前，发包人需完成对施工场地的“五通一平”，即路通、水通、电通、气通、通讯通和平整场地。如“五通一平”条件不具备，发包人委托施工人完成的，双方应达成协议并明确相关的费用承担，以免结算起争议。第三，如果合同约定由发包人提供甲供材料及相关施工设备的，必须与施工的各道工序同步配套提供。如果存在发包人支付工程预付款的，尚需在约定的时间内及时支付，以便承包人完成施工准备。第四，提供或协助办理施工所必需的各类批准文件，如建设工程施工许可证、施工临时用地批准手续等。

（二）协调、维护施工现场秩序

就一项建设工程而言，如果涉及发包人委托的数个承包人之间的合作，则应当由发包人制定工期计划，以此来规制和管理不同承包人之间的工作进展和相互交叉。[1] 发包人具有对施工现场进行统一管理和协调的义务，避免发生施工冲突。如果各施工界面发生冲突，由此给各承包人造成损失的，应由发包人承担相应的责任。此外，如果施工现场发生非因承包人原因引发的干扰、影响正常施工障碍，发包人有义务及时消除。

（三）及时组织验收

工程施工中，发包人对于建设工程施工项目的验收主要包含三方面的内容：一是隐蔽工程验收。《民法典》第798条规定，“隐蔽工程在隐蔽前，承包人应当通知发包人检查。发包人没有及时检查的，承包人可顺延工程日期，并有权要求赔偿停工、窝工等损失”。隐蔽工程有其自身特点，一旦隐蔽并进入下道工序后，如果存在问题需返工，则会对后面的施工造成破坏，引发损失并延长施工时间，故实践中隐蔽工程完成施工后，发包人需及时检查，否则承包人需停止施工，待发包人对隐蔽工程验收通过后再进行下道工序的施工，以避免损失扩大。二是分部、分项工程验收。分部工程指不能独立发挥能力或效益，又不具备独立施工条件，但具有工程结算条件的工程，它是单位工程的组成部分。通常一个单位工程，可按其工程实体的各个部位划分成若干个分部工程，如土方石工程、屋面工程、钢筋混凝土工程等。分项工程是指分部工程的细分，是构成分部工程的基本项目，又称工程子目或子目，它是通过较为简单的施工过程就可以生产出来并可用适当计量单位进行计算的建筑工程或安装工程。工程实务中，分项工程验收是由施工单位报发包人委托的监理单位负责人，由监理工程师受发包人委托根据所含检验批验收单核定；分部工程验收，是由发包人召集承包人、监理单位及设计、勘察单位（只参加地基基础分部）组成验收小组主持验收。分部分项验收涉及各施工项目的工程质量，是发包人应当履行的义务，如基础工程完工后45日内形成验收总结报告，包括桩基静载试验、小应变检测、验槽记录、基础分部验收等。

---

〔1〕参见黄喆：《论建设工程合同发包人的义务——以德国民法解释论为借鉴》，载《比较法研究》2014年第5期。

三是竣工验收。它是指建设工程项目竣工后，发包人会同设计单位、承包人、监理、设备供应单位等，对工程项目是否符合规划设计要求以及建筑施工质量进行全面检验后，取得竣工合格资料、数据和凭证的过程。如验收中发现存在质量问题，由承包人在合理期限内予以整改，整改完成，发包人须再次组织验收，直到验收合格。

（四）按约支付工程价款并及时接收建设工程

1. 按约支付工程价款是发包人的主要合同义务

按照合同约定及付款时间，工程款支付可分为工程预付款、工程进度款和工程竣工结算款三种形式。

（1）工程预付款。又称材料备料款或材料预付款，用于承包人为工程施工购置材料、工程设备、租赁施工设备、修建临时设施以及组织施工队伍进场等所需的费用。支付工程预付款并非发包人的法定义务，是否需预支工程预付款、款项的数额比例等均由承、发包双方在施工合同中予以约定。

（2）工程进度款。它是指在施工过程中，按逐月（或形象进度、或控制界面等）完成工程量计算的各项费用总和。工程进度款的支付有两种方式，一种是按月结算与支付，另一种是根据不同的阶段支付。应该指出一点，工程进度款不同于结算款，其也是一种暂定数额，具体的付款比例和支付时间节点，可由双方在施工合同中作具体约定。一般而言，应由承包人向发包人提交工程款支付申请表，并附上已完工工程的预算书，发包人的现场工程师核实本次请款的实际完工数量及工程质量后，发包人的预算人员根据设计图纸、工作联系单、工程签证单等进行审核，初步核定本次应结算工程进度款数额，由发包人最终确定本次工程进度款应付数额。如发包人未按约支付工程进度款，承包人应及时发出要求付款的通知，双方对此可协商延期付款；若发包人既不付款，也未与承包人达成延期付款合意，承包人可停止施工，由发包人承担利息损失及相应的违约责任。

（3）工程竣工结算款。这是指承包人按照合同规定的内容完成全部施工任务并经验收质量合格后，双方按合同约定的计价方式进行最终结算，在扣除已付款、质保金及其他费用后的工程余款。司法实践中占比最多的纠纷即工程价款结算纠纷，人民法院受理的建设工程施工合同纠纷案件中追索工程款纠纷案件占了绝大多数。对于具体的工程价款结算纠纷审理要点本书下章将专门阐述，这里不再展开。

按约支付工程价款是发包人的最重要义务，但在施工质量不合格的情况下，发包人有权以质量抗辩对抗承包人的付款请求。《建设工程司法解释(一)》第2条、第3条、第10条、第16条均赋予了发包人的质量抗辩权，遑论施工合同有效与否。只有当建设工程质量经验收合格或经整改通过验收，承包人的付款请求权才能得到支持。为防止权利滥用，司法实践中对于发包人以质量抗辩拒绝履行支付工程款义务的，应以建设工程是否已验收合格或虽未通过验收但发包人已实际占有使用建设工程这两个关键事实作为判断标准，如果符合其中任何一个条件，则应对发包人的拒绝付款请求不予支持；如果确实存在质量问题，也属于保修范畴，应通过承包人的保修义务解决。

2. 及时接收建设工程也是发包人的合同义务

建设工程在验收合格后，发包人应按合同约定及时与承包人办理工程移交手续，接收建筑工程。《建设工程施工合同（示范文本）》（GF—2017—0201）通用条款第13.2.2条规定，竣工验收合格的，发包人应在验收合格后14日内向承包人签发工程接收证书，发包人无正当理由逾期不颁发工程接收证书的，自验收合格后第15日起视为已颁发工程接收证书；第13.2.5条规定，除合同专用条款另有约定外，合同当事人应当在颁发工程接收证书后7日内完成工程的移交。根据上述合同约定，发包人不履行及时接收工程义务，将从工程竣工验收合格之日起的第22日起承担建筑物因火灾、自然灾害等带来的标的物灭失、损坏风险；同时对于承包人看管、维护建筑物而支出的合理费用，也应由发包人承担。

案例11
发包人不能以承包人未开具发票为由拒绝支付工程价款
——山海公司与智达公司等建设工程合同纠纷案[1]

基本案情

上诉人（原审被告）：智达公司

上诉人（原审被告）：晶达公司

被上诉人（原审原告）：山海公司

山海公司与智达公司、晶达公司于2001年3月至2003年8月签订了12份《建设工程施工合同》，约定山海公司为晶达公司承建厂房等十个项目的工程，为智达公司承建喷砂房等工程。合同价款采用包干方式，按工程进度付款。发包人在收到竣工结算报告书及结算资料后28日内无正当理由不支付工程竣工结算价款，从第29日起按承包人同期向银行贷款利率支付拖欠工程价款的利息，并承担违约责任。

山海公司完工后，将工程交付给智达公司、晶达公司使用。2004年3月19日，造价工程师李坚伟对智达公司、晶达公司所委托的七个项目工程进行结算，出具了《工程结算书》。

2005年9月6日，山海公司与晶达公司签订《办理房产证合同》，主要内容：(1）晶达公司提供国有土地使用权证交由山海公司办理第二织布厂的房产权属证，有关费用由晶达公司承担；(2）晶达公司以所办房产权属证向斗山镇农村信用社办理借款，如借款额分别为650万元、700万元、750万元以上时，则分别归还200万元、250万元、300万元给山海公司；(3）山海公司第一期应当向晶达公司开具金额为还款金额加大500万元合法的工程发票，以后晶达公司还款应先开发票。

2005年9月7日，山海公司与智达公司、晶达公司就截至2005年8月31

---

〔1〕参见广东省高级人民法院（2008）粤高法民一终字第138号民事判决书［《民事审判指导与参考》(2009年第3集，总第39集)］。

日止的付款金额、发票开具情况进行核对，确认晶达公司的合同金额为53,185,947.19元，已付款43,059,989.04元，已开发票2580万元，欠开发票17,259,989.04元；智达公司合同金额为6,909,220.07元，未付款、未开发票。

2005年9月19日，山海公司（乙方）与智达公司、晶达公司（甲方）签订《还款协议》，约定：(1) 甲乙双方于2005年9月7日签署了《工程及合同明细表》，确认了欠款数额为17,035,178.22元；(2) 甲方在向银行借到款以后，按照双方于2005年9月6日签署的《办理房产证合同》的约定偿还工程款给乙方，乙方收款后应当按照《办理房产证合同》的约定开具工程发票给甲方；(3) 甲方偿还了第一期款后，余下欠款甲方从2006年开始分4年偿还给乙方，其中2006年、2007年、2008年分别每年偿还350万元，2009年将余下欠款分两次全部还清，每年偿还欠款时间为上半年6月一次，还175万元，下半年12月一次，还175万元。乙方应当在2006年6月前向甲方开具全部欠开的工程发票。

山海公司分别于2005年10月21日、11月7日、2006年8月11日、12月25日、2007年1月5日、2月15日及4月3日收到智达公司、晶达公司支付的工程款200万元、100万元、50万元、10万元、10万元、20万元和100万元，以上合计490万元。晶达公司、智达公司尚欠山海公司的工程款为12,135,178.22元。山海公司于2005年10月25日开出金额为6,969,200元的发票，包括过去已开发票，合计已开发票的金额为32,769,200元，双方确认未开发票的金额合计为15,190,789.04元。

山海公司向法院提起诉讼，请求解除其与智达公司、晶达公司所签订的《还款协议》，并判令智达公司、晶达公司立即清偿所欠工程款，并支付违约金。

法院裁判

一审法院认为，山海公司与智达公司、晶达公司所签订的《建设工程施工合同》以及《办理房产证合同》和《还款协议》都是双方当事人的真实意思表示，内容不违反国家的法律规定，因而都合法有效。山海公司完成施工后，先后将工程交付给智达公司、晶达公司使用，最后完成的7项工程已在2004年3月进行了工程结算，智达公司、晶达公司未按合同约定支付工程款。智达公司、晶达公司所提出的应当先开发票后付款的抗辩理由不成立。开具发票属于行政法律关系，不属于民事法律关系。山海公司与智达公司、晶达公司签订的《建设工程施工合同》是一种双务合同，山海公司完成了合同项下的建设工程，已履行合同约定的义务，智达公司、晶达公司的义务则是依约支付工程款项。山海公司开具发票是收取工程款的附随义务，其开具发票的行为对智达公司、晶达公司支付工程款并不构成前提条件，两者之间不具有对价。由于晶达公司与智达公司所主张的先履行抗辩权不成立，且其没有依照《建设工程施工合同》的约定支付工程款，因此晶达公司与智达公司构成违约。在签订《还款协议》后，晶达公司、智达公司再次违约，其行为已表示不履行主要债务，应承担失信的法律后果。山海公司提出解除《还款协议》，请求智达公司、晶达公司立即清偿所拖欠的全部工程款，符合《合同法》的规定，应予准许。

一审判决：(1) 解除《还款协议》；(2) 智达公司与晶达公司共同清偿12,135,178.22元和利息。

判决后，智达公司、晶达公司提起上诉，主张应当先开具发票后付款。

二审法院认为，从民事权利义务的角度讲，付款是智达公司、晶达公司的主要义务，而开具发票仅是山海公司的附随义务，二者之间没有对价关系，不成立抗辩权。因此，山海公司是否开具发票不能作为智达公司、晶达公司拒付工程款的理由。

二审判决：驳回上诉，维持原判。

案例评析

本案所涉及的法律问题是承包人未开具发票能否构成发包人拒绝支

付工程价款的合理抗辩。

首先应当明确，承包人在收取工程价款后向发包人开具相应金额的建安发票是其应负的法定义务。从工程价款的组成看，已包含了税金成本，故承包人不向发包人开具税务发票，对发包人而言造成不能冲抵成本而带来损失，对承包人而言，也是逃避纳税义务的违法行为。其次，在建设工程施工合同中，承包人的主要合同义务是进行施工，发包人的主要合同义务是支付工程价款，开具发票虽然也是承包人的法定义务，但该义务应当认定为施工合同的附随义务，开具发票与支付工程价款是两种不同性质的义务，不具有对等关系。因此，在工程已经竣工验收的情况下，承包人已履行了主要义务，发包人理应支付工程价款，而不得以承包人未开具发票作为拒付工程款的抗辩理由。

本案中，双方虽然对于发包人的分期付款与承包人开具发票事宜专门通过《还款协议》作了约定，但就履行该协议的情况看，双方均存在违约行为，发包人未按约支付工程款，承包人未在2006年6月前开具全部已收款发票。如前所述，发包人支付工程价款是其主要合同义务，与承包人的开具发票行为不具有对等关系，且《还款协议》也未约定发包人对承包人开具发票的行为具有先履行抗辩权或同时履行抗辩权。因此，发包人以承包人未开具发票作为其拒绝支付工程价款的理由不成立，应不予支持。

第二节　工期的认定

所谓工期，是指建设工程从正式开工到工程竣工验收合格所经历的时间。工期争议是建设工程施工合同纠纷案件中的又一重要争议焦点，它涉及承包人是否应承担逾期竣工违约责任，也涉及发包人是否应赔偿承包人停、窝工损失及工期延误期间的人工、材料费涨价损失等。因此，对工期的正确认定是人民法院审理建设工程施工合同纠纷案件的重要内容之一。

一、正确认定开工日期

开工日期是承包人开始施工之日，是计算工期的起算点，直接影响到工期的认定。实践中，承包人接收建筑场地后安排施工人员陆续进场开展一些施工活动，包括场地清理、运放工具、架设水电管线等施工前准备工作，甚至一些掘土挖沟工作在施工许可证颁发前就已经开始。这些能否算正式开工从而起算开工日期？开工通知载明的开工日期与承包人实际进场施工日期不一致，以何作为确定开工日的依据？此类问题在工程实务中各个施工项目的做法不一，大家的认识也不一致，由此产生了大量的纠纷。

《建设工程司法解释（二）》第5条〔1〕在综合了司法实践的经验和行政管理规定后对于开工日期的认定作出了明确规定，统一了思路。正确理解并适用该条规定，司法实践中首先需要把握一个原则，即当事人在诉讼中共同确认的开工日期应优先认定。理由是：第一，对开工日期的共同确认涉及双方当事人各自的利益，但并不损害国家、集体以及他人的合法利益，也不违反法律禁止性规定，不存在违法或无效的法定情形。第二，即使双方当事人共同确认的开工日期与实际开工日期或相关工程文件记载的日期不一致，在明知确认事实与客观事实不一致的情况下，当事人作出的该确认是其基于自身利益的综合考量，蕴含一定的利益追求和交换，其直接后果涉及是否放弃追究或自愿承担违约责任的问题，体现了当事人自主处分权利的意愿，公权力应予以尊重而不应过多干预。

在双方当事人没有对开工日期作出共同确认的情况下，应按照《建设工程司法解释（二）》第5条的规定并结合具体案情作出正确认定：

---

〔1〕《建设工程司法解释（二）》第5条规定："当事人对建设工程开工日期有异议的，人民法院应分别按照以下情形予以认定：（一）开工日期为发包人或者监理人发出的开工通知载明的开工日期；开工通知发出后，尚不具备开工条件的，以开工条件具备的时间为开工日期；因承包人原因导致开工时间推迟的，以开工通知载明的时间为开工日期。（二）承包人经发包人同意已经实际进场施工的，以实际进场施工时间为开工日期。（三）发包人或者监理人未发出开工通知，亦无相关证据证明实际开工日期的，应当综合考虑开工报告、合同、施工许可证、竣工验收报告或者竣工验收备案表等载明的时间，并结合是否具备开工条件的事实，认定开工日期。"

（一）客观事实能证明承包人实际进场施工的，以实际进场施工时间为开工时间

强调对客观事实的审查，这是人民法院推崇事实至上理念的体现。在案件审理中，有证据能够证明承包人经发包人同意已经实际进场施工的，以实际进场施工时间为开工日期。对于承包人进场进行的施工前准备工作，应根据准备工作的具体内容认定是否属于实际施工，如进场运放工具、进行场地平整等，属于施工准备范畴，部分工作系替代发包人完成，故不应认定为承包人已实际施工；临时用房的搭建、掘土挖沟以及架设水电管线等，是施工的一部分，应认定承包人已进行实际施工。

（二）无证据证明承包人实际进场施工时间的，以开工通知载明的开工日期为准

在无证据证明承包人实际进场施工时间的情况下，发包人或者监理人发出的开工通知具有较强的证明力，开工日期为发包人或者监理人发出的开工通知载明的开工时间。在欠缺开工通知的情况下，开工报告可以起到与开工通知相类似的证明作用，亦可以开工报告载明的开工时间作为认定工期的起算点。

根据开工通知、开工报告认定开工日期时，尚需注意正确认定开工通知与开工条件的关系。开工通知发出后，尚不具备开工条件的，应以开工条件具备的时间为开工日期；因承包人的原因导致开工时间推迟的，以开工通知载明的时间为开工日期。这里的不具备开工条件按照《建设工程施工合同（示范文本）》（GF—2017—0201）通用条款的规定，主要包括发包人未能按合同约定提供图纸或所提供图纸不符合合同约定，发包人不能在计划开工日起 7 日内同意下达开工通知及发包人未能按合同约定提供施工场所、施工条件、基础资料、许可、批准等开工条件。

（三）无证据证明承包人实际进场施工时间且无开工通知的，综合全案证据作出认定

在无承包人实际开工日期的相关证据、亦无开工通知或开工报告的情况下，应综合施工合同、施工许可证、竣工验收报告或者竣工验收备案表等其他施工文件载明的时间，并结合是否具备开工条件的事实，认定开工日期。

（四）正确认定承包人实际施工日期与施工许可证许可开工时间不一致的开工日期

司法实践中争议最大的是承包人进场施工的日期与施工许可证记载的开工日期不一致时，如何认定工期起算点。有观点认为"建设工程施工许可证是经过当地建设工程主管部门签发的法定文件，具有较高的证明力"，[1] 故承包人在施工许可证颁发前进行的施工系开工准备，开工日期的认定应以施工许可证许可的时间为准。笔者对此观点不予认可。第一，施工许可证并非确定开工日期的唯一凭证，它只是建设主管部门颁发给建设单位的准许其施工的凭证，表明建设工程符合相应的开工条件，这是一个行政许可的行为。从工程实务看，取得施工许可证后因受制于客观条件不能立即施工的情形也是大量存在的，仅凭施工许可证即认定开工日期会与客观事实不符。第二，《建筑法》第 64 条关于施工许可证的规定属建设主管部门的行政管理范围，没有办理施工许可证先行动工的，主管部门应指令其进行更正，也可以处以罚款，但是这对开工日期并不必然产生实质性的影响。[2] 第三，只有在无其他证据可以证明承包人实际进场施工日期的情形下，才可以将施工许可证作为认定开工日期的唯一依据。

---

〔1〕 参见最高人民法院（2015）民一终字第 9 号民事判决书。

〔2〕 参见最高人民法院民事审判第一庭编著：《最高人民法院建设工程施工合同司法解释（二）理解与适用》，人民法院出版社 2019 年版，第 129 页。

案例12
当事人确认的实际开工日期应优先认定
——方升公司与隆豪公司建设工程施工合同案[1]

基本案情

上诉人（原审原告、反诉被告）：青海方升建筑安装工程有限责任公司（以下简称方升公司）

上诉人（原审被告、反诉原告）：青海隆豪置业有限公司（以下简称隆豪公司）

2011年9月1日，隆豪公司与方升公司签订建设工程施工合同约定：隆豪公司将海南藏文化产业创意园商业广场发包给方升公司施工；开工日期为2011年5月8日，竣工日期为2012年6月30日，工期419天；工程单价1860元/平方米，单价一次性包死，合同总价款68,345,700元。

2011年5月15日，方升公司开始施工。2011年6月，北京龙安华诚建筑设计有限公司（以下简称龙安华诚公司）完成设计图纸，同月27日双方当事人及有关单位进行图纸会审；2011年11月23日，方升公司、隆豪公司、监理单位、设计单位、勘察单位、质检单位在海南州共和县隆豪公司售房部形成《基础验收会议纪要》，工程基础验收合格。

2012年1月9日，龙安华诚公司向隆豪公司作出《设计变更通知单》，通知单内容为：对广场地砖、涂料、找平、找坡、结构板等进行变更。2012年3月31日，龙安华诚公司向隆豪公司发出了变更通知单，内容为面层、结构板等变更要求。2013年5月27日，龙安华诚公司下发了《设计修改通知单》，对原结施节点详图中过梁作了补充和变更。2012年3~5月，方升公司向监理单位分别报送《隆豪置业有限公司工程进度申报（审核）表》，监理单位盖有印鉴。

2012年6月13日，方升公司、隆豪公司与相关单位组织主体验收。2012

[1] 参见最高人民法院（2014）最高法民一终字第69号民事判决书。

年6月19日，方升公司发出通知，要求隆豪公司于2012年6月23日前支付1225.14万元工程款，否则将停止施工。2012年6月25日，隆豪公司发出通知，内容为：方升公司不按约履行合同，拖延工程进度，不按图施工，施工力量薄弱，严重违约，导致工程延误，给隆豪公司造成了巨大经济损失，要求解除合同，要求方升公司接到通知的一日内撤场、拆除临舍。之后，双方解除合同，方升公司撤场。

2012年6月28日，隆豪公司与四川省鸿盛实业集团有限公司（以下简称鸿盛实业公司）签订建设工程施工合同，以包工包料的方式，将方升公司未完成的全部工程发包给鸿盛实业公司施工。

2012年7月9日，方升公司向青海省高级人民法院提起诉讼，请求判令隆豪公司向方升公司支付工程款22,439,200元及逾期付款违约金。

隆豪公司提起反诉，请求判令：（1）方升公司退还隆豪公司多支付工程款1,065,808.18元；（2）方升公司赔偿隆豪公司损失4,926,190.40元，包括工期延误造成的损失及已完工部分质量不合格造成的损失；（3）方升公司承担违约金共计2,558,829.80元，包括工期延误违约金、质量达不到一次交验合格违约金、严重违反合同条款违约金；（4）方升公司交付已施工部分工程的全部施工资料；（5）方升公司退还全部工程图纸。

一审诉讼中，根据方升公司的申请，一审法院委托青海省规划设计研究院工程造价咨询部对方升公司承建的青海省海南藏文化产业创意园广场已完工程造价和方升公司应当施工但未施工部分工程项目合同价款进行了鉴定。

一审诉讼中，根据隆豪公司的申请，一审法院委托甘肃土木工程科学研究院对涉案工程的工程质量及维修方案、维修费用等进行了鉴定。

法院裁判

一审法院认为：（1）关于工程造价部分，应当按照鉴定单位的鉴定结论作为认定依据。方升公司完成的工程总价款31,272,837.66元，扣除税金1,050,767.35元、已付款31,057,562元，隆豪公司超付方升公司工程款

835,491.69 元，应由方升公司向隆豪公司返还。(2) 对于隆豪公司应否承担逾期付款违约金问题。一审法院认为，案涉工程于2011 年5 月15 日开工，方升公司也认可在2012 年3 月23 日报送工程进度申报（审核）表前，未报送过工程量进度。2011 年 8 月 10 日至 2012 年 4 月 18 日，隆豪公司实际付款2860 万元，案涉工程主体于 2012 年 6 月 13 日完工交验，此时，隆豪公司支付的工程款超过合同约定的主体封顶后支付已完工程量 80% 的比例，符合合同约定。因此，方升公司主张逾期付款违约金缺乏事实依据，不予支持。(3) 关于方升公司是否存在工期延误及是否赔偿工期延误损失的问题。一审法院认为，本案合同生效时间为 2011 年 9 月 1 日，双方当事人合同约定的开工日期为 2011 年 5 月 8 日，竣工日期为 2012 年 6 月 30 日，合同工期总日历天数 419 天。在合同生效之前，方升公司已开始施工。方升公司施工期间，双方当事人与有关单位于2011 年6 月29 日完成图纸会审，此时施工的内容才得以明确具体，双方当事人对合同约定的施工内容在合同生效时进一步得到最终的确认。另外，在方升公司施工期间也存在部分工程的设计变更，虽然方升公司未提交证据证明发生以上事实后办理了工期顺延手续，但结合本案的实际，方升公司的施工期限不应严格依照合同约定的施工期间执行。隆豪公司发出解除合同通知时，方升公司仍在施工。隆豪公司主张方升公司延误工期，赔偿工期延误损失，不符合本案实际，并且其主张工期延误损失的计算方法亦依据不足。因此，对隆豪公司对此的反诉请求，不予支持。(4) 关于质量及维修费问题。一审法院认为，虽然主体部分工程验收记录未签署验收意见，但在2012 年6 月13 日形成的基础、主体验收会议纪要中，建设、设计、勘察、质检和监理等单位对案涉工程均表示同意验收，并强调了整改的内容。根据甘肃土木工程科学研究院出具的鉴定意见书，隆豪公司主张的质量问题，主要是由于方升公司在施工中施工措施不到位或未按图纸施工造成的。在案涉工程通过验收的情况下，因合同解除方升公司已撤场，对存在的质量缺陷由方升公司进行维修已无可能，因此，对该部分的维修费用 248,000 元应由方升公司向隆豪公司支付。

一审法院判决：(1) 方升公司向隆豪公司返还超付的工程款 835,491.69

元；(2) 方升公司向隆豪公司支付质量缺陷修复费用248,000元；(3) 驳回方升公司的诉讼请求；(4) 驳回隆豪公司的其他反诉请求。

方升公司和隆豪公司均不服一审判决，分别向最高人民法院提起上诉。

方升公司上诉称：(1) 原审法院对工程价款认定有误；(2) 涉案工程开工日期应为2011年6月20日，原审法院对开工日期认定有误，从而对于逾期付款违约金处理不当。请求二审法院撤销一审判决第1项、第2项、第3项，依法改判支持方升公司原审的全部诉讼请求，驳回隆豪公司的全部反诉请求。

隆豪公司上诉称，原审法院对开工日期认定有误，开工日期应为2011年5月8日，方升公司工期延误是客观事实，本案因方升公司严重违反合同约定导致合同被解除，方升公司依约应当承担严重违反合同条款的违约金。请求二审法院撤销一审判决第4项，支持隆豪公司的反诉请求。

二审法院认为：(1) 关于开工日期，首先，方升公司与隆豪公司签订的建设工程施工合同约定的开工日期为2011年5月8日；方升公司呈送并经监理单位确认的开工报告中载明的计划开工日期为2011年5月15日；建筑工程施工许可证中载明的开工日期为2011年6月20日。上述3份文本中记载的开工日期均不相同，应当以监理单位确认的开工报告中载明的2011年5月15日作为本案工程开工日期。其次，方升公司在给监理机构出具的开工报告中明确载明：管理人员及机械设备已到场，施工人员已到位……符合开工条件；监理单位经审核作出了同意施工的意见。由此可见，无论是施工方方升公司，还是监理单位，均认可开工日期为2011年5月15日。再次，一审法院委托司法鉴定时，方升公司与隆豪公司共同确认涉案工程开工时间为2011年5月15日。就建设工程而言，建设单位、施工单位与监理机构共同确认的开工日期当日具有明显优势的证明力和说服力，应当成为认定案件事实的重要依据。最后，虽然建筑工程施工许可证载明的开工日期为2011年6月20日，但是施工许可证载明的日期并不具备绝对排他的、无可争辩的效力，建筑工程施工许可证是建设主管部门颁发给建设单位的准许其施工的凭证，只是表明了建设工程符合相应的开工条件，建设工程施工许可证并不是确定开工日期的唯一凭证。实践中，建设工程开工日期早于或者晚于施工许可证记载日期的情形大量存在。当施工单位实际开工日期与施工许可证上记载的日期不一致时，同样应当以实际开工日期而不是施工许可证上记载的日期作为确定开工日期的依据。本案中，在方升公司、隆豪公司及监理单位均确认开工日期为2011年5月15日的情况下，再以施工许可证上载明的日期确定为开工日期，无事实和法律依据。因此，一审判决认定2011年5月15日为案涉工程开工日期正确；方升公司提出的开工日期为2011年6月20日、隆豪公司提出的开工日期为2011年5月8日的上诉主张，均与事实不符，不予支持。(2) 方升公司不存在工期延误现象，已完工程质量合格，方升公司履行合同过程中不构成违约。2011年8月10日至2012年6月13日完工交验，隆豪公司实际付款2860万元，远远低于双方约定的应支付工程款。隆豪公司构成违约。隆豪公司单方解除合同且未按照约定时间支付相应工程款，属于对合同义务的严重违反，构成了根本违约。一审判决认定隆豪公司没有违约显然与事实不符，应予纠正。(3) 对于工程造价部分，二审法院认为一审认定有误，应当根据实际完成的工程量，以建设行政管理部门颁发的定额取费核定工程价款为依据，计算已完工程价款为42, 236, 555. 43元。据此，隆豪公司还欠付方升公司的工程款9, 410, 477. 43元。

二审判决：（1）撤销一审判决；（2）隆豪公司方升公司支付工程款9, 410, 477. 43元；(3) 隆豪公司向方升公司支付违约金60, 227元；(4) 方升公司向隆豪公司交付已施工部分全部施工资料和全部工程图纸；(5) 驳回方升公司的其他诉讼请求；(6) 驳回隆豪公司的其他反诉请求。

案例评析

本案例涉及当事人共同确认的开工日期与工程文件记载内容不一致情况下的认定和处理。

开工日期的确定，涉及建设工程是否逾期竣工、发包人是否迟延支付工程进度款等关键事实的认定。对于开工日期的认定，《建设工程司法解释（一）》中并未作出明确规定，也导致司法实践中大量纠纷的产生，而《建设工程司法解释（二）》第5条对于如何正确认定开工日期作出了比较明确、详细的规定，有利于纠纷的解决和执法统一。在适用该条时，我们尚需解决一个问题，即双方当事人在诉讼中共同确认的开工日期与工程文件记载的日期不一致的，应如何处理。笔者认为，双方当事人在诉讼中对于具体开工日期有共同确认的，应以该确认日期为准。第一，这一确认涉及双方当事人各自的利益，但并不损害国家、集体以及他人的合法利益，也不违反法律禁止性规定，不存在违法或无效的法定情形。第二，即使双方当事人共同确认的开工日期与实际开工日期或相关文件记载的日期不一致，在明知确认事实与客观事实不一致的情况下，当事人作出的开工日期确认是其基于自身利益的综合考量，蕴含一定的利益追求和利益交换，其直接后果涉及是否放弃追究或自愿承担违约责任的问题，体现了当事人自主处分权利的意愿，公权力应予以尊重而不应过多干预。因此，对于开工日期的认定，当事人进行共同确认的，应以双方当事人共同确认的日期认定为开工日期，当事人没有确认的，根据《建设工程司法解释（二）》第5条的规定执行。

本案中，虽然开工报告、施工合同及施工许可证载明的开工日期不一致，但承、发包双方在法院委托司法鉴定时共同确认了开工日期为2011年5月15日，该时间与开工报告记载的时间一致，能真实反映承包人实际开工日期，因此应以此日期作为计算工期的起始日期。根据上述开工日期的认定，结合施工合同的约定及实际履行情况可知，承包人的施工不存在工期延误现象，且施工质量合格，故承包人方升公司履行合同过程中不构成违约；相反，发包人存在迟延支付工程进度款的违约行为，应承担相应的违约责任。

二、正确认定竣工日期

竣工日期的确定不仅关系到承包人是否逾期竣工而应承担违约责任的问题，还影响到工程款结算时间、工程余款及保修金支付时间、利息起算点等的认定问题。因此，竣工日期的确定亦是审判实践中需重点关注的焦点问题之一。《建设工程司法解释（一）》第14条对于竣工日期的争议，给出了一个明确的解决思路和规定：第一，建设工程经竣工验收合格的，以竣工验收合格之日为竣工日期；第二，承包人已经提交竣工验收报告，发包人拖延验收的，以承包人提交验收报告之日为竣工日期；第三，建设工程未经竣工验收，发包人擅自使用的，以转移占有建设工程之日为竣工之日。这与我国《建设工程施工合同（示范文本）》（GF—2017—0201）通用条款第13.2.3条的规定也是基本一致的。

司法解释的上述规定解决了大部分的竣工日期认定纠纷，但也有一些实践中经常出现的问题需我们深入研讨并予以厘清：

（一）正确界定发包人组织验收的合理期间

发包人收到承包人的竣工验收报告后，多长时间内组织验收算是合理的，超过多少时间能认定拖延验收，这在司法实践中对于正确认定竣工日期尤为重要。验收不单是发包人一家的事情，需要发包人组织勘察、设计及监理单位会同规划、消防等政府部门一并进行验收；同时，整个工程验收又是一项复杂、庞大的工作，其间还有审查施工材料、勘察设计材料等，组织过程需花费一定的时间，验收更需要花费较多的时间。对于发包人收到承包人提交的竣工验收报告后多长时间组织验收才构成拖延验收，笔者认为可以参照《建设工程施工合同（示范文本）》通用条款的相关规定来确定一个合理期间：因发包人原因，未在监理人收到承包人提交的竣工验收申请报告42日内完成竣工验收，或完成竣工验收不予签发工程接收证书的，应按承包人提交竣工验收申请报告之日确定为工程竣工日。

需要指出一点，如果确实存在发包人拖延验收的，但验收后工程质量不合格需返工整改的，则不能以承包人首次提交验收报告之日作为竣工日期；经整改后通过竣工验收的，应以承包人再次提请发包人验收之日作为竣工日期，但是在计算实际施工工期时，应当扣除发包人拖延验收的期间。[1]

（二）双方当事人确认的竣工日期有效

《建筑法》规定了建设工程经验收合格后方可交付使用，从该规定的性质分析应为管理性规定，对于发包人未经验收擅自使用的，《建筑法》没有作出否定性规定。从《建设工程司法解释（一）》的规定精神来看，发包人未经验收擅自使用建设工程的，视为验收合格，免除了承包人的质量担保责任，承包人仅需承担保修义务。在我国现有法律法规没有强制验收相关规定的情形下，虽然建设工程未经竣工验收，但是双方签字确认竣工日期，表明发包人认可建设工程的施工质量是合格的，故对于承、发包双方对竣工日期的约定，在没有违反法律效力性禁止规定的情况下，应该予以尊重，并据此确定建设工程的竣工日期。

需要说明一点，如果双方在未经验收前签订协议确认竣工日期是为了发包人的某些经营需要，如急需投入使用、申办证照等，承包人对此也明知，且在这之后，发包人仍按规定组织人员进行了工程质量验收的，承包人也予以配合并一起参加了工程竣工验收工作，则仍应按具体验收合格通过时间来认定竣工日期，当然其中相关的拖延时间仍需扣除，这一点需要我们在实践中予以充分注意。

（三）正确认定发包人是否构成“擅自使用未经竣工验收的建设工程”

“发包人擅自使用未经竣工验收的建设工程”在司法实践中对于认定竣工日期具有重要的法律意义，根据《建设工程司法解释（一）》第14条的规定，发生发包人“擅自使用”事实的，以转移占有建设工程之日为竣工之日。但发包人是否构成“擅自使用”，司法实践中存在较大的争议和分歧。笔者通过归纳总结司法实践中的一些做法和经验，梳理以下要点供参考：

---

〔1〕参见《福建省高级人民法院关于审理建设工程施工合同纠纷案件疑难问题的解答》（2007年11月22日）第13条。

1. 构成“擅自使用未经竣工验收建设工程”的情形

第一，中途解约的建设工程，发包人进入下一道工序施工的，证明发包人已实际使用了承包人施工的建设工程，应视为发包人对工程质量的认可，可以认定构成“擅自使用未经竣工验收建设工程”。

第二，发包人将建设工程房屋出租给他人使用，可以认定构成“擅自使用”。发包人在建设工程未经竣工验收即将工程房屋出租给他人使用，符合擅自使用的条件，故即使形式上尚未满足约定的竣工条件，但依法可认定发包人构成“擅自使用未经竣工验收建设工程”，建设工程竣工日期为发包人出租给他人使用日。

第三，发包人将在建工程已完工部分转让的，其性质应视为工程的交付使用，可以认定构成“擅自使用未经竣工验收建设工程”。

2. 不构成“擅自使用未经竣工验收建设工程”的情形

第一，发包人的使用行为与建设工程应当具备的各项功能不相符的，不足以认定构成“擅自使用未经竣工验收建设工程”，即发包人的使用行为及目的与建设工程的设计用途不相符，不能就此认定发包人构成“擅自使用”。比如建设工程的设计用途为厂房，发包人虽在尚未竣工验收的厂房内部分区域安装空调、堆放临时物品等，但尚未对案涉厂房作为生产车间应当具备的各项功能正常使用，发包人的行为尚不构成法律上的“擅自使用”，不能达到视为验收合格的法律效果。

对于发包人是否实际使用以及使用的程度、性质，审理中可通过相关证据予以认定，必要时法院应召集双方进行实地勘察。

第二，发包人在将承包人所施工之工程交由下一施工人继续施工前，向承包人发函要求承包人修复其施工工程质量问题，在承包人没有回复也未修复的情况下，发包人将工程交由下一施工人继续施工并委托第三方就承包人的工程进行修复，该等交由下一施工人继续施工的行为不构成“擅自使用未经竣工验收建设工程”，修复费用也应由承包人承担。

第三，承包人未办理过竣工验收及交接手续即退场的，发包人对工程的接管仅仅是控制、保护工程，不构成“擅自使用”。对于实际竣工日期的认定需以双方间的后续沟通、是否最终办理了竣工验收手续或以发包人实际投入使用状况综合认定。

3. 发包人擅自使用一部分建筑物的，根据发包人是否最终对整个建设工程进行竣工验收的事实区别认定竣工日期

《建设工程司法解释（一）》对发包人“擅自使用”的法律后果作出了规定，其蕴含的本意是“发包人实际接受工程，意味着承包人已完成其合同义务”。[1] 对这一条规定的理解和掌握实践中没有争议，但实践中争议较大的是如果发包人仅实际占有使用部分建设工程，该占有日能否视为整个工程的竣工日期。对于这个争议，笔者认为：

首先，应审查在发包人擅自使用了部分建设工程后，是否仍按法律规定对于整个工程进行了竣工验收。《建筑法》第 61 条第 2 款规定，“建筑工程经竣工验收合格后，方可交付使用；未经验收或验收不合格的，不得交付使用”，这是法律对于工程交付使用的强制性规定，虽然发包人违规使用了部分建设工程，但我们不能对于发包人就整个工程进行竣工验收的合法合规性予以否定。

其次，从《建设工程司法解释（一）》第 13 条的规定亦可解读出承包人对于发包人未使用部分的工程质量仍应承担责任，也就是说发包人擅自使用部分建设工程的行为不能免除承包人对于建设工程其余未使用部分的质量担保责任，更不能免除承包人配合发包人对于其余工程进行竣工验收的义务。

再次，建设工程是一个整体，虽然发包人擅自使用了部分建设工程，但建设工程整体最终是否通过竣工验收，仍是判断承包人完成施工任务的依据，因此，在发包人最终仍对整个建设工程进行质量验收的情况下，建设工程质量通过验收合格之日为确定工程竣工日期。

最后，若其中因发包人的原因导致验收拖延的，相应延长日期应予以扣除。若发包人最终未对建设工程组织验收，且未验收的责任在于发包人自己，

---

〔1〕 参见最高人民法院民事审判第一庭编著：《最高人民法院建设工程施工合同司法解释的理解与适用》，人民法院出版社 2004 年版，第 139 页。

基于发包人在施工人完成施工任务后，既不组织验收，又擅自使用了部分工程，应该推定发包人对于整个建设工程的质量是予以认可的，据此亦可推定发包人认可承包人履行了施工义务，应该按发包人擅自转移使用之日认定为建设工程的竣工日期。

案例13
发包人擅自使用建设工程不影响以最终验收通过日为竣工日期
——安泰公司与嘉合公司建设工程施工合同纠纷案〔1〕

基本案情

上诉人（原审原告）：大连安泰建设有限公司（以下简称安泰公司）

被上诉人（原审被告）：大连中裕嘉合房地产开发有限公司（以下简称嘉合公司）

原审第三人：河南省恒源热力股份有限公司（以下简称恒源公司）

2012年6月27日，涉案工程经招投标由安泰公司中标，中标平均价每平方米1410元，总价款9,810.1857万元。安泰公司于2012年7月8日与嘉合公司签订了《建设工程施工合同》，约定工程承包范围为建筑、装饰、采暖、给排水、电气（消防、通风、弱电等专业预埋）施工；开工日期2012年7月10日，竣工日期2013年11月30日，合同工期508天，合同价款的方式为固定价格合同，与中标通知书的合同价款一致；合同另对其他内容作了约定。2012年8月20日，上述合同连同中标文件在监管部门大连市建设工程招标投标办备案。

2013年11月21日，嘉合公司委托大连渤海检测有限公司对涉案工程进行节能验收，结论符合技术规范要求。2013年12月26日，嘉合公司提交给大连市甘井子区兴华街道金家街1号宗地改造项目回迁安置操作方案载明，涉案工程已经具备回迁安置条件，回迁安置时间2013年12月28日至2014年

〔1〕 参见最高人民法院（2016）最高法民一终532号民事判决书。

1月2日。2013年12月28日，大连甘井子区兴华街道回函同意嘉合公司提交的回迁安置操作方案。2014年1月9日，嘉合公司向大连市规划局呈报关于金家街1号宗地改造项目竣工规划核实验收的请示，称该项目现已全面竣工特申请办理竣工规划核实验收相关手续等。2014年3月14日，大连市规划局向嘉合公司下发了关于甘井子区金家街1号宗地改造项目1～3楼、5～10号楼规划核实证明，载明金家街1号宗地改造项目符合规划条件。2014年4月4日、10日，大连市公安消防局对涉案工程下发建设工程竣工验收消防备案凭证。2014年4月28日，涉案工程经建设单位、监理单位、设计单位、施工单位联合验收，出具了工程竣工报告和单位工程验收证明等。2014年9月15日，涉案工程在大连市甘井子区建筑安全监督站备案。

自2014年1月2日，嘉合公司陆续向业主交付房屋，至2014年3月末，有131户业主入住涉案房屋。

2013年10月2日，恒源公司与嘉合公司合资合作开发房地产纠纷一案，由辽宁省高级人民法院调解结案，嘉合公司给付恒源公司债权1.6亿余元。因嘉合公司未按调解协议履行义务，恒源公司于2014年4月申请强制执行，安泰公司于2014年9月21日以施工人的身份向该院执行局提出书面申请主张优先受偿权。2014年9月，安泰公司在向该院执行局主张优先受偿权听证期间提供了安泰公司、嘉合公司于2014年6月20日制作的甘井子区金家街1号宗地项目改造工程结算书，该结算书由6部分组成，结算总计工程造价10,537.629355万元。2014年9月28日，安泰公司、嘉合公司又出具了一份工程结算确认书，该工程结算确认书是依据双方2012年10月6日签订的协议书而制作，将原《建设工程施工合同》约定的固定价格合同变更为可变价格合同，工程造价由固定价格9810.1857万元增加至15,601.140477万元。

2013年11月，嘉合公司作为借款人与委托人北京天地方中资产管理有限公司、受托行吉林银行大连分行三方签订《委托贷款合同》一份，主要内容为：由委托人北京天地方中资产管理有限公司提供贷款资金，受托人按照指定的贷款对象、用途、金额、期限、利率等发放给借款人，并协助收回贷款。贷款的用途为装饰、装修支付工程款及费用。委托贷款金额为2亿元人民币

（以实际金额为准）。2013年11月18日，嘉合公司作为委托人与受托人吉林银行大连分行签订了《吉林银行流动资金贷款支付委托书》，融资用途为装饰、装修支付工程款及费用，支付对象为安泰公司，同时安泰公司向吉林银行大连分行、北京天地方中资产管理有限公司、嘉合公司出具的书面承诺函载明：（1）无论借款人现在及以后是否欠付我公司上述项目在建工程的工程款，我公司自愿放弃上述委托贷款合同中约定的在建工程的优先受偿权。（2）承诺期限自本承诺书签订之日起至借款人履行完毕《委托贷款合同》项下贷款期限和展期期限内的全部义务之日止。（3）承诺书一经签发不可撤销。

2014年10月9日，安泰公司向辽宁省高级人民法院提起诉讼，请求法院判令：（1）确认安泰公司对涉案工程享有优先受偿权；（2）判令嘉合公司立即向安泰公司支付工程款人民币9977.700089万元；（3）判令嘉合公司立即向安泰公司支付利息（暂计算至2014年12月7日）1918.0618万元；（4）判令嘉合公司向安泰公司支付违约金156.0114万元，以上合计12,051.773289万元。

嘉合公司辩称，对安泰公司主张的工程款金额及优先受偿权均不持异议。

恒源公司述称，本案诉讼是安泰公司与嘉合公司合谋提起的虚假诉讼，目的是利用安泰公司可能享有的建设工程价款优先受偿权对抗恒源公司对嘉合公司涉案房产的强制执行。

一审庭审中，安泰公司、嘉合公司共同确认工程造价为起诉状中的15,601.140477万元加上工程增量部分759.773892万元，合计16,360.914369万元。安泰公司、嘉合公司共同确认已支付工程款为6383.21428万元，嘉合公司尚欠安泰公司工程款9977.700089万元。

法院裁判

一审法院认为：（1）关于欠付工程款金额，安泰公司和嘉合公司一致确认，予以认可。（2）关于优先受偿权问题。其一，依据法院在涉案工程物业公司调取的交房登记明细表、房屋验收（问题）台账，涉案工程自2014年1

月2日起已陆续向业主交付，不仅包括安置回迁户的4号楼，也包括其他楼号。根据上述规定，自2014年1月2日起算至安泰公司向该院提出优先受偿权申请的2014年9月21日，已超过6个月。安泰公司主张涉案工程于2014年4月28日竣工，并以此为起算日主张对涉案工程享有优先受偿权，与上述规定不符。其二，依据安泰公司出具给嘉合公司等的承诺书，安泰公司放弃了涉案《委托贷款合同》中约定在建工程优先受偿权，该承诺有自本承诺书签订之日起至借款人履行完毕《委托贷款合同》项下贷款期限和展期期限内的全部义务之日止的限制，但安泰公司、嘉合公司均未提供证据证明《委托贷款合同》项下义务履行完毕。其三，安泰公司向该院执行局和在该院审理本案中就涉案工程造价提供的结算资料不一致，在一审法院释明的情况下，安泰公司、嘉合公司均拒绝提供相关施工资料。由于安泰公司主张涉案工程优先受偿权涉及第三人利益，在安泰公司、嘉合公司无正当理由拒绝提供应提供的证据情况下，安泰公司、嘉合公司之间确认的工程造价、拖欠的工程款及利息对第三人没有约束力。于此情形，安泰公司主张对涉案工程享有优先受偿权，若得到支持，势必损害第三人利益。

一审法院判决：(1) 嘉合公司给付安泰公司工程欠款9977.700089万元；(2) 嘉合公司给付安泰公司工程款利息1917.7505万元；(3) 嘉合公司给付安泰公司违约金156.0114万元；(4) 安泰公司主张的对涉案工程优先受偿权不能对抗恒源公司对嘉合公司享有的债权；(5) 驳回安泰公司的其他诉讼请求。

安泰公司不服一审判决，向最高人民法院提起上诉称，涉案工程于2014年4月28日通过验收并取得工程竣工报告、单位工程竣工证明，故应以该日期为竣工日期，原审法院认定竣工日期为2014年1月2日错误。故请求撤销原审判决，发回重审或依法改判安泰公司对涉案工程享有优先受偿权。

二审法院认为：(1) 涉案工程竣工日期应认定为2014年4月28日。根据《建设工程司法解释（一）》第14条的规定，在建设工程已经竣工验收合格的情况下，应当以竣工验收合格之日为竣工日期，在建设工程未经竣工验收，发包人擅自使用的情况下，才应当以转移占有建设工程之日为竣工日期。

涉案工程虽然从2014年1月2日开始进行了部分实际使用，但在2014年4月28日才竣工验收合格，并由建设单位、施工单位、设计单位、监理单位共同出具了工程竣工报告、单位工程验收证明，依法应当以工程竣工验收合格之日即2014年4月28日为竣工日期。原审判决在该工程已经竣工验收合格的情况下，以工程转移占有之日为竣工日期的认定错误，依法应当予以纠正。(2) 涉案工程于2014年4月28日竣工，安泰公司于2014年9月21日向原审法院执行局提出申请主张涉案工程优先受偿权，没有超过6个月的行使期限。原审判决认定安泰公司主张涉案工程优先受偿权超过6个月的行使期限不当，本院予以纠正。(3) 安泰公司出具的承诺书明确载明，无论嘉合公司现在及以后是否欠付安泰公司在建工程的工程款，其自愿放弃上述《委托贷款合同》中约定的在建工程的优先受偿权。本承诺书一经签发不可撤销。该承诺书是安泰公司的真实意思表示，不违反法律、行政法规的强制性规定，合法有效。在安泰公司明确放弃优先受偿权之后，再次提起诉讼主张涉案工程优先受偿权，违反了承诺书的约定，也违背了诚实信用原则，依法不应支持。综上，法院认为，本案安泰公司已经明确放弃了涉案工程的优先受偿权，其优先受偿权已不复存在，也就不存在是否能够对抗恒源公司债权的问题。原审判决关于嘉合公司欠付安泰公司工程款的问题认定事实清楚，关于安泰公司对涉案工程享有的优先受偿权不能对抗恒源公司债权的认定不当，但是鉴于本案是安泰公司提起的上诉，嘉合公司、恒源公司并未提起上诉，本院对此不再予以调整。

二审法院判决：驳回上诉，维持原判。

案例评析

本案例涉及了发包人擅自使用建设工程后又进行了竣工验收，如何认定竣工日期的问题。

竣工日期的确定，不仅涉及建设工程是否逾期竣工的问题，还涉及承包人行使优先受偿权的除斥期间起算问题等，在建设工程施工合同纠纷案件中具有重要作用。根据《建设工程司法解释（一）》第14条第3项的规定，“建设工程未经竣工验收，发包人擅自使用的，以转移占有建设工程之日为竣工日期”，该条款对于发包人擅自使用未经验收的建设工程如何认定竣工日期作出了规定，但发包人在擅自使用后又组织相关部门和人员对建设工程进行了验收，如何认定竣工日期，法律对此没有作出规定。《建筑法》第61条第2款规定：“建筑工程经竣工验收合格后，方可交付使用；未经验收或验收不合格的，不得交付使用。”这是法律对于工程交付使用的强制性规定，因此发包人虽违规使用了部分建设工程，但不能否定发包人仍具有对整个建设工程进行竣工验收的权利。同时从《建设工程司法解释（一）》第13条的规定来看，承包人对于发包人未使用部分的工程质量仍应承担责任，也就是说发包人擅自使用部分建设工程的行为不能免除承包人对于建设工程其余未使用部分的质量担保责任，更不能免除承包人配合发包人对于其余工程进行竣工验收的义务。虽然发包人擅自使用了部分建设工程，但建设工程是一个整体，对于建设工程整体最终是否通过竣工验收，仍是判断承包人完成施工任务的依据，因此，在发包人最终仍对整个建设工程进行质量验收的情况下，建设工程质量通过验收合格之日确定为工程竣工日期更具有合理性，但在发包人组织验收前拖延的时间应予以扣除，否则将影响对建设工程逾期竣工时间的认定。

本案中，发包人虽然从2014年1月2日开始对部分建设实际使用，但之后其仍组织了验收，承包人亦与设计单位、监理单位等共同于2014年4月28日出具了工程竣工报告及单位工程验收证明，故依法应当以工程竣工验收合格之日即2014年4月28日为竣工日期。最高人民法院在本案中对竣工日期的认定也体现了这一原则。

三、正确认定工期顺延

计划工期是建设工程施工合同的一个重要组成部分，实践中根据开工日期与竣工日期计算出承包人完成施工任务的实际工期总日历天数，与计划工期相比得出的数值即为工期提前或延误天数。承包人施工过程中，往往因为施工的内外部因素的变动、施工条件发生变化等影响而延误工期，实践中工期提前的案例甚少出现，更多的是因工程逾期竣工而引发的纠纷。对于此类纠纷，需要我们查明工期延误的原因，进而判断责任归属。就举证责任分配而言，发包人只要举证证明实际工期超出计划工期即完成举证任务，而承包人需举证证明其有工期顺延的正当理由即工期顺延的原因在于发包人或由不可抗力、意外事件等引起。从司法实践来看，工期合理顺延主要有以下几种：

（一）发包人未提供符合约定的施工条件

提供符合约定及法定的施工条件是发包人的重要义务之一，发包人如未能按约及时履行该项义务，由此造成施工停止、延误的，相应时间应计入工期合理顺延范畴。实践中较为常见的有：发包人未按合同约定的时间提供设计图纸等施工资料，无施工许可证导致施工被政府叫停，甲供材料及合同约定由发包人提供的施工设备等未按时供应，对场地有权属争议的案外人阻挠承包人施工等。由此造成承包人停工的时间应计入工期顺延期间。这里的未提供设计图纸等技术资料、甲供材料及施工设备等，并非一概构成工期顺延，必须同施工进度相配套，且由此导致承包人只能停工等待而无法进行下一步施工任务，如果发包人迟延提供的材料并非当前施工进程所需，并不导致承包人停止施工，承包人亦不能就此主张工期顺延。

（二）工程量增加

施工过程中，发包人设计变更增加施工项目或者对某些施工项目增加工程量是比较常见的现象，一般而言，增加工程量必然会导致工期的增加，工期增加部分应计入工期顺延范畴。对于工程量增加所需要的增加工期，在诉讼过程中可以通过工程鉴证单、技术核定单等施工资料予以确定，也可以通过司法鉴定的方式予以确定。若增加的工程量不大、司法鉴定的成本过高，或者司法鉴定无法对增加工期作出鉴定结论的，也可以参照合同约定的工程总价与工期的比例酌定增加工程量所需增加的工期。

这里需注意避免一个认识上的误区，即增加工程量并不必定会增加工期。建筑施工有其特殊性，各道工序并不都是紧挨着连续施工的，存在一个交叉施工的过程，每道工序需要的人工也是多少不均的，通过科学安排、统筹规划，增加工程量在很多情况下不一定会增加工期。具体如何评判，要根据增加工程量部分在具体施工步骤的哪一个节点上进行。在实践司法中遇到此类情况可以会同专业人士予以确定，法院审理时在作出是否应延长工期时，也应考虑具体的施工节点而综合予以认定。

（三）发包人变更设计

在施工过程中，发包人变更设计，则因此而导致承包人无法按时施工的期间应从工期中扣除，顺延工期；由此导致工程量增加的，则按增加工程量的原则处理。司法实践中对此也要避免机械适用，要根据发包人提出设计变更的时间，对照该时间段承包人的施工进度来综合判断。如果所要变更的部分距离目前正在进行的施工进度尚有较多的工序，承包人有充裕时间去深化设计变更、更改施工安排，在此情况下，发包人变更设计不一定会对施工工期带来影响。只有因发包人的设计变更导致承包人停止施工或增加施工量的，才考虑增加工期和工期合理顺延。

（四）发包人未按约支付工程进度款

发包人及时支付工程进度款是其核心义务之一，发包人未按约支付工程进度款在一定程度上削弱了承包人的施工能力、妨碍了承包人进行材料采购等工作进程等。《民法典》第 803 条赋予了承包人在发包人未按约支付工程进度款时有顺延工期并追索停、窝工损失的权利。司法实践中对此的认定需注意两个事项：

1. 审查施工合同中对于工程进度款支付条件的约定

施工合同约定了支付工程进度款需符合、满足一定条件的，应注意审查约定条件是否成就，承包人是否履行了相应的义务，并结合双方的证据认定发包人未按约支付工程进度款是否构成承包人工期顺延的合理抗辩。例如，施工合同中约定发包人支付工程进度款的前提条件必须是承包人已提交了请求付款的申请书及相应的进度报告（须有监理部门等的会签）等，如果承包人未提交进度款请款书或未提供施工进度报告，则发包人无法判断承包人施工进程以及所需支付的工程进度款数额，在此情况下，发包人未按约支付工程进度款不构成工期的合理顺延。

2. 正确认定承包人未停止施工情形下的工期顺延

在工程实务中较多见的现象是发包人未按约支付工程进度款，但承包人并非立即停工，而是继续施工，最后在计算工期延误日期时，是否将发包人迟延支付工程进度款这一事实纳入工期顺延考虑范畴？另外，由于没有停工事实，又如何计算具体的顺延工期？对此笔者认为，承包人没有停止施工，坚持组织施工力量推进工程建设，这一积极现象客观上有益于发包人，也符合经济效益和效率原则，应予提倡，如果就此认定承包人放弃了工期顺应的权利，显然有违公正、公正原则。同时，发包人未按约支付工程进度款，客观上妨碍承包人的组织施工力量及采购能力，由此对于工程的逾期竣工，发包人亦有责任，故虽然承包人没有停止施工，仍应适当给予一定的顺延工期，具体时间可以通过司法鉴定予以解决，也可以比对施工合同约定的工程总价款与计划工期酌情确定。

（五）发包人指定的分包人施工延期或与承包人衔接不当

建筑工程实务中存在发包人直接发包或指定承包人将一些涉及专业技术的施工项目分包给其他有资质的施工单位承建，由承包人收取适当的配合费或管理费。因指定分包人施工延期或与承包人在施工过程中衔接不当，导致工程延期完成的现象屡见不鲜。通常情况下，出现此类情况而造成工程逾期竣工的，发包人应承担相应的责任，指定分包人的延期时间及因施工配合、衔接不当而浪费的施工时间应计入工期顺延范畴。但这里有两个问题在案件审理中需引起重视：一是该分包是发包人指定分包而非承包人自己对外分包；二是承包人收取总包配合费或管理费的，理应承担起施工现场管理、协调等职责，现因施工衔接不当而造成工期延误，承包人亦有一定责任，不能全部免责，这也体现了权利义务一致性原则。

（六）施工过程中发生工程质量争议

施工过程中承、发包双方对工程质量发生争议是较为常见的现象，一般并不严重的质量问题，双方通过沟通、调整部分施工方案或做适当的整改即能解决问题，也不涉及工期顺延问题。如果双方对于质量问题无法协商解决，可能会发生停工并委托专业部门进行质量鉴定等事实。《建设工程司法解释（一）》第15条规定："建设工程竣工前，当事人对工程质量发生争议，工程质量经鉴定合格，鉴定期间为顺延工期期间。"因此判断是否发生工期顺延，应以质量合格作为判断标准，如果经鉴定工程质量不合格，该鉴定期间不计入工期顺延范畴，由此逾期竣工的，承包人应当承担相应的违约责任。

（七）其他因素

施工过程中发生不可抗力或其他不可归责于承包人的意外事件如新冠肺炎、施工管制、天气恶劣无法施工等，导致工期延误的，承包人有权主张工期顺延。相应的顺延时间可通过工程签证、天气预报资料、行政管理部门的通知等证据材料予以确定。

除上述情形外，司法实践中尚需注意，在出现上述可以顺延工期事由时，如果承包人与发包人就此曾达成一致，承包人承诺继续按合同约定的时间完成工程，应该视为承包人放弃了顺延工期的权利和主张，相对应事由所带来的增加工期不计入工期顺延范畴。

第三节 建设工程质量异议

按照相关法律规定，承包人应对其所承建的建设工程负有质量保证责任，这是承包人应承担的法定义务；同时，对于承包人交付的建设工程，发包人亦负有验收义务，有及时指出质量隐患以避免损失扩大的义务。司法实践中，承、发包人就质量问题引发争议是较常见的现象，当承包人提起工程款诉讼时，发包人主张因工程质量存在问题而要求减少工程价款并赔偿损失的现象非常普遍。依法审查发包人的工程质量异议并正确作出处理，是审理建设工程施工合同纠纷案件的一个重要方面。

一、建设工程质量异议的法律性质

建设工程质量异议不是一个法律概念，它是指发包人主张承包人的施工质量不符合合同约定的标准，并据此要求减少工程价款或者要求承包人赔偿损失、承担违约责任或修理重作等的权利。对于发包人提出质量异议的权利保护，《民法典》《建设工程司法解释（一）》《建设工程司法解释（二）》均予以了规定，《建设工程司法解释（一）》第11条规定，“因承包人的过错造成建设工程质量不符合约定，承包人拒绝修理、返工或改建，发包人请求减少支付工程价款的，应予支持”；《建设工程司法解释（二）》第7条规定，“发包人在承包人提起的建设工程施工合同纠纷案件中，以建设工程质量不符合合同约定或者法律规定为由，就承包人支付违约金或者赔偿修理、返工、改建的合理费用等损失提出反诉的，人民法院可以合并审理”。对于发包人提出的质量异议，司法实践中主要有两种：一是发包人以质量问题为由要求不付、少付工程价款；二是发包人以承包人的施工存在质量问题要求承包人支付违约金或者赔偿修理、返工、改建的合理费用等损失。对于发包人的质量异议在审判程序上属于抗辩还是反诉，司法实践历来有争议，正确厘清其法律性质，有助于确保审判程序的正当性。

根据发包人提出质量异议的内容并结合司法解释的规定精神及各地法院的实践，应作出以下区分：

第一，质量异议属于抗辩的情形。发包人以工程质量问题主张减少工程款；发包人主张承包人在施工过程中存在偷工减料或少做、漏做工程项目而请求减少工程价款；因承包人拒绝维修工程、发包人另行委托第三人修复后产生的修复费用，发包人主张在工程价款中予以抵扣；建设工程施工合同约定违约金可直接从工程价款中扣除的，发包人主张减少工程款并抵扣。

第二，质量异议属于反诉范围的情形。发包人要求承包人支付违约金或赔偿损失；发包人要求承包人赔偿因工程质量问题所造成的财产或人身损害；发包人要求承包人承担质量保修责任或赔偿损失；发包人要求承包人赔偿工程逾期竣工带来的损失等。

二、施工过程中的建设工程质量异议之法律应对

施工过程中，发包人对于承包人的施工质量提出异议，双方由此发生争执。如果对于施工质量问题双方经沟通协调未能达成一致，施工停止，双方委托第三方对于承包人已完成部分进行工程质量鉴定。这一纠纷涉及质量鉴定期能否计入工期顺延范畴及建设工程施工合同中途解除的过错责任认定。《建设工程司法解释（一）》第8条规定："承包人具有下列情形之一，发包人请求解除建设工程施工合同的，应予支持：……（三）已经完成的建设工程质量不合格，并拒绝修复的……"第15条规定："建设工程竣工前，当事人对工程质量发生争议，工程质量经鉴定合格的，鉴定期间为顺延工期"。对于质量鉴定导致工期顺延问题，前文已有阐述，不再重复。这里需强调的是，承包人的主要义务是完成符合质量标准的施工任务，对于承包人施工质量经鉴定不合格，发包人应认定承包人构成根本性违约，将导致发包人的合同目的不能实现，由此发包人享有合同解除权，承包人应承担合同解除的违约责任，其直接后果是承包人不能主张工程款并应对发包人的损失承担赔偿责任。在适用这一法律规定时，如果经鉴定工程质量不合格，发包人应给予承包人修复改正的机会，不能直接解除合同；如修复后经鉴定工程质量仍未合格或承包人拒绝修复，据此应认定承包人的施工能力达不到该项建设工程的工艺要求，发包人提出解除双方间的施工合同符合《民法典》第563条的规定，应予支持。

需要重视的是，在进行建设工程质量问题归责时，应排除建设工程产生质量问题系第三人的原因所造成，比如设计缺陷、地质勘察失误，应由承包人对此予以举证，必要时法院亦可以通过司法鉴定予以确定。

三、竣工验收合格的建设工程质量异议之法律应对

通过竣工验收的工程质量异议，是指在建设工程质量竣工验收合格后、承包人催讨工程款的过程中，发包人提出工程质量问题以此对抗、抵销承包人的工程价款追索。

（一）建设工程质量异议不能对抗承包人的付款请求权

工程竣工验收通过，是指发包人对承包人所交付工程符合合同约定的法定确认形式，根据施工合同约定，发包人应履行相应的付款义务。发包人此时所提的工程质量问题，属于承包人的保修义务范畴，应由发包人向承包人提出具体的质量问题，并要求承包人予以维修，但发包人不能以此对抗承包人的付款请求权。司法实践中需要注意审查的是：第一，建设工程是否已通过竣工验收。若建设工程已通过竣工验收，此时的质量问题应属于保修范畴，由承包人履行保修义务予以修缮而不应作为发包人拒付工程款的理由。第二，对于发包人提出的质量问题是否有明确、具体的指向。若发包人不能提出具体的质量问题或只是提出一些瑕疵问题，其提出工程质量异议的目的在于抵销或减少工程价款，甚至为了拖延法院的审理期限，故对其要求进行质量鉴定的申请一般不予准许。[1]

（二）当前司法实践中存在的问题及法律应对

目前司法实践中争议较大、问题最突出的是：

一是随意启动司法鉴定程序并作全面质量鉴定。在承包人追索工程价款的纠纷案件审理过程中，发包人常常提出质量抗辩或反诉并申请对工程质量进行司法鉴定。而一些法院在司法实践中也未作审查认定即启动司法鉴定程序，该鉴定并未针对发包人所提的具体质量问题进行，而是对整个建设工程

---

〔1〕 参见最高人民法院民事审判第一庭编著：《最高人民法院建设工程施工合同司法解释的理解与适用》，人民法院出版社2019年版，第333页。

进行全面质量鉴定，这样做既增加了当事人的诉讼成本，也拖延案件的审理进程。目前人民法院超长审限案件中，涉建设工程施工合同纠纷案件占了相当高的比例，而在这其中有相当数量的案件是司法鉴定耗时过长引起的。

二是不区分竣工验收通过与否，直接根据质量鉴定结论认定承包人施工质量不合格，从而使承包人请求发包人支付工程价款的主张得不到支持。这样的处理过于简单，没有对质量鉴定反映出的问题作分析评判，没有区分是一般质量问题还是严重影响安全、妨碍使用的质量问题，客观上弱化了发包人的竣工验收义务，使法律及行政法规确定的工程竣工验收程序形同虚设。

上述问题的存在所带来的直接后果是造成法院审判陷入程序僵局。司法实践中较多出现的现象是，通过质量鉴定没有发现发包人在诉讼中提出来的具体质量问题，或仅仅是一般质量瑕疵，但通过质量鉴定却发现了发包人并未提出的其他质量问题，即发包人据以提出抗辩或反诉的依据并不成立，这个时候如何处理？不支持发包人的质量异议还是根据司法鉴定结论作出判决？如果不支持发包人的质量异议，对法院而言需承受“对质量问题视而不见”的非议，如果针对司法鉴定出的质量问题直接作出相关判决，则有违不告不理的原则；如果让发包人在司法鉴定结果出来后再变更诉讼请求或理由，则存在人民法院帮助发包人提供证据支撑之嫌疑，亦有违“居中裁判”及“谁主张、谁举证”的诉讼原则。另外，对于已通过竣工验收的建设工程质量纠纷是否需进行司法鉴定，一审、二审法院有不同的认识，但在一审法院已启动司法鉴定程序对建设工程整体进行质量鉴定的情况下，面对高额的司法鉴定费用及明确的鉴定意见，二审程序及再审程序均很难对裁判结论作调整，有被“绑架”之嫌，法律效果和社会效果均不理想。

为避免上述问题的发生，基于多年的审判实践经验，笔者建议应确立以下几项规则：第一，已通过竣工验收的工程质量问题，均应归入承包人的保修义务范畴。无论是否存在质量问题，均不构成发包人拒付或少付工程价款的抗辩，这是必须坚持的一个原则性问题。第二，发包人提出质量鉴定申请，须指明具体存在的质量问题，并由法院会同双方现场实地勘查，固定范围。如果存在一般瑕疵问题可当场落实承包人的维修义务，如果对该质量问题是返工重作还是一般维修双方争执不下，法院启动司法鉴定程序的范围也仅限于实地勘察所确定的质量问题及工程部位，不作无依据的全面质量鉴定。第三，如果司法鉴定查出建设工程存在重大质量问题需要局部返工重作的，本着“百年大计、质量优先”的原则，应委托鉴定部门给出修缮方案，判令承包人在合理期限内整修完毕，但此亦不构成发包人拒付工程价款的抗辩理由。也唯有存在的质量问题影响整体工程的安全使用、影响整体工程的合格与否，才从是否应解除建设工程施工合同的角度作通盘考虑，毕竟这类现象在实践中是相当少见的。第四，如果发包人主张该返工重作影响其对工程的使用而请求承包人赔偿损失的，鉴于返工修复尚未开始、损失尚未发生、损失额无法确定，可由发包人另行解决。

四、中途解约的在建工程质量异议之法律应对

《建设工程司法解释（一）》第10条规定，建设工程施工合同被解除后，已经完成的建设工程质量合格的，发包人应当按照约定支付相应的工程价款，对于已经解约的在建工程，承包人有权请求发包人支付相应工程价款的前提是施工质量合格，即承包人亦应承担相应的质量保证责任，故而对于在建工程的质量纠纷，司法实践中的主要争议是发包人是否有权按照合同约定的比例预留部分质量保证金，对此问题大家的认识和做法均不一致。笔者认为，对于中途解约的在建工程，如果工程质量合格，承包人在向发包人主张相应工程价款的同时也应承担质量保证责任，发包人有权按照合同约定预留一定比例的质量保证金。对于整体建设工程施工完毕且竣工验收合格，承包人仍需承担质量保证责任，并预留一定比例的质量保修金，如果在建工程的承包人不需承担质量保证责任，且发包人不能预留一定比例的质量保修金，则会导致承包人获得的利益大于完全履行合同工程，即既不需要承担质量保修责任，还可以提前获得质量保证金，这显然对承包人完全履行合同义务构成反向激励，法理上也说不通。对于预留质量保修金的返还时间，施工合同有约定的参照约定执行，没有约定的以两年缺陷责任期为准，自施工合同解除日起算。司法实践中要注意的是，如果双方间的建设工程施工合同解除后，发

包人另行委托他人继续施工，后续施工对于前面的在建工程存在覆盖，这种情况下发包人提出质量异议，要求承包人承担质量保证责任，应由发包人予以举证证明，如果举证不能或者无法通过司法鉴定确定，发包人应承担举证不能的法律后果，对其相关请求应不予支持。

第四节 建设工程质量保修责任

承包人应承担的建设工程质量保修责任既是其合同义务，也是其法定义务。在保修期内对于其承建的建设工程存在的质量问题负有免费修复义务，这是承包人对建设工程承担质量保证责任的体现，这种保证责任在保修期内主要体现为质量保证金、保修责任及对质量缺陷的赔偿责任。司法实践中，保修期的确定、保修主体的变更、承包人对保修责任的免责及保修责任的承担方式及范围等争议，亦是审理保修期内建设工程质量异议纠纷所经常涉及的法律问题。需要说明的是，关于无效施工合同的保修问题及相关的建设工程质量纠纷情况，应参照有效施工合同执行，因合同无效而涉及的特殊情形在合同效力章节里已予以阐述，这里不再重复。

一、质量保证金、质量保修期及缺陷责任期

建设工程实务中的“两期一金”是指建设工程的质量保修期、缺陷责任期和质量保证（保修）金，三者既有联系又有区别，在司法实践中比较容易混淆。

（一）质量保证金、质量保修期及缺陷责任期的定义

质量保证金，实践中也称为质保金，是指发包人与承包人在建设工程承包合同中约定，从应付工程款中预留，用以保证承包人在缺陷责任期内对建

设工程出现的缺陷进行维修的资金。[1] 对于质量保证金的数额及返还时间，可由双方当事人在施工合同中约定，如果施工对此没有约定的，根据《建设工程司法解释（二）》第8条、《建设工程质量保证金管理办法》第7条的规定，质量保证金总预留比例不得高于工程价款结算总额的3%，返还时间自建设工程通过竣工验收之日起满2年；因发包人原因建设工程未按约定期限进行竣工验收的，自承包人提交竣工验收报告90日后起满2年。

质量保修期，又称质保期，是指建设工程竣工验收后，在正常使用条件下，建设工程的最低保修期限。国务院《建设工程质量管理条例》第40条对各类工程不同部位的保修期分4项作了详细规定：基础设施工程、房屋建筑的地基基础工程和主体结构工程的保修期为设计文件规定的该工程的合理使用年限；屋面防水及有防水要求的卫生间、房间和外墙面的防渗漏为5年；供热与供冷系统为2个采暖期和供冷期；电气管线、给排水管道、设备安装和装修工程为2年；其他项目的保修期限由双方约定。

缺陷责任期是指承包人按照合同约定承担缺陷修复义务、且发包人预留质量保证金的期限，自建设工程通过竣工验收之日计算。缺陷责任期实践中一般为6个月、12个月，最长不超出24个月，具体由双方当事人在建设工程施工合同中约定。我国工程实务中“缺陷责任期”这一概念和术语是借鉴国际工程承包的惯例和菲迪克（国际咨询工程师联合会，FIDIC）合同文本中的规定确立的，国家为了解决拖欠工程款及农民工工资问题而在2005年颁布实施的《建设工程质量保证金管理暂行办法》首次引入缺陷责任期的概念，目的是有效解决实践中质量保修期与质量保证金返还之间的矛盾，从而将质量保证金与质量保修期脱钩，并形成质量保修期和缺陷责任期并存的质量保修体系。根据这一制度的规定，缺陷责任期内，由承包人原因造成的缺陷，承包人应负责维修，并承担鉴定及维修费用。如承包人不维修也不承担费用，发包人可按合同约定扣除保证金，并由承包人承担违约责任。

---

〔1〕 参见国家住房和城乡建设部与财政部联合发布的《建设工程质量保证金管理办法》（建质〔2017〕138号）第2条第1款。

（二）质量保证金、质量保修期及缺陷责任期的联系与区别

对于质量保证金、质量保修期及缺陷责任期的相互关系，司法实践中应把握以下内容：

1. 质量保证金的返还时间与缺陷责任期挂钩，但不影响承包人在质量保修期内继续承担保修义务。一是缺陷责任期是质量保证金的预留期限，最长为2年，缺陷责任期满，发包人应当将质量保证金返还给承包人。二是对于质量保证金的返还期限应本着“有约定从约定”的原则，尊重当事人在施工合同中的约定，如果当事人在施工合同中没有约定质量保证金返还期限，应按缺陷责任期的规定确定返还期限。三是缺陷责任期届满、发包人返还质量保证金后，质量保修期未满，承包人仍有免费保修的义务。缺陷责任期满，发包人应向承包人返还质量保证金，但并不意味着承包人不再承担质量保证责任，如果在质量保修期内发生保修费用，仍应由承包人承担，发包人已对外支付的，可以向承包人追索。

2. 质量保修期与缺陷责任期是既有实质性区别又有联系的两个不同概念。一是计算日期起始时间不同。质量保修期的起算日期从业主发出工程竣工证书之日开始；缺陷责任期从工程通过竣（交）工验收之日起起算；由于发包人原因导致工程无法按规定期限进行竣（交）工验收的，在承包人提交竣（交）工验收报告90日后，工程自动进入缺陷责任期。二是保修期限不同。质量保修期根据工程部位和功能的不同，分为工程的设计年限、5年、2年，而缺陷责任期一般有6个月、12个月或者24个月，具体由双方在施工合同中约定。三是两者遵循的法律依据不同。质量保修期遵循的是《建筑工程质量管理条例》，缺陷责任期遵循的是《建设工程质量保证金管理办法》。

（三）涉质量保修期的争议及处理

司法实践中对于质量保修期问题存在两大争议内容需要研究解决：

1. 施工合同约定的质量保修期低于法定期限的效力认定

双方当事人在施工合同中约定的工程质量保修期低于《建设工程质量管

理条例》第40条规定的最低年限，该约定是否有效？推而广之，在建设工程通过竣工验收后，双方当事人达成由承包人放弃质量保证金或支付其他对价的方式换取发包人豁免其保修义务，该约定是否有效？对此问题，法律没有明确规定，目前实务界的观点也不尽统一。笔者认为，该约定应为有效，理由是：首先，《建设工程质量管理条例》第40条的规定是管理性规范，非效力性强制规范，在不违反法律效力性禁止规定的前提下，尊重当事人意思自治是私权领域的一项重要原则。目前我国法律对于质量保修期的约定没有禁止性规定，认为该约定无效是对法律规定的工程质量强制性标准作扩大理解，有公权力对私权不当干预之嫌。其次，承包人履行质量保修责任的方式有多种，支付一定对价的方式也是履行质量保修责任的一种，如给付维修费用、放弃质量保证金、降低工程价款等。施工合同约定的保修期低于法定期限，其实质是剩余期限的保修义务由承包人转移到发包人或发包人委托的第三人，这一约定及产生的后果没有损害国家、集体或他人的合法利益，认定其无效没有法律依据。最后，承包人的质量保修责任，其法律属性是一种保证责任，是承包人向发包人提供担保，保证其施工的建设工程质量合格、符合使用条件，发包人作为权利人，有权豁免承包人的这一保证责任，有权放弃或减少质量保修期。

2. 承包人履行保修义务后是否重新计算质量保修期

在质量保修期内，承包人根据发包人的通知对质量缺陷进行了维修，维修经发包人验收合格后，是否还应当重新计算保修期？这一问题在司法实践中也困扰着大家，笔者认为，法律对这一问题并没有进行明确规定，施工合同中对于保修后重新计算质量保修期也未有约定，因此，对保修事项再计算保修期限缺乏请求权基础，若赋予发包人这一权利，则不利于商事交易的稳定性和安定性。[1] 故在双方当事人没有合同约定或另外达成合意外，一般不

---

〔1〕 在北京市第二中级人民法院审理的（2018）京02民终9196号案件中，商品房购买人起诉开发商就质量问题进行维修且在维修完毕后重新计算保修期。法院经审理认为，《商品房买卖合同》及相关附件和住宅质量保证书中并无重新起算保修期的内容体现，且相关法律、法规亦未对商品房买卖合同关系中售房人需对住宅质量承担维修后重新起算保修期的义务进行明确规定。因此，商品房买受人关于重新起算保修期的主张，欠缺充分的依据，依法不予支持。

应重新起算质量保修期，而应仍按规定从工程通过竣工验收合格之日起算。

案例 14
质量保证金的返还日期应遵循合同约定
——中建八局与亚龙公司建设工程合同纠纷案[1]

基本案情

上诉人（原审被告）：辽阳亚龙房地产开发有限公司（以下简称亚龙公司）

被上诉人（原审原告）：中国建筑第八工程局有限公司（以下简称中建八局）

2010 年 9 月 16 日，中建八局与亚龙公司签订了《建设工程施工合同》，约定：亚龙公司作为发包人，将其开发建设的位于辽阳灯塔市的新建商贸综合体一期工程发包给中建八局施工；关于工程价款，采用可调价格合同，合同价格调整的方法为按实结算；关于工程款（进度款）支付方式，合同专用条款第 26 条约定，“（1）工程款按月支付 70%；（2）工程竣工验收后一年内，审批分期付至承包人工程总造价（不含发包人供料、设备）的 95%”；第 35.1 条：如发包人未及时支付工程款，应按照应付款的银行同期贷款利息支付违约金，并承担给承包人造成的损失；第 47 条：保修金为承包人结算值的 5%。保修满 1 年之日起 15 日内返还承包人保修金的 50%；保修满 2 年之日起 15 日内返还至承包人保修金的 90%，保修满 5 年之日起 15 日内返还承包人剩余保修金。

2012 年 5 月 20 日，亚龙公司与中建八局签订备忘录，双方对开工日期、部分人工价款及材料等价款进行了具体约定。对工程款支付约定：分别按照商业、酒店、酒店式公寓、剧场工程竣工的时间支付工程款。本备忘录作为双方执行的 2010 年 9 月 16 日签订的本工程《建设工程施工合同》的补充，

---

[1] 参见最高人民法院（2016）最高法民终 135 号民事判决书。

与其不一致之处，执行该备忘录。

中建八局于2011年5月18日应亚龙公司要求进场施工。商业部分于2012年10月1日完工并交付亚龙公司，亚龙公司同日投入使用；酒店、剧场部分于2012年12月1日完成施工任务并交付亚龙公司；公寓部分则于2012年12月25日完成施工任务并交付亚龙公司，亚龙公司另行委托装修后已对外销售。此外，中建八局提交的竣工资料移交单等证据表明，中建八局已将上述工程竣工资料全部移交给了亚龙公司，亚龙公司签收并注明，经检查资料齐全有效且全部是原件。

2013年1月12日，亚龙公司向中建八局出具承诺书，承诺2013年春节前，尽最大努力筹措资金支付工程款，春节前工程款延期至2013年3月10日前支付给中建八局。付款期限至2013年3月10日。因工程款延期所造成的中建八局财务费用由亚龙公司承担。以上承诺若不能按时兑现，亚龙公司将承担由此给中建八局带来的经济和名誉损失。

2013年6月3日，中建八局向亚龙公司报送结算报告及结算资料，申报结算金额为43,634.47万元，亚龙公司工程部经理签收，并注明：资料不齐，以上资料暂存我处，等资料补齐后一起接收。

2013年6月25日，中建八局与亚龙公司签订关于竣工结算及工程款支付的会议纪要，该会议纪要的主要内容为：中建八局已将竣工结算资料提供给亚龙公司，亚龙公司委托上海华夏建设工程造价咨询有限公司以中建八局的竣工资料进行审价（以上海华厦建设工程造价咨询有限公司审价为准），两个半月内即于2013年8月18日前审价完成，最迟不超过3个月。如果审价过程中有问题，及时书面提出解决，逾期不能审价完成视为认可中建八局上报的结算书。

2013年9月30日，中建八局向辽宁省高级人民法院提起诉讼，请求：(1) 判令亚龙公司给付拖欠工程款1.8亿元及其利息；(2) 确认中建八局对案涉工程享有优先受偿权。

一审审理期间，由亚龙公司单方委托的华夏造价咨询公司出具华夏咨询(2014) 字第070号关于新建商贸综合体一期工程竣工结算的审查报告，审定金额为327,791,676元，双方当事人对该金额予以确认。亚龙公司在诉讼中确认，案涉工程于2012年12月30日验收合格并投入使用，现已取得房屋所有权证书。

法院裁判

一审法院认为，案涉《建设工程施工合同》系双方当事人的真实意思表示，且不违反法律、行政法规的强制性规定，合法有效。案涉工程已交付使用，双方对中建八局已施工完成的工程总造价为327,791,676元及亚龙公司尚欠中建八局部分工程款的事实没有异议，故中建公司诉求亚龙公司给付尚欠工程款主张，应予支持，亚龙公司尚欠中建八局工程款103,860,594.61元。另，亚龙公司就涉案工程质量问题向一审法院提起反诉，要求中建八局对工程质量进行返修或赔偿损失，根据法律规定，反诉的提出应为案件受理后、法庭辩论结束前，鉴于亚龙公司在法庭辩论之后才提起反诉，不符合法律规定，故对其反诉本案不予受理。

一审法院判决：(1) 亚龙公司内向中建八局给付工程价款103,860,594.61元及利息；(2) 驳回中建八局的其他诉讼请求。

亚龙公司不服一审判决，向最高人民法院提起上诉称，中建八局在施工中提供假冒伪劣产品造成已完工程不能达到设计要求，工程验收合格的结论不真实，中建八局无权取得工程款；此外，根据合同约定，保修金为承包人结算值的5%，保修期满返还。因涉案工程在保修期内存在大量质量问题，根据合同及法律规定，中建八局应当无条件维修，不维修的，亚龙公司可以自行维修，并从保修金中扣除维修费用。而一审判决在中建八局没有履行保修义务的情况下判决亚龙公司全额支付中建八局保修金错误。请求二审法院撤销一审判决，发回重审或改判亚龙公司支付中建八局工程款100,613,400元。

二审法院认为，关于亚龙公司所称工程存在重大质量问题以及应当从工程款中扣减5年期保修金1,638,958.38元的主张能否成立的问题，《合同法》第279条第2款规定："建设工程竣工经验收合格后，方可交付使用；未经验收或者验收不合格的，不得交付使用”。本案业已查明，案涉工程验收合格之前亚龙公司即已实际使用了涉案工程。依据《建设工程司法解释（一）》第13条“建设工程未经竣工验收，发包人擅自使用后，又以使用部分质量不符合约定为由主张权利的，不予支持；但是承包人应当在建设工程的合理使用寿命内对地基基础工程和主体结构质量承担民事责任”的规定，亚龙公司应当对地基基础工程和主体结构质量以外的已使用部分出现的质量问题自行承担责任，故本院对于其以涉案工程质量不符合约定为由提出的主张不予支持。按照双方签订的《建设工程施工合同》第47条补充条款中有关“保修金为承包人结算值的5%。保修满1年之日起15日内返还承包人保修金的50%；保修满2年之日起15日内返还至承包人保修金的90%，保修满5年之日起15日内返还承包人剩余保修金”的约定，以及基于前述认定，尽管亚龙公司存在涉案工程未经验收即擅自使用的情形，但中建八局对地基基础工程和主体结构的质量仍应当承担民事责任。因此，在5年期保修金尚未期满前，中建八局无权向亚龙公司主张返还。经核实，该部分数额应当为1,638,958.38元(327,791,676元×5%×10%)，此款应当从亚龙公司未付工程款中扣除。原判决就此部分未予扣除不符合双方合同约定，本院依法予以纠正。

二审判决：(1) 撤销一审判决；(2) 亚龙公司于本判决生效之日起15日内向中建八局给付工程价款102,221,636.23元及利息；(3) 驳回中建八局的其他诉讼请求。

案例评析

本案例涉及对于建设工程质量保证金返还日期的认定问题。

质量保证金即质保金，是指发包人与承包人在建设工程承包合同中约定，从应付工程款中预留，用以保证承包人在缺陷责任期内对建设工程出现的缺陷进行维修的资金。对于质量保证金的返还时间，《建设工程司法解释（二）》第8条规定：一是当事人约定的期限届满；二是当事人没有约定的，自建设工程通过竣工验收之日起满2年；三是因发包人的原因未进行建设工程竣工验收的，自承包人提交竣工验收报告90日起当事人约定的工程质量保证金返还期限届满，当事人未约定质量保证金返还期限的，自承包人提交工程竣工报告90日后满2年。因此，在进行工程价款结算时，应注意审查施工合同约定的相关内容，如施工合同对质量保证金返还时间有约定的，应按照合同约定的返还日期预留相应比例的质量保证金，不能直接适用2年的缺陷责任期认定质量保证金的返还日期。

本案中，双方在施工合同中既约定了预留质量保证金的比例，即工程结算价款的5%，又约定了分三期返还质量保证金的具体日期。案涉工程于2012年12月30日验收合格并投入使用，至本案二审判决日，施工合同约定的5年保修期尚未届满，发包人有权预留质量保证金的10%。一审判决未考虑施工合同对于质量保证金返还日期的约定，二审判决对此予以了更正。

二、建设工程质量保修责任的承担方式及范围

《民法典》第801条规定，“因施工人的原因致使工程质量不符合约定的，发包人有权请求施工人在合理期限内无偿修理或者返工、改建……”，《建筑法》第62条高度概括了建筑工程的质量保修范围，包括地基基础工程、主体结构工程、屋面防水工程和其他土建工程，以及电气管线、上下水管线的安装工程、供热、供冷系统工程等项目。根据上述法律规定，承包人承担保修责任的范围应为其施工范围内的所有工程项目，包括但不限于土建工程、安装工程等，从工程实务来看，保修范围还应包括承包人为完成施工任务而提供的所有产品、设备、配件、仪器、软件等。对于上述保修范围内出现的质量问题，承包人均负有无偿修理、返工及改建的义务。

对于保修责任的承担方式上，根据《民法典》第801条之规定，承包人应根据建设工程需要维修的工程部位、不合格程度等可采取修理、返工及改建等方式进行，也可以通过支付维修费用的方式由第三人替代履行。法律对于保修责任的承担方式并没有硬性规定，其所追求的是工程质量符合标准这

样一个目标。司法实践中需破除一个认识上的误区，即对竣工验收合格的工程进行保修也应包括返工、重作及改建等方式，不能以建设工程已竣工验收合格即可得出工程质量保修只是一般维修、局部修缮的结论。这是由建设工程的特殊性所决定的，竣工验收合格不能对抗建设工程存在质量问题的客观事实，质量问题的严重程度及维修难度并不因为竣工验收而减小；建设工程通过竣工验收只是排除了发包人以质量问题为由拒付工程款的抗辩，承包人对于建设工程的质量保证责任并不因竣工验收而免除。因此，对于建设工程通过竣工验收后发生的质量问题，承包人承担的保修责任方式不局限于维修，修理、改建或返工重作都属于保修责任的形式，通过竣工验收与改建、返工重作并不矛盾，当然，对于建筑质量问题是否必须通过返工重作或改建予以解决，应通过专业技术部门的专业意见予以确定。

案例15
发包人擅自使用未竣工验收的建设工程，承包人仍应承担保修责任

——国贸公司与天誉合公司等建设工程合同纠纷案[1]

基本案情

上诉人（一审原告）：重庆国际贸易集团有限公司（以下简称国贸公司）

被上诉人（一审被告）：贵州省金沙县天誉合投资管理有限责任公司（以下简称天誉合公司）

被上诉人（一审被告）：贵州省金沙县人民政府（以下简称金沙县政府）

为建设“金沙县××社区安置房建设项目”，金沙县政府授权金沙县房管局作为项目业主与天誉合公司于2013年2月8日签订了《金沙县××社区安置房建设项目BT模式投资建设合同》，约定由天誉合公司负责该项目建设管理等一切事务，天誉合公司以公开招标的方式确定施工单位以承建该项目。后国贸公司经公开招投标程序中标，取得施工单位资格。2013年1月16日，

〔1〕参见最高人民法院（2019）最高法民终583号民事判决书。

天誉合公司与国贸公司签订了2份《建设工程施工合同》，其中一份《建设工程施工合同》约定的工程名称为“金沙县2012年××社区安置房项目一标段(东区)”，另一份《建设工程施工合同》约定的工程名称为“金沙县2012年××社区安置房项目二标段（西区)”。2份《建设工程施工合同》除工程名称、工程承包范围以及暂定的工程总价款有区别外，其余内容均一致，主要为：(1) 开工日期：(以发包人出具开工令为准)，竣工日期：以发包人出具开工令日期加合同工期365日历天为竣工日期，合同工期总日历天数365天。(2) 收费标准及工程结算：项目采用跟踪审计，工程项目总投资=建安工程项目投资+（资金占用费+回报率+管理费）×1.0341，工程项目总投资下浮后作为乙方最终结算总价，下浮比例双方另行协商。(3) 工程款支付方式…… (6) 质量保修：承包人向发包人承诺按照合同约定进行施工、竣工并在质量保修期内承担工程质量保修责任。另在合同第三部分专用条款约定：应按法律、行政法规或国家关于工程质量保修的有关规定，对交付发包人的工程在质量保修期内承担质量保修责任。按照《建设工程质量管理条例》中的有关规定执行。

案涉工程于2013年3月1日开工，其中第一个、第二个、第三个5万平方米工程分别于2014年1月26日、8月29日、2015年2月11日竣工验收合格。

2016年4月7日，金沙县房管局向天誉合公司发出关于对金沙县××社区安置房房屋质量维修问题的通知，内容为金沙县××社区安置房交付后出现质量问题，严重影响业主生产生活，要求天誉合公司于2016年4月15日前进行维修整改，否则金沙县房管局将自行维修整改，相关费用由天誉合公司承担，并在回购款中扣除。2016年4月16日，天誉合公司作出回复，内容为鉴于国贸公司未安排维修整改，天誉合公司同意金沙县房管局的处理意见。上述2份函件均抄送了国贸公司。2016年4月21日，天誉合公司向金沙县××社区物业管理委员会出具书面委托，委托该物业管理委员会组织施工单位对××社区安置房的屋面、墙面漏水、渗水和下水管堵塞等问题进行维修。2016年5月4日，金沙县××社区业主管理委员会作为甲方与作为乙方的贵州荣翔建设有限公司（以下简称荣翔公司）公司签订《房屋维修施工合同》，约定乙方以包工包料的方式承包××社区房屋维修工程，工程内容为：屋面防水、建筑维修、水电维修、室外附属工程维修及与本工程有关的零星工程。根据荣翔公司于2017年1月10日出具的《金沙县××社区维修工程竣工结算书》、2017年11月至2018年8月出具的5份××社区维修汇总说明、1份维修签证汇总表、1份情况说明，以及收款单、工商银行转账凭证、工商银行业务回单的记载，截至2018年8月27日，天誉合公司向荣翔公司支付维修款共计1,398,224元。另外，因路灯维护，天誉合公司于2017年9月1日支出路灯材料费1357元，于2018年1月11日支出维修路灯的人工工资2000元。以上维修费用共计1,401,581元。

国贸公司向贵州省高级人民法院起诉请求：（1）判令天誉合公司立即向国贸公司支付工程项目总投资款及利息，计算方式为：工程项目总投资款建安工程项目投资+（资金占用费+回报率+管理费）×1.0341；（2）判令天誉合公司立即向国贸公司支付违约金，以每日5万元人民币为标准，自2014年4月15日起至天誉合公司付清第1项诉讼请求项下款项之日止；（3）判令金沙县政府对天誉合公司上述债务在其欠付工程款范围内承担连带清偿责任。

一审审理期间，法院委托贵州弘典工程造价司法鉴定所对案涉工程的工程造价进行鉴定，2018年5月10日，贵州弘典工程造价司法鉴定所作出鉴定意见，案涉工程第一个5万平方米的工程造价为83,523,757.84元，第二个5万平方米的工程造价为87,752,989.67元，第三个5万平方米的工程造价为98,985,410.64元。共计270,262,158.15元。

另一审诉讼中，双方一致认可，案涉工程于2016年1月11日由天誉合公司实际开始使用。

法院裁判

一审法院认为：（1）双方签订的建设工程施工合同合法有效，现工程已经施工完毕经交付使用，天誉合公司理应支付相应工程价款。国贸公司应得

的工程项目总投资 =（建安工程项目投资 - 建安工程项目投资 ×6% - 218,230,133 元）+（资金占用费 + 回报率 + 管理费）×1.0341×（1 -6%）- 维修费用 =63,273,959.51 元。(2) 案涉工程整体上虽未作竣工验收，但国贸公司在起诉状中亦自认案涉工程“第一、二、三个5万平方米工程分别于2014年1月26日、8月29日、2015年2月11日竣工验收合格”。国贸公司认可案涉工程的共3个5万平方米工程均分别作了竣工验收，故国贸公司应对已经验收过的工程承担质量保证责任，其不能依据《建设工程司法解释（一）》第13条中关于“建设工程未经竣工验收，发包人擅自使用后，又以使用部分质量不符合约定为由主张权利的，不予支持”的规定拒绝承担相应的民事责任，否则违背民事活动中应当遵循的诚实信用原则。2份《建设工程施工合同》第23.1条约定：质量保修按照《建设工程质量管理条例》中的有关规定执行，由于案涉工程的维修主要为屋面防水等，故以案涉3个5万平方米工程的分别竣工验收的时间作为起算点，案涉工程均没有超过最低保修期。故国贸公司应当承担案涉工程的维修费用，该费用天誉合公司已经实际支出，依照《合同法》第99条第1款[1]“当事人互负到期债务，该债务的标的物种类、品质相同的，任何一方可以将自己的债务与对方的债务抵销，但依照法律规定或者按照合同性质不得抵销的除外”的规定，天誉合公司可向国贸公司主张以维修费用抵扣本案的工程款。(3) 国贸公司存在逾期完工的违约行为，天誉合公司存在未按时支付工程款的违约行为，且在各自的违约行为中，对方都应承担一定责任，根据《合同法》第120条[2]“当事人双方都违反合同的，应当各自承担相应的责任”之规定，国贸公司与天誉合公司各自承担相应的责任，均不再向对方承担违约责任。(4) 金沙县政府与天誉合公司签订《金沙县××社区安置房建设项目BT模式投资建设合同》，但该合同与国贸公司与天誉合公司之间签订的施工合同的合同主体不同，金沙县政府并非案涉施工合同的当事人，其与本案并无关联。本案中，发包人系天誉合

---

[1]《合同法》已废止，该条内容已更改为《民法典》第568条。
[2]《合同法》已废止，该条内容已更改为《民法典》第592条。

公司，本案中不存在转包人、违法分包人，故不符合《建设工程司法解释(一)》第26条规定的情形，故国贸公司只能向其合同的相对人天誉合公司主张权利，其要求金沙县政府承担付款责任的请求不予支持。

一审判决：(1) 天誉合公司向国贸公司支付工程项目总投资款63,273,959.51元；(2) 天誉合公司向国贸公司支付资金占用费（以52,032,025.15为基数，自2018年9月1日起至实际给付之日止，按照中国人民银行同期贷款利率计算，同时按照双方约定下浮6%并乘以1.0341)；(3) 驳回国贸公司的其余诉讼请求。

国贸公司不服一审判决，向最高人民法院提起上诉称：涉案工程早已完成竣工并形成了《工程质量验收会议纪要》及《工程质量验收会议结论》等，且均由施工单位、监理单位、勘察单位、设计单位和建设单位共同签章确认不存在任何质量问题；天誉合公司擅自使用涉案工程，故即使存在质量问题国贸公司也不应承担责任；因此维修费不应在工程价款中予以扣减。另外，一审法院对于工程价款、已付款、违约金等处理均存在错误，请求二审法院依法予以改判。

二审认为，关于工程维修款是否应予抵扣的问题，天誉合公司为案涉工程支出的维修费用1,401,581元应计入国贸公司收到的工程款中。首先，案涉3个5万平方米工程虽然分别进行了竣工验收，但工程整体上没有竣工验收，国贸公司作为施工方，依法应对其施工存在的工程质量问题承担质量保证责任。而国贸公司主张建设工程未经竣工验收，发包人擅自使用后，又以使用部分质量不符合约定为由主张权利的，承包人不承担维修责任。因案涉工程的质量问题均发生于质量缺陷期内，故国贸公司依法应当承担案涉工程的维修费用。因此，一审法院认为天誉合公司可以维修费用抵扣本案的工程款并无不当。另，一审法院关于工程造价、已付款、违约金部分的处理正确，但是关于资金占用费金额认定部分有误，二审予以纠正。

二审判决：(1) 维持一审判决第2项；(2) 撤销一审判决第1项、第3项；(3) 天誉合公司向重庆国际贸易集团有限公司支付工程项目总投资款71,218,175.8元；(4) 驳回国贸公司的其他诉讼请求。

案例评析

本案涉及对《建设工程司法解释（一）》第13条的理解问题，即发包人擅自使用未经竣工验收的建设工程后，又以使用部分质量不符合约定为由主张权利的，不予支持中的“主张权利”的认定问题。

承担建设工程质量保证责任不仅仅是承包人的合同义务，也是其法律义务。根据建设工程是否竣工验收合格这一事实，承包人的质量保证责任又区分为两种情形：一是承包人的施工质量不合格、未通过竣工验收的，承包人应进行质量整改，发包人可以拒付工程价款，待承包人对建设工程质量整改合格后才有权主张工程价款。二是建设工程竣工验收合格后，承包人仍应在合同约定或法律规定的保修期内对建设工程出现的质量问题通过履行保修义务的方式承担保证责任。发包人擅自使用未经竣工验收的建设工程，视为发包人认可了承包人的施工质量，其后果是发包人丧失了以质量为由对承包人主张工程价款的抗辩权，即《建设工程司法解释（一）》第13条规定的发包人不能再“主张权利”是指发包人不能以工程质量问题作为拒付工程价款的抗辩权利，而并非指发包人丧失了要求承包人进行质量保修的权利，毕竟发包人对建设工程的擅自使用并非对建设工程的破坏，对此不能混淆概念。另外，在正常竣工验收情形下，承包人仍需承担保修义务，发包人擅自使用而免除了承包人的工程验收义务，视同质量验收合格，在此情况下承包人反而不需承担保修义务，在逻辑上也是矛盾的。因此，对于发包人擅自使用未竣工验收的建设工程，如在使用过程中出现质量问题，承包人未履行或未及时履行保修义务造成人身财产损害的，承包人应当承担赔偿责任。

本案中，涉案工程未进行整体验收，但发包人已投入使用，应认定承包人的施工质量合格，此时即进入建设工程的质量保修期，承包人的质量保证责任即为保修责任。双方在施工合同中约定对于保修期按《建设工程质量管

理条例》中的有关规定执行，审理中双方确认发包人实际使用涉案工程的时间为2016年1月11日，而工程质量问题出现在2016年4月，故未超出法定最低保修期，承包人对此仍负有保修义务。因承包人未能履行保修义务，导致发包人另行委托他人进行维修，相应的费用应由承包人承担。

三、建设工程质量保修责任的义务人及例外

承包人作为建设工程的施工人，由其承担保修责任既是合同义务，更是法律义务，对此实践中在认识上并无争议。司法实践中，对于建设工程的质量保修问题，往往因双方对是否存在质量问题或质量问题是否因施工不当引起未达成一致认识而产生了大量争议，由此引申出发包人能否自行委托他人维修而由承包人承担费用的焦点问题。发包人能否自行维修，在什么条件下可以，法律对此没有规定，审判实践中出现了多种处理方式，造成了适法的不统一，因此有必要根据保修责任的法律性质及相关法律规定进行梳理。

（一）以承包人承担保修义务为原则

第一，履行保修义务是承包人的合同义务和法定义务。在通常理解上工程质量问题一般均是不当施工所引起的，因此在双方没有协商一致的情况下，不能改变合同对于承包人履行保修义务的约定。承包人作为建设工程的施工者对于工程质量负有保证责任，确保发包人能安全、正常使用建设工程是保修制度的价值目标。因此在产生工程质量问题的原因未予查明前，承包人应组织施工力量进行维修，消除安全隐患，确保建设工程能正常使用。这是承包人不能推卸的责任，即使承包人对工程质量问题有免责事由，也仅影响维修费用的承担，对此可在质量修复后再予以解决，两者是主要矛盾和次要矛盾的关系，不能本末颠倒。从实践来看，由承包人履行保修义务，在技术上具有他人无法比拟的优势，在施工成本和效益上也符合经济原则。

第二，承包人负有质量保修责任并不意味着必然要承担建设工程的质量缺陷责任。承包人承担质量保修责任的前提是其施工存在质量问题，应值得注意的是，工程竣工验收后在使用过程中出现的相关质量问题，并非全部是

承包人的原因，承包人所承担的质量保修责任与建设工程质量缺陷责任并不是同一概念，只有基于承包人之过错造成质量缺陷的，承包人方承担质量保修责任。“在建设工程施工合同中，适用过错责任也有利于明确责任，督促施工人正确履行合同，以保障建设工程的安全，同时，也有利于在发生纠纷以后分清责任”。[1] 因此，非承包人过错造成质量缺陷的，承包人进行施工维修以后，相关的维修费用应由发包人承担。在落实相关责任时，应注意以下问题：一是对于因他人原因造成的建筑工程质量问题，如设计缺陷、地质勘察判断失误等造成质量缺陷或安全隐患，或由第三人的外力破坏造成建筑物破损等，应由发包人负责组织落实修缮方案，承包人负责施工保修，相关的维修费用由发包人承担并可以在承担后向对应的责任人索赔。二是如果该修缮方案超出了承包人的施工能力且高于建设工程施工合同约定的工艺要求，承包人可以拒绝施工保修，由发包人另行组织他人进行施工。三是对于由发包人提供的原材料、设备等所引发的质量问题，如承包人从建筑工程专业方面提出异议而发包人坚持使用，应由发包人承担相应的保修费用。四是因地震、洪水、台风等不可抗力或自然灾害造成的质量事故，承包人在进行维修的前提下不承担经济责任。[2] 这里所说的“经济责任”既包括因工程质量造成的直接损失即用于返修的费用，也包括间接损失，如给使用人或第三人造成的财产、非财产损失。

（二）允许发包人另行委托第三人维修为例外

第一，发包人另行委托他人维修具有法律依据。《建设工程司法解释（一）》第 11 条规定，“因承包人的过错造成建设工程质量不符合约定，承包人拒绝修理、返工或者改建，发包人请求减少工程价款的，应予支持”；《房屋建筑工程质量保修办法》第 12 条规定，“施工单位不按工程质量保修书约定保修的。建设单位可以另行委托其他单位保修，由原施工单位承担相应责

---

〔1〕 参见王利明：《合同法研究》（第 3 卷），中国人民大学出版社 2012 年版，第 500 页。
〔2〕 参见孙镇平编著：《建设工程承包合同》，中国政法大学出版社 1996 年版，第 96 页。

任”。根据上述规定，承包人不履行保修义务或对于建设工程存在的质量问题拒绝修复的，应允许发包人另外委托他人修缮，相应的修复费用由承包人承担。

第二，保修行为的性质赋予发包人自我救济的权利。从保修行为的法律性质分析，保修义务是行为义务，其性质决定了难以强制履行，当承包人拖延不履行保修义务或拒绝履行保修义务时，法律无法强制承包人进行施工维修，因此从迅速解决纠纷、平息矛盾的角度出发，应允许发包人自行委托他人进行修复，及时解决问题。

第三，特殊条件下允许发包人另行委托第三人维修符合客观实际。实践中，某些事件的发生和现象的存在使发包人另行委托他人维修更具合理性。一是突发事件的发生导致建设工程急需立即维修，经发包人联系后承包人未能在较短时间内赶到现场维修。比如，在暴风雨的天气状况下，建筑物大面积渗漏水，不抓紧维修将导致无法使用建筑物，也将造成损失扩大。这种情况下发包人委托第三人对质量问题进行修复是对自身合法权益的保护，是防止损失进一步扩大的合理举措，也有益于承包人，应予支持。二是承包人屡次修复仍未修复合格的。这种情况下，建筑物存在的质量问题给发包人对建设工程的正常使用带来障碍，突破了发包人的容忍度，双方间丧失了彼此信任的基础，如果仍然坚持由承包人继续维修，显然是不合常理的，对发包人也是不公平的。[1] 三是双方为了工程款结算或质量纠纷争执不已，对簿公堂，应当认定双方间已丧失信任，没有合作基础，允许发包人另行委托他人维修也是客观必然的，以防止久拖不决从而造成损失扩大或产生新的损失。四是因承包人违反了施工资质的规定而导致施工合同无效的，如果由承包人履行保修义务，继续对工程质量问题进行施工整改、修复，与法律对于施工人的资质管理要求相背离。此时允许发包人另行委托有施工资质的第三人进行维修施工，也是法律规定的要求。

对于允许发包人另行委托第三人维修例外情况，在实践中需从严审查，

---

〔1〕 参见潘福仁主编：《建设工程合同纠纷》，法律出版社2015年版，第61页。

笔者认为，应把握以下两点：

一是正确认定“承包人拒绝保修”的标准。司法实践中对于承包人“拒绝保修”的认定标准存有争议，例如，承包人以不存在质量问题或者质量问题并非施工不当引起为由，不同意予以修复是否属于“拒绝修复”范畴？对此，笔者认为，对于“承包人拒绝修复”的认定标准应作宽泛理解。如前所述，承包人是保修责任的义务人，在质量原因未查明前，承包人应先履行保修义务，及时消弭安全隐患，确保发包人能及时、安全地使用建筑物，这也是保修制度所追求的价值目标。因此当承包人接到发包人的保修通知而不予维修时，即构成“拒绝保修”，司法实践中可作以下审查：首先，客观上确实存在工程质量问题；其次，发包人有证据证明其请求承包人履行保修义务；最后，承包人事实上未进行修复。如果存在上述事实，可以认定承包人“拒绝修复”，发包人可另行委托他人修复，相关的修复费用由承包人承担。如果承包人有证据证明工程质量问题并非由其施工不当引发，其有免责抗辩的权利，若承包人举证证明抗辩成立，承包人可不予支付维修费用，可由发包人向责任方追索。

二是审查发包人的修复费用，防止权利滥用。虽然在特定条件下允许发包人另行委托第三人对建设工程质量问题进行维修施工，因涉及的维修费用最终需由承包人予以承担，故对于发包人委托第三人修复所产生的修复费用要合理审查，防止发包人滥用该项权利而使承包人遭受不必要的、额外的损失。司法实践中对于应由承包人所承担的修复费用不能以发包人与第三人的委托合同为认定依据，而是应以承包人自行修复所需的费用为限，并由承包人予以举证证明。

本章所论述的质量异议纠纷侧重于对承包人施工质量的关注，毕竟提供符合合同约定的建设工程是承包人的核心义务，实践中双方引发建设工程质量争议大多源自发包人对于承包人施工质量的质疑。但我们也不能忽略因发包人、勘察单位、设计单位、监理单位及设备、材料供应商的原因所导致的工程质量缺陷，司法实践中，在审查承包人施工质量的时候，也要兼顾审查发包人对于工程存在质量问题是否有过错，以免最终的处理出现差错。

第四章　建设工程施工合同的工程价款结算

建设工程价款结算是建设工程施工合同履行中的重要内容，是施工合同各类经济关系的综合反映。根据结算方式的不同，建设工程施工合同可分为固定价格合同、可调价格合同、成本加酬金合同三种类型。在工程实务中，因设计变更等原因而致工程项目增减、工程量变化等，使工程总造价数额成为一个不确定因素；暂定价合同中关于“按实结算”的约定又引发了对计价规则、标准的争议；同一工程项目承包模式的多样性又造成对收款主体和已付款数额的争执。建设工程价款结算的纷繁复杂及发包人为了节省资金成本而拖欠工程价款的陋习，使司法实践中工程款纠纷案件成为施工合同纠纷案件中收案占比最高的一类案由。同时，纠纷争议焦点多、认定事实难度大等特点，客观上也影响了此类案件判决结论的准确率。因此，正确查明事实、准确把握法律、司法解释的规定，及时完善和解决工程价款结算中的法律问题，有十分重要的现实意义。

第一节　概　　述

根据《建设工程价款结算暂行办法》的规定，建设工程价款结算是指建设工程施工合同发包人、承包人依据合同的约定对工程预付款、工程进度款及工程竣工价款进行结算的活动。司法实践中发生的工程价款结算纠纷一般均由工程竣工价款结算引发，故本章所称的建设工程价款结算仅指工程竣工价款结算，工程预付款及进度款结算纠纷。一般而言，仅涉及迟延付款的违约责任，相关内容可参阅本书违约责任章节。

一、司法实践中各类建设工程价款结算纠纷现象

建设工程价款结算是指在建设工程通过竣工验收以后，承、发包人针对特定建设项目的合同文件及竣工资料，依据双方约定的合同价款及合同价款调整内容、索赔事项，或依据合同约定的计价标准及原则，计算并确定发包人应付承包人的最终工程价款。根据不同类型的结算方式并结合工程实务，司法实践中的工程价款结算纠纷基本有以下几类：

（一）施工范围变化及工程量测算引发的结算纠纷

工程价款结算中，关于工程量的测算是最主要的焦点问题之一。工程量的多少直接影响工程总造价的认定，特别是一些建设工程频繁发生设计变更，一些拆改工程、隐蔽工程和临时工程又缺乏有效的签证文件，如何计算工程量及工程量的计算准确与否，直接关系双方当事人的切身利益。另外，还存在承包人施工过程中是否存在偷工减料、施工范围是否与工程设计图不符、是否存在甩项工程、对于增加项目的实际工程量与签证单不符、缺失签证单无法印证相应的工程量、承包人的施工范围与发包人指定分包范围的争执等。对工程量的认定不一致将导致最终工程价款结算出现重大差异，这是工程款结算纠纷中最常出现的一种纠纷类型。

（二）材料及人工价格市场波动引发的结算纠纷

在工程价款结算中，工程价格分歧是争议最大的又一焦点问题，而其中对于材料和人工价格的争执又是最主要的内容。由于不同时间段内的人工价格不同，同一品牌的材料价格在不同时间段也有波动，以何时间段作为认定价格的基准点存在争议。尤其是建设工程中建筑材料消耗量大，材料价格在整个工程价款组成中占比较高，因此价格标准的确定对承、发包双方的利益

影响大，这也是双方在结算过程中最不能达成一致的症结所在。

（三）拟制结算条款引发的结算纠纷

《建设工程价款结算暂行办法》第16条第1款规定，“发包人收到竣工结算报告及完整的结算资料后，在本办法规定或合同约定期限内，对结算报告及资料没有提出意见，则视同认可”；《建设工程司法解释（一）》第20条规定，“当事人约定，发包人收到竣工结算文件后，在约定期限内不予答复，视为认可竣工结算文件的，按照约定处理。承包人请求按照竣工结算文件结算工程价款的，应予支持”。上述规定引发了是以承包人提交的竣工结算文件作为结算工程价款的依据还是通过司法鉴定确定工程结算价款之争。从司法实践中出现的情况看，通过上述两种方法得出的工程价款数额差异巨大，对双方的利益影响很大。因此，对于施工合同中关于拟制结算条款的适用与否，直接影响最终工程价款数额的认定，这也是工程价款结算纠纷中的常见现象。

（四）工程取费争议带来的结算纠纷

实践中，由于工程项目使用功能、标准及施工现场条件和施工范围的变化，直接影响措施费、间接费和其他费用的计取，实践中双方会因工程的性质以及如何计取现场二次搬运费、临时设施费、设备进出场费、水电费等相关措施费发生争议。一般而言，此类争议主要出现在工程暂定价合同中，发生在适用工程定额计算工程造价过程中，因此，工程取费争议涉及对司法鉴定报告的正确解读，也是司法实践中较为常见的结算纠纷现象。

（五）“黑白合同”引发的结算纠纷

“黑白合同”最大的不一致在于工程价款的约定，实践中因双方当事人在中标合同外另行签订了一份或数份施工合同，发包人或承包人以对自己有利的施工合同主张结算工程价款从而引发结算纠纷的现象较为常见。《建设工程司法解释（一）》《建设工程司法解释（二）》对于涉“黑白合同”工程价款的结算作出了规定，但在实践中，因涉及人工、原材料等价格的波动，双方在施工过程中以会议纪要、备忘录、结算协议等方式对于中标合同约定的工程价款作了变动，该变动是否属于“黑白合同”、是否有效而引发的工程价款结算纠纷也不在少数。

（六）总包合同和分包合同约定冲突引发的结算纠纷

总包和分包之间对于工程价款结算约定的冲突，除了前述的工程量与工程价格争议外，主要涉及以下几类结算纠纷：

1. 总包合同的工程价款结算规则是否约束分包合同导致的结算纠纷。一是总包合同约定的结算方式、让利下浮、工程款支付时间等是否对分包合同的实际施工人具有约束力，分包人与实际施工人间的结算原则及付款时间等是否参照前者的约定执行。二是总包合同因改变了中标合同的工程价款结算原则而导致不予适用，依据总包合同而确立的分包结算原则是否依然有效，分包合同的工程价款按何标准结算，实践中争议很大，各地法院的理解不一致，带来的处理后果也不尽相同。

2. 总包合同与分包合同各自约定的结算原则不一致而导致的结算纠纷。实践中因总包合同与分包合同各自约定的结算原则不一致，最终可能会导致依据分包合同的结算原则计算出的工程价款高于总包人就该部分工程项目从发包人处获得的工程价款，即总包人可能会因分包行为而“赔钱”。如果根据合同的独立性原则各自结算，是否会造成不公平？如何结算分包合同的工程价款才能平衡双方利益？对此颇具争议。

3. 分包合同的实际施工人没有参与总包合同的结算而引发的结算纠纷。总承包人在与发包人进行工程竣工结算时，没有通知分包合同的实际施工人一起参与核对工程量、核算工程价款等，由此造成实际施工人对于总承包人与发包人间达成的工程价款结算单不予认可，双方引发结算争议。此外，实践中较多见的是总承包人对发包人的让利及下浮结算款，往往分摊到各分包项目中，实际施工人对此不予认可，由此亦容易引发结算纠纷。

4. 工期索赔争议。由于分包工程的延误完成，导致总包人被发包人索赔，总包人承担了相应的赔偿责任后转而要求分包合同的实际施工人承担，并在分包工程价款中予以扣减；或因为发包人、总包人的原因导致实际施工人在施工过程中存在停、窝工损失，实际施工人要求总承包人赔偿相应的人工及机械台班损失等。因总包合同与分包合同就工期索赔事项的约定内容不同，由此也会引发分包人与实际施工人间的工期索赔结算纠纷。

（七）行政审计引发的工程价款结算纠纷

依据相关规定，对含有国家财政性预算内资金投资的建设工程，结算时须报财政部门进行审查，这体现了政府财政部门对国家财政性资金的监督管理职能。在由政府投资并发包或由政府下属企业发包的建设工程施工合同结算纠纷中，政府财政部门对建设工程造价的行政审计结论能否作为施工合同的最终结算依据容易引发结算纠纷。

（八）其他结算纠纷

其他结算纠纷，包括工期奖罚之争、质量奖惩之争、甲供材料之争等。比如，双方在建设工程施工合同中约定承包人承建的工程建设项目须获得鲁班奖等，但最终该工程未能获奖，由此在工程竣工结算时发包人要求在工程结算价款中扣减相应的罚金等，由于施工合同约定的奖罚标准不明确或者只罚不奖，承包人对此不予认可，由此发生争议。此外，在建设工程施工的承包方式中，除了包工包料、包清工（劳务分包）外，还存在承包人包辅材，发包人提供钢筋、水泥等建筑主材的“甲供材料”方式，采取这种承包方式必然涉及甲供材料在结算时以何种方式、何种价格计入结算价，是否计取税、费，如何在工程结算中扣除甲供材料费用等，司法实践中各方的认识也是不一致的，由此在工程价款结算中存在争议。

二、审理建设工程价款结算纠纷应遵循的基本原则

工程实务中，对于工程造价的结算有多种约定，由于建设工程耗资巨大、建设周期长、工程项目多样复杂、各种外在因素影响严重，导致在同一计价

标准下对工程造价的结算也有不同的结果，在司法实践中带来的直接后果是审理时间长、判决差错率高，因此正确理解、掌握、运用各类结算规则，已成为审理建设工程施工合同纠纷案件的当务之急。

（一）从约原则

意思自治原则是民法的基本原则之一，也是合同法的一项基本原则，在不违反法律和社会公共利益的前提下，当事人享有充分的合同自由，对于当事人在合同中作出的一致约定，应予以尊重。体现在建设工程结算领域，对于双方当事人在建设工程施工合同中关于计价标准、计价方式等约定，在没有违反法律强制性规范的前提下，应秉承“有约定从约定”的规则予以执行，不能擅自改变约定另行确定结算标准。

（二）诚实信用原则

诚实信用是市场经济活动中的一项道德准则，它要求一切市场参与者在不损害他人利益和社会公益的前提下，追求自己的利益。在工程结算实务中，发包人故意拖欠工程款，故意向承包人作出虚假承诺，承包人低价中标后以合同价低于成本价为由主张合同无效并要求按工程定额价结算工程造价等，均是违反诚实信用原则的表现。对于当事人违反诚实信用原则的行为应坚决制止，并探寻当事人的真实意思表示进行判决。

（三）合法性原则

工程价款结算的性质是一种民事法律行为，该行为的行使必须符合国家法律规定且不违反公序良俗。工程价款结算合法，包括结算程序合法、结算资料合法、结算方式及工程结算款的支付合法等。司法实践中尤其要加强合同无效下的适用结算条款的合法性审查，以及“黑白合同”背景下对于工程价款结算的合法性审查。

（四）风险分担原则

风险分担原则是指风险发生时，合同双方按照合同约定分别履行各自的义务，共同承担风险，从而实现既存风险的现实分担。工程结算实践中，尤其是在工程量清单计价模式主导下，发包人要承担工程量测算风险，而承包人则应承担人工、材料、机具费价格可能会出现的市场波动风险，双方应各自承担相应的风险而不能通过优势地位或要挟的方式将自己应承担的风险转嫁给对方。

（五）利益平衡原则

建设工程施工合同由于存在建设周期长、履行时间跨度大的特点，容易出现设计变更、规划调整、材料价格波动等不可预测的情况，承包人虽然作为专业的施工企业对此应有风险预判，但如果市场价格波动超过了正常的商业风险，考虑建筑行业属于微利行业，在坚持“有约定从约定”的前提下，应从情势变更角度出发，兼顾承、发包人间的利益平衡，公平合理地作出工程结算价款的认定。

第二节 不同合同类型建设工程价款结算纠纷处理规则

从工程实务及合同约定内容分析，不同施工合同类型下的工程价款结算规则是不一致的；同时，对于施工过程中出现的设计变更、增减工程量等带来的计价标准也是不同的。熟练掌握不同合同类型的工程价款结算规则，是正确审理建设工程施工合同纠纷案件的关键。需要说明一点，直接发包模式与招投标模式对于工程价款结算纠纷的处理规则是基本一致的，为行文方便，笔者统一用招投标模式表述。

一、建设工程价款结算纠纷处理一般规则

一般而言，建设工程价款结算应按照建设工程施工合同的约定办理，当

合同未作约定或约定不明的，承、发包双方应当按照下列规定和文件协商处理：第一，国家有关法律、法规和规章制度；第二，国务院建设行政主管部门、省、自治区、直辖市或有关部门发布的工程造价计价标准、计价办法等规定；第三，建设项目的施工合同、补充协议、变更签证和现场签证，以及经发、承包人认可的其他有效文件；第四，其他可依据的材料。具体而言，不同类型施工合同的工程价款结算，有以下一些共性规则需要掌握：

第一，建设工程施工合同无效，工程质量合格，双方达成的结算协议可参照执行。

建设工程施工合同虽然无效，但建设工程已竣工验收合格或中途终止施工但双方确认已完工部分的施工质量合格，双方就工程价款的结算已达成一致，该结算协议对协议双方应具有约束力。建设工程施工合同因违法而无效，但合同履行过程中双方达成的工程价款结算协议具有独立性，并不必然无效，应综合分析其内容所反映出来的当事人之间权利义务关系性质及与施工合同之间的法律关系来认定，并不应按是否冠以“补充协议”称谓而简单认定二者主从关系。从结算协议的内容分析，它是对已完工程价款数额及给付期限所作的约定；从结算协议的性质分析，系承、发包双方对于既存债权债务关系的清理，具有独立性，根据《民法典》第567条的规定，合同权利义务关系终止，不影响合同中结算和清理条款的效力。且从诚实信用原则出发，不当扩大合同无效后果边界易导致当事人利益失衡，故该结算协议对结算双方当事人具有约束力并应参照执行。

第二，同一建设工程存在数份施工合同且均无效，在工程质量合格情况下，工程价款可参照双方实际履行的合同结算，实际履行合同无法确定的，按双方最后签订的合同执行。

依据《建设工程司法解释（一）》第2条的规定，对于建设工程施工合同无效但建设工程经竣工验收合格的，工程价款可以参照合同约定执行。《建设工程司法解释（二）》第11条进一步规定了同一建设工程存在多份无效施工合同情况下工程价款的结算原则。实践中要注意的是该条款的适用不仅仅限于建设工程竣工验收合格的情况，也适用于在建工程质量合格情形下的工程价款结算。对于“实际履行”的掌握，应根据施工过程中发包人、承包人及监理等的往来签证、会议纪要、通知、函件、工程款收支凭证等证据，对比几份建设工程施工合同约定的不同之处，综合作出判断。

第三，建设工程经竣工验收合格后，借用施工资质合同中的实际施工人与发包人签订的建设工程价款结算协议，对协议双方具有约束力。

实际施工人系《建设工程司法解释（一）》所确定的制度概念，其通过总结司法审判实践经验，在审判实践中针对借用资质、非法转包、违法分包等所签建设工程施工合同被确定无效后的情形，将实际完成建设工程的施工人确定为实际施工人，并赋予其诸多程序性和实体性权利，从而实现对其利益的保护。《建设工程司法解释（一）》第26条将挂靠施工中的实际施工人排除出可直接向发包人主张权利的范畴，但在挂靠人已同发包人就工程价款进行了结算且工程竣工验收合格情况下，从减少诉讼、促进经济发展角度，应认定发包人认可了挂靠人的合同相对人地位，双方结算意思表示真实，应予以保护。在发包人不按结算协议支付工程款的情况下，实际施工人向法院请求支付的，应视为实际施工人对折价补偿权利的行使，法院应予以支持。

第四，双方当事人诉前或诉中自行对工程价款结算达成协议或委托第三方对工程款进行审计并出具审计报告，经双方共同确认的，应视为双方对工程价款达成了结算协议，一方事后反悔的，不予支持。

当事人自行达成结算协议的时间，可以在诉讼前，也可以在诉讼过程中。《建设工程司法解释（二）》第12条明确规定了对于双方在诉前达成的结算协议应予认定，这是“诚实信用原则”在建设工程施工合同纠纷中的具体落实。虽然该规定对于诉讼中达成的结算协议没有涉及，但基于当事人已经就工程价款结算达成一致，且该协议内容不违反法律、法规的规定，体现了双方的真实意思表示，则应恪守承诺，不能事后反悔；当事人诉前、诉中达成同类协议，两者只有时间先后区别，内容都是当事人对结算价款的真实意思表示，都应予以尊重和保护。[1]

对于双方当事人共同委托第三人对建设工程造价进行审计，就法律性质而言，该审计意见更多地具有书证特征，但在第三人出具工程结算审计报告后，双方在该报告的工程结算审定单上签字、盖章予以确认或以其他方式对于该工程造价结论予以认可，应该认为这是双方在第三人对工程造价进行审核基础上，对建设工程价款达成的结算协议，系双方真实意思表示，不违反法律规定，双方应依此结算工程价款。如果在诉讼中一方当事人以第三人不具有造价审核资质等级等为由，主张其出具的审计报告不能作为结算依据，有违诚实信用原则，应不予支持。

第五，不能将有争议的结算文件单独作为认定建设工程结算价款的定案证据。

结算协议的真实性存疑或签订过程不符合常理，或形式上存在重大瑕疵的，不能单独作为定案证据使用，应审查其载明内容是否符合合同约定及施工实际，同时还须审查是否有施工过程中其他事实证据相印证才能作出综合判断。如果一方当事人串通对方员工采取偷盖印章等方式制作结算协议，可按照“刑民交叉”的相关原则处理。

第六，在政府投资或以政府投资为主的建设项目中，行政审计报告可否作为工程造价结算依据，应根据施工合同的约定作出认定。

一是当事人在施工合同中约定以审计机关的审计报告、财政评审机构出具的评审结论作为工程价款结算依据，发包人请求依据审计报告、评审结论结算工程价款的，应当遵循当事人缔约本意，将合同约定的工程价款结算依据确定为真实有效的审计结论。承包人提供证据证明审计机关的审计意见具有不真实、不客观情形的，人民法院可以准许当事人补充鉴定、重新质证或者补充质证等方法纠正审计意见存在的缺陷。上述均方法不能解决的，才准许当事人申请对工程造价进行鉴定。

---

〔1〕 参见最高人民法院民事审判第一庭编著：《最高人民法院建设工程施工合同司法解释（二）理解与适用》，人民法院出版社 2019 年版，第 278 页。

二是若施工合同并未约定以行政机关的审计意见作为工程价款结算依据，则应以施工合同约定的计价原则和标准作为承、发包双方间的工程价款结算依据；若施工合同未约定具体的计价原则和标准，可依据当地最新工程定额标准进行司法鉴定以确定工程结算价款。根据《审计法》的规定，国家审计机关对工程建设单位进行审计是一种行政监督行为，审计人与被审计人之间因国家审计发生的法律关系与承发包双方的民事法律关系性质不同；施工合同及结算协议是平等主体之间的民事法律关系，建设工程是否是国家建设项目、是否进行了行政审计不应影响合同效力，审计机关介入当事人之间的民事法律关系，尤其是将行政审计结论作为工程款结算的依据，必须有当事人明确的合意，否则不应在民事案件的审理中予以采信。

第七，价格波动下的工程价款结算应结合合同约定及是否构成情势变更分别作出认定。

由于建设工程合同履行时间较长，在实际履行过程中，往往人工、机械、材料的价格会出现较大幅度的波动，因此产生的纠纷较多，这一纠纷在固定总价合同及固定单价合同中均涉及。一般而言，对于价格大幅波动下的工程价款结算参考以下规则执行：

一是当事人在合同中对建筑材料等价格变动的风险有约定的，按照约定处理；合同没有约定的，约定工期内的建筑材料价格变动的风险由承包人承担。工、料、机价格随着经济形势的变化出现较大幅度的波动，并非一个突变的过程，而是一个逐步演变的过程，承包人作为专业的建筑公司，理应对工、料、机价格的大幅波动有所预见。如果双方当事人在合同协商及签订过程中，对于工、料、机价格在施工期间可能出现波动已有预期，并就工、料、机的价格不予调整达成了一致意见，原则上应按照合同约定处理；如果未能达成一致，承包人应承担相应的商业风险，即承担相应的涨价风险。

二是建设工程逾期竣工的，延误工期期间的建筑材料变动的风险，由对工期延误存在过错的一方承担。双方均有过错的，按过错大小分担损失。建设工程逾期竣工及逾期天数非双方在签订时能直接预判的情形，在逾期竣工期间建筑材料的价格变动风险更非双方预估范围。因此，对于由此造成的工程结算价款的差额应作为损失，按过错原则处理。

三是如果市场价格波动超过了正常商业风险，当事人仍然可以根据情势变更原则请求对工程造价进行调整。至于市场价格上涨幅度达到什么程度才构成情势变更，则应根据案件标的、社会整体通胀程度等因素综合确定。司法实践中争议较大的是，在市场价格大幅上涨超出正常预判商业风险时，施工合同中关于工、料、机价格所有波动责任全部由承包人承担的约定是否有效，即所谓“情势变更原则排除适用的弃权条款”能否适用的问题。笔者认为，施工合同中的这种约定应是针对正常商业风险的承担方式分配，但情势变更针对的是当事人在订立合同时无法预见的风险，“预见的范围应是依一般工程技术、承包商专业能力及工程惯例，一位有经验的承包商通常能合理预见的范围，才属可预见，非谓一有此约定，即认定不论损失多大，均系承包商可预见的范围”。[1] 因此，如果工、料、机的价格上涨幅度超出了正常的预见范围，达到非正常状态，应认定构成情势变更，双方在施工合同中关于价格波动责任均由承包人承担的约定不再适用。我国住建部于2013年颁布的《建设工程工程量清单计价规范》第3.4.1条亦规定：“建设工程发承包，必须在招标文件、合同中明确计价中的风险内容及其范围，不得采用无限风险、所有风险或类似语句规定计价中的风险内容及范围。”如果施工合同约定一方承担无限风险，参照上述规定可以视为合同对此没有约定。因此，即使施工合同存在类似工、料、机价格所有波动责任全部由承包人承担的约定，也应允许当事人可以请求对工程造价进行调整。至于市场价格上涨幅度达到什么程度才构成情势变更，则应根据案件实际、社会整体通胀程度等因素综合确定。

第八，建设工程施工合同的债权人将债权转让给第三人并通知债务人的，该转让行为应根据施工合同约定确认其效力。

合同权利转让，是指不改变合同权利的内容，由债权人将权利转让给第

---

〔1〕 参见洪国钦等：《情事变更原则与公共工程之理论与实务》，台北，元照出版有限公司2010年版，第193页。

三人。合同权利转让包括全部转让和部分转让两种。合同权利全部转让的，转让人退出合同关系，受让人成为新的债权人；合同权利部分转让的，转让人与受让人共同享有债权。根据《民法典》第545条的规定，以下三种情形合同权利不得转让：根据债权性质不得转让；按照当事人约定不得转让；依照法律规定不得转让。我国现行法律、法规并无条文规定禁止建设工程施工合同项下的债权转让，故只要建设工程施工合同的当事人没有约定合同项下的债权不得转让，债权人向第三人转让债权，且债权人已将该转让行为通知债务人的，债权转让即合法有效，债权人无须就债权转让事项征得债务人同意。

案例16
除合同约定或当事人确认外，行政审计结果不能作为工程价款结算依据
——龙元公司与汇建公司建设工程合同纠纷案〔1〕

基本案情

上诉人（原审原告）：龙元建设集团股份有限公司（以下简称龙元公司）

被上诉人（原审被告）：上海汇建建设发展有限公司（以下简称汇建公司）

2004年9月，龙元公司（承包人）与汇建公司签订《石龙路、老沪闵路道路及排水管道改建2标工程施工合同》约定：石龙路、老沪闵路道路及排水管道改建2标工程由龙元公司施工，资金来源为政府投资；承包人对工程的投标总价为1451.91416万元，工程的最终造价，由发包人根据承包人编制的工程造价结算书经审价后确定；关于工程款支付，当工程款的支付累计达到合同总价（包括预付款）的85%时停止支付，待工程竣工验收通过，结算审价完成，并交齐工程竣工档案资料后7日内，发包人除保留结算总价的10%余款作为工程审计、质量保修金之外，余款一次付清；合同还对工程质

〔1〕参见上海市第一中级人民法院（2016）沪01民终8236号民事判决书。

量、施工进度、付款及违约等均作了约定。

施工合同签订后，龙元公司进行施工。

2005 年 12 月，龙元公司、汇建公司就工程设计变更增加工程量施工事项签订《补充协议书》，约定石龙路、老沪闵路道路改建 2 标工程原签订的施工合同约定的工程内容基本不变，变更增加的工程量按照设计图纸按实计量。

石龙路、老沪闵路道路改建工程 2 标段于 2004 年 9 月开工，2006 年 6 月竣工，2007 年 1 月 19 日竣工验收；石龙路、老沪闵路排水管道改建 2 标工程于 2004 年 7 月 30 日开工，2006 年 7 月 30 日竣工，2007 年 1 月 19 日竣工验收。

系争工程属市政工程，资金来源为政府投资，道路改建工程 2 标段拨款单位为上海市城市建设投资开发总公司，建设单位为上海市徐汇区建设和管理委员会。排水管道改建 2 标段工程建设单位为上海市城市排水有限公司，汇建公司系争工程建设单位委托的代理实施单位。截至 2008 年 2 月 1 日，汇建公司支付龙元公司工程款 1993 万元。2014 年 4 月，汇建公司支付龙元公司工程款 1, 670, 353 元。

2010 年 8 月 11 日，案外人上海建惠建设咨询有限公司向上海市城市排水有限公司出具关于石龙路、老沪闵路排水管道改建 2 标工程的审价报告，主要内容为：原结算造价 18, 634, 516 元，审定造价 12, 497, 493 元，核减金额为 6, 978, 435 元，核减率为 37. 45%。报告所附表工程审价审定单，由龙元公司在施工单位处盖章，上海市城市排水有限公司在建设单位处盖章，汇建公司在代建单位处盖章，案外人上海建惠建设咨询有限公司在审价机构处盖章。

2010 年 12 月，案外人上海建实财务监理有限公司向汇建公司出具石龙路、老沪闵路道路改建工程 2 标段竣工结算审价报告，主要内容为：本工程送审竣工结算金额为 10, 494, 352 元，竣工结算审定金额为 10, 158, 109 元，核减金额为 1, 877, 277 元，核增金额为 1, 541, 032 元，核差率 32. 57%。报告所附表 4 工程审价审定单，由龙元公司在施工单位处盖章，汇建公司在建设单位处盖章，案外人上海建实财务监理有限公司在审价机构处盖章。

2015 年 3 月，龙元公司向上海市徐汇区人民法院提起诉讼，要求判令汇建公司立即支付工程款1,055,249元及相应利息。

一审过程中，汇建公司主张工程款应当以政府审计结论作为依据，为此提供了上海市政工程造价咨询有限公司于2013年11月出具的石龙路、老沪闵路排水管道工程审计工作关于2标的审计意见书及于2014年6月出具的老沪闵路、石龙路排水管道改建工程项目竣工财务决算审计报告，其中“石龙路、老沪闵路排水管道工程2标段”共审计核减39.7767万元，龙元公司在“请施工单位予以盖章确认”处盖章；“老沪闵路、石龙路排水管道改建工程项目”核减39.7767万元。

汇建公司另外还提供了案外人上海大华工程造价咨询有限公司2015年7月9日出具的关于石龙路、老沪闵路道路改建工程项目竣工财务决算的内审报告，主要内容为：“石龙路、老沪闵路道路改建工程项目”核减建安费71,294元。

一审审理过程中，双方对系争工程结算依据有争议，龙元公司主张本案系争工程的结算依据应为2010年8月11日案外人上海建惠建设咨询有限公司出具关于石龙路、老沪闵路排水管道改建2标工程的审价报告以及2010年12月案外人上海建实财务监理有限公司出具石龙路、老沪闵路道路改建工程2标段竣工结算审价报告（以下简称第一次审价）；汇建公司则主张本案结算依据应为2014年6月上海市政工程造价咨询有限公司出具老沪闵路、石龙路排水管道改建工程项目竣工财务决算审计报告以及2015年7月9日上海大华工程造价咨询有限公司出具关于石龙路、老沪闵路道路改建工程项目竣工财务决算的内审报告（以下简称第二次审计）。一审法院根据汇建公司申请，委托上海第一测量师事务所有限公司就双方争议部分46.9061万元进行工程审价，2015年12月25日第一测量师事务所有限公司出具工程造价审价鉴定意见：（1）上海市石龙路、老沪闵路道路改建2标工程项目造价为：10,051,829元。（2）上海市石龙路、老沪闵路排水管道工程造价为11,613,248.09元。

法院裁判

一审法院认为，本案主要争议焦点在于原告、被告之间的工程价款结算以何为依据。本案系争工程先后经第一次审价、第二次审计及司法审价，三次结果均不相同。其中第一次审价结果系经龙元公司、汇建公司双方确认一致。根据施工合同约定“本工程最终造价，由汇建公司在工程竣工后，根据龙元公司编制的工程造价计算书经审价后确定”。故第一次审价系经龙元公司、汇建公司双方一致确认，有合同依据，应合法有效，对龙元公司、汇建公司双方均有约束力。又根据施工合同约定“当工程款的支付累计达到合同总价（包括预付款）的85%时停止支付，待工程竣工验收通过，结算审价完成，并交齐工程竣工档案资料后7日内，发包人除保留结算总价的10%余款作为工程审计、质量保修金之外，余款一次付清。除工程审计预留5%待其结束后支付外，5%质量保修金的支付按照本合同专用条款第34.3条执行”，故系争工程除结算审价外还需工程审计即第二次审计，汇建公司有权预留结算总价5%待第二次工程审计结束后支付。另外，本案系争工程系政府投资项目，根据相关规定，本案系争工程经相关部门对审价结果进行审计符合规定，并无不当，且从施工合同约定可以看出，系争工程审价后确需进行审计，且龙元公司在第二次审计过程中的石龙路、老沪闵路排水管道工程审计工作关于2标的审计意见书上盖章予以确认，亦可认定龙元公司对第二次审计是确认的。对于第二次审计结论，其中涉及排水管道部分的核减内容，龙元公司已经盖章确认，应当予以采纳；涉及道路改建部分，因双方对核减内容有争议，法院采纳司法审价结论。故汇建公司应支付龙元公司系争工程的工程款为22,190,445元（12,099,726元+10,090,719元），汇建公司已支付工程款21,600,353元，还需支付工程款590,092元。

一审法院判决：汇建公司支付龙元公司工程款590,092元及相应利息。

一审判决后，龙元公司不服，向上海市第一中级人民法院提起上诉称，涉案工程在2007年已经完成工程竣工验收和资料转移，此后汇建公司也委托审价且审价结论经双方确认，故该金额应当就是双方的结算金额，汇建公司主张还需要进行第二次审计缺乏合同和法律依据。故请求二审法院撤销原审判决，改判汇建公司支付工程余款1,055,249元及相应利息。

二审法院认为：首先，双方在合同中关于合同价款的约定为“本工程最终造价，由发包人在工程竣工后，根据承包人编制的工程总价结算书经审价后确定”，在专用条款竣工结算部分的约定为，竣工报告批准后28日内，承包人向发包人递交竣工结算报告和结算资料，发包人在收到上述资料后90日内自行审价或委托审价单位审价完毕，经发包人或发包人委托审价单位审价核准后的工程结算造价为本工程的最终造价。从上述合同约定内容来看，涉案工程造价应通过审价予以确认，并不存在汇建公司所主张的需要通过第二次审计确定工程造价，在龙元公司予以否认且合同没有约定的情况下，汇建公司主张按照市政工程惯例涉案工程需要第二次审计缺乏依据。其次，涉案工程竣工验收后，汇建公司委托相关单位进行审价，在两份工程审价审定单中，龙元公司与汇建公司均盖章确认，故该审定价系双方真实结算意思表示，对双方具有约束力。最后，虽然双方在合同中并没有工程需要第二次审计的相关约定，但是实际履行过程中，涉案工程确实进行了第二次审计，而根据汇建公司提交的《石龙路、老沪闵路排水管道工程审计工作关于2标的审计意见书》，审计单位对排水管道工程核减了39.7767万元，龙元公司在该意见书上盖章确认，该行为应视为双方对排水管道部分工程造价达成了新的合意，双方应按该金额进行结算；对于道路部分的第二次审计，因龙元公司未确认核减金额，故该审计结论对龙元公司不具有约束力，双方仍应按原审价结论进行结算。

二审判决：改判汇建公司支付龙元公司工程款657,482元及利息。

案例评析

本案例涉及工程价款结算中一个普遍性的问题，即政府投资的建设工程项目，行政审计结论能否作为双方结算工程价款的依据。

根据《审计法》的规定，国家审计机关对工程建设单位进行审计是一种行政监督行为，对含有国家财政性预算内资金投资的建设工程，结算时须报财政部门进行审查，这体现了政府财政部门对国家财政性资金的监督管理职能。但审计人与被审计人之间因国家审计发生的法律关系与承发包双方的民事法律关系性质不同；施工合同及结算协议是平等主体之间的民事法律关系，建设工程是否是国家建设项目、是否进行了行政审计不应影响合同效力，审计机关介入当事人之间的民事法律关系，尤其是将行政审计结论作为工程款结算的依据，必须有当事人明确的合意，否则不应在民事案件的审理中予以采信。因此，作为平等民事主体之间签订的建设工程施工合同，除非双方在合同中明确约定，或者在之后的结算过程中达成合意，否则不应以政府部门的审计结果作为竣工结算之依据。

本案中，建设工程虽系政府资金投资项目，但双方当事人在施工合同中并未约定将政府部门委托的行政审计结论作为双方的结算依据，因此对于双方的工程价款结算，应适用双方在建设工程竣工后共同委托的工程造价鉴定意见。值得注意的是，虽然施工合同没有约定适用行政审计结论作为工程价款结算依据，但是在结算过程中，双方对于“石龙路、老沪闵路排水管道工程”的行政审计结论，达成了合意，龙元公司在“石龙路、老沪闵路排水管道工程审计工作关于2标的审计意见书”上盖章确认，该行为应视为双方合意部分变更了施工合同的约定，该约定没有违反法律规定，体现了当事人的真实意思，是合法有效的，就该标段的工程价款结算，应以行政审计结论为准。

二、固定总价施工合同结算纠纷处理规则

固定总价施工合同，俗称“闭口合同”“包死合同”，是指工程总价款予以明确约定具体数额的建设工程施工合同。所谓“固定”，是指这种价款一经约定，除发包人增减工程量和设计变更外，一律不调整；所谓“总价”，是指完成施工合同约定范围内工程量以及为完成该工程量而实施的全部工作的总

价款。固定总价施工合同有如下特点：一是工程造价便于结算。只要发包方不改变合同施工内容，合同约定的价款就是承发包双方最终的结算价款。二是“量”与“价”的风险主要由承包人承担。合同履行过程中的价格上涨风险均由承包人承担，在施工图预算模式下，承包人在报价时要自己计算工程量，还要承担工程量漏算、错算的风险。三是合同总价一次包死，总价优先。

固定总价施工合同的固定价格是建立在施工合同工程范围和内容固定基础上的，若发生施工合同承包范围外的工程则可以追加合同价款。《建设工程司法解释（一）》第22条明确规定：“当事人约定按照固定价结算工程价款，一方当事人请求对建设工程造价进行鉴定的，不予支持。”因此，对于固定总价合同的工程价款结算的基本原则就是只有发生设计变更或工程范围发生变化（增减工程量）时，合同价款才能做调整，而该调整也仅限于发生变化的部分工程项目，其余不允许调整。就目前工程实务而言，固定总价施工合同对应的工程量计量基础通常有两种情况，一种是以施工图中的施工内容作为包干对象；另一种是以工程量清单中所列的工程量为包干对象，由此建设工程施工合同的固定总价确定，相对应的是在施工图预算模式和工程量清单报价模式下分别进行的。

固定总价施工合同的结算纠纷，主要源于在施工过程中，由于施工的需要或发包人的设计变更，导致了承包人的施工量发生变化，由此需要对施工合同约定的工程总价予以调整。在对增减工程量进行工程价款结算时，由于对计量、计价标准和方法的认识不统一，承、发包双方发生纠纷。另外，发包人编制的招标文件以及承包人编制的投标预算文件发生错、漏项，也导致双方对施工合同约定的工程范围发生争议，从而对是否应调整工程总价产生争议。此外，在施工合同履行过程中，双方解除合同，对于在建工程的结算标准也是双方争议的重点。

（一）设计变更导致工程量变化的结算纠纷处理规则

工程量变化，主要包括工程项目的增减及工程项目不变下的施工量增减，体现在工程价款结算过程中就是工程量的测算及价格的确定。

1. 新增工程项目的结算纠纷处理规则

对于新增工程项目的工程量计量方法，在施工合同没有约定的情况下，可先由双方协商确定，如果协商未成，应根据竣工图按实计量。

司法实践中存在争议的是对于新增工程项目的计价标准适用，有观点认为可以参照承包人的投标文件中类似工程项目的预算单价计价，多地法院的司法实践亦持此观点。对此笔者不予认同，笔者认为对于新增工程项目的计价标准应按市场价或工程当地最新工程定额标准（实施量价分离原则的工程定额〔1〕）确定，理由为：一是该新增工程项目非包含在施工合同范围内，是双方在合同外新达成的合意，除双方在施工合同中对于可能发生的类似情况有约定外，双方对于新建项目的工程价款或计价标准并没有达成合意，据此按市场价或定额标准计价符合公平原则。二是双方在施工合同中对类似工程项目有约定价格情况下，对新增项目能否适用须有约定，不能就此推定新增项目亦按此执行，这种推定缺乏依据，有违当事人意思自治原则。三是承包人在投标预算文件或施工合同中认可的价格包含多种因素在内，如为确保中标而适当压低价格、综合考虑整个工程情况而作适当的让利，或从不平衡报价〔2〕出发对不同项目的单价作调整，故施工合同或承包人的投标预算文件中的类似项目价格不能体现出承包人的真实意思，强行类推有违公平原则。四是适用工程定额标准或市场价具有法律依据。《建设工程司法解释（一）》第16条第2款规定，“因设计变更导致建设工程的工程量或者质量标准发生变化，当事人对该部分工程价款不能达成一致的，可以参照签订建设工程施工合同时当地建设行政主管部门发布的计价方法或者计价标准结算工程价款”。该条文也明确排除了承包人投标预算价格的适用。

---

〔1〕 我国传统的工程预算定额采取“量价合一”的原则，从适应市场经济的需求及与国际惯例接轨出发，一些地区已开始推行“量价分离”的工程预算定额。“量价分离”中的“量”是指预算定额中的实物消耗量标准，这个标准是相对稳定的。“量价分离”中的“价”是指人工、材料和机械的预算价格，预算价格是随市场行情而经常变动的。

〔2〕 不平衡报价策略是承包人投标时常用的一种方式，是在工程项目投标总价确定以后，根据招投标文件的付款条件，调整投标文件中子项目的报价，从而能够更早、更多地结算工程款，并能够赢得更多利润的一种投标报价方法。

2. 工程项目不变仅增加施工量的结算纠纷处理规则

在不新增施工项目的前提下增加了施工量，对于该部分增加工程量的测算：第一，应查明施工量增加的原因。通过比对设计图与竣工图进行分析，判断是确实增加了施工量还是承包人不平衡报价导致的工程量增加。如果该所谓的增加工程量是实际施工量与承包人预算工程量的量差，即承包人并未在招标设计图的基础上多增加施工，则该部分量差是承包人承担的风险范围内，不应计入工程结算款。第二，如果实际施工中承包人应发包人的要求确实增加了施工量，则增加工程量应计入工程结算总价。对于具体增加工程量的测算可比对设计图与竣工图的量差并结合设计变更文件、工程签证单及技术联系单等予以综合判断。

对于增加工程量的具体计价标准，鉴于对设计项目作微调是施工行业一种常见现象，也应在双方签约时的预判范围内，在没有超过设计工程量合理幅度内的情况下，以承包人投标预算报价作为计价依据是合理的，也不侵害双方的合法利益。如果施工合同约定了工程量增幅达到一定比例，需按市场价作为计价标准，则应尊重双方的约定并予以执行。

3. 减少工程项目或施工量的结算纠纷处理规则

施工过程中发包人因设计变更取消了某个工程子项目的施工或减少了施工量，对于减少部分的工程价款结算：第一，应认定具体的工程量量差；第二，按照承包人投标预算中的单价作为扣减工程价款的计价标准；第三，如合同约定的固定总价是在承包人预算基础上予以下浮或让利，该部分工程项目的价款计算亦应予以同比例下浮或让利。

这里要注意几个问题：一是对于工程量量差的测算应区分施工图预算模式和工程量清单报价模式。施工图预算模式下，可通过设计图与竣工图对比得出量差或依据投标文件与实际测量间计算出工程量量差；工程量清单报价模式下应按工程量清单上所记载的对应部分的工程量予以确定。二是要慎重判断该取消项目的工程量在整个建设工程项目中的占比。如果发包人减少或取消的工程量在整个建设项目占比较高、有变相降低造价嫌疑时，承包人可以寻求发包人根本违约或合同目的不能实现的渠道主张解除合同或要求发包人赔偿可得利益损失，法院在审理中应对此予以释明。但如果承包人仅就工程款结算提出不同意扣减的诉讼请求，对此应不予支持。

（二）招投标文件缺项的结算纠纷处理规则

此类现象主要是招标设计图纸标注有某工程子项目，但在发包人的工程量清单中存在漏项、错项，或者承包人的投标文件及预算书中无此子项，这一问题涉及固定总价合同约定的工程范围是否包括该漏项工程。在承包人已完成设计图纸的全部施工任务后，上述漏项工程作为增加工程单独计价还是包含在固定总价中不作调整，司法实践中争议很大。

根据固定总价施工合同中施工图预算模式和工程量清单报价模式的不同特点，发包人与承包人承担风险的范围是不同的。在施工图预算模式下，发包人在招标时，在招标文件中没有提供工程量清单，而仅仅提供招标图纸和说明，投标单位根据图纸内容自行编制投标预算参与投标，“量”与“价”的风险均由承包人承担；而在工程量清单报价模式下，发包人自行或委托他人编制的工程量清单，作为招标文件提供给投标人，由投标人依据工程量清单自主报价，发包人承担量差和缺项风险，承包人承担价格风险。因此，对于招投标文件缺项下的工程价款结算纠纷，应根据不同合同的特点，分别作出处理：

1. 招标文件缺项的结算纠纷处理规则

招标文件缺项仅出现在工程量清单报价模式中，根据其性质特点及风险分担原则，对于相应的结算纠纷，处理时应把握以下规则：

第一，如果施工合同对于工程量清单漏项、错项的责任承担没有约定，则应由发包人承担工程量清单漏项、错项的责任，由此增加的工程价款亦应由发包人承担。2013 年《建设工程工程量清单计价规范》第 4. 1. 2 条对此问题亦明确规定，招标工程量清单必须作为招标文件的组成部分，其准确性和完整性应由招标人负责。在施工合同没有对工程量清单发生错项、漏项的责任承担进行约定的情形下，相对应的工程量应作为承包人施工的新增工程量予以计价，“量”根据竣工图按实测算，“价”以市场价或当地最新工程定额标准为依据。

第二，若招标文件约定由投标人负责参照施工图对清单工程量进行核对，投标人在合同签订前未提出工程量异议及工程缺项问题，应视为承包人对于发包人提供的工程量清单予以认可，说明以其专业技术能力所预判的商业风险在其可承受范围内，相对应的合同总价不再调整。

司法实践中，招标文件或者施工合同中约定发包人提供的工程量清单仅供承包人投标时参考，所有工程量清单漏项、错项产生的责任均由承包人承担，这种约定是否有效存在争议。一种观点认为，作为国家标准的《建设工程工程量清单计价规范》中的强制性条文，应得到上位法《建筑法》《标准化法》《价格法》以及有关行政法规等的保护，并获得上位法的保护效力，实践中一旦违反，则应当构成无效条款。另一种观点认为，作为有经验的投标人在明知情况下仍然低于成本投标，其行为产生的法律后果由其自行承担更为合理，更符合市场经济的特征，故不能据此主张无效。对此，笔者认为，虽然《建设工程工程量清单计价规范》对工程量清单的准确性规定了由发包人负责，但工程量清单的确十分复杂，即使专业编制公司亦不能完全确保编制的精准性，应允许工程量清单编制过程中存在一定程度的误差；同时，上述规定并非法律、行政法规的强制性规定，不能据此认定违反该规定的条款为无效条款，对于招标文件或合同条款约定承包人承担工程量清单漏项、错项责任的，应认可其有效性，合同总价不作调整应是一个基本原则。但需要指出的是，适用上述条款作为解决双方当事人争议的依据，只能是对合理范围的误差具有约束力。建设工程属于微利行业，如果发包人提供的工程量清单漏项、错项十分严重，由承包人承担所有责任会导致利益完全失衡的，应根据过错原则由双方共同承担相应的责任。对此问题的解决，从审判程序角度考虑，司法实践中存在两种应对方式：一是如果承包人认为其由于疏忽大意导致未能核对出的漏项工程量造成损失巨大，则可以通过行使撤销权对合同价款进行变更，在未进行相关诉讼并由生效判决确认的前提下，对施工合同约定的固定总价不予调整。二是由法院在认定建设工程结算价款时直接予以酌情扣减。一般而言，承包人作为专业的建筑公司，亦应审慎核实招标人编制的工程量清单，及时指出工程量清单中的漏项、错项情况，如果对于超过合理范围之外的漏项、错项未能发现和指出，不仅与其专业建筑公司的能力水平不符，也有违诚信原则。就另外一个角度而言，承包人的施工客观上使发包人获益，发包人不支付任何对价而获取巨大收益，显然不符公平原则和权利义务对等原则。因此，可考虑由双方对增加工程分担相应的费用，既体现了对过错的惩罚性，也维护了公平原则及利益平衡原则，具体分担比例可由法院自由裁量决定。

2. 投标文件缺项的结算纠纷处理规则

承包人编制的投标预算文件发生漏项、缺项，既可以发生在施工图预算模式下，也可以出现在工程量清单报价模式的投标过程中，因此需分别对待：

第一，在施工图预算模式下，承包人施工完成的漏报工程量不应纳入工程结算总价。在施工图预算模式下，施工合同固定总价的确定是承、发包双方围绕由承包人根据发包人提供的招标图纸和说明自行编制投标预算文件商谈而展开的。首先，如前所述，这一模式的特点决定了施工合同工程范围内的“量、价”风险均需由承包人承担，这就要求承包人在编制投标预算文件时须根据招标图纸及说明对施工完成整个建设工程所需的工程量尽可能地准确测算，这也是其作为专业建筑公司应具有的能力。故在此情况下，承包人编制的投标预算文件中的总造价应该是指完成设计图纸全部施工任务的全部费用，对设计图上某施工项目出现漏算，相应的责任应由其承包人自己承担。其次，从招投标的法律性质分析，招标是要约邀请，投标是要约，中标是承诺，双方的要约、承诺活动应在招标范围内进行。在招标设计图已标注具体施工项目范围的情况下，作为要约的投标报价范围应涵盖整个设计图所有的工程项目，否则应予以特别标注并说明，故承包人的投标报价被发包人予以认可并中标，可以认定中标价即合同固定总价是包括了设计图的全部建设工程项目在内，否则违反了招投标法律的相关规定，应为废标。因此，对承包人施工完成的该部分漏报工程量不应在合同总价外再单独计价。最后，如果承包人认为其由于疏忽大意导致的漏项工程量造成损失巨大，则可以通过行使撤销权对合同价款进行变更，在未进行相关诉讼并由生效判决确认的前提下，对施工合同约定的固定总价不予调整。

第二，在工程量清单报价模式下，承包人编制的投标预算文件出现漏项的，应区别不同情况分别处理。首先，应审查该遗漏行为是承包人的让利行为还是工作疏忽，还应审查承包人的漏项错误是否让承包人在投标竞争时以低价而处于有利地位。其次，应审查施工合同确定的工程范围是否包含了承包人所遗漏工程项目。审判实践中可以根据合同约定的工程范围内容、作为合同附件的招投标文件、中标通知、设计图纸、工程量清单、解释文件等作出综合判断。如果能够判断出该遗漏项目属于合同约定的工程范围，则应作出对承包人不利的认定，即该漏项工程应包含在建设工程固定总价中，无须另外增加结算。再次，需仔细审查招投标文件，尤其是发包人编制的招标须知等材料以及承包人投标文件中的投标说明。着重审查发包人的“投标须知”中是否有类似“投标企业编制的报价清单有缺项的，自己负责”的规定，同时还应审查承包人投标文件中的“投标说明”中是否有“本投标文件严格按照招标文件制作”等表述，如果有上述表述，则应认定造成投标清单缺项的责任在承包人自身，其对该部分漏项工程主张权利的要求应不予支持。最后，如果前述审查均未能查明相关事实，法院只能从合同的签订、承包人是否存有恶意、遗漏工程项目占整个建设工程的比重以及平衡双方的利益角度作出综合考量。

第三，如果最终认定该漏项工程作为新增工程项目计入工程总价，对于具体工程价款的计算，工程量应按招标人提供的工程量清单所记载的对应工程量为准，工程“价”先由双方协商确定，如双方不能达成一致，按市场价或当地最新工程定额标准作为计价依据。需要说明的是，如果施工合同确定的固定总价是在承包人投标预算价格下浮基础上所形成的，则在计算上述漏项工程价款时也应同比例下浮，不能出现承包人因疏忽大意而额外获益的情形。

（三）工程措施费[1]约定不明的结算纠纷处理规则

在完成一个项目的过程中，必然会存在一些与工程相关的其他措施费用，如临时设施、安全文明施工措施、其他相关技术措施等。工程措施费是工程造价的组成部分，也是工程价款结算中的重要内容。固定总价施工合同的签订过程中，因工程措施费的调整计算相当麻烦，发包人一般要求投标人对于工程措施费总价一次包死，包含在固定总价中。但当出现一些设计变更、签证工程、工期拖延等情形时，引起措施项目发生调整，造成施工组织设计或施工方案变更的，由此所对应的工程措施费是否可以调整？费用如何计取？范围怎么确定？如果在固定总价合同中未能约定清楚，会引发结算争议。对于此类结算纠纷的处理，应掌握以下原则：

第一，因承包人投标报价中对于分部分项工程量清单漏项或承包人其他原因引起施工变化、措施项目调整的，相对应的工程措施费不予调整，也不另外增加工程措施费。

第二，施工合同约定“措施费包干，不因工程量增减而调整”的，则按合同约定的原则执行，不再调整工程措施费。

第三，施工合同对于工程量发生增减时是否调整工程措施费未作约定或约定不明的，则应根据措施项目的调整及工程量的变化调整工程措施费。具体方法：原工程措施费中已有的措施项目，按原有工程措施费的组价方法调整；原工程措施费中没有的措施项目，先由双方协商确认，如果协商不成的，则应按当地最新工程定额标准确定。

（四）在建工程结算纠纷处理规则

施工过程中因种种原因导致双方合同解除，承包人中途退出施工，以合同约定的固定总价结算工程价款显然已不可能，在承包人已完工部分工程质量合

[1] 工程措施费是指为完成工程项目施工，发生于该工程施工前和施工过程中非工程实体项目的费用，由施工技术措施费和施工组织措施费组成。

格的情形下，如何计算承包人应得工程价款是司法实践中又一重要争议点。

目前司法实践中比较统一的做法是通过司法鉴定的方法对工程价款予以确定，具体鉴定有三种方法可以选择：一是根据实际完成的工程量，以建设行政管理部门颁发的工程定额取费核定工程价款，同时比照合同固定总价下浮比例得出最终发包人应付工程价款数额；二是通过司法鉴定计算所完成工程的工程量占全部工程的比例，再按此比例乘以合同约定的固定总价得出具体的工程价款数额；三是由司法鉴定机构在同一取费标准下计算出未施工程部分的工程价款，由合同固定总价予以扣减，确定发包人应付工程价款数额。

当然，具体适用何种标准，应根据案件的具体情况决定，但司法实践中有一点需引起注意，适用的方式不能导致最终结果让解除合同的违约方获益，即该方式的使用使违约方获得高出正常合同履行的利益，这有违公平、公正的原则。

（五）合同价格条款前后矛盾的结算纠纷处理规则

司法实践中，经常会遇到合同价格条款约定不一致的情况，尤其是在固定总价合同中，通用条款部分中约定了固定总价，但在专用条款中却又约定价格可调，如某工程施工合同第一部分约定工程为一次性承包价××元，但在合同第三部分专用条款却约定合同价款采用可调价格，且在价款调整因素部分约定了几种情形，比如约定“工程报价书中的土建、安装材料价格套用市场信息价后总价下浮××%，作为合同成交价，非信息价不作调整”等。此类合同出现前后矛盾的价格条款约定，在结算工程价款时，如何处理？双方当事人在建设工程施工合同通用条款中约定了固定总价，固定总价意味着除了变更增减的工程量外，原合同范围内的工程价款不作调整，而在专用条款中又约定了价格调整，对于类似价格条款发生冲突的处理，笔者认为，第一，要根据施工合同所体现的当事人的真实意思表示来判断所谓的固定总价是否被打开。第二，应审查该“可调价格”是对整体工程结算的约定还是仅针对增加工程计算工程价款的约定，不能把两者予以混淆。第三，在前两者无法作出认定时，要根据专用条款和通用条款的效力冲突作出判断。从条款性质来看，通用条款是所有相同示范版本共有的内容，而专用条款是签约双方针对合同项下的工程所作的有针对性、不同于通用条款的特别约定；另外从合同文件的解释顺序来看，专用条款优于通用条款，专用条款更能体现签约双方当事人的真实意思表示。故在两者不一致或发生矛盾时，应当遵循专用条款优先的原则，对该施工合同的计价方式理解为可调价格，而非固定总价，相对应的工程价款结算应按照可调价格合同的原则进行。

案例17

市场价格波动是否构成情势变更的认定

——指挥部与中铁十八局二公司建设工程施工合同纠纷案[1]

基本案情

上诉人（原审被告、反诉原告）：武汉绕城公路建设指挥部（以下简称指挥部）

被上诉人（原审原告、反诉被告）：中铁十八局集团第二工程有限公司（以下简称中铁十八局二公司）

2002年11月25日，指挥部对武汉绕城公路东北段一期工程的15、16合同段进行公开招标。招标文件第2篇投标须知资料表和修改表中载明，“本合同在施工工期内不进行价格调整，投标人在报价时应将此因素考虑在内”“对于其他需要投标人自己购买的材料，所发生的一切费用均应包括在投标人的报价之中”“投标人应考虑自备电源，以便急用。此项费用应已包括在投标人的投标报价之中，业主将不另行支付”。

2003年1月13日，指挥部发出中标通知书，通知中铁十八局二公司以109,202,556元总价中标承建第15施工标段。2003年4月4日，指挥部（发包人）与中铁十八局二公司（承包人）签订《国道主干线武汉绕城公路东北段项目一期工程合同（土建第15合同段）》，该合同由工程承包合同、廉政合

[1] 参见最高人民法院（2007）最高法民一终字第81号民事判决书。

同、安全生产合同三部分组成，其中在《合同专用条款及数据表》的《合同专用条款》第70.1条中约定“本合同在施工期间不进行价格调整。承包人应在投标时考虑这一因素”。

后中铁十八局二公司进场施工。在工程施工期间，湖北省建设厅于2004年2月25日下发鄂建文〔2004〕23号关于钢材、水泥结算价格调整的指导性意见。该意见载明：“去年七月以来，我省钢材、水泥价格持续大幅度上涨……现对钢材和水泥的价格调整提出如下指导意见：……合同明确不能调整钢材、水泥价格的，其价差不予计算。”2004年7月，《湖北省交通厅关于对在建高速公路项目主要材料涨价实施价格补贴的意见》（鄂交基〔2004〕314号），该意见针对2002年年末以来全国建材价格持续大幅上涨的情况，要求各有关单位根据风险共担、合理补偿的原则，对2002年10月至2003年12月在建的高速公路土建主体工程的水泥，钢筋、钢绞线等主要材料涨价幅度大于5%的实施补贴，由建设单位和施工单位（供应商）根据项目实际情况，确定各自分担比例适当补贴。

工程完工后，2004年9月30日，建设单位、监理单位、设计单位共同签发了交工验收证书，评定工程优良率100%，质量评分97.6分，满足设计和质域标准，为优良工程。

2005年4月29日，指挥部与中铁十八局二公司、监理单位共同在中期支付证书和工程结算清单上签字或盖章，确认工程总额为107,041,953元。

2005年3月24日，审计署驻武汉特派员办事处（以下简称武汉特派办）发出审武特通〔2005〕5号《审计署武汉特派办关于审计京珠、沪蓉武汉绕城公路东北段工程的通知》，决定派出审计组，自2005年4月上旬起，对京珠、沪蓉武汉绕城公路东北段进行就地审计。2005年12月10日，武汉特派办作出2005年第16号审计报告。该报告载明：第15合同段的审定金额为101,048,652.65元，指挥部实际支付104,061,474元，超付金额3,012,821.35元。武汉特派办据此于2006年3月8日要求指挥部追回超付的工程款。此后，中铁十八局二公司与指挥部为工程价款产生争议。

中铁十八局二公司向湖北省高级人民法院提起诉讼，请求法院判决：

(1) 指挥部支剩余工程款项2,672,969元及其利息113,824元;(2) 指挥部支付武汉绕城公路15标段主要材料差价16,044,360元及其利息2,117,989元;(3) 指挥部支付剩余自发电补偿款3,548,988元;(4) 指挥部支付施工人员误工费1,836,060元、机械设备闲置费1,237,190元;(5) 指挥部支付精品工程奖励金2,765,000元。

指挥部反诉称,根据审计结论,指挥部已经超付工程款,故请求判令中铁十八局二公司立即返还指挥部超付的工程款3,012,821.35元及利息146,875.04元。

原审审理中,法院委托中国建设银行湖北省分行造价咨询中心依鄂交基〔2004〕314号文对工程材料差价进行鉴定,依据《国道主干线武汉绕城公路土建工程H标考核奖惩办法》对精品工程应奖励的金额进行鉴定。2006年12月13日,该鉴定机构出具了〔2006〕第51号司法鉴定书。鉴定结论是涨价幅度大于5%的工程材料价差为10,370,846.1元;精品工程奖励的问题因中铁十八局二公司提供的资料不全,无法鉴定。

法院裁判

一审法院认为:(1) 关于工程款结算原则。涉案工程竣工后,中铁十八局二公司、指挥部及监理单位于2005年4月29日共同在中期支付证书和工程结算清单上签字或盖章确认了工程总价款为107,041,953元,该行为是依合同约定进行的工程结算行为,对双方具有约束力。审计结论不具有排除合同约定结算条款的效力,不能作为结算依据。故双方应按确认的结算清单进行结算。(2) 关于施工期间建材大幅涨价,指挥部是否应给予材料差价补偿的问题。《合同专用条款》第70.1条约定"本合同在施工期间不进行价格调整。承包人应在投标时考虑这一因素"。合同中不调价的约定是建立在双方协议时的合同基础之上,以能够实现双方当事人的合同目的为前提,建材价格在一定幅度内的合理的波动为正常的交易风险。但在合同履行过程中,建材大幅涨价,对此事实,双方当事人均认可,其涨价幅度按照鄂交基〔2004〕314

号文的表述是："超过了施工单位的承受能力。"这说明在合同履行期间，作为合同基础环境因素的建材价格因素发生了根本性的变化，而这种变化超出了合同当事人所能预测的范围，按原合同履行将对中铁十八局二公司产生显失公平的后果，导致中铁十八局二公司的合同目的无法实现。这一情形符合最高人民法院《全国经济审判工作座谈会纪要》中关于按情势变更的原则变更或解除合同的适用条件，故应根据情势变更的原则，依中铁十八局二公司的材料差价补偿请求，由指挥部给予适当补偿。鄂交基〔2004〕314 号文是虽是政府指导性文件，非强制适用，但该文件一方面确定了施工期间建材价格大幅上涨的事实，另一方面也对价格上涨确立了风险共担的原则和对涨价幅度大于 5% 的给予补贴的补贴范围，具有合理性，同时也符合《合同法》第 5 条依公平原则确定各方权利义务的规定，应参照适用。一审法院委托鉴定部门作出的鉴定结论以鄂交基〔2004〕314 号文为依据，计算的工程材料差价为 10, 370, 846. 10 元。对这一增加的建设成本，双方均无过错，应由双方按公平原则分担。一审法院确定由中铁十八局二公司负担 20%，由指挥部负担 80%，故指挥部应对中铁十八局二公司补偿 8, 296, 676. 88 元。此外，双方的其他诉讼请求均缺乏依据，不予支持。

一审法院判决：(1) 指挥部支付中铁十八局二公司余欠工程款 2, 672, 969 元及利息；(2) 指挥部补偿中铁十八局二公司材料差价损失 8, 296, 676. 88 元及利息；(3) 驳回中铁十八局二公司的其他诉讼请求；(4) 驳回指挥部的反诉请求。

指挥部不服一审判决，向最高人民法院提起上诉称：(1) 工程造价应当按照审计结论计算；(2) 一审判决指挥部补偿材料差价损失与本案当事人依意思自治所作约定相悖，亦与《合同法》[1] 规定的原则相悖。故请求二审法院驳回中铁十八局二公司一审诉讼请求，支持指挥部反诉请求。

二审法院认为：(1) 一审法院对于工程造价的认定正确。(2) 关于材料补差问题。根据作为当事人施工承包合同通用条款第 70. 1 条约定，除非合同

〔1〕《合同法》已废止。

专用条款另有规定，凡是合同预期工期在24个月以上的，在合同执行期间，由于……材料的价格涨落因素应对合同价格进行调整……而在案涉工程武汉绕城公路东北段施工（15、16合同段）《招标文件项目专用本》投标须知修改表第11.6条约定，本合同在施工工期内不进行价格调整，投标人在报价时应将此因素考虑在内。从以上条款内容可以得出以下结论：公路建设工程工期在24个月以上的，由于材料价格涨落因素应对合同价格进行调整，但合同专用条款另有规定的除外。据此应认定，本案当事人在合同中已经明确排除了因材料上涨而进行合同价款调整的可能。此外，情势变更原则的功能主要是为了消除由于订立合同时的基础情势发生重大变更所导致的当事人权利义务的显失平衡。而从本案案情看，经一审法院委托鉴定，中铁十八局二公司因材料价格上涨导致的差价损失程度尚难达到情势变更原则所要消除的当事人之间权利义务显失平衡的严重程度。因此，一审法院适用情势变更原则判决指挥部补偿中铁十八局二公司材料差价损失，依据不充分。

二审法院判决：(1) 维持一审判决第1项、第3项、第4项；(2) 撤销一审判决第2项。

案例评析

本案涉及的主要法律问题是情势变更原则在固定价格施工合同中的运用，即施工期间建材市场价格波动，施工方能否依据情势变更原则要求发包人进行材料补差。

情势变更原则是指在合同有效成立后，合同赖以成立的基础或环境发生不能归责于当事人的异常变动，致使合同无法继续履行或者继续履行合同变得异常艰难并导致当事人利益关系的显失平衡，根据诚实信用原则，当事人可以请求变更或者解除合同的法律制度。由于建设工程施工合同履行周期长，在施工过程中，往往人工、机械、材料的价格会出现较大幅度的波动，因此产生的纠纷较多，这一纠纷在固定价格合同中较多出现。对于承包人以施工期内材料价格上涨要求发包人予以材料补差的，应当综合施工合同的约定和履行情况综合考量，正确区分商业风险与显失公平，慎重适用情势变更原则。第一，如果当事人在合同中对建筑材料等价格变动的风险有约定的，应当严格按照约定处理。如果双方当事人在合同协商及签订过程中，对于人工、机械、材料的价格在施工期间可能出现波动已有预期，并就是否调整价格达成了一致意见，原则上应按照合同约定处理；如果未能达成一致的，承包人应承担相应的商业风险，即承担相应的涨价风险。第二，如果市场价格波动超过了正常商业风险，当事人可以根据情势变更请求对工程造价进行调整。至于市场价格上涨幅度是多少才构成情势变更，则应根据案件标的、施工周期、社会整体经济形势、通胀程度等因素，运用日常经验法则判断是否足以造成承包人无法继续履行合同或明显构成利益失衡。第三，正确理解并掌握风险分担原则。建设工程施工合同的结算中的风险分担原则是指风险发生时，合同双方按照合同约定分别履行各自的义务，共同承担风险，从而实现既存风险的现实分担。工程结算实践中，尤其是在工程量清单计价模式主导下，发包人要承担工程量测算风险，而承包人则应承担人工、材料、机具费价格可能会出现的市场波动风险。因此不能狭隘地认为风险分担就是由双方分担建筑材料的涨价风险。

本案中，发包人在招标文件中明确“本合同在施工工期内不进行价格调整，投标人在报价时应将此因素考虑在内”，施工合同的通用条款及专用条款也均约定“施工工期在 24 个月以内的不进行价格调整”。因此，对于建筑材料涨价的风险及适用情势变更进行价格调差的条件均在双方签约时的考虑范围内。同时从承包人的履约时间分析，从开工建设到工程竣工才一年半时间，没有证据证明社会经济形势恶化且发生严重通货膨胀，也无证据证明建筑材料的涨价造成承包人无法继续履行施工合同。因此，本案所涉的建筑材料价格上涨是一种正常的商业风险，并未造成双方利益严重失衡，承包人要求发包人予以材料价格补差既不符合施工合同的约定，更不符合适用情势变更原则的要求，最高人民法院的终审判决对此不予支持。

三、固定单价施工合同结算纠纷处理规则

固定单价合同是指合同的价格计算是以图纸及规定、规范为基础，工程任务和内容明确，业主的要求和条件清楚，建设工程单位面积的价格不变，不再因环境的变化和工程量的增减而变化，工程量按实测算，根据具体工程量的测算结果确定最后的工程结算款的一类建设工程施工合同。这里的合同单价是指完成合同清单项目单位工程量所需的全部费用，是综合单价，包括人工费、材料费、机械费、脚手架搭拆费、工资性津贴、其他直接费、现场经费、间接费、利润、税金、材料代用、人工调差、材料价差、政策性调整、施工措施费及合同包含的所有风险责任等，该单价在合同有效期内一般是固定不变的，但合同双方也可以约定工程量增减超过一定幅度、主要材料价格变化幅度超出约定范围等可以调整综合单价，并约定调整的比例。

一般而言，在设计图不详细、相关条件不具备的情况下，工程量无法精确计算，但发包人又想招标，尽快启动建设工程项目，这时候采用固定单价模式，工程量按实结算，发包人可以把图纸不详细的风险转嫁给施工单位。固定单价合同也是目前工程实务中采用较多的模式，劳务分包合同中的泥工、木工、辅工价格，也均是固定单价的一种模式。

工程实务中，固定单价合同当事人一般均在专用合同条款中约定了综合单价包含的风险范围和风险费用的计算方法，并约定风险范围以外的合同价格的调整方法。固定单价合同结算中发生的争议，主要存在两方面的问题：一是对于“按实计量”的工程量计取存在争议，二是对不同情形下的综合单价是否应调整有争执。综合工程实务及司法实践的经验，对于固定单价合同的结算纠纷处理规则，应从以下几方面予以把握：

（一）审查施工合同约定的风险范围

由于固定单价合同适用的前提是在合同约定风险内价格不作调整，因此，处理此类纠纷需重点审查当事人在合同中约定的风险范围，以判断一方当事人主张调整固定单价的事由是否在合同约定的风险范围内。《建筑工程施工发

包与承包计价管理办法》第 14 条规定：“发承包双方应当在合同中约定，发生下列情形时合同价款的调整方法：（一）法律、法规、规章或者国家有关政策变化影响合同价款的；（二）工程造价管理机构发布价格调整信息的；（三）经批准变更设计的；（四）发包方更改经审定批准的施工组织设计造成费用增加的；（五）双方约定的其他因素。”当然风险范围并不局限于上述，双方可根据实际情况进行约定，比如双方在施工合同中约定：施工人实际完成的工程量与招标人提供的工程量清单中给定的工程量的差值在 ±3% 以内（含 ±3%）时，投标报价不予调整；超过 ±3% 时，按投标综合单价调整合同价款等。审查当事人主张进行价格调整或不同意调整的相关理由，应先看发生调整固定单价的事由是否在合同约定的风险范围内，如工程变更、工程量清单漏项、工程量偏差导致的工程量变化、工、料、机价格上涨幅度等是否在风险包干范围内，并据此作出调整与否的认定。

（二）审查承包人的实际施工量

首先要澄清一个认识上的误区，固定单价施工合同中的工程量并非想象中的建设工程单位面积，工程量测算并非建设工程施工面积的丈量。固定单价施工合同中作为计算工程造价的工程量是指清单工程量和清单中的定额组价部分的工程量。招投标时发包人提供的工程量清单仅作为一种参考，是一种暂估工程量，并不能直接作为竣工结算时的工程量认定依据，需在工程竣工后的结算时重新予以计量。一方面，承包人为多获取工程款在所递交的工程结算书中对于工程量采取“高估冒算”；另一方面发包人为了压低工程结算价款而对于工程量尽可能地扣减。目前工程实践常常采用竣工图重算加增减账法对于工程量进行审核，依赖于工程造价咨询单位的事后审核和纠察，导致双方对于隐蔽工程和签证工程的工程量认定争执不下。司法实践中，对于工程量的正确认定应掌握以下原则：

第一，严格按照建设工程施工合同约定的工程量计算规则、图纸及变更指示等进行计量，以工程量清单、竣工图纸作为工程计量的主要依据。

第二，施工过程中，双方当事人按月或按工程形象进度进行分段计量，承包人在施工合同约定的每个计量周期内对已完成的工程进行计量，并经发包人或其委托的监理单位认可的，不再重新计量。发包人或其委托的监理单位与承包人共同对每个项目的历次计量报表进行汇总，以核实最终结算工程量，双方在汇总表上签字确认的，应直接予以认定工程量并不再重新测量。

第三，已标价工程量清单中的单价子目工程量为估算工程量，当发现招标工程量清单中出现缺项、工程量偏差，或因工程变更引起工程量增减时，应按承包人在履行合同义务中完成的实际工程量计算。

（三）正确认定新增工程项目的固定单价

由于招标文件中工程量清单的漏项，或是非承包人原因的工程变更，产生新的工程项目，其所对应的综合单价应按下列规则确定：第一，发生设计变更出现新增工程项目的，该项目所对应的综合单价双方在签约时未曾磋商达成一致，故不能直接适用施工合同约定的综合单价，应由双方协商确定；如果协商不成的，按当地行政管理部门颁发的最新工程定额标准或市场价确定。其理由在前述固定总价合同的结算规则中已有论述，这里不再赘述。第二，设计变更没有新增工程项目，只是在原有设计项目上增加一定的工程量，对于该部分增加施工的工程量的计价，应按合同中已有的综合单价确定。

（四）建筑材料品牌或用量发生变化时固定单价应予调整

在固定单价合同中，一般而言，除设计变更等原因造成工程范围发生变化外，合同约定的固定单价是包死不变的，价格风险由承包人负责。但在工程实务中存在承包人未按约定的品牌、规格、型号、数量使用建筑材料等情况，比如工程量清单规定使用干粉砂浆，但承包人在实际施工人使用了小部分干粉砂浆，其余以自拌砂浆代替，地基渣土层的铺设厚度缩减等，在这种情形下，施工合同约定的固定单价在工程价款结算时应作调整，对于不符合合同约定的部分项目的价格予以扣减。鉴于同一型号或品牌的原材料在不同地方或销售商的价格也有不同，可参照当地行政管理部门发布的建筑材料指导价执行。

（五）在建工程的固定单价重新确定

对于固定单价合同模式下发生施工中途解约的工程价款结算，首先是在建工程质量合格，这是承包人获得工程结算款的首要条件。其次，对于工程量根据按实结算的原则予以测算。最后，对于具体单价认定，应根据工程项目的完成情况结合施工合同约定的价格以及作为合同附件的单价分析组成表作出认定。必须强调的是，除非合同双方达成一致，否则不适用工程定额标准计算工程结算款。合同附件没有具体单价分析组成表的，应参照合同约定的计价原则进行组价分析，可以通过合同单价、施工图的含量分析等组成单价，并结合工程量得出最终工程结算价款，这一点在法院委托司法鉴定时必须予以明确。

（六）包干措施费的调整根据包干范围予以认定

如果合同约定工程措施费包干，该包干的理解应仅限于招标图纸或工程量清单范围内的工程量变更，而不应包括新增工程项目的工程措施费调整。故应仔细审查具体的范围，如合同约定不明，则工程量清单范围内的工程项目发生变更的，工程措施费应不予调整。当出现合同约定风险范围外的情形或出现新增工程项目的，上述变化引起措施项目发生变化、造成施工组织设计或施工方案变更的，措施项目费用应作相应调整。

案例18
工程规费计取应遵循施工合同约定
——中辉公司与泰洲公司建设工程施工合同纠纷案[1]

基本案情

再审申请人（一审原告、反诉被告，二审上诉人）：陕西中辉建设工程有

[1] 参见最高人民法院（2018）最高法民再418号民事判决书。

限公司（以下简称中辉公司）

再审申请人（一审被告、反诉原告，二审上诉人）：陕西泰洲房地产开发有限公司（以下简称泰洲公司）

2008 年 11 月 10 日，中辉公司与泰洲公司签订的《建设工程施工合同》约定，工程范围：本工程施工图所涉及的全部工程内容，消防工程只做消防预埋管。合同价款计算的依据及承包方式：土建工程执行 1999 年《陕西省建筑工程综合预算定额》及相应配套费用定额，安装工程执行 2001 年《全国统一安装工程定额陕西省价目表》及相关的《取费定额》，按工程类别计取工程费用。承包方式包工包料，本工程不计取劳保统筹、文明工地、四项保险费……

2009 年 11 月 10 日，中辉公司与泰洲公司达成了《紫薇花城 4#楼补充协议》，约定大配电柜（箱）、水泵及风机均由泰洲公司供货，中辉公司施工安装，原施工合同中第 29－2 条中最后一句话修改为 2% 的配合费由分包单位直接支付给中辉公司。2010 年 4 月 14 日，中辉公司与泰洲公司达成第二份《紫薇花城 4#楼补充协议》，约定紫薇花城 4#楼工期为 500 天，开工时间为 2010 年 3 月 17 日，竣工日期为 2011 年 7 月 28 日。

合同签订后，中辉公司进场施工。2012 年 4 月 2 日，紫薇花城 4#楼工程通过了竣工验收，并形成了竣工验收备案表，该表中载明工程开工日期是 2010 年 3 月 10 日，竣工日期是 2011 年 7 月 15 日，工程质量为合格。

因双方对工程价款结算产生争议，中辉公司向西安市中级人民法院起诉请求：（1）判令泰洲公司支付拖欠中辉公司工程款 13, 343, 268 元并承担逾期付款利息 2, 601, 913 元、垫资利息 1, 248, 044 元，合计 17, 193, 225 元；（2）判令泰洲公司承担中辉公司各项经济损失 1, 068, 012 元；（3）判令泰洲公司承担中辉公司依法应得劳保统筹费 1, 837, 154 元。

泰洲公司反诉请求：（1）判令中辉公司赔偿因紫薇花城 4#楼迟延竣工给泰洲公司造成的损失 4, 303, 244. 14 元；（2）判令中辉公司立即向泰洲公司开具金额 6, 976, 186. 42 元发票。

法院裁判

本案一审诉讼过程中，西安市中级人民法院委托鉴定机构对紫薇花城4#楼工程造价进行司法鉴定，陕西康胜工程造价咨询有限公司经过司法鉴定，作出工程造价司法鉴定意见书，鉴定结论为紫薇花城4#楼工程造价经调整后为60,649,145.12元。鉴定意见书中对工程造价中的相关问题也进行了分析说明：对于劳保统筹费用，为不可竞争费。根据《陕西省建筑行业劳动保险基金统筹管理办公室文件》（陕建统发〔2010〕38号）的规定，由施工企业向政府统筹企业进行返还。如泰洲公司在本鉴定意见书之后向法庭提供证据显示已足额缴纳，则鉴定意见中的工程造价应扣减劳保统筹费；若不能提供证据证明已缴纳，或提供的证据显示未足额缴纳，则泰洲公司应全部或将差额部分补缴。劳保统筹费用2,010,129.78元。

西安市中级人民法院一审认为，涉案工程已经竣工，泰州公司理应向中辉公司支付相应工程价款。鉴定机构出具的鉴定结论合法有效，可以作为认定工程价款之依据。其中关于劳保统筹费用，因双方在合同中约定不予以计取，且泰州公司也主张已经实际缴纳，故该费用不应在工程价款中予以计取。中辉公司诉请中的垫资款利息、履约保证金利息部分于法有据，应予支持；泰洲公司要求中辉公司开具发票的反诉请求成立，予以支持。其余中辉公司的本诉请求及泰洲公司的反诉请求均缺乏依据，法院不予支持。

西安市中级人民法院一审判决：（1）泰洲公司向中辉公司支付剩余工程价款6,320,460元及利息；（2）泰洲公司向中辉公司支付垫资15,637,560.59元的利息；（3）泰洲公司向中辉公司支付100万元履约保证金的利息损失；（4）中辉公司向泰洲公司开具6,930,384.42元的建筑业统一发票；（5）驳回中辉公司其余诉讼请求；（6）驳回泰洲公司的其余反诉请求。

判决后，中辉公司与泰洲公司均不服，分别向陕西省高级人民法院提起上诉。

中辉公司上诉认为，一审法院对工程造价认定有误，其中包括劳保统筹费用应当计取、人工费补差应当计取、配合费应当计取等，此外一审法院对停、窝工损失部分未予支持不当，故上诉请求撤销一审判决，改判泰洲公司支付剩余工程款 13,452,578.41 元及利息并判令泰洲公司赔偿中辉公司怠窝工损失（工资）16,600 元、材料认价延误造成的损失 58,000 元及未按时支付进度款造成的损失 23,000 元，共计 976,500 元。

泰洲公司上诉认为，双方已经进行过结算，故本案无须进行鉴定，且即使依据鉴定结论，一审法院对工程造价认定也存在错误，另一审法院对于利息、保证金部分处理不当，故上诉请求改判泰洲公司向中辉公司支付剩余工程款 321,673.09 元，并驳回中辉公司工程款利息、垫资利息、保证金利息的诉讼请求，支持泰洲公司的全部反诉请求。

二审法院认为，关于泰洲公司上诉主张双方已经最终结算，无须造价鉴定的问题，从本案查明事实看，泰州公司提供的结算单据并无中辉公司授权人员的认可，且泰州公司主张的决算书只涉及土建部分，并未包含安装工程，并非双方最终确定的工程总决算数额，故泰洲公司的该项上诉理由不能成立。一审委托鉴定程序合法，鉴定结论合法有效，可以作为认定工程价款的依据。对于具体工程造价，其中关于劳保统筹，该项费用系不可竞争费，双方虽然在合同中约定工程价款中不计取劳保统筹费用，但该约定明显违反相关规定，鉴定意见计取该项费用符合法律规定，理由充分。泰洲公司一审中虽主张已经扣缴了案涉工程的劳保统筹，但其提供的证据不能证实其主张。原审判决未予采纳该项鉴定意见有误，二审予以纠正。关于垫资利息，原审判决认定正确，但对于垫资利息的起止日认定有误，应予纠正。关于保证金的利息，一审判决泰洲公司承担履约保证金利息，显然缺乏合同依据和法律依据，二审予以纠正。

二审法院判决：（1）撤销一审判决；（2）改判泰洲公司向中辉公司支付剩余工程价款 7,550,128.58 元及利息；（3）泰洲公司向中辉公司支付垫资 15,637,560.59 元的利息；（4）泰洲公司向中辉公司支付全部剩余工程价款 7,550,128.58 元后 10 日内，泰洲公司向中辉公司开具 6,930,384.42 元的建筑业统一发票；（5）驳回中辉公司的其余诉讼请求；（6）驳回泰洲公司的其余反诉请求。

判决后，中辉公司与泰洲公司均向最高人民法院申请再审。

中辉公司申请再审请求：(1) 改判泰洲公司支付剩余工程款 13, 279, 602. 2 元及利息；(2) 改判泰洲公司支付 100 万元保证金的利息损失，支付停、窝工损失、材料认价延误损失及未及时支付工程款的损失 976, 500 元。主要理由为：二审法院对工程造价认定有误，存在重复扣除 398, 540 元大配电柜的价款，另外未支持保证金利息及违约金错误，等等。

泰州公司申请再审请求：(1) 改判泰洲公司支付工程款 4, 193, 152. 45 元；(2) 改判为泰洲公司支付垫资 6, 637, 560. 59 元的利息；(3) 改判中辉公司向泰洲公司开具 6, 930, 384. 42 元的建筑业统一发票；(4) 改判中辉公司向泰洲公司赔偿因延期竣工造成的违约金及损失 1, 612, 774. 88 元。主要理由：(1) 二审判决在劳保统筹费认定上明显违反当事人合同约定，属于适用法律确有错误，应当依法改判为在本案工程款中扣除劳保统筹费 1, 837, 154 元；(2) 泰洲公司与中辉公司已就案涉工程土建部分的工程款进行了结算，一审、二审法院未予认定，导致判决结果错误；(3) 二审判决认定的垫资款利息的计算基数确有错误；(4) 二审判决判令泰洲公司向中辉公司开具 6, 930, 384. 42 元的建筑业统一发票判决主文错误，应当依法改判。

再审认为：(1) 关于劳保统筹费应否扣除的问题。劳保统筹费系建筑行业劳动保险费，本应由施工企业自行向社会保障机构缴纳。为了防止施工单位在收取了建设单位拨付的工程款后，不为从业人员缴纳劳动保险费用现象的发生，国家规定该费用由统筹管理机构统一向建设单位收取，专户储存，在项目施工完毕之后按照规定的比例退还给施工企业。建设工程施工合同中该项费用作为人工费的重要组成部分，在工程造价中列入规费计取，属于工程造价的一部分。因此，劳保统筹费用相对于建设方而言为工程造价，对于施工方而言则是建筑行业劳动保险费。两者在含义和金额上并不完全相同。本案鉴定机构依照建设工程计价规则作出的诉争的劳保统筹费数额是建设单位应当缴纳的数额，属于工程造价的一部分，是否计入工程造价取决于当事人的意思自治，在双方有明确约定的情况下，该约定不违反法律法规的强制性规定，应属有效。因此，泰洲公司根据双方在合同造价条款中“劳保统筹费不计入工程造价”的约定，主张将鉴定意见中计取的该部分造价予以扣除，其该项再审请求有事实依据。二审判决对该部分造价认定错误，依法予以纠正。(2) 泰洲公司提供的电线电缆款等材料款，根据加盖了中辉公司项目部资料专用章的材料单，可以证实由泰洲公司提供，应当从工程款中扣除。(3) 关于人工费差价的计算问题，《建设工程施工合同》对人工费计算的约定内容在未违反法律、行政法规强制性规定的情况下，是有效的。关于100万元保证金利息、停窝工损失、未及时付款及材料认价延误的损失、逾期竣工违约损失等，均缺乏依据而不应予以支持。

再审判决：(1) 维持二审判决第1项、第3项；(2) 撤销二审判决第4项、第5项、第6项；(3) 变更二审判决第2项为：泰洲公司向陕西公司支付剩余工程价款5,069,466.97元；(4) 泰洲公司向陕西公司支付全部剩余工程价款5,069,466.98元后10日内，中辉公司向泰洲公司开具6,930,384.42元的建筑业统一发票；(5) 驳回中辉公司的其他诉讼请求；(6) 驳回泰洲公司的其他诉讼请求。

案例评析

本案例关于工程规费的计取认定体现了建设工程价款结算中应当遵循的从约原则。

意思自治原则是民法的基本原则之一，也是合同法的一项基本原则，在不违反法律和社会公共利益的前提下，当事人享有充分的合同自由。对于当事人在合同中作出的一致约定，应予以尊重。体现在建设工程结算领域，对于双方当事人在建设工程施工合同中关于计价标准、计价方式、税费负担等约定，在没有违反法律强制性规范的前提下，应秉承“有约定从约定”的规则予以执行，不能擅自改变约定另行确定结算标准。

本案所涉的劳保统筹费用的性质为工程造价中的规费之一，是否计入最终工程造价应当取决于双方的约定。本案双方当事人在施工合同中明确约定"劳保统筹费不计入工程造价"，这是双方在签订合同时协商一致的意思表示，对合同双方均具有约束力，故在工程价款结算时不应再将劳保统筹费用计入工程造价，最高人民法院的再审判决体现了这一原则。

四、可调价格施工合同结算纠纷处理规则

可调价格合同，又称"开口合同"或者"暂定价合同"。它是指承、发包双方在签订施工合同时以施工图纸及相关规定、规范为基础，按照一定的价格标准进行计算，确定了合同暂定价格，但同时又约定基于设计变更、工程量变化和其他工程条件变化引起的费用变化也可以进行调整，或者约定按实结算。简言之，就是施工合同对于承包人的投标价格约定了调整的条件、范围和方法。在量价分离的大背景下，固定价合同亦采用在一定条件下的可调价格，两者有结合的趋势。

可调价格合同的工程价款结算是按承包人投标时的数值，依据现行的计价标准确定人工单价、材料单价、机械单价费率等进行组价，从而确定最终结算价格。实践中，固定价合同在一定条件下亦会发生价格调整，因此，固定价合同结算中发生的纠纷，一般均会在可调价格合同结算中发生，相关的结算规则可同等适用。除此之外，基于可调价格合同自身的特点，对于相应纠纷处理的结算规则应把握以下几方面：

（一）尊重当事人的结算约定

可调价格合同虽然对工程造价约定的是暂定价，但双方当事人在施工合同中关于结算问题的约定仍具有约束力，应予以尊重。尤其是对于价格的调整必须符合施工合同的约定条件和范围，并根据合同约定的标准和方法进行。

（二）正确理解和实施"按实结算"条款

建设工程施工合同中对于工程价款的结算约定了"按实结算"，司法实践中对此有一种认识上的误区，认为"按实结算"就是没有约定结算标准，故

在审理中直接委托司法鉴定部门按当地最新工程定额标准进行工程造价鉴定。从工程实务看，施工合同仅约定“按实结算”而不作其他结算标准约定的现象是非常罕见的，因此在可调价格合同中，价格调整的条件、范围、方法、标准等应执行施工合同的约定，“按实结算”更多体现的是对于具体工程量应按实计量。

（三）结算过程中达成的合意优先适用

在具体纠纷的处理中，应先组织双方当事人对于合同没有约定的结算标准和计价原则进行协商并促成达成一致。办案法官应该走出思维怪圈，即不要认为工程定额是无所不能的，它只是一种结算方法，适用工程定额标准结算还是有很多内容需要双方协商一致的。比如，工、料、机价格的确定，没有一个统一的标准，政府行政管理部门发布的市场指导价格的种类并非包罗万象，很多建筑材料的市场价格需要通过多方市场咨询才能得出，而这种咨询得出的价格也不一定准确；又如对于工程量的测算，按竣工图还是按工程量清单含量测算，结果也是不一样的，甚至会有较大的差距。因此，组织双方协商确定统一标准是减少结算争议的最佳途径，事实上专业工程造价咨询机构在运用工程定额标准计算工程造价时，对于一些计量方法、材料价格等的确定，也需要召集双方协商予以确定。

（四）适用工程定额标准或市场价格是最后的选择

在某些暂定价施工合同中，对于具体的结算标准、价格调整条件及范围等约定得极其模糊，也不专业。在对施工合同进行审查及询问当事人后无法判断出双方当事人签约时的真实意思表示的情况下，审理中双方亦未就工程价款结算规则、标准等达成一致，如此法院方能委托司法鉴定单位按当地最新工程定额标准或市场价格并结合施工竣工图对施工合同所涉建设工程的造价进行司法鉴定，并最终根据案件实际对涉案工程造价作出认定。

五、成本加酬金施工合同

这类合同价款包括成本和酬金两部分，双方在合同中约定成本构成和酬金的计算方式，由发包人向承包人支付建设工程的实际成本，并按事先约定的某种方式支付酬金。成本加酬金施工合同中发包人承担了建设工程的一切费用，也承担了工程项目的全部风险；而承包人由于无风险，酬金也比较低。工程实践中，此类合同很少被采用，发生纠纷的现象也罕见，对于相应的结算处理，首先应认定承包人的施工质量是否合格，即承包人获取酬金的前提是建设工程通过竣工验收合格。对于其余可能发生的结算纠纷，可参照前面的论述并结合此类合同的性质综合认定，本章节对此不作详细阐述。

第三节　建设工程签证单结算纠纷的处理

建设工程签证是指在施工合同履行中，承发包双方根据合同的约定，就合同价款之外的费用补偿、工期顺延以及各种原因造成的损失赔偿达成的补充协议。从性质区分，建设工程签证包括现场经济签证及工期签证两大类；从内容区分，建设工程签证一般包括零星用工签证、零星工程签证、临时设施增补项目签证、隐蔽工程签证、窝工及非施工原因停工造成的人员和机械经济损失签证、议价材料价格签证单、停水停电签证，以及其他需要签证的情况。

工程签证单在工程价款结算中具有重要地位，它是建设工程造价的重要组成部分，是计算建设工程增加费用的原始依据。从司法实践的情况来看，工程签证单存在数量多、金额大、涉及面广的特点，对于工程签证单的认定也是审理建设工程施工合同纠纷案最容易出差错的部分，必须予以充分重视。本节重点分析涉工程价款结算的现场经济类签证，工期签证及停、窝工索赔签证所涉及的相关内容，本书另有论述，这里不再赘述。

一、建设工程签证结算存在的主要争议

司法实践中，对于工程签证的争议主要集中在工程签证单的效力认定及工程签证单记载的工程量或工程价款的认定。

（一）工程签证单的效力争议

此类争议主要在于：第一，承包人单方制作、无发包人确认的签证是否有效；第二，非发包人的授权代表在签证单上签字确认的效力如何，即在无发包人授权情况下，发包人的一般工作人员在工程签证单上签字是否代表了发包人的意思表示；第三，承包人提供的工程签证单存在形式瑕疵或程序不符合约定，如现场签证日期与实际不符等，该签证单是否合法有效；第四，发包人已离职的现场代表事后对工程签证补办确认手续，签证单是否能予以认定等。

（二）工程签证单的“量”“价”争议

一是工程签证单仅确认工程量，对于该工程量如何计价存在争议。二是承包人在工程签证单上申报了具体的工程价格或工程量，发包人审核时直接确认了一个具体的金额或工程量，承包人继续施工，结算时能否推定承包人认可了发包人的签证意见。三是发包人只认可增加签证施工这一事实，但对承包人签证申报的工程量、工程价格均不予认可，由此对于签证工程量和价格均存在争议。

（三）工程签证单记载内容的真实性争议

实践中，承包人在签证单上虚列变更事项、虚增工程量或虚报建筑材料，如隐蔽工程签证，施工单位利用其隐蔽性，多计工程量；有的发生同一工程内容重复签证现象；承包人利用业主现场管理人员对工程方面的有关规定不了解，对投标包干的项目或者不应该签证的项目进行盲目签证等。

二、建设工程签证单之效力认定

（一）根据施工合同约定的签证程序及签证事项认定工程签证单效力

第一，本着尊重当事人意思自治原则，施工合同中对于签证程序、签证授权代表等事项有约定的，严格按合同约定执行。如施工合同约定违反约定签证程序的签证单无效，应认定该签证单对发包人不具有约束力，该工程签证单上所载明的工程量或工程价款应不予认定。

第二，对于形式上存在一定瑕疵的工程签证单，应根据瑕疵程度而对其效力分别作出认定。一是瑕疵性质如果属于施工合同明确约定为无效情形范畴，该瑕疵构成重大瑕疵，应对工程签证单的效力予以否定。二是瑕疵性质不属施工合同明确规定的无效情形范围，根据《建设工程司法解释（一）》第19条的规定，应结合其他证据综合认定工程签证单的效力。一是查明签证工程是否真实存在，二是查明签证工程的施工是否经得发包人同意，三是承包人对于瑕疵出现的原因要作出合理解释。在此基础上根据民事诉讼证据规则的高度盖然性原则进行判断。比如基于施工过程中可能存在的紧急情况，承包人无法找到发包方授权人员签证而由其他工作人员进行签证确认的，虽然形式上不符合施工合同的约定而出现瑕疵，但如果承包人有证据能够证明其对此具有免责事由的，应对工程签证单的效力予以认定。须注意一点，在施工合同已对发包人的具体签证人员有明确约定的情况下，不应轻易运用表见代理制度去作认定，在此情况下需强调承包人应承担的举证责任。

（二）综合签字人员的身份、职务等情况认定工程签证单效力

施工合同对于发包人有权签证人员没有作出约定的，应审查签证人员的身份、职务等情况，以判断对该工程签证单确认是否属于其职务行为进而对工程签证的效力作出认定：

第一，法定代表人作出的签证确认，应当认定有效。法定代表人作为代

表法人行使职权的负责人，其作出的签证确认应当依法确认有效。即使法定代表人超出其权限作出签证确认，其代表行为仍应确认有效，除非相对人知道或应当知道其超越权限。

第二，发包人现场代表作出的签证确认，原则上应当认定有效，除非有证据证明对方明知该人员无相应权限。发包人现场代表作为发包人任命并派驻施工现场，负责处理合同履行过程中与发包人有关的具体事宜的现场负责人。即便施工合同对现场代表的授权没有明确约定，其所作出的签证确认通常仍可认定为代表一方当事人实际履行合同的职务行为，或者可认定为虽超越一方当事人内部授权但已构成表见代理的行为，一般应当确认此类工程签证单有效。如果发包人对其现场代表的授权文件已明确不具有确认签证的权限，并且该授权文件在作出工程签证单确认前已送达承包人，则该现场代表作出的签证确认应不予认定。

第三，发包人的其他工作人员作出的签证确认，原则上不应认定有效，除非对方有证据证明该工作人员有权限或签证的确认得到了发包人的授权。发包人派驻工地的一般工作人员，并非代表发包人履行合同的现场负责人，其在施工现场一般也不具有确认工程量及工程价款等职责，因此在施工合同对此类人员的签证确认权限没有约定或者约定不明确时，其所作出的签证确认不应被认定。

（三）工程监理人员对工程量、工期及工程质量的签证确认原则上约束发包人

工程监理是指监理单位根据发包人的委托，对承包人在施工质量、建设工期和建设资金使用等方面，代表发包人实施监督工作，而工程监理人员是监理单位派驻施工现场代表发包人对工程施工相关事项进行检查、查验、审核、验收，并签发相关指示的专业技术人员。工程实践中，监理人员通常负责审核已完工程量、审查批准施工组织设计、检验工程质量等，但涉及工程价款的洽商、变更、调整等经济决策的，通常交由发包人处理。因此，在施工合同对监理人员的职责和权限没有明确约定或约定不明的情况下，监理人

员在监理过程中签字确认的签证文件，涉及工程量、工期及工程质量等事实的，原则上对发包人具有约束力，施工合同中对于监理的签证确认工作另外附有限制条件的除外。须注意的是，涉及工程价款洽商变更、工程价款结算等经济决策的，一般不在工程监理的受托范围内，监理人员在相关工程文件上的签字确认原则上对发包人不具有约束力，但施工合同对监理人员的授权另有约定的除外。

（四）根据签证人员的身份、职务及施工证据综合认定后补签证单的效力

工程实务中，对于工程签证单进行事后补签的现象也时有发生，对于事后补签的工程签证单效力，应区分不同情况予以认定：

第一，基于某些紧急情形的出现，承包人在未能及时联系发包人现场代表、监理的情况下，进行了紧急施工，之后就增加施工内容由发包人现场代表或监理人员进行了补签。虽然签证日期与实际不符，但发包人现场代表或监理人员的补签行为，是发包人对施工过程中发生签证施工行为的一种追认行为，只要签证单的内容属实，应当认定其效力，发包方不能以签证程序上的瑕疵而否定施工实际和签证的效力。

第二，对于发包人离职人员的后补签证的效力确认：首先，应审查施工期间该离职人员的履职情况以及是否具有签证确认权限；其次，承包人需对实际施工日不申请工程签证确认作出合理解释并提供相应证据予以证明；最后，承包人须举证证明工程签证单所记载的事实客观存在。也唯有上述条件均符合的情形下，该工程签证单的效力才能予以认定。

案例19
存在瑕疵的工程签证单效力应综合认定
——昌华公司与建银公司建设工程施工合同纠纷案〔1〕

基本案情

再审申请人（一审被告，二审上诉人）：常德市西洞庭昌华房地产开发有限公司（以下简称昌华公司）

被申请人（一审原告，二审上诉人）：湖南省建银建筑工程有限公司（以下简称建银公司）

2011年8月4日，常德工程招标代理有限公司向建银公司发出中标通知书，通知建银公司中标昌华公司开发建设的洞庭明珠B区1#～5#楼建筑及装饰工程。同日，建银公司（承包人）与昌华公司（发包人）签订了《湖南省建设工程施工合同》，该合同的主要内容为：工程概况：工程名称为洞庭明珠B区1#～5#楼，工程承包范围为基础工程、主体工程、室内外一次装饰装修工程施工；合同工期：合同工期总日历天数365天；合同价款为36,426,051.67元；发包人承诺：发包人委托的监理人为湖南建科工程项目管理有限公司，监理人委派的总监理工程师为陈敬清……

2011年8月20日，建银公司与昌华公司签订了《洞庭明珠1～5栋楼〈建设工程施工合同〉补充协议》，对工程价款、建筑施工企业劳保费、分包项目、招标评委评审费、工程试验费的承担、工程款支付等事项作出了进一步的约定。

2013年5月13日，建银公司与昌华公司又签订了两份《洞庭明珠施工承发包协议》，昌华公司将样板间精装修，东、北警卫室及大门，东警卫室至电力路的路面施工及花岗石铺贴，下水井和管道零星工程，电力路化粪池，围墙及管线施工，地下消防水池，物业楼等工程交由建银公司施工完成。

2013年5月21日，施工单位、设计单位、勘察单位、监理单位、建设单

〔1〕 参见最高人民法院（2017）最高法民申1555号民事裁定书。

位五方主体联合对建银公司施工完成的洞庭明珠B区1#～5#楼主体工程及增加工程进行了工程质量竣工验收，综合验收结论为合格，并从2013年5月21日起计算保修期，其中有防水要求的卫生间、房间和外墙面防渗漏保修期限为5年，供热与供冷保修期为2年，装修工程及电气管线、给排水管道、设备安装保修期为2年。

此外，建银公司与昌华公司签订的两份《洞庭明珠施工承发包协议》所约定的工程也在2013年12月完工并交付昌华公司实际使用。

建银公司在全部工程完工并交付昌华公司后，制作了常德市洞庭明珠B区1#～5#楼住宅楼主体增加工程结算书、常德市洞庭明珠水泵房、门卫、样板房装饰及室外附属项目工程结算书、常德市洞庭明珠B区1#～5#楼工程因甲方原因造成施工方损失费用项目结算书，2014年1月6日，建银公司将上述3份结算书送交监理人湖南建科工程项目管理有限公司，湖南建科工程项目管理有限公司在该结算书上加盖公章并签署了收到日期为2014年1月6日。

监理人湖南建科工程项目管理有限公司收到建银公司提交的上述3份结算书后，并未在建银公司与昌华公司签订的《湖南省建设工程施工合同》所约定的期间内对结算文件向建银公司提出任何异议或要求建银公司补充结算资料。昌华公司曾单方委托第三人常德市余翔工程信息咨询有限责任公司对建银公司提交的相关结算文件进行审计，并在建银公司提起本案诉讼后向建银公司发出函件，邀约建银公司共同去常德市余翔工程信息咨询有限责任公司确认审计结果，建银公司对此予以了拒绝，对审计结果也不予认可。

因昌华公司一直未向建银公司支付剩余工程款，建银公司向湖南省常德市中级人民法院起诉请求：(1) 判令昌华公司支付拖欠的工程款6,341,666.75元及利息；(2) 判令昌华公司赔偿损失4,276,528.57元及利息。

一审审理期间，昌华公司对建银公司制作的多份结算书均不予认可，并提出鉴定申请，要求对建银公司所完成的本案所涉工程结算造价和是否存在因昌华公司原因给建银公司造成了损失等问题进行司法鉴定。建银公司亦明确同意对上述问题进行司法鉴定，并同意以鉴定结论作为确定工程款的依据。一审法院遂委托常德中立信工程造价咨询有限公司对涉案工程造价进行鉴定，常德中立信工程造价咨询有限公司于2015年11月30日作出了关于常德市西洞庭洞庭明珠B区1#~5#商住楼及附属工程结算造价纠纷鉴定的报告，该鉴定报告作出的鉴定结论为：西洞庭洞庭明珠B区1#~5#商住楼及附属工程结算鉴定确认部分金额为39,725,704.97元、签证争议部分为3,945,961.78元，合计43,671,666.75元。

法院裁判

一审法院认为，涉案工程已经竣工验收合格，故建银公司理应支付相应工程价款。关于工程造价，本案诉讼过程中，昌华公司提出鉴定申请，建银公司亦明确表示同意进行司法鉴定并以鉴定结论作为确定本案所涉工程款的依据。根据《合同法》第77条第1款[1]“当事人协商一致，可以变更合同”之规定，昌华公司与建银公司已协商一致对施工合同所约定的结算方式进行了变更，即双方均同意以司法鉴定结论作为结算工程款的依据。根据常德中立信工程造价咨询有限公司作出的鉴定报告，建银公司施工完成的本案所涉工程的工程款结算金额合计为43,671,666.75元，减去昌华公司已向建银公司支付的工程款37,330,000元，昌华公司欠付建银公司的工程款数额为6,341,666.75元。扣除质保金部分，故昌华公司应向建银公司支付的工程款数额为5,468,233.41元。关于建银公司主张因昌华公司原因造成建银公司进度延迟导致人工及设备租金的损失等，因建银公司未按合同约定在索赔事件发生后28天的索赔期限内提出索赔，建银公司已因自己怠于主张权利的行为而丧失了要求昌华公司进行赔偿的权利，故该部分诉请不予支持。

一审判决：(1) 昌华公司向建银公司支付工程款5,468,233.41元及利息；(2) 驳回建银公司的其他诉讼请求。

---

[1] 《合同法》已废止，该条文内容已更改为《民法典》第543条。

昌华公司和建银公司均不服一审判决，分别向湖南省高级人民法院提起上诉。

昌华公司上俗称，鉴定结论中争议的签证单在形式上虚假，部分加盖的监理单位公章系伪造，部分没有指定人员的签名，部分签证在内容上不真实，故签证部分价款不应当计入工程造价，请求二审法院扣减该部分签证金额。

建银公司上诉称，因昌华公司原因造成建银公司进度迟延导致人工及设备租金损失、工程进度款拨付不及时造成建银公司财务成本增加的损失是客观事实，昌华公司应当予以赔偿，请求二审法院支持建银公司该部分诉讼请求。

二审法院认为，关于建银公司主张的索赔部分，建银公司所主张的大部分损失并未按照合同约定在损失发生28天内提交索赔意向书，而仅仅是在工程完工后提交竣工结算文件时才提交了相关索赔的文件，故其索赔不符合合同的约定，不予支持。关于昌华公司主张的签证单部分：第一，昌华公司与建科公司签订了监理合同，合同上加盖建科公司公章，表明昌华公司对建科公司的监理事实是认可的。第二，这些签证上均加盖了建科公司项目部椭圆形公章，根据建银公司二审补充提交的证据，涉案争议签证单上所盖椭圆形刻有“湖南建科工程项目管理有限公司项目部”公章在昌华公司建设的其他项目以及涉案项目的其他施工资料上使用过，进一步表明该公章并非虚假。第三，虽然监理单位委托的项目总监工程师是陈敬清，而陈敬清对涉案项目不知情，也未在相关签证上签字，但昌华公司认可的本案其他签证也不是陈敬清签名，表明涉案工程签证的效力与这些签证是否由陈敬清签名没有必然联系，且监理负责人徐四华证实了签证公章的真实性。因此，本案在没有证据推翻涉案签证上公章真实性的情况下，不能仅以签证上并非陈敬清的签名就否定签证的真实性。第四，从签证内容上看，本案证据不能推翻签证内容的真实性。综上，本案签证争议部分的工程价款3,945,961.78元应计为昌华公司应付工程款。

二审判决结果：驳回上诉，维持原判。

昌华公司不服二审判决，向最高人民法院申请再审。

最高人民法院再审认为，根据建设工程监理工作规范，监理单位代表工程建设方对建设工程的质量、造价、进度等进行控制管理。建设单位与承包单位之间就工程建设有关的联系活动，一般通过监理单位进行。签署工程计量凭证、审查处理工程洽商变更，亦在监理单位职责范围之内。因此，建银公司将相关签证资料提交监理单位予以审核确认，符合工程建设管理一般流程。昌华公司关于签证资料未经其签字确认属于伪造等主张，依法不予采信。虽然涉案合同约定的项目总监理工程师为陈敬清，但昌华公司在提起上诉时已经声称，陈敬清并未实际参与涉案工程的监理工作，亦未参与签证资料的审核签字。因此，签证效力与是否经由陈敬清亲自签字并无必然联系。在没有足够相反证据否定签证资料所加盖公章真实性的情况下，原审法院结合现场勘查情况认定争议签证部分工程系由建银公司施工完成，符合民事证据高度盖然性原则。原审法院对本案工程造价的认定和后果的处理均正确。

再审裁定：驳回昌华公司的再审申请。

案例评析

本案例涉及对于存在形式瑕疵的工程签证单如何认定其效力的问题。

工程签证单在工程价款结算中具有举足轻重的地位，它是建设工程造价的重要组成部分，是计算建设工程增加费用的原始依据。司法实践中，因工程签证单的效力问题而导致的工程价款结算纠纷较为常见，其中最具争议的是形式上存在瑕疵的工程签证单的效力认定问题。司法实践中对此问题的解决，首先，审查施工合同的约定，如果工程签证单存在的瑕疵属于施工合同明确约定的无效范围，则可直接据此作出无效认定。其次，如果该瑕疵不属施工合同约定的无效情形，此时应结合其他证据综合认定工程签证单的效力。同时还应结合施工惯例对于瑕疵的存在及其影响进行审查。

本案中，承包人提供的工程签证单或仅有监理单位的盖章而无监理人员的签字，或签字人员表示不知情，上述工程签证单在形式上确实与常理不符，存在瑕疵。《建设工程司法解释（一）》第19条规定："当事人对工程量有争议的，按照施工过程中形成的签证等书面文件确认。承包人能够证明发包人同意其施工，但未能提供签证文件证明工程量发生的，可以按照当事人提供的其他证据确认实际发生的工程量。"从案件审理情况来看，发包人对于签证工程的真实存在没有提出异议，一审法院亦实地勘察了争议工程签证单所涉的工程真实存在，并已由承包人施工完成。同时，争议工程签证单上加盖的监理单位印章在涉案建设工程及发包人其他建设项目的施工资料上均使用过，且发包人所委托的监理单位人员亦作证证明该印章的真实性。因此，在签证工程真实存在且工程签证单上监理单位印章真实的情况下，发包人主张工程签证单是虚假伪造的观点难以成立，根据民事证据高度盖然性原则应依法认定争议工程签证单合法有效。

三、建设工程签证单结算纠纷处理规则

工程签证单最核心的功能之一是对合同价款之外的费用进行结算。工程实务中，发包人对于工程签证单涉及工程价款的确认，一般分为四种类型：一是确认签证工程价款金额；二是对工程价款金额不予认可，但对工程量予以确认；三是发包人直接批注具体的工程价款金额或具体的工程量；四是对于工程价款的金额及工程量均不认可，但确认增加签证项目的施工，具体结算再议。对于工程签证的结算主要围绕这四种类型展开。此外，对于发包人不予认可存在签证工程或承包人单方提供的工程签证单的情况下，如何认定也是工程签证结算中需要考虑的内容。

（一）工程签证单的金额或工程量经发包人确认的直接计入工程价款结算范围

第一，发包人确认工程签证单金额的，说明承、发包双方对签证工程的结算已达成一致，应在工程竣工价款结算中予以体现。

第二，工程签证结算的核心是对签证工程量的认定，在双方对于工程签

证单所记载的工程量没有争议的情形下，对于价格的确认，可由双方协商确定，如果协商未成，应分析签证工程的性质，是属合同范围外的新增工程项目还是原有工程项目增加施工量，在此基础上依据签证工程的不同性质确定具体的计价标准进行结算。本章第二节对于增加施工项目或增量工程的结算原则已作详细论述，应按此标准执行，这里不再赘述。

（二）工程签证单的“量”“价”未被确认的通过司法鉴定予以查明

这里需明确，发包人的不予确认是对工程签证单记载的工程量或工程价款不予认可，但对于签证工程的真实性没有异议。在此情况下，首先，应由双方就该签证工程的结算价款进行协商。协商不成的，法院可委托司法鉴定部门进行司法鉴定，具体可根据承包人的施工资料以及竣工图纸等予以查明，必要时可会同各方进行实地勘察，甚至做破坏性的检测，以查明具体的工程量。比如，地下渣土层的厚度，需要根据规范检测要求分别打眼检测。其次，如果根据竣工图及实地勘察等，均无法查明签证工程量的，比如施工中的抹灰工程，抹了几层，很难查明，此时应由发包人进行举证对签证单的记载予以否定，否则应认可工程签证单的证明力，发包人承担举证不能的法律后果，双方按签证单记载的工程量进行结算，具体计价标准根据签证工程的性质予以确定。

需要指出，这一处理规则同样适用于发包人施工指令下的无效工程签证单的结算纠纷处理。第一，虽然工程签证单因不符合双方约定的签证程序或存在其他瑕疵问题而导致无效，但对于承包人已进行签证工程的施工这一客观事实应该予以认定。第二，工程签证单无效，由此上面所记载的工程量或工程金额均不能适用，在此情况下，对于签证工程的工程价款可先由双方协商确定，如未能协商一致的，法院可委托司法鉴定予以认定。

（三）发包人单方在工程签证单上的批价、批量不应予以认定

工程实务中，一般而言，承包人向发包人提交的工程签证单或记载工程量，或记载具体的工程价款金额，仅记载施工内容的相对较少。实践中，经

常发生发包人不认可承包人在工程签证单上的申报工程量或价格，而是在签证单上另行确认一个具体金额或一个具体的工程量，在建设工程竣工结算时，发包人要求按其批注的金额或工程量进行结算，而承包人要求按其申报的价格或工程量计算结算价款。对此争议，应作如下认定：

第一，发包人在工程签证单上确认的金额及工程量，是发包人单方面的意思表示，既无证据证明该确认体现了签证工程量的真实价值，也未得到承包人的认可，因此在工程价款结算时不能以发包人的签证批注为依据。

第二，发包人不认可承包人的签证申报，其批注的金额或工程量也未被承包人所认可，在双方就此未能通过协商达成一致的情况下，对于具体施工工程量的认定可由承包人提供其他相应证据予以证明，无法通过举证查明的，法院可委托司法鉴定予以查明。

第三，虽然在发包人对工程签证单上批价批量后，承包人未提出异议而是继续施工，但不能就此认定承包人接受或认可了发包人对签证工程的“量”“价”意见。工程价款数额的确定应以明示的方式达成一致，同时基于工程施工的紧迫性及连续性，客观上承包人也不能停止施工然后就签证工程量或价格与发包人进行谈判，且承包人继续施工的行为有益于建设工程的施工进程，发包人是该行为的获益者，认定承包人认可发包人的签证批注既缺乏依据，又不符合客观实际。

（四）承包人单方制作的工程签证单以不予认定为原则、有条件的认定为例外

严格而言，承包人单方制作的工程签证单应归属于无效工程签证单范畴，但其与因不符合签证程序或形式瑕疵而无效的工程签证单的区别是：第一，发包人不认可存在签证工程或施工变化；第二，承包人也没有证据证明签证工程是在发包人指令下完成的。

对于承包人单方制作的工程签证单是否能进行工程价款的结算，涉及两方面的审查认定：一是所涉及的签证工程是否真实存在；二是即使存在签证工程，但未经发包人同意施工，承包人能否获得该签证工程的结算价款。一

般而言，对于第一点的审查认定可通过承包人举证或现场勘察、核对竣工图等方法予以解决。如果无法查明签证工程是否真实存在，承包人应承担举证不能的法律后果，其要求对该签证单进行结算的主张不能予以支持。存在真实签证工程是前提，目前司法实践中争议较大的是对第二点的审查认定，即对于发包人不认可也未指令承包人施工的增加工程项目或工程量，即使真实存在，是否一定必须结算相应的工程价款。根据《建设工程司法解释（一）》第 19 条的规定精神及司法实践的经验，笔者认为，应把握以下处理原则：

1. 不予认定承包人的单方签证是基本原则

第一，《建设工程司法解释（一）》第 19 条明确规定，当事人对工程量有争议的，按照施工过程中形成的签证等书面文件确认。根据建筑行业的施工惯例，承包人对于增加施工项目等事项应通过工程签证单、技术联系单或会商纪要等方式解决。因此，在既缺乏合同依据也不符合法律规定的情形下，不能轻易对该工程签证单予以认定。

第二，对于没有签证等书面文件证明的争议工程量，《建设工程司法解释（一）》第 19 条也规定了在承包人证明发包人同意其施工的前提下才可以参考其他证据确认签证工程量，发包人同意承包人施工是核心条件。在未能证明发包人同意或无异议的情形下承包人增加了施工工程量，客观上改变了施工合同约定的工程范围，应认定为擅自施工。承包人擅自增加工程量应该对可能发生的风险及后果有预判，从维护施工合同的严肃性和稳定性出发，对于承包人破坏合同的行为轻易不能支持。工程实务中，承包人故意多增加无益的施工项目以此在工程结算中多争取利润的情况屡见不鲜，这在装饰装修工程中尤为明显，对于承包人强制得利的意图需要在审判实践中加以制止。因此，在承包人缺乏证据又不能作出令人信服解释的情形下，对该工程签证单应不予认定，相应部分的工程量不应结算并计入工程结算总价。

2. 例外情况下可以有条件地认定承包人单方签证的效力

工程实务中，确实存在发包人故意拖延、推诿而不予确认工程签证单的情形，也存在承包人出于提高施工质量、改善施工工艺的考虑而增加施工的情形，因此在审判实践中也不能机械地以不能证明发包人同意施工为由作出认定，避免承包人的合法利益遭受损失。从实践情况来看，有签证工程项目并不一定增加工程量，同样地，缺乏工程签证也未必不能在工程价款结算中增加工程量。案件审理中，需要做好以下审查及事实认定：一是承包人对未能进行工程签证的原因须作出合理解释；二是承包人确实进行了增加工程量的施工，即签证单所对应的增加工程项目或工程量确实存在；三是排除增加工程量是承包人施工不当的原因造成；四是增加工程量有益于整个工程项目，即发包人是获益者；五是增加工程的施工具有明显性，即增加施工的工程项目非隐蔽项目，所处的位置易被发包人注意到，以此判断发包人对于承包人的施工是否知晓而无异议。

如果对上述事实经审查能够予以认定，也能够认定发包人知晓承包人的增加施工而无异议，且该签证工程较好地改善了工程质量或客观上使发包人获得较大的收益，本着公平原则，从利益平衡角度出发，可适当支持承包人的主张，防止发包人构成不当得利。对于具体工程价款的结算，在双方无法协商一致的情况下，可通过司法鉴定的方式确定具体的工程量，相应的价格计算标准可根据增加工程的性质予以确定。

案例20
施工合同约定无效范畴的工程签证单不应被采信
——涌贝公司与中建八局建设工程施工合同纠纷案[1]

上诉人（一审原告）：上海涌贝建设安装工程有限公司（以下简称涌贝公司）

上诉人（一审中建八局）：中国建筑第八工程局有限公司（以下简称中建八局）

---

〔1〕 参见上海市第一中级人民法院（2011）沪一中民二（民）终字第2052号民事裁定书。

基本案情

2004年年底，涌贝公司与中建八局签订《工程劳务合作合同》一份。合同约定由中建八局将其承包的上海世茂国际会议中心部分精装修工程分包给涌贝公司，承包方式为专业分包。合同第4条约定，中建八局任命王亮为驻施工现场代表。合同第5条第1款约定，涌贝公司任命胡昌华为驻施工现场代表。合同第9条约定，本工程保修期为1年，保修期以整个工程竣工验收获得通过之日起计算。本工程保修金为工程决算总价的3%，保修金不计利息。该合同第12条约定，本工程无预付款。劳务报酬采用按月支付的方式，自开工后按上月工作量的60%支付工程进度款，工程完工后，中建八局支付到已完工程量的85%，提交已经完成工程量详细的价款清单供中建八局审核，审核完毕后支付到审核后工程量的97%；本工程结构验收后办理结算手续，3%作为保修金在工程结构验收后一年时付清。该合同第13条约定，本工程按照中建八局对业主结算额总价下浮10%（含税金）结算。该合同第18条约定，现场签证单应按中建八局提供的统一表格填写，签证单须有中建八局项目经理、项目合约副经理、经办人员三人签字且日期齐全，并加盖中建八局项目经理部章。没有项目经理、合约副经理及经办人员签名或签名不全、没有加盖中建八局项目部图章的，签证无效。对签证事由和内容的描述须详尽，必要时应附上图示及工程量计算式。签证事由注明发生时间、地点和工作部位。合同另对其他事项也作了相应约定。

合同签订后，涌贝公司即进场施工。2005年6月20日，涌贝公司驻施工现场代表胡昌华向中建八局进行签证报送，签证单上载明的签证理由为原地坪超厚，地坪应业主要求抬高5厘米。此外，签证单还载明了签证内容、签证工程量及价格。上述签证单共计37份。2006年12月，由中建八局项目副经理王胜军以及项目合约经理朱磊在上述工程签证单上签字。上述签证单载明的工程款共计为2,112,074.52元。

2006年11月2日，由中建八局上海世茂佘山国际会议中心项目部经理盖章确认上海伟历信工程咨询有限公司关于佘山世茂国际会议中心装修工程款审核价为17,380,946.58元。

2006年12月27日，中建八局上海世茂佘山国际会议中心项目部经理出具关于涌贝公司结算总价说明，明确佘山世茂酒店项目后勤区域装修工程由涌贝公司承包，并该项目图纸深化设计由涌贝公司自行完成，结算由涌贝独立结算。因业主尚未审核完毕，因此对涌贝公司结算作如下说明：伟历信审核总价为1719万元，不包括对我司签证和对指定分包的索赔。后经业主项目合约部审核，审核总价为1669万元，不包括对我司签证和对指定分包的索赔。因业主上级合约部尚未审核，未形成定稿，暂不作为我司与涌贝的最终结算，仅作为付款依据。

2007年12月27日，中建八局作为承包方，业主上海世茂庄园置业有限公司作为发包方，双方签订关于上海世茂佘山国际会议中心总承包工程最终结账书确认书一份，确认该工程的最终决算总价为195,000,000元。在该最终结账书汇总表上载明的会议中心装修金额为13,373,389元，后勤家具金额是634,555元。

涌贝公司确认其收到中建八局已付款为14,901,266.67元（含现计算在本案中铺地款500,000元）。而中建八局认为其已向涌贝公司付款14,950,000元，并认为双方之所以存在已付款差额48,733.33元，是由于当时中建八局向涌贝公司开具了一张金额为3,000,000元的银行承兑汇票，中建八局贴现后所得的金额为2,951,266.67元，其中贴现的利息为48,733.33元，而该部分利息应由涌贝公司自行承担。

因双方为结算起争议，涌贝公司诉至上海市松江区人民法院，请求判令：(1) 中建八局支付精装修工程余款1,241,585元；(2) 中建八局支付37份签证工程铺地工程款1,612,075元；(3) 中建八局支付上述 (1)、(2) 项工程款的逾期付款利息（以2,853,660元为基数，按照中国人民银行同期贷款利率计算，自2007年5月1日计算至判决生效日止）。

中建八局辩称：双方约定的结算方式是以业主的结算金额下浮10%支付给涌贝公司。2007年12月底，经与业主结算确认工程最终决算总价为195,000,000元，其中精装修工程款为13,373,389元，另外家具款是634,555

元，精装修总工程款共计是16,277,712元，其应支付的金额是该款下浮10%。关于原告诉请第2项，对原告提供的签证单真实性予以确认，但不应当以签证单上载明的单价进行计算，应以被告与业主约定的单价进行计算，且原告主张的金额未按约下浮10%。现其对诉请第2项认可的金额是1,293,562.63元下浮10%之后的金额。关于原告诉请第3项，因双方就工程款问题一直未结算，且被告已向原告支付工程款14,950,000元，超过了应付款的90%，完全符合合同约定。故不同意支付利息。

法院裁判

一审法院认为，《工程劳务合作合同》约定对精装修工程款按照中建八局对业主结算额总价下浮10%结算，但从中建八局提供的其与业主之间关于精装修工程结算内容来看，该结算书汇总表上仅载明了会议中心装修工程款13,373,389元和后勤家具款634,555元，而并不包含涌贝公司施工的全部精装修工程款，对此中建八局在庭审中也确认精装修总工程款不仅包含了结算书汇总表载明的会议中心装修款和后勤家具款，还包括其他指向。故虽然合同约定精装修款按中建八局与业主结算额总价下浮10%结算，但在中建八局与业主的结算书汇总表上没有包含涌贝公司全部的工程量的情况下，现涌贝公司依据由中建八局盖章确认的上海伟历信工程咨询有限公司的审核价下浮10%主张精装修款（17,380,946.58元×90%=15,642,851.92元），应予支持。关于涌贝公司现依据签证单内容主张铺地工程款，中建八局对签证单真实性不持异议，但辩解不应以签证单上载明的单价进行计算，而应以中建八局与业主约定的单价进行计算。《工程劳务合作合同》中约定的是精装修工程，而铺地工程是合同之外的另行增加的工程量，签证单上明确载明了签证理由、签证内容、签证工程量及价格，故对涌贝公司现依据签证单主张铺地工程款，于法有据，予以支持。关于中建八局已付款问题，涌贝公司确认其收到中建八局已付款为14,901,266.67元，而中建八局认为其已向涌贝公司付款14,950,000元，其中差额48,733.33元，是中建八局将涌贝公司开具的

3,000,000元银行承兑汇票贴现后向银行支付的贴现利息。对此，因涌贝公司在取得中建八局交付的银行承担汇票时，未对贴现利息由谁负担作出约定，故该贴现利息应由涌贝公司自行承担。故中建八局向涌贝公司已付款金额为14,950,000元（含现计算在本案中的铺地款500,000元）。综上，中建八局应向涌贝公司支付精装修工程款为1,612,074.52元。对涌贝公司主张要求中建八局支付自2007年5月1日起至判决生效日止的逾期付款利息，因双方对上述精装修工程款及铺地工程款未进行过结算，故该逾期付款利息起算日期应自起诉之日即2010年12月31日起计算。

一审判决：(1) 中建八局中国建筑第八工程局有限公司于本判决生效后10日内支付涌贝公司上海涌贝建设安装工程有限公司精装修工程款1,192,851.92元；(2) 中建八局中国建筑第八工程局有限公司于本判决生效后10日内支付涌贝公司上海涌贝建设安装工程有限公司铺地工程款1,612,074.52元；(3) 中建八局中国建筑第八工程局有限公司于本判决生效后10日内支付涌贝公司上海涌贝建设安装工程有限公司上述（1）、(2) 项工程款逾期付款利息（以2,804,926.44元为基数，按照中国人民银行同类贷款利率，自2010年12月31日计算至判决生效日止)。

判决后，双方均不服，分别向上海市第一中级人民法院提起上诉。

涌贝公司上诉称：一审判决对于银行汇票的贴息判令其承担是错误的。工程已竣工，拖延结算与涌贝公司无关，一审判决认定的利息起算日期是错误的，请求二审撤销原判，支持其一审诉请。

中建八局上诉称：工程款结算应根据合同约定，在与业主结算基础上下浮10%，一审对此认定错误；工程签证单是真实的，但不符合合同约定，属无效签证，故不应采信签证单上的工程款，应按业主确认签证价格下浮10%。故请求二审改判其应向涌贝公司支付工程款864,147元。

二审法院认为，《工程劳务合作合同》第18条“现场签证”栏目约定了无效签证的范围，本案中所涉的铺地工程系合同外工程，均以工程签证单方式记录工程量，但该37份签证单上中建八局项目经理未签名，也未加盖中建八局项目部图章，该些工程签证单的形成不符合合同约定的签证程序，属合同约定的无效签证，因此不宜直接采信签证单上的价格直接计入工程结算价款。基于中建八局对于签证单的真实性无异议，但双方对签证单所涉工程的价款未能达成一致，故应通过司法鉴定予以确定。另外，对于工程款利息起算时间，一审法院认定从起诉日起算，与法律规定不符。

二审裁定：撤销一审判决，发回一审法院重审。

案例评析

本案例涉及工程签证单的效力认定及无效的后果处理问题。

从约原则是工程价款结算中应首先遵循的一项基本原则。从尊重当事人意思自治原则出发，施工合同中对于签证程序、签证效力、签证授权代表等事项有约定的，严格按合同约定执行。首先，施工合同约定违反约定程序和事项的工程签证单无效的，应尊重当事人的约定，形式上归入施工合同约定无效范畴的工程签证单之效力不应被认定，该工程签证单上所载明的工程量或价款应不予采信。其次，工程签证单虽因不符合合同约定而无效，但这并不必然导致所对应的签证工程不予结算，如果签证工程是在发包人指令下完成的，对于承包人增加施工这一客观事实应该予以认定。最后，工程签证单无效，由此上面所记载的工程量或工程金额均不能适用，在此情况下，对于签证工程的工程价款可先由双方协商确定，如未能协商一致，法院可委托司法鉴定予以认定。

本案中，双方当事人在《工程劳务合作合同》第18条明确约定了无效签证的范围，现承包人提供的工程签证单上无发包人项目经理的签名及发包人项目部的印章，形式上存在瑕疵，属于合同约定的无效范畴，故工程签证单上的工程价款不能直接计入工程总价，一审法院直接以工程签证单上记载的金额认定签证工程造价显然是错误的。发包人对于工程签证的真实性不持异议，即认可了承包人实际按照业主指令增加施工了签证工程项目，故对于该部分签证工程双方应予结算，但具体的结算价款在双方未能达成一致的情况下，应通过司法鉴定予以查明。

第四节 停、窝工损失索赔纠纷的处理

建设工程是一个庞大复杂的工程，虽然施工前有既定的工程规划和施工计划，但受施工过程中的种种因素影响，往往会出现工期延误或停、窝工。对于承包人违约而导致的责任承担，主要以承包人向发包人承担逾期竣工违约金较多，如果因工程逾期竣工而造成发包人其他损失，发包人可以举证证明并由承包人承担。对于因发包人原因而致承包人发生停、窝工事实的，发包人应赔偿承包人相应的损失。对于工期延误的原因、违约责任及免责事由等，本书第二章“合同履行的审查”及第五章“违约责任”部分均作了详细分析，这里不再重复。这里仅对工程价款结算时发生的承包人停、窝工损失索赔纠纷的审理方法作一分析介绍。

一、停、窝工损失索赔纠纷的主要争议

在工程价款结算中，因发包人的原因导致承包人出现停、窝工而主张索赔，是一个常见现象和重要环节。《民法典》第804条规定：“因发包人的原因致使工程中途停建、缓建的，发包人应当采取措施弥补或减少损失，赔偿承包人因此造成的停工、窝工、倒运、机械设备调迁、材料的构件积压等损失和实际费用。”停、窝工损失的计算，根据《建设工程造价鉴定规范》和《建设工程司法鉴定程序规范》的规定，大致包括五个部分，即对已完工程进行保护的费用、运至现场的材料和设备的保管费、施工机具租赁费、现场生产工人与管理人员工资、承包人为复工所需的准备费用等。并非每个停、窝工索赔案件均包含上述全部费用，司法实践中，对于停、窝工损失的计算主要集中在人工费损失及机具租赁费损失两大部分，大致存在以下争议：

（一）承包人的索赔主张与合同约定不符引发的争议

发生停、窝工事实，并不必然造成索赔后果。承包人在工程价款结算时

主张停、窝工索赔，必须符合施工合同约定的条件并履行相应的步骤。一般而言，施工合同对于停、窝工的索赔事项均有约定，尤其是按建设工程施工合同示范文本签订施工合同的，在通用条款部分对于承包人主张停、窝工索赔程序有较详细的规定，承包人应该按照合同约定的内容和程序主张权利。实践中，在发生停、窝工事实时，承包人未能按约定向发包人或其委托的监理单位提交工程签证单、索赔意向通知书等，导致在工程价款结算时发包人以承包人的索赔事项不符合施工合同约定为由而拒绝予以赔偿，由此引发纠纷。

（二）停、窝工时间的合理性存疑

计算承包人停、窝工损失的一个重要依据是具体的停、窝工天数。在没有发包人或监理单位对具体停、窝工日期进行确认的前提下，能否以停止施工状态的自然持续时间来作为计算停、窝工损失的依据，是司法实践中承、发包双方争议较大之处。另外，当发包人进行设计变更或要求增加工程量等，也不一定会发生停、窝工事实，这在本书工期合理顺延部分已作分析，故对承包人停、窝工时间的确定是司法实践中双方当事人间的一个重要争议焦点。

（三）停、窝工期间的人工费损失计算标准争议

人工费损失是停、窝工损失索赔中的一项重要内容，主要由用工量、人工单价及停工天数计算得出。在人工费损失计算中，争议最大的是停工期间的用工量及人工单价的计算标准。一般而言，承包人主张索赔应提供经监理或业主确认的停、窝工人数签证，或者通过监理日记证明具体停、窝工人数，在没有相关证据的时候，仅凭承包人单方的统计数据无法对于滞留工地的工人数量作出准确计算。另外，对于人工单价，既涉及技术工、普工和辅工的分类，又涉及投标报价、市场价和社会最低工资水平等区别，如何区分并作精确计算，亦是司法实践中争议较大之处。

(四) 因停、窝工导致的物价变动索赔争议

因发包人原因导致的停、窝工，人工、材料、机具等价格在复工后发生大幅变动时，承包人是否有权就该期间的涨价损失要求发包人予以赔偿，市场价格波动是否属于承包人投标时的风险预判范围等存有较大的争议。另外，对于人工、材料、机具涨价的计价标准、时间幅度及计损范围等如何确定，也是争议的焦点。

二、处理停、窝工索赔纠纷应坚持的原则

(一) 正确适用减损规则

根据《民法典》第591条第1款的规定，“当事人一方违约后，对方应当采取适当措施防止损失的扩大；没有采取适当措施致使损失扩大的，不得就扩大的损失要求赔偿”。虽然承包人发生停、窝工事实是基于发包人的原因，但承包人有义务采取积极措施，落实好施工人员、机械设备的安置或撤离工作等，尽量减少损失。对于承包人放任损失扩大的部分，应不予支持。

(二) 严格遵守合同约定

对于停、窝工的索赔事宜，要本着诚实信用原则根据施工合同的约定予以处理。一是施工合同就索赔的程序有明确约定的，承包人应按照约定程序提出窝工索赔；二是索赔的内容和范围以合同约定为准；三是平衡好合同约定与利益失衡两者的关系。

(三) 符合日常经验法则

在停、窝工索赔纠纷时，对于承包人所主张的损失范围，应根据日常经验和行业惯例对其合理性作出判断，例如对于停工时间的确定，不能简单地以停工状态的自然持续时间为准，而是应根据案件事实综合确定合理期间作为停工时间；对于停工人数，应考虑除管理人员外建设工程施工人员流动性

强、不易固定及以小时计费的非全日制用工等特点，结合建设工程的不同施工部位对于施工人员数量、工种的不同要求等，综合承包人所举证据进行全面审核。

案例21

承包人未履行减损义务的应自行承担扩大部分的损失

——鑫龙公司与理工学院等索赔及工程欠款纠纷案[1]

基本案情

申诉人（一审原告、二审被上诉人、再审申请人）：河南省偃师市鑫龙建安工程有限公司（以下简称鑫龙公司）

被申诉人（一审被告、二审上诉人、再审被申请人）：洛阳理工学院（以下简称理工学院）

被申诉人（一审被告、二审上诉人、再审被申请人）：河南六建建筑集团有限公司（以下简称六建公司）

1998年6月18日，理工学院与六建公司通过招标方式签订了《建设工程施工合同》，理工学院将其成教楼、住宅楼发包给六建公司，并在合同中约定了工程名称、工程地点、工程内容、承包范围、工程造价、工期、质量等级及承包方式等内容。六建公司为组织施工，次日将上述工程分包给鑫龙公司，双方签订了《洛阳大学工程分包合同》，该分包合同除了鑫龙公司执行理工学院与六建公司签订的合同中的施工义务外，对鑫龙公司的责任进行了进一步明确。在分包合同中六建公司作为施工管理者的身份承担管理义务。

合同签订后，鑫龙公司以六建公司洛大项目部的名义到理工学院工地进行施工。洛阳华诚建设监理事务所（以下简称华诚事务所）作为该工程的监理单位对工程进行监理。

1999年1月，因发现成教楼西半部浇板出现裂缝，1月16日华诚事务所

〔1〕 参见最高人民法院（2011）民提字第292号民事判决书。

向洛大项目部下发停工整改通知书，1月20日六建公司工程管理部向洛大项目部下发了停工通知书，至此，成教楼全部停工。

围绕成教楼裂缝问题，1998年1月24日，豫中地质勘察工程公司、理工学院土木工程系作出洛阳大学成教楼、住宅楼岩土工程勘察报告，结论为“桩端持力层放在粉质黏土五层上”，该五层土的数值是1500kpa。1998年11月18日，机械工业部第四设计研究院给理工学院基建处函件记载，“《洛阳大学成人教育大楼基桩检测报告》发现部分桩端极限端阻力与原土质资料相差较大”“若不处理，很可能引起楼房基础沉降不均，建筑物倾斜，开裂等不良后果”。1999年1月成教楼出现裂缝，1999年6月26日洛阳市建委召集勘察、设计、建设、监理、施工单位就成教楼现浇板裂缝原因进行分析讨论，形成洛阳大学成教楼裂缝原因分析会审纪要，该纪要第2条写道：“鉴于地质勘探由无资质的理工学院土木工程系勘探，所提供的承载力与桩检报告所反映的地基承载力有一定差异，要求理工学院委托有资质的勘探单位重新勘探。”6月29日又委托豫中地质勘察工程公司进行地质核查勘察，7月1日该公司复函确认原勘察报告符合有关规定。10月下旬理工学院又委托洛阳市规划建筑设计研究院进行补充勘察，11月该研究院作出洛阳大学成教楼、住宅楼岩土工程勘察报告（补充），结论及建议为：“该场地第5层粉质黏土的极端阻力标准值qp = 1300kpa，第6层粉土与粉质黏土的极端阻力标准值在北部，东部为qpk = 1200kpa”“在西部、南部为750 ~ 900kpa”“对成教楼需进行基础加固。”之后，理工学院又委托原设计单位机械工业部第四设计院对基础机械更改设计。2000年3月13日该研究所依据洛阳市规划建筑设计院的勘察报告对成教楼基础进行了更改设计，在设计更改通知单明确更改原因：“因甲方（理工学院）所提供的地质报告有误。”

该工程从发现裂缝被下令停工至诉前，为分析裂缝原因及专家论证和确定责任等用去了近两年的时间。六建公司和理工学院不能证明在此期间对鑫龙公司何时复工、人员是否撤场、机械是否搬迁等事项作出处理，也未按“工程停工两个月以上应向主管部门报告”的规定向主管部门报告。鑫龙公司自1999年4月16日停工起至起诉前2001年3月6日止，共计691天。

2001年3月10日，鑫龙公司向河南省洛阳市中级人民法院起诉称，因理工学院提供的地质报告有误、六建公司组织指挥和协调不力，造成理工学院成教楼、住宅楼工程停工，给鑫龙公司造成巨大经济损失。另外，已完成工程未结算，工程款被拖欠。故请求：（1）判令六建公司、理工学院赔偿因过错给鑫龙公司造成的经济损失303.5万元；（2）判令六建公司、理工学院立即支付剩余工程款1,252,579.4元。

法院裁判

一审法院认为，理工学院与六建公司签订的成教楼、住宅楼建筑工程施工合同，理工学院作为业主是明确的，在合同的执行中鑫龙公司以洛阳大学项目部的名义进行施工，在施工中出现成教楼裂缝，现已查明裂缝是“基础不均匀沉降引起的”，造成基础不均匀沉降是理工学院提供的洛阳大学成教楼、住宅楼岩土工程勘察报告有误，该勘察报告由豫中地质勘察工程公司和理工学院土木工程系共同作出，理工学院在没有勘察资质、没有营业执照的情况下，与他人作出岩土工程勘察报告，是造成该报告有误的主要原因，具有过错责任。其作为成教楼的业主，应当向施工单位提供准确无误的图纸，本案中由于理工学院给施工单位提供的基础图纸有误，导致成教楼裂缝，造成鑫龙公司停工，应承担停工损失的主要责任，由于鑫龙公司诉请是损害赔偿，追究的是侵权民事责任，不是合同的违约责任，故理工学院提出因没有与鑫龙公司建立成教楼工程施工合同关系而不应成为本案被告的抗辩不能成立。六建公司在发现成教楼裂缝后，处理不力，致损失扩大，应承担一定责任。鑫龙公司在施工中存在部分质量问题，虽然该质量问题不是导致成教楼裂缝的原因，但其工程中的质量问题已对理工学院产生不安影响，工程停工有其不安成分在内，故鑫龙公司对停工亦应承担一定责任。

一审判决：（1）六建公司赔偿鑫龙公司经济损失211,855.97元；（2）理工学院赔偿鑫龙公司经济损失1,694,847.79元；（3）剩余损失211,855.97元，由鑫龙公司自负。

判决后，理工学院和六建公司不服，均向河南省高级人民法院提起上诉。

理工学院上诉称：成教楼出现裂缝是由施工质量问题而造成的，故成教楼工程停工的原因是鑫龙公司施工质量问题，与地质报告是否有误无必然的因果关系；鑫龙公司的损失不是事实，鑫龙公司从未向六建公司及相关部门提出过对人员、设备、材料的清点及索赔，在诉讼中提出索赔请求无事实依据。请求二审法院查明事实，依法改判。

六建公司上诉称：一审判决鑫龙公司索赔部分事实不清。鑫龙公司在一审审理过程中没有提供索赔的有效证据，索赔程序没有按照合同的约定及建筑工程施工的行业规范进行，一审判决认定的691天的损失是由鑫龙公司自己造成的。请求二审法院依法进行改判。

二审法院认为，综合全案事实，造成理工学院成教楼出现裂缝，停工损失三方当事人均有责任，应依其原因力大小承担相应的责任。鉴于成教楼裂缝的主要原因是由于理工学院提供的岩土工程勘察报告有误导致地基不均匀沉降所致，裂缝出现后，理工学院既不正视自身的原因，也没有对是否复工、是否还让鑫龙公司继续施工作出明确的指令，导致鑫龙公司对于是去是留难以及时决断。因此，对因停工给鑫龙公司造成的机械设备停滞、周转材料、人员窝工等损失，理工学院应承担主要责任。具体承担责任的比例确定为50%。六建公司沟通协调不力，对导致鑫龙公司长期停工而又没让其及时撤出有因果关系，对停、窝工损失也应承担相应的责任，其承担责任的比例确定为20%，其余损失由鑫龙公司自负。但计算停、窝工损失的期限一审认定为691天过长，根据《河南省建设厅关于记取暂停工程有关损失费用规定的通知》(豫建标定〔1999〕21号)，暂停施工的期限一般为3个月，超过3个月的，双方应协商工程缓建停建。本案理工学院成教楼出现裂缝导致工程施工不能继续进行的事由是，三方当事人均没有本着诚实信用、协力合作的合同法原则，以客观的态度查找原因，以积极的态度采取善后措施，而是不同程度地向别人推卸责任，回避自己应承担的责任。但由此导致停工持续一段时间后，鑫龙公司自身应当意识到在短期内已经不能复工，自己应立即采取措施避免损失的扩大，其无权就扩大的损失要求赔偿。对于鑫龙公司的停工损失应按6个月的标准计算停滞机械设备台班费、建筑周转材料损失、人工窝工损失等。

二审法院判决：(1) 撤销一审判决；(2) 理工学院赔偿鑫龙公司经济损失276,081.3元；(3) 六建公司赔偿鑫龙公司经济损失110,432.52元；(4) 驳回鑫龙公司的其他诉讼请求。

鑫龙公司不服二审判决，向河南省高级人民法院申请再审称：理工学院对停工损失应承担主要责任，鑫龙公司对检测、开工、撤场无主动权，无法预见停工时间的长短，鑫龙公司多次请求妥善解决停工问题，对损失的扩大没有任何过错。请求撤销二审判决，维持一审判决。

再审认为，理工学院作为业主，应向施工单位提供准确无误的施工图纸和地质报告，因其给施工单位提供的图纸和地质报告有误，导致成教楼裂缝，造成鑫龙公司停工，一审、二审判决认定理工学院承担主要责任是正确的。鑫龙公司在施工中确实存在质量问题，此种现象的存在对于各方不能及时客观地认识成教楼出现裂缝的原因，从而导致工程停工以及鑫龙公司人员长期滞留工地造成相应的损失有一定的影响，据此，二审判令理工学院承担50%责任、鑫龙公司对自身人员设备停滞所造成的损失，负一定的责任并无不当。本案当事人鑫龙公司、理工学院和六建公司在停工的事由发生后，不是积极协商解决，而是相互指责推诿，导致停工损失进一步扩大。特别是作为实际施工方的鑫龙公司，在停工持续一段时间后，应采取必要的措施防止损失扩大而没有采取，对鑫龙公司停工的损失，二审法院参照《河南省建设厅关于记取暂停工程有关损失费用规定的通知》(豫建标定〔1999〕21号) 的有关规定，酌定6个月，并不违反法律规定，亦是正确的。

再审判决：维持河南省高级人民法院二审判决。

鑫龙公司仍不服，向最高人民法院申诉，请求撤销二审判决和再审判决，依法改判。

最高人民法院提审认为：(1) 关于停工时间。各方当事人应当本着诚实信用的原则加以协商处理，暂时难以达成一致的，发包方对于停工、撤场应当有明确的意见，并应承担合理的停工损失；承包方、分包方也不应盲目等待而放任停工损失的扩大，而应当采取适当措施如及时将有关停工事宜告知有关各方、自行做好人员和机械的撤离等，以减少自身的损失。而本案中，成教楼工程停工后，理工学院作为工程的发包方没有就停工、撤场以及是否复工作出明确的指令，六建公司对工程是否还由鑫龙公司继续施工等问题的解决组织协调不力，并且没有采取有效措施避免鑫龙公司的停工损失，理工学院和六建公司对此应承担一定责任。与此同时，鑫龙公司也未积极采取适当措施要求理工学院和六建公司明确停工时间以及是否需要撤出全部人员和机械，而是盲目等待近两年时间，从而放任了停工损失的扩大。因此，虽然成教楼工程实际处于停工状态近两年，但对于计算停工损失的停工时间则应当综合案件事实加以合理确定，二审判决及再审判决综合本案各方当事人的责任大小，参照河南省建设厅豫建标定〔1999〕21号《关于记取暂停工程有关损失费用规定的通知》的规定，将鑫龙公司的停工时间计算为从1999年4月20日起的6个月，较为合理。二审判决及再审判决据此认定对此后的停窝工，鑫龙公司应当采取措施加以改变，不应计入赔偿损失范围并无不当，鑫龙公司对其未采取适当措施致使的损失应当自行承担责任，鑫龙公司主张不存在怠于采取措施致使损失扩大的理由亦不能成立。(2) 关于停工损失的分担比例。一审判决认定理工学院承担损失的80%，六建公司和鑫龙公司各自承担损失的10%，属于在正常的自由裁量权范围内进行的责任分担比例划分，并无明显不当。鑫龙公司在提审庭审中主张，对于停工损失，理工学院应承担70%，六建公司承担20%，其自负10%。鑫龙公司该主张有事实及法律依据，应予支持。另外，因六建公司与鑫龙公司已于2008年4月在执行程序中达成执行和解并已执行完毕，而六建公司根据本判决应承担的义务（包括诉讼费用的负担）并未发生变化，故其与鑫龙公司在本案中的债权债务已经全部结清。

最高人民法院提审后判决：(1) 撤销河南省高级人民法院再审判决；(2) 维持河南省高级人民法院二审判决第1项、第3项、第4项；(3) 撤销河南省高级人民法院二审判决第2项；(4) 理工学院赔偿河鑫龙公司经济损失386,513.82元。

案例评析

本案例涉及的是处理停、窝工索赔纠纷应坚持的减损规则在实践中的运用问题。

停、窝工损失，是指承包人按合同约定完成施工组织或进入施工现场后，因设计方或发包方原因导致无法施工或无法正常施工所产生的损失，主要包括在停窝工期间的现场施工机械停滞费、现场人员的工资和周转性材料的维护和摊销费等。《民法典》第804条规定："因发包人的原因致使工程中途停建、缓建的，发包人应当采取措施弥补或者减少损失，赔偿承包人因此造成的停工、窝工、倒运、机械设备调迁、材料和构件积压等损失和实际费用。"因此，对于发包人原因导致的停工，发包人应当赔偿承包人相应的停工损失。《民法典》第591条第1款又同时规定："当事人一方违约后，对方应当采取适当措施防止损失的扩大；没有采取适当措施致使损失扩大的，不得就扩大的损失要求赔偿。"这一条文规定了守约方对于防止损失扩大负有止损义务，体现在停、窝工损失索赔中，即使发生了因发包人原因导致的停、窝工情形，承包人应当根据导致发生停、窝工的原因、建设工程的实际现状等情况，积极主动地采取措施降低损失，及时对机械设备和人员作出相应处理，不能放任损失的扩大。

审判实践中，对于承包人停、窝工损失的认定，应正确运用止损规则，尤其是对停、窝工时间的认定，应限定在合理范围内，不能简单地以停工状态的自然持续时间为认定依据，而是应根据案件事实综合确定合理期间，对于因承包人未履行减损义务而造成损失扩大的，相应的法律后果应由承包人自行承担。

本案中，建设工程中因发包人的原因导致停、窝工时间达两年之久，对于造成停工的原因及可能引发的后续处理事宜，鑫龙公司是清楚的，其理应主动采取措施避免损失的扩大而不是放任不管。《河南省建设厅关于记取暂停工程有关损失费用规定的通知》规定暂停施工的期限一般为3个月，超过3个月的，双方应协商工程缓建停建。鑫龙公司作为专业建筑企业，应掌握这一规定内容。故无论是基于鑫龙公司自身的止损义务还是从行政规定出发，其主张要求赔偿691天的停、窝工损失显然是不能得到支持的。

三、认定停、窝工损失的一般规则

对于停、窝工损失的计算，实践中无统一参考标准，补偿标准不一，承包人与发包人就此问题产生很多纠纷。确立停、窝工损失认定规则，是司法实践和工程实务的当务之急。综合相关法律的规定及审判实践的经验，笔者提出以下建议：

（一）认定停、窝工损失应以施工合同为依据

第一，承包人主张停、窝工损失应遵循双方约定的停、窝工索赔程序。施工合同就停、窝工索赔的程序有明确约定，承包人未按照约定程序提出停、窝工索赔的，相关的损失主张不能得到支持。如施工合同约定必须在规定的时间内提出申请并经得监理或业主确认等，承包人未能在规定时间内提出，同时也未能提供发包人或工程监理确认的材料，就此应认定承包人怠于行使自身权利，对于停、窝工损失的主张应不予支持。

第二，承包人主张的停、窝工损失赔偿范围、统计标准等事项应以施工合同的约定为限。施工合同对于停、窝工损失赔偿范围等的约定，是双方进行充分磋商的结果，体现了双方的真实意思表示，应予以遵守。尤其对于承包人而言，其作为建筑专业的承包商，对于施工过程可能会发生的停、窝工现象及发生损失的范围、统计标准等，应该有充分的、专业性的认识和经验，施工合同对此的约定在其签约时的合理预判范围内。因此，在正常情况下，对于承包人主张的停、窝工索赔范围和具体损失额的统计应以施工合同约定为准。

第三，施工合同对停、窝工事项约定不明或表述模糊的，应本着诚实信

用原则，对于承包人的停、窝工损失，给予公平合理的赔偿，司法实践中可以根据承包人提交的工程签证报告、机械费用清单、设施料租赁清单、租赁合同、施工人员误工工资清单等证据予以认定。

（二）审慎认定施工合同约定的“排除适用条款”的效力[1]

对于施工合同中约定的“排除适用条款”的法律效力，应从有无约定前提、是否体现当事人真实意思、是否受胁迫等进行综合判断，审慎认定。一是作为平等的民事主体，承包人应具有商业风险预判能力，在排除受胁迫及存在其他不法交易条件等事实的情形下，承包人在施工合同中自愿就因发包人原因导致的工程缓建不收取停、窝工费，放弃向发包人索赔的权利，该约定体现了当事人的真实意思表示，合法有效，对于承包人的索赔请求原则上不予支持。二是如果因发包人原因造成的工程缓建给承包人带来的损失超出其正常承受范围，承包人可以在合理期间内以显失公平为由行使撤销权，请求撤销该条款。三是在施工过程中，承包人因迫于请求支付工程款而向发包人出具的不追究窝工损失的承诺，不当然导致承包人丧失主张停、窝工损失的权利。如果有证据证明承包人的承诺系迫于发包人的压力而作出的，不是承包人的真实意思，法院对该承诺的效力应不予认定，对于承包人主张停、窝工损失的请求，应予以支持。需要指出，如果承包人的付款请求超出了合同约定的时间及数额，则应该认为承包人的承诺是一种交易条件，在此情况下，对于承包人的反悔，应不予支持。

（三）索赔范围以承包人实际损失为限

一是承包人所主张的损失应是已经实际发生的；二是承包人因停、窝工的发生而遭受的额外损失不在索赔范围内，即承包人仅能对因停、窝工而遭受的实际损失进行索赔。

---

[1] 施工合同中约定“对于因发包人原因导致的工程缓建，承包人不收取停、窝工费，自愿放弃向发包人索赔额权利”。

（四）停、窝工时间的认定以工程签证单核定为主、法院酌情认定为辅

对于停、窝工时间的确定，首先，应根据由经发包人或者工程监理进行签证等方式确认的工程签证单等材料予以认定。承包人提供的经监理确认的窝工损失数据，虽未经发包人确认仍可直接认定为窝工损失的证据，而不必通过鉴定确定。其次，如果承包人无法提供经发包人或工程监理确认的工程签证单等材料，承包人应举证证明其向发包人或者监理单位提出过停、窝工时间的签证申请，否则承包人的主张不符合索赔程序。最后，在能够认定承包人已提出了签证申请但未获发包人或监理确认的事实时，应根据发包方相关通知、承包人申请、施工组织设计、往来函件等书面证据，酌情认定停、窝工时间。

（五）停、窝工人数应按双方现场签证的人数计算，单价按施工合同及合同附件的相关内容确定

第一，如果承、发包双方及监理单位未对现场滞留人员进行签证确认，可以根据施工进度计划及监理日记予以确认。如果监理日记也未确认，可以根据承包人为施工人员购买工伤保险、社保等情况确定实际施工人员。第二，对于人工单价，如果施工合同及附件没有约定人工单价，可以按当地最新工程定额或相关政府文件执行。如果工程定额没有相关约定，也没有相关政府文件可参照，则可按当地最低工资标准补偿。第三，建设工程施工利润包含在所完成的工程价值中，待工人员不参加生产劳动，不创造劳动价值和利润，待工工资中是不应该计算利润的，因此在确定人工单价时要充分考虑这一因素。

（六）因停工而导致的物价变动索赔，以竣工日期是否延期综合判断

导致停、窝工的原因消弭，承包人复工继续施工的，如果竣工日期仍在合同约定的期限范围内，相应的市场价格波动属于承包人投标时的风险预判范围，对于承包人要求发包人就停、窝工期间各类涨价损失予以赔偿的请求，

应不予支持。如果竣工日期超出合同约定日期，剔除承包人自身原因造成工期延误的时间外，对于承包人所遭受的工、料、机等涨价损失，综合相关证据由发包人予以赔偿。

案例 22

承包人不按合同约定程序索赔停、窝工损失的，不应支持

——中铁公司与瑞讯公司建设工程施工合同纠纷案[1]

基本案情

上诉人（一审原告）：中铁二十二局集团第四工程有限公司（以下简称中铁公司）

上诉人（一审被告）：安徽瑞讯交通开发有限公司（以下简称瑞讯公司）

被上诉人（一审被告）：安徽省高速公路控股集团有限公司（以下简称安徽高速公司）

2003 年，瑞讯公司获得了阜阳至周集高速公路建设经营权。同年 12 月 31 日，中铁公司经过招投标，与瑞讯公司签订阜周高速公路路基工程施工《合同协议书》，约定瑞讯公司将阜周高速公路 13 标段发包给中铁公司施工，合同总价为 201, 901, 950 元，工期 22 个月等内容。

2004 年 2 月 18 日，安徽省公路工程建设监理有限责任公司阜周高速公路路基工程总监理工程师办公室向包括中铁公司在内的各合同段承包人发出开工令，明确工期从 2004 年 2 月 18 日开始计算。中铁公司按合同约定进行施工，但未在合同约定的工期内完工。中铁公司于 2006 年 3 月完成了原计划应于 2005 年 3 月完成的施工工程量。

2008 年 12 月 22 日，安徽省人民政府召开阜周高速公路复工建设协调会，会议形成了第 253 号安徽省政府专题会议纪要，主要内容为，决定由安徽省交通运输厅收回阜周高速公路建设经营权，交由安徽高速公司作为项目新业

[1] 参见最高人民法院（2014）最高法民一终字第 56 号民事判决书。

主负责建设和经营；安徽高速公司作为项目新业主，承担复工进场新施工单位的组织协调责任，项目原业主瑞讯公司承担原施工单位及处理此前项目债权债务的责任；瑞讯公司要妥善处理好与原施工、监理等单位的债权债务及利益关系，积极筹措资金支付所欠债务、材料款、农民工工资等。

2009 年 4 月 1 日，瑞讯公司与中铁公司签订《协议书》，约定：（1）双方一致确认瑞讯公司尚欠中铁公司已完工已计量的工程款共计 391, 674. 41 元……（2）双方共同核定中铁公司已完工未计量的工程量共计 6, 410, 929. 13 元，如安徽省国资委委托的审计事务所基于充足的理由对上述工程量予以合理核减，双方一致同意以审计单位最终认定的数额为准，但瑞讯公司须在审计单位征求被审计单位意见期间及时通知中铁公司到审计单位就涉及中铁公司已完工未计量的工程量核减依据等进行质疑或提出书面异议及理由，否则，审计单位对中铁公司上述工程量的核减额全部由瑞讯公司承担；（3）双方一致确认中铁公司向瑞讯公司缴纳的质保金为 7, 462, 567. 99 元，瑞讯公司同意全额退还；（4）双方一致同意索赔事宜在 2009 年 4 月 20 日前开始协商处理等。

2009 年 5 月 22 日，中铁公司向瑞讯公司和作为案涉工程审计单位的皖瑞审计事务所提出书面申诉意见称，中铁公司于 2009 年 5 月 21 日上午 10 时收到瑞讯公司发来的关于阜周高速公路工程第二步审计初步结果的电子文件后十分震惊，对审计中扣减的已完工未计量工程量等不能理解和接受，提出申诉等内容。

中铁公司向安徽省高级人民法院提起诉讼，请求判令瑞讯公司：（1）支付尚欠工程款 5, 585, 903. 73 元；（2）赔偿迟延支付工程预付款利息 201, 018. 62 元；（3）赔偿 2004 年 1 月至 2005 年 3 月第一次停工期间产生的停、窝工损失 22, 565, 873. 85 元，赔偿 2006 年 11 月至 2009 年 4 月第二次停工期间停、窝工损失 32, 006, 719. 12 元，赔偿中铁公司因工期延长和实际工程总价款减少而引发的管理费增加的损失 4078, 795 元；（4）确认中铁公司就其所主张的工程款和各项损失款项对案涉工程享有优先受偿权；（5）安徽高速公司承担连带支付责任。

一审诉讼中，中铁公司为证明停、窝工损失的事实，向法院提交了2004年3月至2005年3月现场监理人员王波签署的每日停工、窝工人员机械统计表及每月停工人员、机械费用统计表，每日停工、窝工人员机械统计表载明的停、窝工原因为资金不到位、取土场问题未解决。

一审诉讼期间，一审法院根据中铁公司的申请，依法委托安徽明珠建设项目管理有限公司就中铁公司所主张的停、窝工损失是否存在及如存在则具体数额为多少进行了鉴定。鉴定单位于2012年7月17日出具了皖明珠基字（2012）119号阜周高速公路13标段停、窝工损失费用工程造价鉴定报告，结论为：根据现有资料，中铁公司承建的阜周高速公路13标段工程停、窝工损失费为：（1）2004年3月至2005年3月第一次停工期间停、窝工损失费：①确定部分造价为6,778,661.54元。②不确定部分造价为6,929,833.87元。（2）2006年11月至2009年3月第二次停工期间停、窝工损失费，根据现有的证据资料不能计算具体金额。2013年3月7日鉴定单位作出补充鉴定报告，结论为：根据现有资料，中铁公司承建的阜周高速公路13标段工程因2004年停工影响原材料及油料价格上涨费用为3,119,237.63元。

法院裁判

一审法院认为，《合同协议书》及《协议书》合法有效。中铁公司要求瑞讯公司支付尚欠工程款及利息的诉请无事实依据，不予支持。中铁公司要求瑞讯公司支付因迟延支付开工预付款所导致的利息损失的诉请，不予支持。中铁公司主张的2004年3月至2005年3月的停、窝工损失中确定部分6,778,661.54元，予以支持；不确定部分，不予支持。中铁公司主张的2006年11月至2009年4月的停、窝工损失，不予支持。对于中铁公司停、窝工期间原材料及油料价格的上涨费用，瑞讯公司与中铁公司平均负担，瑞讯公司应赔偿中铁公司1,559,618.82元。对于中铁公司主张的管理费，要求确认其就案涉工程享有优先受偿权及要求安徽高速公司承担连带责任等诉请，均不予支持。

一审法院判决：(1) 瑞讯公司赔偿中铁公司经济损失8,338,280.36元；(2) 驳回中铁公司其他诉讼请求。

中铁公司及瑞讯公司均不服一审判决，分别向最高人民法院提起上诉。

中铁公司上诉称，原审法院对工程量扣减金额认定有误；原审法院对停工损失认定有误，尤其对于2006年11月至2009年4月的第二次停工损失未予支持缺乏依据。故请求二审法院：(1) 撤销一审判决第2项，改判瑞讯公司支付尚欠的工程款3,816,805.76元及利息；(2) 支付2004年3月至2005年3月第一次停工期间停、窝工损失6,929,833.87元及2006年11月至2009年4月第二次停工期间停、窝工损失400万元；(3) 支付1,559,618.82元的原材料及油料价差损失；(4) 支付因工期延长和实际工程总价款减少而引起的管理费增加的费用4,078,795元；(5) 确认中铁公司就案涉工程享有工程价款优先受偿权；(6) 安徽高速公司承担连带支付责任。

瑞讯公司上诉称，中铁公司在2004年和2005年涉案工程没有停工，不存在停工损失；一审判决以鉴定报告为依据，判定双方分摊油料上涨的损失，违背事实和公平原则。故请求二审法院依法进行改判。

二审法院认为，关于停工损失问题，第一，关于2004年3月至2005年3月的停、窝工损失问题。根据《合同通用条款》第53条的约定，如果承包人根据合同条款中任何条款提出任何附加支付的索赔时，其应该在该索赔事件首次发生的21日之内将其索赔意向书提交监理工程师，并抄送业主；监理工程师在与业主和承包人协商后，确定承包人有权得到的全部或部分索赔款额。对于2004年至2005年第一次停、窝工期间的确定部分造价为6,778,661.54元，经查明，是指既有现场监理人员签字确认的每日停、窝工情况具体统计表，也有现场监理人员签字确认的每月停、窝工情况统计表，这说明对于这部分损失，中铁公司已经按照索赔程序提出了索赔，且该索赔已经经过监理签字予以确认，故中铁公司的该索赔符合上述《合同通用条款》第53条的约定，一审法院判决瑞讯公司赔偿中铁公司此部分确定款项的损失，并无不当。第二，关于2006年11月至2009年4月的停、窝工损失问题。经查，对此部分损失，中铁公司亦自认，其并未依据合同约定提出过索赔，因此，在中铁公司未依据《合同通用条款》第53条约定履行索赔程序的情况下，根据该条进一步约定，中铁公司无权获得该部分诉请款项的赔偿，而其在本案中主张由法院酌定瑞讯公司赔偿该停、窝工损失400万元，无事实及法律依据，原审予以驳回正确。此外，原审法院对未完工程量工程款核减、原材料补差、优先受偿权等相关问题的认定都属正确，双方提出的上诉理由均不能成立。

二审法院判决：驳回上诉，维持原判。

案例评析

本案的处理体现了停、窝工损失认定中应当遵循的一项基本原则，即严格按照施工合同约定的索赔程序提出索赔主张。

停、窝工是建设工程施工过程中的常见情形，一般而言，有停、窝工，必然有相应的损失发生，但是有损失，并不必然导致索赔成立。对于停、窝工的索赔事宜，如果施工合同有约定的，首先要根据施工合同的约定予以处理，尤其是施工合同对于停、窝工索赔程序有明确约定的，承包人一定要按照合同约定的程序来主张自己的权利，如果承包人未按照约定程序提出停、窝工索赔，相关的损失主张不能得到支持。

本案中，双方在施工合同中对于停、窝工索赔程序有明确约定，即应该在索赔事件首次发生的21日之内将其索赔意向书提交监理工程师，并抄送业主；监理工程师在与业主和承包人协商后，确定承包人有权得到的全部或部分索赔款额。中铁公司在第一次停工期间按照索赔程序提出了索赔主张，而在第二次停工期间未按合同约定程序提出索赔，也未能提供充分证据证明因停、窝工所遭受的损失，故只能支持其第一次的停、窝工损失。

第五节 建设工程价款结算的其他法律实务问题

由于工程行业的专业性、施工过程的复杂性，司法实践中对于工程价款的结算争议并不限于合同价款及增减工程价款等，还存在众多结算事项需要解决，需要我们正确甄别并结合工程行业惯例作出认定。

一、正确厘清建设工程造价与结算价的区别

司法实践中存在一个认识误区，即容易把工程造价与工程结算价等同起来，混淆了两者的概念，在司法实践中造成了对案件事实的认定错误。这里需澄清一个概念上的区别，竣工工程的结算价不直接等同于工程造价。

（一）两者的形成依据有区别

工程造价是指工程项目的建设价格，即为完成一个工程项目的建设，实际所需的全部费用总和。该费用的得出是依据一定的计价规则计算而来，不掺杂承包人、发包人的利益情感在内。根据《建筑安装工程费用项目组成》第1条第1款的规定，工程造价按费用构成要素组成划分为人工费、材料费、施工机具使用费、企业管理费、利润、规费和税金。而工程结算价是承包人与发包人之间依据双方所约定的计价标准和原则对施工合同、工程签证单及其他施工资料进行计算而得出的发包人应付承包人的工程总价款，包含了价格调整、下浮、索赔等内容，是一个动态的工程造价形式，其中工程量是按照国家计量规范计算，工程价格是可以根据约定调节的，而签证、零星工程等是双方可以协商解决的，它更多的是追求一个双方均能接受的合理的建设项目工程造价。

（二）工程造价可以成为工程决算价的参考依据

一般而言，通过工程定额规则计算得出的工程造价往往大于双方当事人约定的结算价或固定价，承、发包双方参考工程造价进行洽谈、磋商并确定最终的工程结算价。实践中对于暂定价施工合同的结算，承包人与发包人先对建设工程总造价进行审核，并在此基础上结合让利、赔款等其他因素进行商谈，最终确定一个发包人应支付的结算款数额，该结算款可以等于工程总造价，也可以小于或大于工程总造价。

（三）施工合同没有约定结算标准下才能适用工程造价

在工程实务中，只有在双方对于工程结算标准没有约定且经协商无法达成一致时，才直接采用工程造价作为建设工程的结算价。这种现象较多出现在诉讼中，由法院委托司法鉴定机构，依据相关工程定额计价标准计算得出工程造价作为工程结算款，并结合发包人已付款情况判决发包人承担相应的付款责任。

二、拟制结算纠纷的法律思考

在工程实务中，拟制结算是指发包人收到承包人竣工结算文件后，在约定期限内不予答复，视为认可承包人竣工结算文件，发包人应按承包人竣工结算文件的数额支付相应的工程价款。《建设工程司法解释（一）》第20条规定："当事人约定，发包人收到竣工结算文件后，在约定期限内不予答复，视为认可竣工结算文件的，按照约定处理。承包人请求按照竣工结算文件结算工程价款的，应予支持。"根据《建筑工程施工发包与承包计价管理办法》第18条及《建筑工程价款结算暂行办法》第16条的规定，发包人收到竣工结算报告及完整的结算资料后，在该办法规定或合同约定期限内，对结算报告及资料没有提出意见，则视同认可，这是关于拟制结算的相关法律依据。实践中，出于拖欠工程款的故意，发包人往往在建设工程竣工验收合格且收到承包人的结算文件后，故意拖延不予答复，也不进行建设工程的造价审核，客观上损害了承包人的利益。拟制结算制度的确立，有助于督促发包人尽快履行结算义务，消除纠纷。

如前所述，工程结算价款是双方当事人在工程造价的基础上相互协商而产生的，从工程实务来看，发包人对承包人提交的结算价进行扣减、压价等是一种常态，也是行业惯例。在此情况下，承包人一般在编制竣工结算文件时故意抬高工程结算价，预留出被发包人压缩的空间和余地，因此承包人提出的竣工结算价款大都远高于真实的工程造价，适用拟制结算将对双方利益产生重大影响，须慎重适用。

从司法实践中暴露的问题并结合相关司法解释及行政规章的规定来看，适用拟制结算规则，需符合并满足以下条件：

（一）承包人须将完整的书面结算资料送达发包人

收到完整的结算资料是发包人对工程结算价进行审核的前提和基础，如果承包人不能举证证明自己已向发包人提交了结算报告或者发包人能证明承包人提交的结算报告资料不完整，则不能产生将承包人提出的结算报告作为结算依据的法律后果。需注意的是，承包人将结算报告送达发包人须是有效的直接送达，不适用留置送达。

（二）施工合同中须有特别约定

《最高人民法院民事审判庭关于发包人收到承包人竣工结算文件后，在约定的期限内不予答复，是否视为认可竣工结算文件的复函》（〔2005〕民一他字第23号）[1] 明确了适用拟制结算的条件，即“当事人之间约定了发包人收到竣工结算文件后，经约定的期限内不予答复，则视为认可竣工结算文件”。因此，适用拟制结算须由当事人双方在施工合同的专用条款中或通过补充协议的方式作出类似“发包人逾期不答复视为认可竣工结算文件”的明确约定，而不能按照建设工程施工合同格式文本中的通用条款的内容来予以认定。因为以一方当事人的默示来推定其认可对方的行为，应当有法律的明确规定或当事人的特别约定，而通用条款是示范合同中的建议条款，体现的是行业通常做法，但无法反映当事人的真实意思和特别约定。

---

〔1〕《最高人民法院民事审判庭关于发包人收到承包人竣工结算文件后，在约定的期限内不予答复，是否视为认可竣工结算文件的复函》中规定：适用《建设工程司法解释（一）》第20条的前提条件是当事人之间约定了发包人收到竣工结算文件后，在约定的期限内不予答复，则视为认可竣工结算文件。承包人提交的竣工结算文件可以作为工程款结算依据。建设部制定的建设工程施工合同格式文本中的通用条款第33条第3款的规定，不能简单地推论出，双方当事人具有发包人收到竣工结算文件一定期限内不予答复，则视为认可承包人提交的竣工结算文件的一致意思表示，承包人提交的竣工结算文件不能作为工程款结算的依据。

（三）须有发包人在约定期限内不予答复的事实存在

发包人在约定期限内不予答复应当理解为发包人收到竣工结算文件后未提出异议或回应。就对《建设工程司法解释（一）》第20条的适用作严格限制角度而言，如果发包人在约定期限内对承包人提交的竣工结算文件提出了异议或答复，不管该意见是否成立，只要有证据证明发包人提出结算异议或答复的事实存在，则不能产生将承包人提交的结算报告直接适用于工程价款结算的法律后果。对于发包人提出异议和答复的方式，既可以理解为以口头或书面方式提出，也可以理解为发包人已开展对结算报告的审核工作或委托专业机构进行工程造价审计。从发包人对结算报告开展审核工作或委托审计的行为来看，说明发包人并未认可承包人的结算报告，也不存在拖延工程结算的故意，因此，从宽泛的角度理解，发包人的这一行为也应视为异议或回应，这也符合慎重适用拟制结算的要求，从而确保对工程结算价款的最终认定符合公平原则。

需要研究并注意的是，最高人民法院于2005年作出〔2005〕民一他字第23号《最高人民法院民事审判庭关于发包人收到承包人竣工结算文件后，在约定的期限内不予答复，是否视为认可竣工结算文件的复函》时，通行的建设工程施工合同的示范文本是原国家建设部及国家工商行政管理总局于1999年12月颁布的GF—1999—0201版本，该示范文本的通用条款第33.3条规定："发包人收到竣工结算报告及结算资料后28天内无正当理由不支付工程竣工结算价款，从第29天起按承包人同期向银行贷款利率支付拖欠工程价款的利息，并承担违约责任。"该条款确实没有直接约定双方应按承包人的竣工结算文件结算工程价款，但在之后的数个版本的施工合同示范文本中，均对该条款进行了修改，目前由住建部与原国家工商管理总局于2017年颁布的最新版建设工程施工合同示范文本（GF—2017—0201）通用条款第14.2条中规定："发包人在收到承包人提交竣工结算申请书后28天内未完成审批且未提出异议的，视为发包人认可承包人提交的竣工结算申请单，并自发包人收到承包人提交的竣工结算申请单后第29天起视为已签发竣工付款证书。"该约定已有明确适用拟制结算的规定，与前述最高人民法院的批复所规定的条件不一致。在形势已发生变化的情况下，最高人民法院的该批复是否还能适用？施工合同“通用条款”对于拟制结算的约定能否适用，还是仍然强调必须在专用条款中有专门约定才能适用拟制结算规则，这需要最高人民法院尽快作出解答。

案例23
发包人收到承包人竣工结算文件后在约定期限内不予答复，应视为认可竣工结算文件

——澳淦公司与建善公司装饰装修合同纠纷案[1]

基本案情

上诉人（原审被告）：上海澳淦商贸有限公司（以下简称澳淦公司）

被上诉人（原审原告）：上海建善建筑装饰工程有限公司（以下简称建善公司）

2014年11月11日，建善公司与澳淦公司签订《建筑装饰工程施工合同》，约定澳淦公司将位于上海市浦东新区启帆路628号（森兰商都二楼）澳洲制造专卖店装修工程发包给建善公司施工。第1.7条约定，合同暂定价为500,000元（币种：人民币，下同）。第6.1条（3）约定，本工程按照国家有关工程计价规定计算造价，并按有关规定进行调整和竣工结算。第6.2条约定，本合同生效后，澳淦公司分四次付款，工程开工后十日内付30%计150,000元，木工工程完成后付30%计150,000元，工程竣工审计后付35%计175,000元，保证金5%在保修期满一年后支付。第6.3条约定，工程竣工验收后，建善公司提交工程结算并将有关资料送达澳淦公司，澳淦公司自接到上述资料30日内审价完毕，到期未提出异议，视为同意，并在10日内，结清尾款，留5%待保修期满一年后付清。第11.1条约定，工程保修期为1

[1] 参见上海市第一中级人民法院（2016）沪01民终3656号民事判决书。

年，自竣工验收通过之日起计算。

合同签订后，建善公司于2014年11月1日开工，2014年12月31日竣工，2015年1月1日交付使用，澳淦公司于2015年1月8日在竣工验收单上盖章。2015年2月8日，建善公司将澳洲制造专卖店装修工程结算书两份、竣工验收单和施工竣工图一套交付给澳淦公司，澳淦公司在工程结算送审资料签收单上盖章。2015年4月13日，建善公司将催审函两份交付给澳淦公司，催告澳淦公司尽快进行审计，澳淦公司收到后在工程结算送审资料签收单上盖章。澳淦公司已支付工程款300,000元。

因澳淦公司未支付工程款，建善公司向上海市浦东新区人民法院起诉要求：(1) 判令澳淦公司支付工程款527,564元；(2) 判令澳淦公司支付上述欠款逾期付款利息损失。

法院裁判

一审法院认为，建善公司与澳淦公司签订的《建筑装饰工程施工合同》是双方真实意思表示，并不违反国家法律规定，应属合法有效，双方理应按约履行。根据合同约定，工程竣工验收后，建善公司提交工程结算并将有关资料送达澳淦公司，澳淦公司自接到上述资料30天内审价完毕，到期未提出异议，视为同意。建善公司于2015年2月8日将澳洲制造专卖店装修工程结算书两份、竣工验收单和施工竣工图一套交付给澳淦公司，澳淦公司在工程结算送审资料签收单上盖章确认收到上述资料。根据法律规定，当事人约定，发包人收到竣工结算文件后，在约定期限内不予答复，视为认可竣工结算文件的，按照约定处理。承包人请求按照竣工结算文件结算工程价款的，应予支持。因澳淦公司收到竣工结算文件后，未在合同约定期限内提出异议，视为认可结算文件，故本案工程总造价为871,120元，扣除质保金及澳淦公司已付款，澳淦公司应支付建善公司工程款527,564元。

一审法院判决：(1) 澳淦公司支付建善公司工程款527,564元；(2) 澳淦公司支付建善公司人民币527,564元自2015年3月23日起算，按照中国人民银行同期同类贷款利率计算至判决生效之日止的逾期付款利息损失。

判决后，澳淦公司不服，向上海市第一中级人民法院提起上诉，请求对工程造价进行审价。

二审法院认为，双方施工合同第6.3条约定，工程竣工验收后，建善公司提交工程结算并将有关资料送达澳淦公司，澳淦公司自接到上述资料30日内审价完毕，到期未提出异议，视为同意。鉴于建善公司已按约将系争工程的结算资料交付澳淦公司，且澳淦公司亦确认均已签收，在其无法提供证据证明在约定期限内曾对上述结算资料提出异议或委托案外人进行工程审价的情况下，应视为澳淦公司认可结算文件。澳淦公司坚持要求进行审价的上诉请求，显然违背双方合同之约定，应不予支持。

二审法院判决：驳回上诉，维持原判。

案例评析

本案例涉及了拟制结算的法律适用问题。

拟制结算是工程价款结算中的一种例外规定和特殊规定，其目的是防止发包方拖延结算使双方的债权债务长期处于一个不确定状态从而损害施工方的合法权益。《建设工程司法解释（一）》第20条规定："当事人约定，发包人收到竣工结算文件后，在约定期限内不予答复，视为认可竣工结算文件的，按照约定处理。承包人请求按照竣工结算文件结算工程价款的，应予支持。"该条款规定了拟制结算的适用条件，即发包人收到承包人结算文件后在规定期限内不予答复的，双方应按承包人的结算文件结算工程价款。

需要注意的是，在工程价款结算过程中，施工方自己报送的结算资料往往存在高估冒算的情况，故司法实践中对于拟制结算的适用应慎重，需从严把握，以防显失公平。从上述司法解释的规定及司法实践经验看，适用拟制结算需要符合以下条件：（1）施工合同中对于拟制结算须有特别的约定；（2）施工方提交的竣工结算文件应当齐全，且必须以书面方式提交；(3) 必须有发包方的签收，且该签收人员应当是有相关授权的人员；(4) 发包方须在约定期限内不审核、且不予答复。如果发包方在约定期限内对施工方提交的竣工结算文件提出了异议，不管该异议是否成立，一经提出，则产生不能适用拟制结算的法律后果。

本案是司法实践中较少出现的适用拟制结算规则直接认定工程结算价款的案例。从案情来看，符合《建设工程司法解释（一）》第20条规定：第一，当事人在合同中对于拟制结算的适用问题作了特别约定。施工合同第6.3条约定，工程竣工验收后，建善公司提交工程结算并将有关资料送达澳淦公司，澳淦公司自接到上述资料30日内审价完毕，到期未提出异议，视为同意。并在10日内，结清尾款。第二，承包人提供了完整的书面结算资料。本案中建善公司于2015年2月8日将装修工程结算书两份、竣工验收单和施工竣工图一套交付给澳淦公司，澳淦公司也未提出对方提供的结算资料不齐全的问题。第三，发包人书面签收了竣工结算文件。有证据显示，澳淦公司两次在建善公司提交的《工程结算送审资料签收单》上盖章。第四，直至本案涉讼，并无证据证明澳淦公司曾对建善公司提交的工程结算书提出了异议。故法院最终按承包人提供的结算文件作为认定工程结算价款的依据，既符合施工合同的约定，又具有法律依据。

三、发包人已付工程价款数额争议的处理

发包人已付工程款数额争议大部分发生在“三包一靠”合同的履行过程中，实际施工人直接从发包人处领取工程进度款或预支款，在施工合同相对人之间进行工程价款结算时，承包人对于发包人的已付款数额有异议，对于发包人已付款项的性质不予认可，对于领款人的身份不予确认，由此引发争议。

（一）争议产生的原因和现象

一般而言，在发包人与承包人所签订的建设工程施工合同中，双方对于

工程价款支付方式等应有专门约定，由发包人直接将工程进度款汇入承包人账户，或由承包人的授权代理人向发包人领取银行支票等。承、发包双方对发包人已付工程款数额产生争议的主要原因是：

1. 承包人管理松懈

在“三包一靠”合同中，承包人以收取管理费作为自己的利润点，在不影响自己正常收取管理费的情况下，放松了对实际施工人的施工管理和财务管理，任由实际施工人与发包人直接发生工程价款支付关系；实践中为方便实际施工人资金调取，还存在承包人允许实际施工人以项目部名义开设银行账户的现象。这为以后可能发生的已付款争议埋下隐患。

2. 发包人财务制度不健全

发包人财务制度不健全，管理混乱，这也是造成工程已付款纠纷的原因。一是疏于对领款人授权委托的审查。工程实务中，对于工程进度款的支付及领取，一般是由承包人出具授权委托书给实际施工人，由其代为向发包人领取工程进度款支票，银行票据的收款人栏目一般要求填写为承包人。由于建设工程周期长的特点，发包人支付工程进度款的次数较多，加上领款人又是建设工程的实际施工人，在相处熟悉的情况下，发包人对于领款人的授权委托审查松懈，在领款人没有相关手续的情况下也直接付款，并想当然地认为是对承包人的付款。二是付款手续不规范。为便于资金的周转使用，一般发包人的付款直接通过银行划账的较少，往往应承包人的要求出具银行票据以方便承包人通过背书方式直接支付原材料、设备等货款。实践中，发包人执行财务制度不规范，出具的银行票据收款人栏目应实际施工人要求而填写他人或留下空白由实际施工人自己填写，仅在票据存根处由领款人签名。由此发生争议时承包人对于没有授权委托书的付款以及收款人为他人的银行票据坚决不认可，而发包人坚持认为票据存根显示由实际施工人领款，且实际施工人代表了承包人或构成表见代理，双方意见严重对立。

3. 实际施工人向发包人的借款与工程价款支付混合

实践中经常发生实际施工人个人向发包人借款，基于对实际施工人身份的认可，发包人以借款的方式向实际施工人预支工程款，工程结算时发包人以此冲抵已付工程价款，承包人则认为该借款是个人借款，不应计入已付工程价款，这也是建设工程价款结算常见的争议问题。

4. 发包人与实际施工人串通

实际施工人与发包人间的紧密关系是争议发生的又一重要原因，特别是在挂靠施工中，与发包人关系良好并承接建设工程的是实际施工人，承包人只是出借资质并通过收取管理费获益，施工合同名义上是由发包人与被挂靠人所签，但实际上均由挂靠人代替被挂靠人一手操作，发包人对于建设工程的承包人只认可实际施工人。故施工合同虽然约定了发包人向承包人、被挂靠人付款的相关事项，但实际中并不执行，发包人明知违反施工合同约定仍直接向实际施工人付款，双方间的串通行为实际架空了被挂靠人对工程价款的控制和管理。因此，施工合同履行过程中如果发生意外情况，特别是实际施工人因赌博欠债或其他原因而中途撤场下落不明，发包人要求被挂靠人承担责任，而被挂靠人以发包人未支付工程价款为由予以抗辩，双方就会为实际施工人的领款问题发生争议，这在司法实践中也较为常见。

（二）争议处理的司法应对

1. 严格遵照合同约定的付款方式认定已付款数额

施工合同对于工程进度款项等支付方式的约定，是签约双方当事人的真实意思表示，具有约束力，这也是诚实信用原则在建设工程施工合同履行中的要求。因此，如果施工合同明确约定发包人应将工程价款交付给承包人或汇入承包人账户的，发包人应严格按合同约定执行，不得在没有承包人授权的情况下直接将工程款支付给实际施工人，否则构成不当履行，应承担相应的法律后果，对应的款项不得计入已付工程款范畴。需要说明的是，发包人将工程款汇入以承包人名义开设的项目部银行账户，虽然该账户由实际施工人控制、掌握，但该银行账户是在承包人准许下开设的，对外应由承包人承担相应的法律责任，故发包人的此类付款行为应认定符合施工合同的约定，相应款项应计入发包人的已付工程款范围。

2. 正确认定合同约定条款的事实变更

工程实务中的一种常见现象是，在施工合同的履行过程中，虽然施工合同对于工程款的支付方式有明确约定，但实际履行中并没有执行，从开始就是由发包人将工程进度款以银行票据的方式直接交给实际施工人，实际施工人将票据直接转账使用购买建筑材料等，或解入承包人账户，承包人对此并无异议并在收款后扣除相应管理费将余款转交给实际施工人。虽然承包人没有明示放弃直接收款的权利，但这种支付方式在三方之间形成了一种默契和惯例，承包人也没有提出异议，应认定施工合同关于付款方式的约定已发生了事实上的变更，其直接后果是对合同双方发生约束力。因此，当纠纷发生、实际施工人领款后直接卷款出走，承包人以发包人违反合同约定为由，不同意将实际施工人领走的钱款计入发包人已付工程款的主张，应不予支持，这也是承包人缺乏对实际施工人加强管理所造成的后果，相应的民事责任应由承包人或被挂靠人自行承担。

3. 严格认定表见代理行为

《民法典》第 172 条规定："行为人没有代理权、超越代理权或者代理权终止后，仍然实施代理行为，相对人有理由相信行为人有代理权的，代理行为有效。"在建设工程领域，对于实际施工人在无授权委托情况下领取工程价款的行为，根据《最高人民法院关于当前形势下审理民商事合同纠纷案件若干问题的指导意见》的规定精神，应从严认定是否构成表见代理。司法实践中不仅要求实际施工人在客观上形成具有代理权的表象，而且要求发包人在主观上善意且无重大过失地相信实际施工人有领取工程款的代理权限。笔者认为，审理此类案件，认定是否构成表见代理，应从以下几方面予以考虑：第一，审查施工合同是否约定了明确的付款方式，如直接汇入承包人银行账户、明确具体领款代理人，或者写明领款人必须持有承包人的委托材料等。如果施工合同作了上述明确约定的，发包人必须对违反上述约定的理由进一步举证，否则不构成善意且无过失。第二，审查领款人的身份、职务情况。比如承包人任命的项目经理、施工合同的承包方签约代表、工程项目部工作人员等。第三，审查以往是否发生过类似的付款方式，以判断交易惯例与表见代理的区别。第四，审查发包人是否明知存在非法转包、违法分包或挂靠施工等事实，仍主动实施向实际施工人付款的行为，这是判断发包人是否善意且无过失的一个重要事实依据。只有领款人的身份及职务情况足以让发包人相信其是代表承包人，是一种职务行为，且发包人对于付款是善意且无过失的，才能认定构成表见代理，实际施工人领取工程款的法律后果才由承包人承担，否则相应的款项不应计入发包人的已付工程款。

四、总包合同和下游合同履行利益冲突下的结算纠纷处理

这里的下游合同主要包括分包合同与转包合同，分包合同仅限于由总包人直接分包而引发与实际施工人间的工程价款结算纠纷。在由发包人直接指定分包中，总包人与指定分包人发生结算纠纷的相对较少，即使存在，也仅仅涉及各自施工范围分割不明而引发的纠纷，故这里的纠纷处理规则不涉及指定分包。需要说明的是，转包行为是非法的，分包行为亦存在违法的可能，本书在合同效力章节已对无效合同的后果处理进行了论述，此处仅在“参照合同约定的付款条件”基础上进行分析。

（一）正确认定“背靠背”条款的法律效力

在总包合同中，发包人与总承包人对于工程价款的支付时间及条件进行了约定，在下游合同中，对于总承包人的付款条件及时间亦明确约定参照总包合同执行，即发包人付款作为总承包人付款的前提条件，只有待发包人支付工程价款后，总承包人才按同等比例向实际施工人付款，且不承担逾期付款违约责任。这一条款又称“背靠背”条款（pay when paid），又称“业主支付前提条款”。对于这一条款的效力及对实际施工人是否具有约束力，实践中争议较大，做法也不一致。

笔者认为，在下游合同有相应约定内容下，“背靠背”条款对下游合同的实际施工人具有约束力具体情况如下：第一，付款时间及条件虽不涉及工程价款的计算，但影响工程价款的支付，应属于价格条款的组成部分。虽然从形式上看，下游合同约定了参照总包合同的付款约定执行，与总包合同具有

一定的关联性，但从本质上分析，这是下游合同自身的付款约定，具有独立性。第二，对于这种附条件的民事法律行为，我们本着尊重当事人意思自治的原则，应认可此类“背靠背”条款的约束力，总包人与实际施工人间的付款情况应根据发包人与总包人间的付款情况同步执行。若因总包人拖延结算或怠于行使到期债权或和发包人另行约定推迟付款的，致使实际施工人不能及时取得工程款，可以推定总承包人恶意促成付款条件不成就，根据《民法典》第159条的规定，视为付款条件已成就，实际施工人要求总包人支付欠付工程款的，应予支持。总包人提出抗辩的，应对其与发包人之间的结算情况以及发包人支付工程款的事实负有举证责任。[1] 第三，在违法分包、非法转包情况下，下游合同无效，“背靠背”条款也无效。但是如本书前文所述，付款时间及条件影响到工程价款的支付，从宽泛意义上讲其也是价格条款的组成部分，鉴于无效合同当事人不能因合同无效而获得比合同有效更大的利益，[2] 故虽分包合同或转包合同无效，“背靠背”条款仍可参照适用，实际施工人应参照总承包合同约定的业主支付条件作为向总承包人主张工程款的依据。

（二）分包合同的工程结算价高于总包合同对应工程项目结算价格的纠纷处理

工程实务中，总包合同对于工程价款的结算原则是基于整个工程项目而确定的，在控制工程总价的前提下，出于项目总体平衡的考虑，部分工程子项目的报价会低于实际造价。同时，由于分包合同中对于工程价款的结算标准没有约定参照总包合同执行，而是独立进行了约定，实践中因两份合同约定的结算原则不一致，可能会导致依据分包合同的结算原则计算出的工程价款高于承包人就该部分工程项目从发包人处获得的工程价款，由此引发了总包人与分包合同实际施工人间的结算纠纷。

---

〔1〕 参见《北京市高级人民法院关于审理建设工程施工合同纠纷案件若干疑难问题的解答》（京高法发〔2012〕245号）第22条。

〔2〕 参见秦旺：《建设工程造价结算前沿问题研究》，载《法律适用》2017年第5期。

笔者认为，根据合同独立性原则，在没有作出特别约定的情形下，分包合同的工程价款结算独立于总包合同，不受总包合同结算原则的制约，双方各自结算，总包人应根据分包合同的结算标准向实际施工人支付相应的工程价款。应该指出，首先，这一处理貌似对总包人不公平，存在利益失衡，但这一结果是总包人在签订分包合同时没有考虑周全而产生的，实际施工人对此没有过错，故相应的法律后果应由总包人自己承担。其次，总包人就该分包工程项目的收益与亏损应置于整个建设工程项目的工程价款结算中进行分析，尤其是总包人出于不平衡报价策略的实施，分包合同的亏损并不会带来双方间的利益失衡。最后，如果确实存在严重利益失衡问题，总包人可以显失公平为由行使撤销权而实现权利救济，在分包合同的结算条款没有被撤销或变更前，对总包人依旧具有约束力。

（三）实际施工人没有参与总包人与发包人进行结算的纠纷处理

总包人在与发包人进行工程竣工价款结算时，没有通知实际施工人一起参与核对工程量、核算工程价款等，由此造成实际施工人对于总承包人与发包人间达成的结算单或结算协议涉及其施工部分的工程价款不予认可，双方引发结算争议。对此纠纷的处理，第一，应根据下游合同的约定独立结算总包人与实际施工人间的工程价款。如果下游合同对于工程量核定、计价标准等约定不同于总包合同，则总包人与发包人间的工程价款结算对实际施工人不具有约束力。同样地，总包人对发包人的让利及下浮结算款等，不能分摊到分包项目中。第二，如果下游合同约定的工程价款结算条件依附于总包合同的，虽然实际施工人没有参与核对工程量、核算工程价款等，但其没有证据证明存在漏算工程量、计算错误相应工程项目价款等事实的，总包人与发包人间达成的工程价款结算单对实际施工人有约束力，实际施工人与总包人应按照前述工程结算单结算相互间的工程价款。如果实际施工人有证据证明存在工程项目漏计、工程量少算或价格计算错误的情形，则前述结算单不予适用，应按真实工程量及计价标准结算下游合同的工程价款。

案例24
总包方怠于向业主主张权利的，不得以“背靠背”条款对抗实际施工人的付款主张
——陕西建工与赵宇鹏建设工程施工合同纠纷案[1]

基本案情

上诉人（原审被告）：陕西建工安装集团有限公司（以下简称陕西建工）

被上诉人（原审原告）：赵宇鹏

2008年9月15日，陕西建工将其承包的东方希望（三门峡）铝业有限公司的挖潜工程中10#、11#高配电气及高压电网安装调试工程部分包给赵宇鹏施工，合同约定：承包方式为一次性包干使用，被告提取35%管理费，业主批准的计价款到陕西建工账户5日内，陕西建工将工程款支付给赵宇鹏。后陕西建工项目部出具结算单，载明根据业主审批量，至2008年11月欠赵宇鹏工程款289,399.51元。

赵宇鹏向渑池县人民法院提起诉讼，请求判令陕西建工支付工程欠款289,399.51元及利息。

法院裁判

一审法院认为，赵宇鹏要求陕西建工支付工程款，提交了与陕西建工项目部签订的协议及陕西建工项目部签章确认的结算单。陕西建工辩称已将涉案工程分包给西安市宋南机电设备厂及业主尚未支付结算款，因与本案不是同一法律关系，法院不予支持。陕西建工所欠赵宇鹏工程款已经其项目部盖章确认，法院予以采信。陕西建工在赵宇鹏施工结束后拒不支付拖欠的工程款，现赵宇鹏要求按同期银行贷款利率支付利息，法院予以支持。

一审法院判决：陕西建工支付原告赵宇鹏工程款289,399.51元及利息。

---

[1] 参见三门峡市中级人民法院（2014）三民终字第199号民事判决书。

陕西建工不服一审判决，向三门峡市中级人民法院提起上诉称，根据双方签订的《劳务分包合同》约定，工程款支付必须符合两个条件：一是执行业主验收计价程序，业主方作出明确的结算价款；二是业主方将其批准的计价款支付至总包人账户5日内。但截至今日，涉案工程业主东方希望（三门峡）铝业有限公司尚未结算，也未将结算款汇至陕西建工账户，所以赵宇鹏要求陕西建工支付工程款的两个条件均没有满足。请求二审法院撤销原审判决，改判驳回赵宇鹏的诉讼请求。

二审法院认为，赵宇鹏与陕西建工签订《劳务分包合同》后，按照约定完成了双方约定的施工任务，陕西建工东方希望项目部出具了签章确认的结算单。结算单显示根据业主审批量，截至2008年11月欠赵宇鹏工程款289,399.51元，对欠付的款项陕西建工依法应予清偿。陕西建工与赵宇鹏在分包合同中“执行业主验收计价程序及规定、陕西建工安装集团有限公司在业主批准的计价款到达账户5日内及时支付给赵宇鹏”的约定，是总包商为转移业主支付不能的风险，而在分包合同中设置“以业主支付为前提”的条款，该条款有其一定的合理性和合法性，故该约定有效。但总包商应当举证证明不存在因自身原因造成业主付款条件未成就的情形，并举证证明自身已积极向业主主张权利，业主仍尚未就分包工程付款。若因总包人拖延结算或怠于行使其到期债权致使分包人不能及时取得工程款，分包人要求总包人支付欠付工程款的，应予支持。本案中，赵宇鹏完成的工程，业主方已在2008年11月审批认定，2008年12月16日已经业主验收合格，此时陕西建工已可要求业主支付相应的工程款，但陕西建工称截至目前业主仍未结算、付款，且未提交证据证实已积极向业主主张了权利，故可以认定其怠于行使权利，其关于支付工程款条件尚未成就的上诉主张不能成立，法院不予支持。

二审判决：驳回上诉，维持原判。

案例评析

本案涉及对“背靠背”条款的效力认定及如何适用的法律问题。

目前建筑市场处于绝对买方市场，在业主拖欠工程价款现象日趋普遍的建筑市场环境下，总包商为转移业主支付不能的风险，而在分包合同中设置“以业主支付为前提”的条款即“背靠背”条款（pay when paid）。总包合同与分包合同虽然是各自独立的两份合同，但两者在付款时间、付款条件上具有一定的关联性。“背靠背”条款约定的内容本质上是分包合同对于工程价款支付时间及支付条件的约定，是一种附条件的民事法律行为，体现了签约双方的真实意思表示，应予以尊重并肯定其效力。因此，分包合同的双方当事人应遵照“背靠背”条款的约定履行工程价款的支付事宜，即根据发包人与总承包人间的付款情况同步执行。

司法实践中对于“背靠背”条款的适用，主要在于审查总包人是否怠于行使向发包人主张工程价款的权利，从而构成对分包合同实际施工人合法利益的不当侵害。如前所述，分包合同中的“背靠背”条款是一种附条件的民事法律行为，若因总承包人拖延结算或怠于行使到期债权或和发包人另行约定推迟付款的，致使实际施工人不能及时取得工程款，可以推定总承包人恶意促成付款条件不成就，根据《民法典》第159条的规定，视为付款条件已成就，实际施工人要求总承包人支付欠付工程款的，应予支持。如果总承包人提出抗辩，应对其与发包人之间的结算情况以及发包人支付工程款的事实负举证责任。

本案中，虽然分包合同约定了“执行业主验收计价程序及规定、陕西建工安装集团有限公司在业主批准的计价款到达账户5日内及时支付给赵宇鹏”等内容，但在建设工程已竣工且验收合格、业主方已对工程价款予以审定情况下，陕西建工并无证据证实已积极向业主主张了权利，故可以认定其怠于行使权利，属于恶意阻却付款条件的成就，致使实际施工人不能及时取得工程款，应视为分包合同的工程价款支付条件已成就，故对于实际施工人追索工程价款的诉请应予支持。

五、工程欠款及垫资款利息的实践运用

利息的法律性质为法定孳息，其发生的基础为资金占用。[1] 发包人应付工程价款而未付，其本质是占用了承包人的资金成本，理应承担承包人相应的利息损失。发生在建设工程价款结算中的利息纠纷，主要涉及工程预付款利息、工程进度款利息及工程竣工结算款利息三种类型，司法实践中以承包人主张工程结算款利息居多，主要涉及利息支付的起算时间及利率确定问题。

第一，根据合同效力对约定利率分别作出认定。

一是施工合同有效的，其约定的利息计付标准有效，发包人应当按照施工合同约定的利息计付标准向承包人支付欠付工程价款的利息。[2] 从性质上说，发包人欠付承包人工程价款，双方的关系已转化为简单的债权债务关系，与借款合同的债权债务并无本质上的区别，[3] 因此施工合同约定的利率标准必须符合法律规定，即年利率不能超过 24%，已实际履行的部分不能超过 36%。二是施工合同无效的，合同约定的利息计付标准也无效，虽然利息是孳息，但其是独立款项，不能适用《建设工程司法解释（一）》第 2 条“参照合同约定支付工程价款”这一规则，只能适用法定利率，即中国人民银行发布的同期同类贷款利率计算利息。[4] 因中国人民银行贷款基准利率这一标准已取消，人民法院裁判贷款利息的基本标准应改为全国银行间同业拆借中心公布的贷款市场报价利率。[5]

第二，施工合同没有约定利息计付标准的，根据《建设工程司法解释（一）》第 17 条及最高人民法院发布的《全国民商事审判工作会议纪要》的规定，按全国银行间同业拆借中心公布的贷款市场报价利率计算利息。

---

〔1〕 参见黄强光：《建设工程合同纠纷司法前沿问题析解》，法律出版社 2010 年版，第 70 页。

〔2〕 《建设工程司法解释（一）》第 17 条也作出明确规定：“当事人对欠付工程价款利息计付标准有约定的，按约定处理……”

〔3〕 参见最高人民法院民事审判第一庭编著：《最高人民法院关于建设工程施工合同司法解释的理解与适用》，人民法院出版社 2004 年版，第 160～161 页。

〔4〕 参见邬砚：《建设工程合同纠纷 254 个裁判规则深度解析》，法律出版社 2019 年版，第 166～167 页。

〔5〕 参见最高人民法院发布的《全国法院民商事审判工作会议纪要》“（三）关于借款合同”部分。

第三，工程预付款及进度款的逾期付款期限及逾期付款利息按施工合同约定计付，施工合同没有约定利息计付标准的按全国银行间同业拆借中心公布的贷款市场报价利率计算利息。

需要注意的是，承、发包双方在施工期间或竣工后签订了结算协议，协议中没有涉及逾期支付工程预付款、进度款的处理，基于结算协议是双方对债权债务的最终清算，承包人在结算协议中对该部分权利未作主张的，应当认定承包人已放弃了该部分的权利，除结算协议不再履行或效力被否定外，承包人事后不得再行主张发包人逾期支付工程预付款、进度款的利息损失。

第四，工程结算价款利息起算时间按《建设工程司法解释（一）》第18条的规定精神执行。

具体而言，把应付工程价款之日作为工程结算价款的利息起算日，司法实践中应区分以下几种情形：一是施工合同约定付款时间的，从合同约定的付款时间开始起算利息。二是施工合同没有约定付款时间或约定不明的，如果建设工程已经实际交付的，以建设工程交付日作为应付工程价款之日，利息也自该日起算；如果建设工程没有交付的，以承包人向发包人提交竣工结算文件之日作为应付工程价款之日并起算利息。三是如果建设工程未交付且工程价款也未结算的，从承包人起诉之日起算工程结算价款的利息。这里对于建设工程实际交付之日的认定，既包括双方正式办理交接手续之日，也包括没有交接手续但有证据可以推定完成交付之日，还包括发包人擅自占有使用之日。

第五，垫资款的利息支持与否应根据施工合同的约定作出判断。

垫资款从法律性质上分析，其本质是民间借贷，因此，对于垫资款的利息，施工合同有约定的从约定，应予支持；施工合同对于垫资款利息没有约定的，承包人主张利息损失的，应从起诉之日起算，其余部分不予支持。

值得研究的是，《建设工程司法解释（一）》第6条规定垫资款的约定利息标准不得高于中国人民银行发布的同期同类贷款利率计算利息，即高于部分不应支持；但《最高人民法院关于审理民间借贷案件适用法律若干问题的规定》对于民间借贷规定的约定利率上限标准远高于中国人民银行发布的同期同类贷款利率，对于两者的冲突如何适用？笔者认为，从《建设工程司法解释（一）》第6条规定的精神看，最高人民法院认可了垫资款的效力及性质，本着“新法优于旧法”的法律适用规则，对于垫资款的利息计算标准应按照《最高人民法院关于审理民间借贷案件适用法律若干问题的规定》执行，施工合同约定的垫资款利率在不违反法律规定的标准上限情形下，可以不受全国银行间同业拆借中心公布的贷款市场报价利率的限制。

六、几类特殊建设工程费用的结算纠纷处理

建设工程价款结算纠纷中，除了合同约定价格、工程签证价格及停、窝工赔偿金纠纷外，还涉及甲供材料费、总包管理费、水电费纠纷等，虽然金额并不高，但在司法实践中争议较大，如果认定不当，将影响案件最终处理的正确性。本书仅择其中较具代表性且易发生争议的几类特殊费用的处理作分析论述。

（一）甲供材料的结算纠纷处理

“甲供材料”，又称甲供材，是建设工程施工行业用语，是指在施工过程中，由发包人采购并按照约定和工程进度计划的安排向承包人供应的材料，在双方结算时，该部分材料费用不计入结算总价。2013年版《建设工程工程量清单计价规范》第3.2.1条规定：“发包人提供的材料和工程设备（以下简称甲供材料）应在招标文件中按照本规范附录L.1的规定填写《发包人提供材料和工程设备一览表》，写明甲供材料的名称、规格、数量、单价、交货方式、交货地点等。承包人投标时，甲供材料单价应计入相应项目的综合单价中，签约后，发包人应按合同约定扣除甲供材料款，不予支付。”司法实践中，工程价款结算涉及甲供材料的争议主要存在以下两点：

1. 甲供材料领用量与定额用量或施工图含量不符的结算纠纷处理

虽然建设工程招投标文件中列明了甲供材料的数量，但在工程实务中，对于甲供材料的领用并不完全按清单记载的数量执行；部分直接发包的施工合同在签约前也未列明具体的甲供材料数量。因此，在进行建设工程竣工结

算时，涉及甲供材料的，就承包人的领用数量与工程定额的规定数量或通过对施工图计算出的建筑材料用量严重不符，承、发包双方对于两者的差额是否应扣减发生争议。

解决此类争议：首先，应审查施工合同的相关约定，并遵照合同约定处理。其次，施工合同对于此类争议解决方法没有约定或约定不明的，审查招投标文件对于甲供材料数量的规定及损耗比例，并据此计算建筑材料的对应使用量，该使用量与承包人实际领用量之间的差额应由承包人予以退还或在工程结算价款中予以扣除。再次，双方签约时没有对甲供材料的使用数量及损耗比例作出约定的，在工程定额量与施工图含量中择一确定，并按照行业惯例计算相应的损耗量，据此与承包人实际领用量进行对比并在工程价款结算时予以扣减。最后，承包人能证明施工过程中发生意外事件等导致建筑材料使用量增加的，相应部分计入合理使用量。

2. 甲供材料价格扣减争议的结算处理

正常而言，若存在甲供材料情形，在工程价款结算时，需按照承包人的投标报价确定建设项目工程价款总额，然后再扣除甲供材料价格后作为发包人应付承包人的工程款。但基于工程价款构成的特殊性，工程定额规则中对于建筑材料价格的计算都计取了相应的费用和税金，并不单列甲供材料的采购价格，由此引发结算双方的争议，即所要扣除的甲供材料价格是否包含税、费。

笔者认为，甲供材料的存在，只是建筑材料的采购主体发生了变化，但其构成工程造价的性质没有发生变化，甲供材料作为取费基数参与计算工程造价，因此甲供材料所对应的工程取费应归承包人所有而不应扣减。同时，根据我国税收相关法律规定，甲供材料所对应的税款由国家收取，故该部分税款由谁缴纳，决定了工程造价中甲供材料所对应的税金是否在决算中扣减。从工程实务看，发包人提供的建筑材料相关金额由施工单位缴纳了税款，该部分税收缴纳义务应转移至发包人，故在工程价款结算时，该部分税金亦不应扣减。

（二）水电费的结算纠纷处理

施工现场水电费虽然不是一项独立的工程费用项目，但作为施工单位必然发生的施工成本，其分散于部分独立的工程费用项目名下。发包人需将用水、电力、通信线路等施工所必需的条件接至施工现场内，这是发包人的合同义务之一。实践中，建设工程施工用水、用电一般由发包人在施工现场装置水电表，并交给承包人保管使用；施工现场发生的水电费用由发包人向相关单位支付。在工程款进行结算时，发包人已经支付的水电费用可以作为发包人已向承包人支付的工程款在结算中予以扣除，施工合同另有约定的除外。但在工程款结算时，对于水电费的结算往往不如想象得那么正规，司法实践中争议也时常发生，尤其是施工合同中对水电费没有约定或者约定不明时，在水电费的用量及单价、多个施工单位共同施工情况下的水电费分摊等方面较容易发生分歧。综合司法实践中的经验和做法，对于工程价款结算中的水电费争议可考虑如下解决方案：

第一，建设工地安装水表和电表的，工程结算时按实际发生的水电费进行扣除，水电用量按表读取，价格按发包人向供水、供电部门缴纳水电费的价格作为计算标准。

第二，建设工地未安装水表和电表的，承、发包双方在履约过程中进行了统计汇总的，按双方统计汇总数字及发包人向供水、供电部门缴纳水电费的价格计算扣减；若既未安装水表和电表，承、发包双方也未能对水电用量达成一致的，则按工程定额消耗量及供水、供电部门的价目表结算并在工程结算价款中予以扣减。建设工地存在多个施工单位且均未安装水、电表而需分摊处理的，在无其他证据可以证明各自承担量的情况下，一般也应根据各施工单位施工的工程量通过工程定额含量及水、电费的市场价格予以认定。

第三，合理分配举证责任并运用自由裁量权作出认定。发包人需要举证证明水、电的使用主体及水、电的用量与数额等；承包人需举证证明其进场施工的时间段及施工现场存在他人同时使用水电等事实。法院在审理中应综合双方的证据及查明的事实，结合施工行业的惯例等，全面、合理地作出认定。

(三) 总包服务费的结算纠纷处理

总包服务费是指总承包人为配合协调发包人进行的专业工程发包，对发包人自行采购的材料、工程设备等进行保管以及施工现场管理、竣工资料汇总整理等服务所需的费用。总承包服务费的产生是基于发包人的专业发包及甲供材等原因，因此在工程价款结算时，发包人应将该部分费用结算给承包人。司法实践中，由于施工合同约定不规范等原因，导致是否应支付总包服务费、支付主体及计算标准等争议经常出现在工程价款结算过程中，正确认定并处理总包服务费，有助于正确处理工程价款结算争议。

1. 承包人自行对外分包的工程不得向发包人主张总包服务费

承包人在施工过程中将部分工程分包给他人施工的，虽然该分包行为可能取得了发包人认可、同意，但该部分工程本就属于承包人的施工范围，对分包人进行施工管理及协调是承包人本应承担的责任和义务，其无权对该分包工程向发包人主张总包服务费。

2. 严格遵循施工合同对于总包服务费的约定

第一，施工合同明确约定了发包人对某些工程项目进行指定分包，但是没有约定承包人可以收取总包服务费的条款，则承包人不得在工程价款结算时向发包人主张该部分费用。应该指出，总包服务费并非承包人应得的法定权利，是否应计取、如何计取，取决于合同双方的协商一致，承包人在明知因发包人的指定分包行为会产生管理、协调事宜的前提下未在施工合同中予以约定，应视为承包人放弃了主张总包服务费的权利，人民法院的判决对此应予以尊重。

第二，施工合同约定由指定分包的实际施工人支付总包服务费的，应区分两种情形分别处理。一是发包人、承包人与分包合同的实际施工人在分包合同中对总包服务费的支付情况作出约定的，则在承包人与发包人间的工程价款结算中不应包含分包工程的总包服务费，可由承包人另行向分包合同的实际施工人主张。二是分包合同中对于总包服务费的支付等内容未作出约定的，应由发包人在工程价款结算时向承包人予以支付。理由是：施工合同约定总包服务费由分包合同的实际施工人承担，但分包合同的实际施工人非建设工程总承包合同的签约主体，施工合同的约定义务对其无约束力；施工合同约定了总包服务费由分包合同实际施工人承担，说明发包人对于承包人就分包工程项目应收取总包服务费是认可的，在承包人无权向分包合同实际施工人主张的情形下，应由发包人向承包人予以结算。

第三，对于总分包服务费具体数额的确定，按合同约定的计算标准予以结算。若存在“双方另行协商”之类约定，应视为双方对于具体计算标准未作约定，在工程价款结算时双方可就具体的计算标准进行协商，协商不成的，可按市场费率或工程定额计算。

3. 承包人仅就其实施了总包服务的施工项目有权主张总包服务费

承包人实施和提供了总承包服务项目是其获取总包服务费的前提，因此，在工程价款结算时应重点审查承包人是否实施了对分包工程的施工管理和服务，以及具体的工程项目。如果承包人没有实施总承包服务项目，不应计取总包服务费，或仅就其所实施的服务项目收取相应的总包服务费。

第五章　建设工程施工合同中的违约责任

违约责任是指合同当事人不履行合同义务或者履行合同义务不符合约定而应承担的民事责任。违约责任的认定和处理主要涉及违约行为、归责原则及违约责任承担方式三方面的问题。建设工程施工合同案件的审理因法律关系复杂，发包方和承包方的权利义务相互交织，导致在司法实践中对于涉及建设工程施工合同的违约责任认定存在诸多难点问题，尤其在工程质量、工期、工程价款的支付等方面有其特殊性，需要我们做进一步的深入研究。

第一节　建设工程施工合同违约责任的特点、要件及研究意义

根据《民法典》第577条的规定，违约责任，是指当事人一方不履行合同义务或者履行合同义务不符合约定时，向另一方承担的继续履行、采取补救措施或者赔偿损失等责任。该条款既对合同的违约形式进行了高度概括的描述，又对出现违约行为后应承担的违约责任加以具体规定，是各类合同认定和承担违约责任的主要依据条款。

《建筑法》第15条第2款规定："发包单位和承包单位应当全面履行合同约定的义务，不按照合同约定履行义务的，依法承担违约责任。"这是从行业规范的角度对违约责任的承担提出了概括性要求。在建设工程施工合同中，

违约责任条款能否被重视并及时签订，往往决定着在履行合同过程中一旦遭遇一方的违约行为，能否及时进行救济和补偿。

一、建设工程施工合同违约责任特点

建设工程施工合同作为合同的一种，具有一般合同所拥有的特性，违约责任部分也不例外，但是通过以下的分析我们可以看出，建设工程施工合同作为一类特殊的承揽合同，不仅具有一般违约责任的特点，还具有自己的特殊之处。

（一）一般违约责任的特点

一般情况下，当事人不按照合同约定履行义务，即会产生合同的违约责任，此违约责任具有一定的特点，主要包括以下几个方面：

1. 违约责任的产生以合同当事人不履行合同义务为条件

违约责任的产生，是由于当事人违反了合同的约定，没有履行合同义务所造成的，是对违约方的惩罚和警诫。

2. 违约责任具有相对性

违约责任的相对性是由合同的相对性所决定的，合同的相对性即合同项下的所有权利义务都存在于合同当事人之间，不涉及任何第三方，即使出现了合同内的义务与责任是由第三方实际履行，但其承担责任的主体仍然是合同当事人。这样的性质适用于所有的合同条款，当然也包括了合同的违约责任，违约责任的存在和承担也自然具有了相对性，不涉及任何第三方。

3. 违约责任具有补偿性

根据民法的有关理论，合同双方的利益本来是均衡与公平的，但是因为合同一方出现了违约行为，破坏了这种平衡，因此出现违约行为的一方，要通过这种违约责任来补偿利益受损的一方，这也是合同公平原则的体现。

4. 违约责任可以由当事人约定

法律允许当事人在合同中对违约责任进行约定，比如对违约金的比例，对定金的数额，以及赔偿损失的限额等，但是这并不等于说，如果当事人不在合同中进行约定，当一方出现违约行为的时候，就不必向对方承担违约责任，因为相关法律法规对此也会有一定强制性规定，当事人也要遵守和执行。

（二）建设工程施工合同违约责任的特点

1. 复杂性

该复杂性可从两个方面来理解，一方面，该类合同所包含程序和法律关系的复杂性导致与之相关的违约责任的复杂性。建设工程施工合同从招投标程序到最后施工合同的全部履约完成，可能要跨越年度甚至更长时间，在这段时期，发包人与承包人要互相配合，共同协作，而因时间跨度较长及双方频繁接触等，导致较大的违约概率和更为复杂的违约行为。

另一方面，该类合同所涉及的主体较为复杂而导致违约责任的复杂性。从实践来看，参与建设工程实际施工的主体除承包人外，还包括分包合同及转包合同的实际施工人、挂靠人等，纠纷的产生就不仅限于传统概念的合同双方，也增加了该类合同出现违约情况的复杂性。

2. 重大性

该重大性可从两个方面来理解，一方面是由于建设工程本身的重要性导致出现的违约责任较一般合同违约责任更为重要和不可忽视。大到对国家、对社会、对普通人民群众，小到一个地区、一类社会群体，对工程施工合同来讲，无论哪一方出现违约行为，进而影响到工程的进度和工程的质量，都会造成不可想象甚至无法挽回的损失，这是一般类型的合同所不具备的特点，也是工程施工合同最不能也不该忽视的问题。

另一方面是由于建设工程施工合同的标的投资金额较大而导致出现违约责任重大，尤其涉及国计民生的基础设施项目，其工程投资预算金额都非常大。而弥补或纠正这样的违约行为以及赔偿因这些违约行为所造成的损失也是难以估计的数额。

3. 关联性

该关联性可从两个方面来理解，一方面建设工程项目环环相扣，如果在某一环节中，出现了任何一方的违约情况，那么对于其他施工阶段，同样会产生非常大的影响，如工期延迟、质量缺陷、结构不合理、存在安全隐患。

另一方面，该关联性是针对工程施工合同中的各方当事人而言的。比如发包人未按约支付工程进度款影响了承包人对工程下一个施工环节的施工能力和效率，指定分包人的延误施工会导致总承包人对整个建设工程的如期竣工等。

4. 惩罚性

这里的惩罚性不是指对于合同双方当事人因违反合同所要承担的民事责任，而是指由于建设工程施工合同的特殊性，当事人的违约行为不仅违反了合同的约定，也有可能违反了国家的相关规定，而要承担一定的行政和刑事责任，比如承包人的施工存在严重质量问题而引发安全事故，相关单位及直接责任人员要被追责。

二、建设工程施工合同违约责任的一般构成要件

建设工程施工合同违约责任在无过错责任的归责原则下，其违约责任的一般构成要件如下：

1. 当事人须有违约行为

当事人有违约行为是构成违约责任的前提条件，无违约行为则不产生违约责任问题。由于违约行为实质上是违反合同义务的行为，所以合同义务须为受法律保护的合法义务。换言之，当事人之间的合同必须是有效成立的合同，双方当事人之间的合同关系必须是合法有效且权利义务受到法律保护的。

笔者认为，合同义务除了由当事人约定外，还应当包括《民法典》及其他相关法律所规定的法定义务，尤其是《民法典》基于诚实信用原则所规定的附随义务，合同当事人也应当依法履行，否则也构成违约而须承担违约责任。

2. 损害事实与违约行为间有因果关系

除违约行为的要件外，我国有学者认为违约责任的构成要件，还包括损

害事实及损害事实与违约性间具有因果关系。[1] 但也有学者主张该两要件并非所有违约责任的构成要件，而仅是承担损害赔偿违约责任时必须具备的要件，因为违约行为一般虽对合同关系造成损害，但并不必然发生实际损害，有时甚至客观上有益于守约方。例如，在履行由发包人提供材料的施工合同时，由于承包人的违约，造成工期延误，但迟延的结果却使发包人采购材料的价格下降而减少工程成本；或者由于承包人的工期延误，导致发包人售楼迟延，适逢楼市大涨，发包人因此获利。又如，体现惩罚性的违约金，无须以给对方造成实际损失为前提，只要发生违约行为，违约方即须向对方支付约定的违约金等。[2]

对此，笔者认为，如果发生上述情况，即合同一方当事人因对方违约而获利，虽然从法理上的确是存在违约行为，但守约方获利后一般不会再追究对方的违约责任，而此时双方也不会就此而发生争议，因此，此时再谈所谓违约责任没有实践上的意义。换言之，追究违约责任，必然是守约方遭受损失，且基于其遭受的损失是由对方的违约行为导致的基础之上。因此，笔者更赞同前者的观点。

3. 无免责事由

根据《民法典》的规定，若当事人的违约行为存在法定或约定的免责事由，则可免除其违约责任。法定免责事由主要指不可抗力。根据《民法典》第590条的规定，因不可抗力不能履行合同的，根据不可抗力的影响，部分或全部免除责任，但法律另有规定的除外。本法所称不可抗力，是指不能预见、不能避免且无法克服的客观情况。

对于建设工程合同来说，其较一般合同而言履行期限更长、涉及的技术问题也较复杂，且施工条件也特别容易受到自然条件、社会因素的影响。例如，对于地震、台风、洪水等自然灾害时，认定为不可抗力不会有争议，但是在履行建设工程合同时，连续降雨必然导致施工单位因无法露天施工而迟

---

〔1〕 参见郭明瑞、房绍坤：《新合同法原理》，中国人民大学出版社2000年版，第346页。
〔2〕 参见王建东：《建设工程合同法律制度研究》，中国法制出版社2004年版，第254页。

延工期，严重的冰冻也会使施工人无法浇注混凝土，导致工期延误等。这些自然现象发生却未成灾害的情况下，即可能发生争议等。[1]

三、建设工程施工合同违约责任研究的理论意义和实务价值

（一）有利于对民法基本原则的信守

民法基本原则包括当事人法律地位平等原则、合同自由原则、公平原则、诚实信用原则、公序良俗原则等，这些基本原则指导和规范各类合同的签订和履行，建设工程施工合同也不例外。

笔者认为，建设工程施工合同出现的违约责任也是对于这类基本原则的违反，任何一方违约行为的发生与出现，都会对守约方造成或多或少的损失与影响。如前所述，民法的基本原则如合同的自由和公平原则以及诚实信用原则，都是指导和规范合同签订和履行的重要原则，通过我们对建设工程施工合同违约行为的分析、违约责任理论的研究，意识到违约责任对当事人、第三方以及社会各行业所带来的严重影响，探析该类合同违约责任风险防范的途径，从而对施工合同的违约责任有更加深刻的认识。违约行为是对民法基本原则的违反，而这些行为势必阻碍合同的正常履行，给当事人双方都造成不可挽回的损失，违约方要付出更多的代价。因此，明确和了解建设工程施工合同的违约责任以及所带来的负面影响，有助于增强当事人的守约意识，从而增强对民法基本原则信守的理念。

（二）有利于对经济秩序的维护

在法治社会中，人们应尽可能用法律组织社会生活。[2] 这其中就包含了各种各样的经济活动，人们用契约来规范彼此之间的活动及交易，以法律来保障交易的安全和可靠。但是，如果任何一方没有按照合同的约定履行，便

---

〔1〕 王建东：《建设工程合同法律制度研究》，中国法制出版社2004年版，第253页。
〔2〕 王利明：《违约责任论》，中国政法大学出版社1996年版，第616页。

是对合同初衷的违背，将造成损失，产生不良影响，这是一种利益的失衡。我们不能仅限于当事人各方来看待这些问题，而是要放眼整个社会和国家，这些行为将阻碍所涉及的行业发展，破坏社会经济秩序，如果长此以往，必将造成不可挽回的损失。

笔者认为，建设工程施工合同所具有的特殊标的对国家的发展和社会的进步都有举足轻重的作用。比如我们的轨道交通、桥梁道路、城镇房建等行业都与国家的经济建设紧密相关，而这些都可以成为建设工程施工合同的标的，如果这些合同的签订和履行过程中出现违约行为，势必影响重大。加强对于违约责任理论的分析和探讨，有助于增强法律意识，减少违约行为的发生，从而有利于维护经济秩序。

（三）有利于增强对违约责任风险的防范和控制

在建设工程施工合同签订和履行过程中，正如前面所述，建设工程施工合同具有独特之处，承、发包双方经常会出现这样或那样的违约行为。这些违约行为的发生都会在一定程度上阻碍合同的履行，或推迟合同完成的时间，或影响合同完成的质量。而相对应地，违约人要向守约方承担违约责任，以弥补对守约方造成的损害。

实践证明，很多违约行为的发生都是可以避免和预防的，因为违约行为的发生从主观上来讲，还有很多是当事人一方或者双方的故意行为，即明知违约而故意为之，其目的可能在于缓解自己的资金压力，减少自己的支出成本等。对于守约方来讲，也可以通过一系列的方式来加以防范，如通过增加违约成本的方式来降低对方违约的概率，当然，这需要在签订合同时，做到认真细致周密谨慎，不能随意签订一份合同了之，结果漏洞百出，难以弥补。

第二节　建设工程施工合同中的主要违约行为及责任承担

司法实践中对于违约行为的审查，落脚点主要在于违约行为所造成的后果，如工程质量瑕疵、工期不当延误、逾期支付工程价款等。对于发包人与承包人的合同义务，本书第三章已作了充分论述，发包人及承包人未履行或不适当履行合同义务的行为，均构成违约，故本节仅从法律后果的角度对建设工程施工合同中的违约行为予以研究探讨。

一、发包人的主要违约行为及责任承担方式

（一）提供的工程设计文件或地质勘察报告存在缺陷

依据《民法典》第803条的规定，发包人有义务按照要求提供技术资料等给承包人，该技术资料理应包括工程设计文件、地质勘察报告等资料，如果发包人提供的上述文件有缺陷，且在承包人的专业审查能力之外，导致承包人依此进行施工的工程质量有缺陷；或者在施工过程中由于发包人要求承包人变更该设计从而导致工程质量缺陷的，发包人因其过错需承担违约责任。

违约责任的承担方式和内容为：第一，赔偿承包人因返工改建而发生的一切损失；第二，承担因返工改建导致的工程逾期责任；第三，赔偿承包人在工期延长部分的各类风险损失。例如，因工期延长，在合同工期外发生的各类风险并不在承包人签约时的预判范围内，由此在工期延长期间发生的建筑材料价格波动等给承包人带来的损失，并非承包人签约时应承担的商业风险，相应的责任理应由发包人承担。

（二）逾期支付工程款

及时支付工程价款是发包人的主要合同义务，包括支付工程进度款、工程结算款及返还质量保证金。从司法实践来看，发包人在整个建设工程施工合同履行过程中的主要违约行为就是拖欠工程款，这一违约行为不但违反了合同的约定，客观上也给承包人的施工能力和施工进程造成了妨碍，侵犯了承包人的合法权益，应承担相应的违约责任。

违约责任的承担方式和内容为：第一，承包人有权要求发包人立即支付工程价款并承担利息损失；第二，对于发包人逾期支付工程进度款的，承包人有权停止施工且对工程逾期不承担责任；第三，发包人迟延支付工程结算

款的，发包人除了向承包人赔偿违约损失外，承包人还可以行使优先受偿权，就该建设工程折价或拍卖的价款优先受偿。

（三）不及时办理竣工验收手续及结算事宜

发包人收到承包人的竣工验收报告后应及时组织验收，具体的合理期限可由双方在施工合同中予以约定，没有约定的，根据《建设工程司法解释（一）》第14条的规定，并参照2017年版《建设工程施工合同（示范文本）》通用条款第13.2.2条的规定，发包人应在收到承包人提交的竣工验收申请报告42日内完成竣工验收；因发包人自身原因未在42日内完成竣工验收，或完成竣工验收不予签发工程接收证书的，以承包人提交竣工验收申请报告的日期为实际竣工日期。

建设工程验收合格的，双方应及时进行工程价款的结算。对于发包人及时完成结算义务的期限，双方应在合同中约定，没有约定的，根据《建筑工程施工发包与承包计价管理办法》第18条第2款规定，“发承包双方在合同中对本条第（一）项、第（二）项的期限没有明确约定的，应当按照国家有关规定执行；国家没有规定的，可认为其约定期限均为28日”。发包人收到竣工结算报告及结算资料后28日内无正当理由不支付工程竣工结算价款，应从第29日起发包人向承包人支付拖欠工程价款的利息，并承担违约责任。

建设工程竣工验收与工程价款结算这两个行为是紧密联系在一起的，工程竣工验收合格是进行工程价款结算的前提，完成工程价款结算后，发包人应按约及时支付工程价款。在实践中，发包人由于资金紧张，为了拖欠、延后支付工程款，在承包人递交竣工验收报告后未在合理时间内组织验收，或验收合格后在收到承包人的工程价款结算资料后，以种种理由提出异议，结算未能有结论，并以此为由拒付工程结算价款，由此使承包人遭受了较大的经济损失。发包人的这一迟延履行行为也是违反合同约定的违约行为，并且有违诚实信用原则，应承担相应的违约责任。

违约责任的承担方式和内容如下：

第一，在承包人已经具备工程竣工验收条件的情况下，发包人不组织验收属于以行为阻却条件的成就，应视为条件已经成就，故应以发包人收到承包人递交的竣工验收报告之日视为工程竣工日，同时发包人对于承包人的付款请求权丧失了质量抗辩权，如有质量问题，按保修程序予以解决。

第二，结算程序启动。《建设工程司法解释（一）》第20条规定："当事人约定，发包人收到竣工结算文件后，在约定期限内不予答复，视为认可竣工结算文件的，按照约定处理。承包人请求按照竣工结算文件结算工程价款的，应予支持。"根据这一规定，如果双方合同约定了发包人收到承包人结算资料完成结算的期限，发包人拖延结算则应承担按承包人提出的结算价支付工程结算价款的风险；即使施工合同对此未作约定，仅约定发包人应完成结算的期限，则至该期限届满的次日起，发包人应向承包人支付逾期付款利息。如果施工合同对上述内容均未规定的，则根据《建筑工程施工发包与承包计价管理办法》第18条第2款的规定，发包人应从收到承包人提交竣工结算报告及结算资料后的第29日起承担向承包人支付拖欠工程价款利息的违约责任。

第三，承担未及时接收建设工程的风险责任。建设工程竣工验收合格后，发包人应及时接收建设工程。《民法典》第799条规定："建设工程竣工后，发包人应当根据施工图纸及说明书、国家颁发的施工验收规范和质量检验标准及时进行验收。验收合格的，发包人应当按照约定支付价款，并接收该建设工程。建设工程竣工经验收合格后，方可交付使用；未经验收或者验收不合格的，不得交付使用。"同时，根据2017年版《建设工程施工合同（示范文本）》通用条款第13.2.2条、第13.2.5条的规定，发包人应在验收合格后14日内向承包人签发工程接收证书，合同当事人应当在颁发工程接收证书后7日内完成工程的移交。故发包人拖延验收的，应推定工程质量竣工验收合格；同时，发包人拖延而不组织验收，也不接收建设工程，应承担未及时接收建设工程的风险责任。一是建筑物的看管责任转移至发包人，在发包人接受建筑物前，承包人发生的工程看管、成品保护、保管等与工程有关的各项费用，由发包人予以承担；二是承担建筑物因火灾等可能发生的毁损、灭失风险。

（四）不按时提供符合标准的主要建筑材料、建筑结构配件及设备

施工合同中约定发包人提供主要建筑材料等的（甲供料合同），发包人应及时按约、按标准提供，否则将对承包人的正常施工进程及施工质量造成影响。故发包人未履行上述合同义务，系不履行、不当履行或迟延履行的违约行为，对于建设工程逾期竣工或工程质量瑕疵应承担对应的责任。

违约责任的承担方式和内容为：第一，承包人有权要求发包人及时提供或予以更换；第二，承包人可以自行提供或更换，相应的费用由发包人承担；第三，对于因建筑材料不合格而造成的质量问题由发包人自行承担责任；第四，对于由此造成的承包人停、窝工损失的，发包人在自行承担工程逾期责任的同时，还应赔偿承包人相应的损失，除停、窝工损失外，如果承包人存在机械设备搬迁、材料和构件积压等费用或损失，发包人应一并予以赔偿。

（五）不履行施工合同约定的协助义务

做好施工前的各项准备工作并为承包人提供必要的条件，是发包人的主要合同义务之一。实践中，发包人没有在承包人施工前办理好用地、规划等审批手续，由此应对导致合同无效承担主要过错责任；没有按时申请办理建设工程施工许可证、没有及时清空施工场地并申请办理施工所需临时水电供应、没有及时组织承包人与设计单位进行图纸会审及设计交底等，应承担导致工期延误的违约责任，由此给承包人造成损失的，应予以赔偿。

违约责任的承担方式和内容为：第一，承包人有权要求发包人继续履行合同约定的协助义务；第二，开工日期从发包人的协助义务完成、具备施工条件时起算，工期计算同时顺延；第三，承包人由此而遭受的停、窝工损失及机械费用、仓储损失等，由发包人予以赔偿。

（六）未经竣工验收即擅自使用建设工程

根据《民法典》第 799 条第 2 款的规定，建设工程竣工经验收合格后，方可交付使用；未经验收或者验收不合格的，不得交付使用。实践中存在发

包人未组织验收，即擅自使用建设工程，这一行为不仅违反合同约定，也违反法律规定，发包人应承担相应的法律责任和后果。

违约责任的承担方式和内容为：第一，转移占有建设工程之日视为竣工日期。发包人不得再以建设工程未经验收合格为由向承包人主张占有日之后的工期逾期违约责任。第二，发包人不得以使用部分质量不符合约定为由主张权利。一是发包人支付工程价款的条件已经成就；二是已使用部分视为验收合格，其工程质量责任风险即由承包人随之转移给发包人；三是已使用部分的工程进入质保期（保修期），不再发生工程竣工前因质量问题而应有的法律后果（如工期延误）。若该部分工程出现了质量问题，发包人只能通过施工合同中关于建设工程保修的约定条款向承包人主张相关的权利。

二、承包人的主要违约行为及责任承担方式

（一）施工不规范导致工程质量有缺陷

交付质量合格的建设工程是承包人的首要合同义务，承包人施工的建设工程质量必须符合合同约定的质量标准，且不能低于国家规定的最低质量标准。实践中，承包人往往存在不按设计图或施工技术标准施工、偷工减料、以次充好等行为，造成建设工程质量不符合质量标准的，承包人应承担不适当履行的违约责任。

违约责任的承担方式和内容为：第一，对于承包人偷工减料或以次充好的违约行为，发包人有权要求其补足或更换，并可以在工程款结算中扣除相应的钱款。第二，对于承包人存在偷工减料或以次充好的行为，如果施工合同约定罚金条款的，承包人应向发包人缴纳合同约定的罚金。第三，承包人施工的工程质量不合格的，承包人应向发包人支付工程质量违约金。第四，对于工程质量存在缺陷的，发包人有权要求承包人在合理期限内无偿修理或者返工、改建。承包人拒绝修理、返工、改建的，依据《建设工程司法解释（一）》第11条的规定，发包人可以根据工程质量问题的严重程度，相应减少支付工程价款或扣减保修金。第五，建设工程存在质量问题导致未能竣工验

收合格的，根据《建设工程司法解释（一）》第3条、第16条的规定，承包人不能主张工程款。第六，因对工程质量缺陷进行修理、返工、改建等导致竣工日期延后，由此造成建设工程逾期竣工的，承包人应按施工合同的约定向发包人支付工程逾期违约金。第七，若因工程质量缺陷给发包人造成损失的，包括发包人在使用中自己遭受的人身及财产损失及给第三人造成的损失，均应由承包人予以赔偿。

这里需指出一点，对于承、发包双方在施工合同或补充协议中约定的，对于承包人施工中存在以次充好或偷工减料等行为，发包人发现后可以课以罚金。对于该罚金的性质及效力，实践中有争议，有观点认为罚金是行政法概念，不适用于平等民事主体之间，该约定是无效的，发包人可以通过主张违约责任的方式实现权利救济。笔者认为，双方当事人约定的罚金，不能仅从字面上理解，而应结合双方约定的目的、交易习惯和诚实信用原则综合判断，双方约定罚金的实质是针对承包人特定的违约行为而要求承包人承担的民事责任，是在民事权利处分范畴内，其性质应为违约金，因此罚金条款是合法有效的。

（二）未在合同约定的期限内完成施工任务

承包人在合同约定的期限内完成施工任务，是其又一重要合同义务。实践中，由于承包人施工力量不足、技术能力差或统筹管理不善而导致工程逾期竣工的，承包人应承担迟延履行的违约责任。

违约责任的承担方式和内容为：承包人应按合同约定的违约责任条款承担违约金。一般是结合工程逾期天数及合同约定的违约金标准计算相应的违约金，如果工程逾期竣工给发包人造成的损失超过其所承担的违约金数额，承包人还需另行赔偿发包人损失。当然实践中，对于工程逾期的原因可能是多方面的，可能由发包人设计变更或增加工程量等原因造成，也可能是自然灾害、不可抗力等原因造成，对于相应的免责事由，承包人可以请求免除或减轻相应的违约责任。

（三）未履行保修义务

承包人按照合同约定履行保修义务是其承担质量保证责任的方式之一，对于建设工程在保修期限和保修范围内的质量瑕疵，承包人应及时履行保修义务并赔偿发包人因质量问题而遭受的损失。承包人不履行保修义务，构成违约，应承担不适当履行的违约责任。

违约责任的承担方式和内容为：第一，承包人应承担不及时履行或拒绝履行保修义务而给发包人造成的损失，包括发包人遭受的人身及财产损失以及建筑物给第三人造成的损失；第二，承包人不履行保修义务或屡次维修未能解决质量问题的，发包人可另行委托他人修缮，相应的维修费用由承包人承担；第三，保修期间因无法使用建筑物而给发包人造成损失的，应由承包人赔偿发包人相应的损失。

（四）非法转包或违法分包

根据我国法律规定，承包人不得将其承包的建设工程全部转包给其他人，也不得肢解分包给不同的第三人施工或分包给不具有施工资质的第三人，建设工程的主体结构应由承包人自行完成等。因此，承包人承接建设工程后非法转包或违法分包的行为，不仅违反施工合同的规定，也违反了法律禁止性规定，应对发包人承担相应的违约责任。

违约责任的承担方式和内容为：第一，发包人可以享有合同解除权，并可以要求承包人承担合同解除的违约责任，包括支付违约金、赔偿发包人因合同解除而遭受的损失；第二，对于分包合同或转包合同履行中出现的施工质量问题，承包人与实际施工人一起向发包人承担连带责任；第三，发包人不选择解除合同的，如果合同约定了此类情况违约责任条款，承包人应向发包人承担支付相应的违约金。

案例25
正确认定逾期竣工违约金
——望海公司与广扬公司建设工程施工合同纠纷案[1]

基本案情

再审申请人（一审原告、二审上诉人）：威海市望海房地产开发有限责任公司（以下简称望海公司）

再审申请人（一审被告、二审上诉人）：浙江广扬建设集团有限公司（以下简称广扬公司）

2007年1月，望海公司开发的乳山富豪城项目公开向社会招标。2007年4月5日，广扬公司中标该工程，中标通知书载明的施工工期为432天，开工日期为2007年5月1日，竣工日期为2008年7月5日。2007年4月20日，双方签订了一份《建设工程施工合同》（以下简称4月20日合同）。同日，双方就该合同向乳山市建筑工程管理处办理备案登记。合同规定，工程范围为乳山富豪城1~6号楼住宅、9号楼住宅、地下车库、商场的土建安装及装饰装修等图纸载明的所有工程内容；施工工期为432天，开工日期为2007年5月1日，竣工日期为2008年7月5日；工程质量标准为合格；合同价款暂定26,429,156元，采用可调价格确定合同价款，其中人工费不低于每日30元，结算依据2003年山东省建筑安装消耗量定额、费用定额按实结算。

2007年4月25日，双方又签订了一份《建设工程施工合同》（以下简称4月25日合同），合同规定，地下车库、商场的开工日期为2007年5月10日，竣工日期为2008年4月30日，工期为355天，其他单体工程的开工日期为2007年6月10日，竣工日期为2008年6月30日，工期为385天；合同价款采用可调价格，按1996年山东省综合定额，威海市估价表及省市有关结算规定……因广扬公司的原因，工期每拖延一天，承担工程总造价0.3‰的违约金，导致延误验收的，每延误一天按工程总造价的万分之一承担违约责任。

---

[1] 参见最高人民法院（2018）最高法民再115号民事判决书。

上述两份合同签订后，2007 年 5 月 25 日，望海公司取得了乳山富豪城项目建筑工程施工许可证。2007 年 6 月 10 日，涉案 1 号、2 号、3 号、4 号、5 号楼及商场工程开工；2007 年 7 月 6 日，涉案 3 号、6 号、9 号楼工程开工。2007 年 7 月 16 日，双方签订了一份开竣工时间调整协议，约定涉案 1 号、2 号、3 号、4 号、5 号楼，地下车库及商场工程开工时间为 2007 年 6 月 10 日，其中地下车库及商场于 2007 年 12 月 30 日竣工，1 号、2 号、4 号、5 号楼于 2008 年 6 月 30 日竣工；3 号、6 号、9 号楼于 2007 年 7 月 6 日开工，于 2008 年 7 月 26 日竣工。2009 年 3 月 20 日，双方及工程勘察单位威海市旭岩土工程公司、设计单位威海思维建筑设计有限公司、监理单位乳山致恒监理咨询有限公司共同对涉案 1 号、2 号、3 号、4 号、5 号、6 号、9 号楼及商场、地下工程进行了竣工验收，验收结论为质量合格。2009 年 8 月 28 日，涉案工程取得竣工验收备案证。

涉案工程竣工后，望海公司委托威海同方项目管理咨询有限公司（以下简称同方公司）按 4 月 25 日合同规定的计算造价标准对工程造价进行了决算，决算的工程造价为 24, 175, 337. 91 元。广扬公司在施工中向望海公司提交工程进度款审批表后，望海公司均按约定付款。

2007 年 6 月 19 日至 22 日，因望海公司与涉案工程周围居民未协调妥当，造成广扬公司误工 4 日。2008 年 3 月 6 日，双方签订协议，约定在工程施工过程中，望海公司均按合同约定拨付进度款，但由于广扬公司管理不善，造成农民工在 2007 年度多次到政府部门上访，为此建设局在望海公司 2007 年信誉档案中扣了 6 分，严重影响了其声誉。为避免上访事件再次发生，双方约定如再有确属广扬公司原因导致的农民工上访问题发生，每上访一次应向望海公司支付违约金 20 万元。该协议签订后，广扬公司的农民工又先后于 2008 年 9 月、2009 年 1 月 3 日、5 日、10 日上访。案件庭审中，广扬公司主张约定的农民工上访违约金过分高于损失，要求降低。

望海公司向威海市中级人民法院起诉请求：广扬公司返还望海公司超付的工程款 1, 420, 653. 52 元，支付望海公司审计费 290, 543. 28 元，代扣代缴税金 828, 868. 73 元及违约金 491, 4557. 76 元。

法院裁判

一审法院认为：（1）4月20日合同系履行招投标程序后由双方协商签订，亦在建设主管部门办理了备案登记，该合同不违反法律、法规的强制性规定，合法有效，双方均应按约定履行义务。双方在签订4月20日合同后，又签订了4月25日合同，该合同对已经备案的4月20日合同中关于涉案工程的工程价款、工程期限进行了变更，双方签订的开竣工时间调整协议亦对工程期限进行了变更，上述变更属于与经过备案的中标合同实质性内容不一致，对双方不具有约束力，故涉案工程结算工程价款、计算工期仍应以4月20日合同为依据。4月25日合同中关于因广扬公司的原因，工期每拖延一天承担工程总造价0.3‰的违约金之约定，系对4月20日合同违约责任的补充约定，对双方当事人具有约束力。（2）望海公司主张超付广扬公司工程款，证据不足，法院不予支持；对于望海公司尚未代缴纳的税款，双方还未形成债权债务关系，望海公司可在实际代缴后另行主张权利。（3）双方签订的开竣工时间调整协议虽对工程期限进行了变更，但双方对开工日期的约定具有约束力。按4月20日合同的规定，涉案工程的工期应为432天。按开竣工时间调整协议对工程开工日期的约定，涉案工程的工期应自2007年7月6日起计算432天，即至2008年9月11日竣工。而涉案工程直至2009年3月20日才竣工验收，应认定工程逾期竣工（据此计算逾期竣工192天）。广扬公司主张望海公司变更设计、逾期付款等导致工期延误，证据不足，不予认定。广扬公司主张因望海公司与涉案工程周围居民未协调妥当造成其误工4日，证据充分，予以认定（据此逾期竣工的天数应为188天）。广扬公司应按4月25日合同的约定承担逾期竣工违约责任，支付违约金。因涉案工程造价根据现有证据无法认定，计算该违约金的本金以望海公司已支付的工程款数额与广扬公司认可的拨付给其之建筑材料金额相加计算为宜，广扬公司应支付给望海公司逾期竣工违约金1,019,515.50元（18,076,516元×188天×0.3‰）。（4）双方在广扬公司管理不善造成农民工上访且望海公司的信誉档案被扣分的情况下所签的农民工上访问题协议，系双方的真实意思表示，合法有效。协议签订后，因广扬公司的原因又导致农民工数次上访，理应支付违约金。本案中，双方约定的支付农民工上访违约金标准过分高于望海公司的损失，综合协议签订后农民工又上访4次，并导致信誉降低、社会评价降低的实际情况，该违约金以按50万元计算为宜。

一审法院判决：(1) 广扬公司给付望海公司代广扬公司向税务机关缴纳的税款107,045元；(2) 广扬公司支付给望海公司逾期竣工违约金1,019,515.50元；(3) 广扬公司支付给望海公司农民工上访违约金50万元；(4) 驳回望海公司的其他诉讼请求。

望海公司和广扬公司均不服一审判决，分别向山东省高级人民法院提起上诉。

望海公司上诉请求：(1) 判决广扬公司返还望海公司超付的工程款300,592.16元；(2) 改判一审判决第1项为广扬公司向望海公司支付税款人民币58,7493.19元；(3) 改判一审判决第2项为广扬公司支付逾期竣工违约金人民币300万元。

广扬公司上诉请求称：工期延误是由于望海公司的原因所致，请求撤销一审判决，改判驳回望海公司诉讼请求。

二审法院认为：关于逾期竣工违约金部分，一审法院根据4月20日合同，双方开竣工时间调整协议认定工程逾期竣工192天，根据双方提供工程进度款审批变、收款数据等综合认定逾期竣工系广扬公司原因，扣减因望海公司原因导致的广扬公司误工4天，进而认定广扬公司逾期竣工天数为188天，并无不当。一审法院根据2016年4月8日望海公司提交的补充意见“可以按照我方实交支付的价款以及甲供材料的总额作为目前计算逾期竣工违约金的基数”，认定已支付工程款数额与广扬公司认可的甲供材料价款之和为逾期竣工违约金的计算基数，并无不当。另外，原审法院对于工程价款、税款、农民工上访违约金的处理并无不当，予以维持。

二审法院判决：驳回上诉，维持原判。

望海公司和广扬公司均不服二审判决，分别向最高人民法院申请再审。

再审法院认为：关于广扬公司应否向望海公司支付逾期竣工违约金及违约金金额是多少的问题，首先，一审、二审法院认定逾期竣工天数为188天并无不当。其次，一审、二审判决认定广扬公司应向望海公司支付逾期竣工违约金并无不当。最后，关于逾期竣工违约金的金额。虽然根据4月25日合同专用条款第35.2条约定“……因承包人原因工期每拖延一天承担工程总造价的0.3‰的违约金……”应以工程总造价为基数计算逾期竣工违约金，但是一方面，在一审程序中，望海公司表示可以按照其实际支付的价款以及甲供材料的总额作为目前计算逾期竣工违约金的基数；另一方面，对于逾期竣工，双方都有过错。虽然由于未足额支付鉴定费致使鉴定未能进行，广扬公司未能举证证明因望海公司的原因导致工期顺延的具体情况，但是根据广扬公司提交的多份设计变更通知单、工程联系单、工程签证单来看，案涉工程确实存在设计变更，故望海公司对于逾期竣工也应承担责任。综合考量本案工程已经竣工验收合格、存在甲供材导致广扬公司施工利润率较低以及双方对于逾期竣工都有过错等因素，再审认为，一审、二审法院计算逾期竣工违约金的基数虽然不是基于工程造价，不符合合同约定，但是最终的数额能够体现对双方利益的平衡，故不需要对违约金的数额再作调整。原一审、二审法院对于本案其余部分的认定及处理均正确，望海公司、广扬公司的申诉理由均不能成立。

最高人民法院再审判决：维持山东省高级人民法院二审判决。

案例评析

本案例涉及审判实务中对于正确认定逾期竣工违约金的两个难点问题，一是逾期竣工天数的认定，二是违约金标准是否需要调整。

司法实践中，对于逾期竣工违约责任的处理，一般应根据建设工程逾期竣工天数及合同约定的违约金标准计算相应的违约金。实践中，建设工程逾期竣工，既可能是承包人的原因，也可能存在发包人的因素，因此审理中需要正确区分因承发包双方各自的违约行为而给施工延误带来的影响。对于逾期竣工天数的具体认定，审理中应由承包人予以举证证明其有工期合理顺延的理由，并在此基础上扣除合理顺延的工期，比如发包人设计变更、增加工程量等增加的施工日期。对于违约金标准的认定，首先应明确，施工合同约定的违约金条款系双方协商一致的结果，也是在双方签约时对于违约所应承担的违约责任的合理预判范围内，故不应轻易予以调整。但是基于建设工程合同标的额大、施工周期长等特殊性，建筑业又是微利行业的特点，如果约定违约金数额比对承包人的施工利润确实过高，可从合同履行情况、当事人的实际损失及过错程度等方面出发，对违约金计算标准作适当调整以寻求利益平衡。

本案中，造成建设工程逾期竣工，既有承包人施工不力的原因，又有发包人设计变更的因素，还有周边居民阻止施工等外部阻力，因此对于逾期竣工天数的认定扣减了因发包人原因及外界客观因素造成的施工逾期时间。另外，施工合同约定0.3‰的违约金比例从司法实践来看并不高，施工方也未提供证据证明约定违约金过分高于守约方的实际损失，故三级法院对此均未作调整，这样的处理既体现了尊重当事人的意思自治，维护了合同的稳定性，又惩治了违约行为，树立了法治的权威。

三、双方同时存在违约行为的责任承担

司法实践中，当事人的违约行为多种多样，纷繁复杂，既有纯粹的单方违约行为，也有双方甚至多方当事人的违约行为交织在一起，法院需要在案件审理中认真查明，分清是非责任，作出正确判断。

（一）造成建设工程质量缺陷的违约行为认定

建设工程存在质量缺陷，既有发包人提供的原材料质量不合格，或提供的设备、技术资料等不符合合同约定等原因，也有承包人未按合同约定的标准规范施工或施工能力达不到工艺要求的原因，对此应依据双方提供的证据材料予以分别认定。一是查明各自的违约行为及对工程质量所造成的后果；

二是分清双方的责任大小并各自承担所对应的违约责任，不能因一方存在违约行为而免除另一方的违约责任，或不区分责任大小地一概认定由双方均等分担损失。双方有争议的技术问题或专门性问题，可以通过委托有相应鉴定资质的鉴定机构进行司法鉴定确定。

（二）引发建设工程逾期竣工的违约行为认定

建设工程逾期竣工，也存在因承、发包双方的原因而造成。一是要扣除合理的工期顺延日期，并根据建设工程开、竣工日期确定一个具体的逾期范围。二是根据证据材料正确认定各自的违约行为对工程逾期竣工的影响。建设工程有其特殊性，一方的违约行为，不一定影响到工期，比如，发包人未及时清空场地，但不影响承包人进行临时用房的施工建设、临时道路的铺设；发包人没有及时申请施工许可证，但承包人已经提前进场施工等。发包人的这些违约行为并没有对承包人施工逾期带来影响或妨碍。三是合理认定守约方的工期顺延时间。工程实务中，经常存在一些现象，虽然发包人违约，但承包人没有行使停工权，继续施工的，对此是否应给予守约方一定的工期顺延，要根据具体情况综合认定。比如，实践中较多发生的发包人拖欠部分工程进度款，承包人在催讨的过程中继续施工，发生纠纷时双方为此是否可以顺延工期发生争执。笔者在前文中已表达了相应的观点，发包人没有按约支付进度款，客观上使承包人的施工能力、人员安排和建筑材料的采购受到影响，应酌情给予一定的工期顺延，具体顺延时间可以视发包人的违约程度而定。

第三节 建设工程施工合同违约责任的相关法律问题

依违约责任制度的一般原理，一方当事人不履行合同义务或履行合同义务不符合约定的，守约方可以要求违约方继续履行、采取补救措施、支付违约金或赔偿损失等。但在司法实践中如何判断当事人是否违约、违约责任的承担如何落实等，都有值得探讨的空间和余地。

一、承包人对设计文件审查义务的判断标准

发包人提供的设计文件等技术资料存在缺陷的，发包人应承担相应的违约责任，但承包人作为一个专业建筑单位和有经验的承包商，也应在其专业能力范围内履行相应的审查义务。如果承包人没有履行审查义务，或者履行了审查义务，应该发现这种缺陷而未发现，并按图施工，造成建设工程质量缺陷，发包人承担责任的同时，承包人也应当承担相应的过错责任。

对于如何判断承包人的审查义务和专业能力，也是实践中难以把握的问题。笔者认为，在实践中主要从以下三个方面来衡量：

第一，判断设计文件、勘察数据、施工图纸以及说明书等资料缺陷的严重程度，是否属于一般原理的错误所造成的（或是计算笔误造成的），并结合以承包人应具有的专业知识（而不需要很深的相关专业知识）是否就能判断的缺陷。

第二，结合承包人资质等级以及投标书介绍的业绩所应具有的经验程度，或是否具有较高等级的施工企业资质并具有相应的实际工作经验。

第三，缺陷与资质等级的匹配程度：若二者是匹配的，则可认定承包人应当发现而未发现，反之，则不应认定为承包人应当发现而未发现。

二、发包人逾期支付工程结算价款时承包人是否可以留置建设工程

工程实务中，发包人拖欠工程结算价款的现象较为普遍，为了给发包人施加压力，在建设工程已经竣工验收合格的情形下，承包人以发包人拖延结算或欠付工程款为由拒绝交付工程。承包人留置工程的行为是否合法，造成发包人的损失如何承担等问题，也是司法实践中存在的难题。对此，笔者认为，从法理分析，仅就承包人留置行为的性质而言不能认定为无效，但该行为不利于解决问题，反而会造成新的损失，因此法律对此不应予以支持，理由是：

首先，建设工程施工合同的性质是一种特殊的承揽合同，《民法典》第783条规定：“定作人未向承揽人支付报酬或者材料费等价款的，承揽人对完

成的工作成果享有留置权或者拒绝交付，但是当事人另有约定的除外。”从这个意义上讲，承包人对由其施工的建设工程在发包人无正当理由不履行支付工程结算价款时行使留置权具有法律依据。同时，《民法典》第525条规定，“当事人互负债务，没有先后履行顺序的，应当同时履行。一方在对方履行之前有权拒绝其履行请求。一方在对方履行债务不符合约定时，有权拒绝其相应的履行请求”，发包人支付工程结算价款与承包人交付建设工程属于合同对待给付义务，承包人在发包人不履行付款义务时行使留置权是一种同时履行抗辩权，也是对自己合法权益的保护。因此，对于承包人留置建设工程的行为，不能认定为无效。

其次，法律对于承包人取得工程价款的保护规定了多种保护渠道，其中最为重要的是承包人享有对建设工程价款优先受偿的权利，这一权利的性质优先于抵押权和其他物权。在发包人拒不支付工程价款的情况下，承包人最终实现其工程价款债权仍然需要通过诉讼并行使优先受偿权，承包人留置建设工程并不能最终解决问题。恰恰相反，承包人对建设工程行使留置权会引发一系列社会问题，带来新的损失，比如作为开发商的发包人无法向小业主交房、企业无法投入生产等，反而不利于纠纷的解决。因此，虽然对承包人的留置行为不认定为无效，但在司法实践中应不予支持。

最后，施工合同中如果约定了承包人在发包人支付工程价款前有权拒绝交付工程，双方应遵照执行，但是应区分一些例外情况。如果承包人拒绝交付工程的价值明显超出发包人欠付的工程款，或者欠付工程款的数额不大，而部分工程不交付会严重影响整个工程使用，虽然合同有约定，也不应支持承包人的留置行为。对于由此造成发包人损失的，应由当事人根据过错程度予以分担。

三、承包人逾期竣工情形下发包人损失的认定

承包人逾期竣工应承担违约责任的方式，一般是依合同约定承担违约金。根据《民法典》第585条第2款的规定，“约定的违约金低于造成的损失的，人民法院或者仲裁机构可以根据当事人的请求予以增加”，据此发包人往往在

诉讼中提出其他损失要求增加违约金的数额。对于发包人因承包人逾期竣工而遭受损失范围的认定成了司法实践的一大难题。

笔者认为，如果发包人提出的损失确因承包人的逾期竣工所造成，对于该部分诉讼主张，根据法律规定，人民法院或仲裁机构原则上应当支持，但审理中需注意认定损失的范围及与承包人违约行为间的因果联系。

第一，正确认定承包人逾期竣工的违约程度。建设工程施工合同履行周期长、受外部影响大，建设工程逾期竣工往往不仅仅是承包人的原因，还包括发包人自身原因、意外事件及不可抗力因素，因此在审理中对于承包人施工逾期的免责事由需认真梳理、认定，通过将承包人违约逾期的大致时间对比整个工程逾期竣工的时间，可以初步判断承包人对于工程逾期竣工的违约程度和比例，从而确定承包人对于发包人损失应承担的比例。

第二，查明发包人因工程逾期竣工而遭受的损失范围。工程逾期竣工并不必然会给发包人造成损失，故对于发包人的诉讼主张，应审查发包人是否因此遭受损失、损失涵盖的范围等，并需由发包人予以充分举证证明。比如，发包人主张因工程逾期竣工导致其开业迟延而遭受损失，应由发包人举证证明损失的组成、是否已经实际发生等，并通过庭审质证予以认定。按目前我国司法实践中通行的做法，对于经营性收入等尚未发生的可得利益损失等不应计入发包人的损失范畴。此外，《民法典》规定了守约方对于因对方违约可能发生的损失有义务采取补救措施避免损失的扩大，因此在审理中尚需对于发包人是否采取切实有效的措施避免损失扩大进行审查，正确界定发包人实际遭受的损失范围。

第三，应正确认定工程逾期竣工与发包人损失间的因果关系，并查明发包人对于损失的发生是否有过错。如上例中，应查明发包人逾期开业是否存在其他原因，比如，是否存在行政管理部门审批未通过、发包人自身的开业准备未完成等事实。司法实践中较多存在发包人主张因工程逾期竣工而导致其在生产设备的购销合同履行中违约而向出售方支付违约金，对此应审查其真实性，同时审查是否存在发包人自身的过错事实，如逾期支付货款而承担违约责任等。

第四，综合考量发包人与第三人间对于违约责任、损失赔偿额约定的合理性。发包人与第三人间对于违约和损失赔偿的约定，承包人并未参与其中，甚至发包人与第三人间的相关合同签订早于建设工程施工合同的签订时间，发包人所承担的相关损失不是承包人在签订施工合同时能够预见或应当预见到的因逾期竣工可能造成的后果范围。如果发包人与第三人间对于违约责任的约定比例明显过高，或者发包人支付给第三人的赔偿数额明显不适当，该损失全部转嫁给承包人也是不公平的，因此，人民法院在具体案件的审理中需要予以综合考量，酌情认定。

四、建设工程价款结算未完成情形下的违约金与利息适用

发包人未按约支付工程结算价款，原则上应承担违约责任，但实践中由于承、发包双方在工程价款结算过程中，对于计价原则、取费标准、工程量的多少等存在争议，导致结算工作无法完成，对于发包人最终应支付的工程结算价款数额未能达成一致。在应付工程价款数额不明的情况下，发包人未支付工程价款是否构成违约，这也是司法实践中经常遇到的问题。有观点认为，工程款给付期限届满，发包人虽然有客观原因不支付工程款，但其客观上占有使用了本应支付给承包人的工程款，给承包人造成了损失。根据“严格责任为主、过错责任为辅”的违约责任归责原则，发包人逾期不支付工程款，应承担违约责任。对此，笔者不予认同，笔者认为，如发包人未能及时支付工程款确实因结算未能达成一致造成，不构成违约，但是发包人应从付款期限届满日起向承包人承担相应的利息损失，理由如下：

第一，工程价款金额的确定是发包人支付工程价款的前提。在工程款金额不明的情况下，应视为发包人支付工程款的条件尚不成就，发包人未能付款，不能认定有拖欠工程款的故意，因此不构成违约，发包人不应承担逾期付款的违约责任。如果这一事实的存在是发包人的原因造成，比如发包人迟延组织竣工验收、迟延委托专业机构进行工程造价审计等，则应当认定发包人故意阻却条件的成就，就此发包人应承担逾期付款的违约责任。

第二，发包人应支付占用资金的对价。建设工程是承包人的物力、人力

等投入的物化成果，发包人未能付款不构成违约，但发包人占有使用建筑物，客观上享受了承包人的资金投入，理应支付相应的对价。利息是工程价款的法定孳息，对于发包人而言，其未支付工程价款，实际上占有使用该笔工程价款的同时也获取了工程价款的法定孳息；对承包人而言，未及时获取工程价款客观上造成了合理融资成本的损失，因此，发包人应当将该部分工程欠款的利息一并归还给承包人。司法实践中，容易将发包人承担利息损失与违约认定挂起钩来，强调发包人不构成违约为何还要支付工程价款利息，导致最终对案件误判。

对于发包人逾期支付工程价款构成违约的，违约金和利息能否同时适用，这也是实践中争议较大之处。笔者认为，从本质上讲，违约金和利息都是对损失的一种衡量和计算标准，根据我国《民法典》规定及最高人民法院相关司法解释精神，违约金兼具惩罚和补偿两种性质，着重在于对守约方损失的补偿，因此当违约金和利息存在竞合时，应择一适用；当承包人有证据证明施工合同约定的违约金或者利息单独适用均不足以弥补损失的除外。例外的情况是，如果施工合同中明确约定了发包人逾期支付工程款需同时承担逾期付款违约金和利息，本着尊重当事人意思自治原则，从其约定。但发包人也有权依据《民法典》第 585 条第 2 款的规定，主张同时支付违约金及利息过分高于承包人的实际损失，请求予以调整。

五、违约金调整的法律思考

司法实践中，违约责任承担方式中最重要也是较常见的是由违约方承担违约金。鉴于建设工程施工合同的标的额一般较大，现阶段建筑行业的利润率较低等实际情况，对于违约金的认定及调整，司法实践中一直争议很大。根据《民法典》及最高人民法院相关司法解释的规定，对于违约金的调整以守约方的实际损失作为参照标准，但现实中守约方当事人的实际损失很难确定，法院对于违约金的调整更多的是依据自由裁量权而予以酌情认定。笔者认为，建设工程施工合同纠纷案件中对于违约金条款的认定与适用，要从违约金的性质、合同履行情况、当事人的实际损失及过错程度等方面出发，并结合建筑行业是微利行业的特点，对比约定违约金占工程结算总造价的比例，以及人民法院保护的民间借贷法定利率等情形来判断施工合同约定的违约金是否过高，具体而言，可从以下几方面予以判断：

（一）根据约定违约金数额与当事人的实际损失之间的比例进行判断

《合同法司法解释（二）》第29条规定："当事人主张约定的违约金过高请求予以适当减少的，人民法院应当以实际损失为基础，兼顾合同的履行情况、当事人的过错程度以及预期利益等综合因素，根据公平原则和诚实信用原则予以衡量，并作出裁决。当事人约定的违约金超过造成损失的百分之三十的，一般可以认定为合同法第一百一十四条[1]第二款规定的'过分高于造成的损失'。"因此，对于违约金调整的审理，首先需要根据合同约定的违约金比例计算出具体的违约金数额，对照守约方因对方违约而遭受的实际损失，以130%的标准判断施工合同约定的违约金是否过高，是否需要调整。而守约方的实际损失，应由守约方举证证明对方的违约行为给其造成的具体损失数额或提供造成损失的相应事实依据。

（二）根据合同总价款与当事人未履行价款之间的比例进行判断

在守约方实际损失难以确定的情况下，对于施工合同约定的违约金数额是否过高，还可以通过与合同总价款或当事人未履行价款的比例来予以判断，以防止利益失衡。比如，施工合同约定发包人迟延支付工程款的，按合同总价款的一定比例计算违约金。但实际履行过程中，发包人拖欠支付的工程价款数额只是一小部分，按合同约定计算的违约金数额可能会高于或差不多等同发包人未付款数额，因此根据两者的比例调整违约金数额，可以更好地体现利益平衡原则。

[1]《合同法》已废止，该条内容已更改为《民法典》第585条。

（三）综合合同的履行情况、当事人的过错程度以及违约方获益等因素予以判断

首先，一般而言，合同的履行程度越低，守约方的损失相对越大，违约金过高的调整幅度也就相对越小。其次，根据违约方的过错程度决定违约金的调整幅度。即违约方在违约中主观上属于恶意或故意，还是属于重大过失或一般过失，或者违约人在主观上只具有轻微的过失甚至没有过失，而是由不可归责于违约人的其他原因导致违约。根据当事人的过错程度大小及违约时间的长短决定违约金调整幅度，也符合公平原则。最后，违约金数额的调整还需考虑违约方因违约而获得的利益多寡，防止违约方因此而获得不当利益，应体现一定的惩罚性。

（四）纠纷处理过程中约定的违约金数额不宜再作调整

首先，违约金的约定适用条件，对双方当事人公平一致，即任何一方违约均应适用，且在签订违约金条款时，双方对于工程总造价应当具有合理预期，对于任何一方违约需承担的违约金数额，并未超出双方当事人签订该协议时应当预见的范围，故再行主张违约金过高，与双方约定的目的明显不符，不能支持。其次，在双方当事人就施工合同的履行发生较大矛盾时，自行或在当地政府主持下达成了高额违约金的约定，其主要目的在于预防双方再次出现违约行为，激化双方矛盾。该违约金的约定适用条件，对双方当事人公平一致，即任何一方违约均应适用。

（五）尊重当事人关于不得请求法院调整违约金的约定

如果双方当事人事先承诺在违约后任何一方无权请求人民法院减轻违约责任，这一约定体现了双方杜绝违约行为的真实意思表示，对双方均有约束力，也是在双方签约时的合理预判范围内，且没有违反法律禁止性规定，法院在审理时应予以充分的尊重，不应对违约金再予调整。

此外，需要指出，根据《民法典》第155条的规定，无效的或者被撤销

的民事法律行为自始没有法律约束力。如果建设工程施工合同系无效合同，合同约定的违约金条款均应无效，在此情况下，对于当事人所主张的违约金请求应不予支持，审理中法院应进行释明，引导当事人举证以证明实际损失，并根据双方当事人的过错责任大小予以分担。

第四节　建设工程施工合同的解除

建设工程金额大、建设周期长的特点决定了施工过程中会发生种种意外情况导致施工合同无法继续履行而解除，如果合同各方当事人能够就合同解除达成一致，则不会因此发生纠纷，更不会进入司法程序；如果合同各方不能就此达成一致，则必然会引发纠纷，继而请求法院或仲裁机构作出裁决。本书研究的重点在于第二种情况，即当一方当事人主张对方违约并要求解除合同时，司法实践中认定构成违约的各种具体情形及相应的法律后果。

一、合同解除的一般理论

根据《民法典》第 562 条、第 563 条的规定，我国法律对于合同解除分为协议解除、约定解除及法定解除三种类型。

1. 协议解除

协议解除是指双方当事人协商一致，同意将合同予以解除的行为。因协议解除体现了当事人的意思表示，符合合同意思自治原则，故法律并未特别规定协议解除合同的条件，只要双方采取适当的形式协商一致，且其内容不违反法律禁止性规定及公序良俗即可。

协议解除的行使程序相对简单，经过双方当事人的要约、承诺程序，即可达成解除合同的合意，形式上既可以是书面形式，也可以是口头形式。解除合同的协议达成之时，原合同即予以解除，若原合同的成立是经过行政管理部门批准的，则合同的解除也应经过原批准成立的行政机关准许。

2. 约定解除

约定解除是指当事人在合同中约定，当出现某种事由时，当事人一方或双方有权解除合同。当事人在合同中对于保留解除权的合意，谓之解约条款。双方当事人既可以在合同中约定解除条款，也可以另行订立保留解除权的协议。当事人行使约定解除权的条件是出现了合同中约定的当事人可以行使解除权的事由，且当事人作出了行使解除权的意思表示。

实践中需要注意区分的是，合同中约定解除权和附解除条件的合同是不同的概念。第一，合同所附的解除条件是为了满足当事人的特定需求而对合同所附的条款；而约定解除权不是合同的附款，是合同双方协商一致的一项独立的权利。第二，合同所附的条件成就时，合同自动解除，无须当事人作出意思表示；而约定解除权行使条件出现时，需要当事人作出解除合同的意思表示。第三，合同所附的解除条件成就时，合同解除一般是向将来发生的效力，即合同终止；而当事人行使合同解除权具有溯及既往的效力，即合同自始消灭。

3. 法定解除

法定解除是指当事人依照法律规定行使合同解除权而使合同予以解除。法定解除一般分为三类情况，即因客观原因引起的解除、因一方当事人违约引起的解除和因法律规定的其他事由引起的解除。

第一，因客观原因导致合同目的不能实现引起的合同解除。根据《民法典》第 563 条第 1 项的规定，因客观原因而产生合同解除权仅限于不可抗力致使合同目的不能实现的情形。其行使条件为：一是发生了不可抗力事件，如自然灾害或战争、暴乱等社会事件；二是该不可抗力事件导致了当事人合同目的不能实现。需要指出的是，意外事件和情势变更不能产生合同解除权。

第二，因一方当事人违约而使另一方当事人获得合同解除权。《民法典》第 563 条对于违约性质进行了规定：一是预期违约，即在履行期届满之前，一方当事人明确表示或者以自己的行为表明不履行主要债务的，另一方当事人可以解除合同。二是迟延履行，一方当事人迟延履行主要债务，经催告后在合理期限内仍未履行的，另一方当事人可以解除合同。三是根本违约，一方当事人履行债务或者有其他违约行为致使不能实现合同目的的，另一方当事人有权解除合同。

第三，法律规定的其他情形下的合同解除权。除了上文所述的合同因协议、约定、违约而解除外，法律还规定了合同解除的其他情形，散见于《民法典》及其他专门法中，如承揽合同的定作人的合同解除权、不定期租赁合同中的合同解除权等。

法定解除权与约定解除权的行使程序基本相同：第一，必须出现了当事人享有合同解除权的约定条件或法定条件。第二，行使解除权的一方当事人必须将解除合同的通知送达对方当事人，通知送达至对方当事人之时即发生效力。第三，合同解除权应当在一定期限内行使。合同解除权是一种形成权，享有合同解除权的当事人必须在除斥期间内行使权利，否则，权利消灭。第四，对方当事人对合同解除权人的解除通知有异议的，可以请求人民法院或仲裁机构确认解除合同的效力。第五，法律、行政法规规定解除合同应当办理批准登记手续的，当事人应当予以办理。

《民法典》第566条规定了合同解除的后果：一是尚未履行的，终止履行；二是已经履行的，根据履行情况和合同性质，当事人可以请求恢复原状或者采取其他补救措施，并有权请求赔偿损失。司法实践中出现的合同解除纠纷，基本源于一方当事人违约，对于合同解除的后果，一般包括返还原物及孳息、对于不适合恢复原状的折价补偿、违约方赔偿对方因合同解除而带来的损失等。

二、建设工程施工合同解除的一般情形

《建设工程司法解释（一）》规定了发包人、承包人可以行使合同解除权的几种情形，这是对《民法典》中的法定解除权在建设工程施工合同中的细化。

（一）发包人法定解除权的行使

司法实践中，发包人以承包人违约而行使合同解除权的主要理由是合同目的不能实现，情形主要集中在工期延误、工程质量不合格、承包人违法分包或非法转包方面，也有少量案件涉及承包人施工期间发生安全事故。

1. 承包人在合同约定期限内没有完工

承包人没有按约完成施工任务，构成迟延履行。根据《民法典》第 563 条第 3 项的规定，发包人据此行使合同解除权的前提须是承包人迟延履行的是主要债务，且在发包人催告后在合理期间内仍未履行。根据法律规定，构成发包人行使合同解除权的条件在于：一是承包人是否超过了合同约定的完工期限；二是承包人是否有工期顺延的合理抗辩；三是发包人是否进行了有效的催告；四是发包人给予的期限是否合理。

在司法实践中，就发包人合同解除权是否成立的争议涉及三个方面，一是造成承包人施工逾期的原因之一有发包人的因素存在，谁是造成施工逾期的主要责任方，实践中很难区分；二是截至合同约定期限届满，承包人已完成了大部分施工任务，此时合同予以解除是否合适，是否会给双方造成更大的损失；三是合同约定的工期不合理，是否可以构成承包人的抗辩。综合实践中的经验，笔者认为，对于发包人行使合同解除权的审查可以从以下几方面进行：

第一，审查工期延误的主要责任是否在于承包人。一是审查合同对于工期顺延的规定，承包人是否存在免责事由；二是审查承包人是否以签证等方式提出顺延工期的申请，据此判断承包人是否存在合理的抗辩事由；三是审查发包人设计变更、增加工程量占整个建设工程的比例程度，以此判断双方对于造成工程逾期的责任大小；四是审查分部分项工程的验收时间与施工进度计划的匹配程度，即从整体的施工进程分析，承包人的施工能力是否能跟上施工进度等。如果工期延误的主要责任并不在于承包人，或承包人对施工延误的违约程度并不严重，对于发包人行使合同解除权的诉讼请求应不予支持。

第二，根据建设工程的立项目的结合承包人的施工能力、履约程度审查迟延履行是否导致发包人合同目的不能实现。根据《民法典》第 563 条的规定，承包人迟延履行导致施工合同被解除的前提是迟延履行主要债务且在催告后仍未在合理期限内履行，或迟延履行导致合同目的不能实现。因此可以作以下考虑：

一是从建设工程的立项目的审查发包人的合同目的。从我国法律及行政管理规定看，建设工程的开发、建设，须经过政府管理部门规划、立项、审批等诸多行政许可程序，发包人不能擅自而为。对于建设工程的立项意义，可能是发包人为了某一特定经营项目所需，也可能是为了一个长久的经营计划。因此，如果建设工程的开发建设是为了一个具有时效性的经营项目所需，承包人的迟延履行导致发包人的合同目的不能实现，发包人由此要求解除合同符合《民法典》的相关规定，应予支持。比如，发包人和某个大型连锁超市公司签订合作协议，发包人开发建设的是大型卖场建设工程以便合作方尽快入驻经营，一般此类合作协议有时间要求，如果承包人的迟延履行导致发包人在相关时间节点未能及时向合作方移交建设工程，合作协议终止或解除，发包人签订施工合同的目的不能实现，其要求解除施工合同并追究承包人的违约责任应予支持。如果发包人对于建设工程的立项是为了一个长期的经营计划，承包人迟延履行造成的直接违约后果是给发包人带来不能及时使用建筑物、不能尽早实施经营行为的损失，因此，对于迟延履行的违约后果而言，合同目的不能实现并不是主要考虑的因素，发包人由此遭受损失才是迟延履行的真正违约后果。

二是从承包人的施工能力及已完成施工任务的程度审查解除施工合同是否会造成更大的损失。根据我国法律的规定，建设工程项目一旦通过了行政许可，发包人就不能擅自取消建设工程项目，对于建设工程的后续事宜发包人必须向行政管理部门报备，是全部拆除调整规划还是另外委托他人重新办理施工许可等，这是建设工程施工合同区别于其他合同的特殊之处。如果建设工程要继续进行下去，从经济效益和效率的目标出发，需对承包人的施工能力并结合承包人已履约程度作出认定，即如果解除合同另外发包给他人施工，是否会造成更大的损失。一般而言，在承包人已完成大部分施工任务的情况下，对承包人课以较高的违约责任以督促其抓紧施工是更合理的处理方式。如果承包人的施工能力不足以胜任完成施工任务，或其在接到催告后无正当理由继续拖延施工，本着维护施工合同的严肃性及对恶意违约行为的制裁，应支持发包人行使合同解除权。

第三，根据建设工程的规模及承包人作出工期承诺的本意审查合同约定工期的合理性问题。一是审查施工合同约定的工期与建设工程规模是否相匹配。国务院《建设工程质量管理条例》第10条第1款规定，“建设工程发包单位不得迫使承包方以低于成本的价格竞标，不得任意压缩合理工期”，如果合同约定工期与建设工程的规模不相适应，明显低于正常的施工所需工期，则不能轻易地认定承包人的迟延履行构成根本违约。二是应结合承包人的施工能力审查承包人作出工期承诺的本意。承包人作为专业施工单位，理应在承接建设工程时对于工期有其专业性判断，对于施工合同最终确定的工期，应认定是承包人与发包人的真实意思表示，不应轻易予以否定。此外，工期长短的承诺也是发包人在工程招标时重点考虑的内容，如果承包人的施工资质、施工能力与其承诺的施工日期不相适应，应该认定承包人的这一承诺给其工程中标带来了帮助，在获益的同时也应承担相应的后果。因此，在承包人没有证据证明其受胁迫作出工期承诺的情况下，承包人以合同工期不合理提出抗辩，是不诚信的表现，法院应不予支持。

2. 承包人已完成的建设工程质量不合格且拒绝修复

《建设工程司法解释（一）》第8条第3项规定，承包人已完成的建设工程质量不合格并拒绝修复的，发包人可请求解除合同。承包人的施工质量不合格，致使建设工程不能通过竣工验收并投入使用，其直接后果是发包人的合同目的不能实现。从工程实务来看，建设工程施工质量不合格分为三种情形：一是在建工程的施工质量不合格，二是已完工的建设工程质量不合格，三是承包人施工的建设工程质量符合国家标准，但不符合合同标准。司法实践中，就质量要求而言，对于发包人行使合同解除权的审查，应以承包人的违约行为是否导致发包人无法使用建筑物这一合同目的不能实现为前提区别作出处理。

第一，在建工程施工质量不合格，且承包人拒绝修复的，其直接后果是建设工程不能继续进行下去，发包人的合同目的不能实现，发包人据此请求解除施工合同，既有法律依据，又符合客观实际，应支持发包人请求解除合同的诉讼请求。

第二，对于已完工的建设工程质量不合格，应以是否可修复作为判断发包人能否行使合同解除权的依据。如果建设工程存在的质量缺陷是地基基础或主体结构质量不合格，且该质量问题无法修复或不具有修复价值，应认定该重大质量问题导致发包人合同目的不能实现，发包人主张合同解除的诉讼请求应予支持。对于其他质量瑕疵，承包人拒绝修复的，发包人可以另行委托他人进行整改，就整改费用可以要求承包人承担，或者可以要求减少支付工程结算价款，《建设工程司法解释（一）》第 11 条对此给予了法律依据支撑。另外，就建筑学角度而言，除了涉及主体结构和地基基础的修复外，一般的质量整改不会对整个建筑工程“伤筋动骨”，也基本不存在无法修复的工程质量问题，故已施工完毕的建设工程存在一般质量瑕疵，即使承包人拒绝修复，也不能轻易认定导致发包人合同目的不能实现，不能支持发包人要求解除合同的诉讼请求。如果承包人拒绝修复，又阻止发包人委托他人修复，导致整改未成，则可以认定因承包人的施工质量问题导致发包人的合同目的不能实现，发包人依法可以解除合同。

第三，承包人施工的建设工程质量符合国家标准，但不符合合同标准的，一般而言，不影响发包人对于建设工程的使用，也不影响其合同目的的实现。对于承包人的违约行为，发包人可以通过追究承包人违约责任的方式实现权利救济。但是如果发包人对于工程质量的特殊要求是基于其特定的生产、使用所需，承包人无法予以整改达标或拒绝整改修复，应该认定发包人的合同目的无法实现，发包人有权解除施工合同。

3. 承包人擅自将建设工程非法转包、违法分包

《民法典》第 806 条的规定，承包人将建设工程转包、违法分包的，发包人可以解除合同。对于这一法律规定的理解和应用，应从法律效果和社会效果的角度综合作出是否解除施工合同的结论。一般而言，建设工程一旦进入施工环节，涉及方方面面的因素，牵涉的面很广，处理后果很复杂，不能因为发生了承包人非法转包及违法分包事实，一概予以解除合同，而应以发包人的合同目的是否实现作为判断依据。如何判断发包人的合同目的是否实现，笔者认为，应从建设工程的施工进度情况入手进行分析。如果建设工程已经

完工，则不存在解除施工合同的意义和基础，双方仅就工程质量及工程价款结算事宜依据法律规定予以解决，对于施工质量合格与否、质量问题是否涉及地基基础或主体结构、质量问题能否修复等依据前文所述作出认定。如果建设工程尚未完工、仍处于施工过程中，则区分不同情况分别处理：第一，对于承包人非法转包的，系承包人将其全部合同权利义务转让给第三人，严重背离了发包人对于承包人施工能力和技术的期待，故发包人有权解除施工合同。第二，判断违法分包的工程项目是否属于建设工程的主体结构。《建筑法》第29条及《民法典》第791条均明确规定，建设工程主体结构的施工必须由承包人自行完成，因此违法分包的建设工程项目如果属于工程主体结构，应视为承包人以其行为表明不履行合同主要义务，发包人据此有权解除施工合同。第三，对于承包人将建设工程肢解分包给不同的第三人的，其实质等同于非法转包，对于发包人请求解除施工合同的诉讼请求，应予支持。第四，对于承包人仅将部分工程项目分包给第三人的，应责令承包人予以改正，并由其对第三人的施工质量承担保证责任。如果承包人不予改正，判决解除双方间的施工合同。

4. 承包人违法施工发生安全事故

建设工程施工过程中，经常发生承包人不加强安全文明施工管理，多次发生安全生产事故的情形，对此发包人是否可以行使合同解除权。笔者认为，安全施工是承包人的法定义务与合同义务，如果承包人多次出现违规施工且怠于整改，由此该违规施工状态已经形成重大安全隐患，应认定承包人的违约行为已经导致发包人的合同目的不能实现，发包人请求解除施工合同，应予支持。如果安全事故的发生对于合同履行没有实质性的影响，并且承包人有证据证明已进行了积极整改，为了维护施工合同的稳定性，避免社会资源的浪费，不宜轻易判决解除施工合同。此外，如果承包人因其安全生产事故的发生导致其被行政管理部门降低施工资质等级或吊销施工资质证书，根据《建筑法》关于禁止施工企业超越资质等级许可的范围承揽工程的规定，发包人应享有法定解除权。[1]

(二) 承包人法定解除权的行使

承包人行使合同解除权的最主要原因在于发包人的违约行为导致其无法继续施工，且承包人进行了催告，但发包人仍未在合理期限内履行自己的义务，选择解除合同是承包人的无奈之举。

1. 发包人未按约支付工程进度款

在建设工程施工合同中，支付工程价款是发包人的主要合同义务，如果发包人不及时支付相应的工程进度款，必然会影响承包人的正常施工，给承包人组织施工力量、采购建筑材料等带来严重障碍，最终导致承包人的施工无法进行下去。《建设工程司法解释（一）》第 9 条第 1 项规定了承包人在无法施工的情况下可以催告发包人支付工程款，若发包人在合理期限内仍未履行付款义务，承包人可以请求解除施工合同。从司法解释的规定看，承包人行使合同解除权须具备四个条件：一是发包人未按约定支付工程价款，二是承包人无法继续施工，三是承包人进行了催告，四是发包人在合理期限内仍不付款。这里的核心规定就是承包人无法继续施工，即经催告后发包人仍未付款的违约行为直接导致了承包人无法继续施工的后果，在此情况下，承包人可以行使合同解除权。需要注意的是，发包人未按约付款的违约行为并不直接赋予承包人合同解除权，发包人未按约付款也不必然导致承包人无法继续施工，必须以客观上发生了承包人无法继续施工的事实且承包人无法继续施工的事实与发包人未按约付款之间具有直接因果关系作为判断依据。

“关于发包人未付工程价款的数额是否可以参照一定的量化标准为判断依据的问题，在《建设工程司法解释（一）》（讨论稿）中，曾经参照原《合同法》第 167 条分期付款买卖合同的规定，将‘未按约支付的工程款数额达到全部工程价款的五分之一以上’作为条件，但最终考虑到‘单纯地将导致合同解除的因素中未付工程款的数额进行量化，虽然处理比较简单，但不一定

---

〔1〕 参见林一主编：《建设工程施工合同纠纷案件审判实务》，法律出版社 2015 年版，第 271 页。

符合案件的具体情况，故而本条确定的最终标准是承包人因发包人的迟延付款行为而无法继续施工'"。[1] 因此，对于发包人的未付款数额虽然可以在一定程度上反映发包人的违约程度，但仅是判断承包人无法继续施工的因素之一，两者间是否具有直接的因果关系，还需要结合具体案情综合分析。比如，承包人是否有垫资、融资的事实，发包人发生欠付工程价款的时间节点与施工环节的关系、进度款支付时间、数额占比与施工进度计划的配套情况等，以此判断承包人无法继续施工的事实是否成立。另外，审理过程中，也要注意审查发包人未付工程价款是否存在合理抗辩理由，承包人是否存在违约行为等，如果发包人未按约支付工程价款具有合理的抗辩事由，则对承包人请求解除施工合同的主张，应不予支持。

2. 发包人提供的主要建筑材料、建筑构配件和设备不符合强制性标准

建筑材料、建筑构配件和设备是否合格，关系到建设工程质量，根据《民法典》第806条第2项的规定，如果发包人提供的主要建筑材料、建筑构配件和设备不符合强制性标准，经承包人催告后仍未在合理期限履行相应义务，致使承包人无法施工，承包人可以行使解除合同。就这一合同解除条件的行使，司法实践中应注意几个问题：第一，质量标准以国家强制性标准为限。如果发包人提供的主要建筑材料等的质量符合国家强制性标准，但不符合合同约定标准，经发包人确认，承包人可以投入使用，此时应视为双方变更了合同相关条款，若由此导致建设工程质量与合同约定不符，相应的责任由发包人承担，承包人据此可以免责，但承包人不得以此要求解除合同。第二，承包人具有检验和提醒义务。根据《建筑法》及《建设工程质量管理条例》等规定，承包人也负有按照建设工程设计要求、施工技术标准和合同约定，对建筑材料、建筑构配件、设备等进行检验的义务，如经检验发现建筑材料等质量不符合标准，承包人不得使用。同时承包人还有义务就此问题向发包人反映，要求予以更换。如果承包人在投入使用后再以上述建筑材料及

---

〔1〕 参见最高人民法院民事审判第一庭编著：《最高人民法院建设工程施工合同司法解释的理解与适用》，人民法院出版社2015年版，第82页。

设备等的质量不符合强制性标准为由行使合同解除权，应不予支持。第三，发包人提供的主要建筑材料、建筑构配件和设备等不符合强制性标准，并不必然导致承包人无法施工及行使合同解除权。在承包人就此问题向发包人提出后，发包人在合理期限内未予更换的，承包人可以选择自行购买合格的建筑材料等投入使用，相关的费用由发包人承担。对承包人而言，应对发包人此类违约行为并非只有解除合同唯一的救济途径，承包人在自己能力许可范围内还是有多种选择渠道的。因此，司法实践中，应审查不符合强制性标准的建筑材料等的种类、数量、价值等，并判断是否在承包人另行更换的能力范围内，从经济成本及社会效益、效率出发，不能一概发生上述材料质量不符合强制性标准且发包人未在合理期限内更换的就判决解除合同，维护合同履行的严肃性和稳定性是人民法院审判工作所必须坚持的一项原则，对此在审判工作中应予充分重视。

3. 发包人不履行协助义务

《民法典》第806条第2项规定了发包人不履行协助义务，致使承包人无法施工，经催告后发包人仍未在合理期限内履行义务的，承包人可以解除合同。所谓协助义务并非次要义务，对于发包人而言，“虽然该项是对发包人协助义务的规定，但并不是就主要义务和次要义务而言的，如果不履行协助义务致使承包人无法进行施工的，就可以认定发包人没有履行合同的主要义务，经承包人催告仍不履行的，承包人具有合同解除权”。[1] 对于发包人的协助义务，从工程实务看，主要包括提供符合施工条件的场地、办理施工许可证及其他施工所需批件等、落实临时用水用电及道路交通等申请批准手续、提供施工图纸和技术资料、按合同约定提供建筑原材料和设备等。发包人若不履行上述协助义务，导致承包人无法施工或继续施工的，且经承包人催告仍未履行的，承包人可以请求解除施工合同。

司法实践中对于发包人应履行的协助义务，应注意分析不同类型协助义

〔1〕 参见最高人民法院民事审判第一庭编著：《最高人民法院建设工程施工合同司法解释的理解与适用》，人民法院出版社2015年版，第84页。

务的性质，判断是否足以导致承包人不能施工。一般而言，对于发包人未提供施工图纸和技术资料、未提供施工场地或施工场地不具备开工条件等，导致承包人无法施工的，承包人可以解除合同，对此理解上应没有争议。司法实践中争议比较大的是：第一，发包人未办理施工许可证，承包人是否可以请求解除合同？从法律规定看，办理施工许可证是发包人的义务，在相关批准文件没有下发前，承包人有权拒绝在违法状态下施工。但是在工程实务中，由于对办理建设工程开工所需文件、手续等的熟悉程度不一致，大部分的施工许可证等均是由承包人以发包人的名义负责办理，发包人只负责在相关材料上盖章，故对于发包人的该项协助义务审查，应查明未能办理是属于发包人自身的原因还是承包人代办不得力的原因，或者是建设工程不符合行政管理的规定所致，由此判断施工合同能否继续履行下去。只有属于发包人自身的原因，或者建设工程本身在立项等方面不符合行政规定的，才可以认定发包人不履行协助义务。第二，发包人未按约及时提供建筑原材料或设备等，承包人可否请求解除合同？要判断该协助义务的履行时间是在建设工程开工前还是施工过程中。对于发包人在开工前必需的协助义务，应认定发包人的该违约行为导致承包人无法施工，对于承包人的合同解除权应予支持。对于在施工过程中的协助义务，要作区分审查，具体上文已经详述。第三，发包人未履行中间工程或隐蔽工程等验收义务，承包人可否请求解除合同？有观点认为，发包人的上述协助义务事关工程质量安全，承包人也可据此主张合同解除。[1] 笔者对此不予认同，如果经催告后发包人仍未配合验收，其后果是视为发包人认可承包人的施工质量，即发包人以未履行协助义务的方式放弃了所对应部分的工程质量抗辩，但这不影响承包人继续施工，不符合承包人无法施工的构成要件，故承包人据此主张解除合同，应不予支持。

三、建设工程施工合同解除的法律后果及相关实务问题

对于建设工程施工合同解除的法律后果，《民法典》第 806 条第 3 项及

---

〔1〕 参见李玉生主编：《建设工程施工合同案件审理指南》，人民法院出版社 2019 年版，第 240 页。

《建设工程司法解释（一）》第10条作了明确规定，即对于已完成的建设工程质量合格的，发包人应当按照约定支付相应的工程价款；已经完成的建设工程质量不合格的，参照《民法典》第793条及该司法解释第3条[1]的规定处理；因一方违约导致合同解除的，违约方应当赔偿因此而给对方造成的损失。概括起来，建设工程施工合同解除的法律后果就有三点：一是对已完工的质量合格工程结算工程价款并移交建设工程，需要指出的是，这两者为同等给付义务，没有履行先后顺序之分；同时，移交建设工程应包括与建设工程有关的一切财物，包括全部施工资料、发包人提供的施工设备、建筑材料等。二是质量不合格的建设工程应由承包人予以修复，待修复合格了才可以结算工程价款并移交工程；如果该修复工作由发包人完成，相关修复费用由承包人承担。三是违约方承担违约责任，主要包括施工逾期违约责任、迟延支付工程进度款违约责任及导致施工合同解除的违约责任。建设工程施工合同因其性质为继续性合同，因此合同的解除在原则上没有溯及力，一般而言，不发生恢复原状的法律后果，未履行的不再履行。

《民法典》第793条及《建设工程司法解释（一）》第10条对于合同解除的后果作了一般性的规定，司法实践中对于建设工程施工合同解除的法律后果争议，主要有以下内容：

（一）合同解除日的认定

合同解除日的认定，对于工程价款利息及工程款优先受偿权等的起算等具有重要意义。根据《民法典》第565条的规定，一方当事人行使合同解除权的，以通知到达对方之日为合同解除日；但以诉讼或仲裁方式主张解除合同的，如果人民法院或者仲裁机构确认该主张的，应以起诉状副本或仲裁申请书副本送达对方之日为合同解除日。具体掌握中，笔者认为应作如下理解：

---

[1] 《建设工程司法解释（一）》第3条规定："建设工程施工合同无效，且建设工程经竣工验收不合格的，按照以下情形分别处理：（一）修复后的建设工程经竣工验收合格，发包人请求承包人承担修复费的，应予支持；（二）修复后的建设工程经竣工验收不合格，承包人请求支付工程价款的，不予支持。因建设工程不合格造成的损失，发包人有过错的，也应承担相应的民事责任。"

第一，起诉前一方当事人已经向对方告知解除合同的，以通知到达对方之日为合同解除日。对于一方当事人在诉前已通知对方解除施工合同，又起诉要求解除合同的，应该认定，其起诉的本质是确认解除合同的效力，根据《民法典》的规定，如果最终判决解除施工合同，应以一方当事人通知对方合同解除的时间作为合同解除日。

第二，直接以诉讼或仲裁方式请求解除施工合同的，如果最终判决或仲裁裁决解除施工合同的，以起诉状或仲裁申请书副本送达对方之日为合同解除日。诉讼或仲裁是当事人行使法定解除权的一种方式，对于合同解除日的确定，应遵循法定解除权行使的一般规定，以通知到达对方即为生效，即如果最终判决解除施工合同，以起诉状副本或仲裁申请书副本送达对方之日为施工合同解除日。

第三，诉讼中相对方同意解除施工合同的，以同意之日为合同解除日。一方当事人以诉讼或仲裁方式请求解除合同，在审理中对方同意解除合同的，基于最终是否应解除合同，司法评判并未作出，相对方同意对方解除合同的请求，此时施工合同的解除，应视为协商解除，故合同解除日应以相对方同意解除合同的时间为准。

（二）在建工程折价补偿款的下浮问题

建设工程施工合同工程款总价的确定，一般是通过承发包双方协商后在投标报价的基础上下浮一定比例确定，对于已经完工的建设工程的折价补偿款，如果工程质量合格双方参照合同约定执行，这毋庸置疑，但对于在建工程的折价补偿款，是否也应等比例下浮，实践中争议很大。产生争议的主要原因在于，建设工程存在不平衡的利润结构，不同类型的建设工程在前后期的投入是不一样的，利润率也是不同的，可能存在前期投入较大但利润较少等现象，如果进行同比例下浮工程折价补偿款，可能会对承包人造成损失，形成利益失衡。笔者认为，承包人的投标报价格包含利润、税金等在内，对在建工程折价补偿款的计算同样包含承包人的施工利润在内，且实践中也很难区分建设工程各个环节的利润分配，故除非承包人提供证据证明按合同结算比例下浮会导致显失公平，故一般应按合同约定的下浮比例或投标价与合同价的对应比例计算在建工程折价补偿款。对于施工不同阶段涉及的利润问题，这是在建工程折价补偿款以何标准结算的问题，不影响结算款下浮适用。对于在建工程折价款的结算问题，本书在工程价款结算章节进行了分析，这里不再展开。

（三）合同解除后应付工程款的期限及利息问题

建设工程施工合同解除后，如建设工程质量合格，发包人应向承包人支付工程折价补偿款。由于该折价补偿款是在非正常履行状态下产生，不同于建设工程进度款或结算款，故对于应付款期限缺乏合同双方的合意，司法实践中对于应付款期限的确定及发包人未及时付款是否应承担逾期付款利息问题需作出认定。笔者认为，在施工合同解除的前提下，工程折价补偿款是基于建设工程不宜适用恢复原状而采用的补救措施，因此，发包人支付工程折价款应该和承包人返还建设工程同时履行。因此，对于工程折价补偿款的支付期限及逾期付款的利息事宜，应参照《建设工程司法解释（一）》第 18 条的规定，原则上以建设工程的交付之日为发包人支付工程折价补偿款的时间，逾期支付的，从建设工程交付之日计算应付款利息。

案例 26
解除建设工程施工合同应一并处理解除后果

——力新公司与达鑫公司建设工程施工合同纠纷案[1]

基本案情

再审申请人（一审原告、反诉被告，二审上诉人）：东山力新房地产开发有限公司（以下简称力新公司）

被申请人（一审被告、反诉原告，二审上诉人）：东山县达鑫建筑工程有

〔1〕参见最高人民法院（2019）最高法民申 2443 号民事裁定书。

限公司（以下简称达鑫公司）

2012年11月1日，力新公司（发包人）与达鑫公司（承包人）签订《建设工程施工合同》及补充协议，约定力新公司将海景花园二期酒店式公寓工程发包给达鑫公司承建，合同工期总日历天数为360日历天，竣工日期为2013年11月10日，合同价款为包干固定总价14,838,332元等。双方在《建设工程施工合同》专用条款第26条约定，《建设工程施工合同》与补充协议有冲突的，均以补充协议为准，《建设工程施工合同》没有约定的，依补充协议为准。

合同中与双方争议内容相关的其他条款包括：(1)关于开工日期。开工日期为2012年11月11日。(2)关于承包人应承担的违约责任。若工程逾期完工交付，按5000元/日向发包人支付工程逾期违约金。(3)关于工程价款结算及付款方式。工程价款结算以驻地监理工程师和经甲方（指力新公司）工程师盖章认证的已完工程进度表和工程价款结算账单为依据。基础工程全部竣工后经有关部门验收合格后付已完工程总价款的70%，每完成四层后付已完工程总价款的70%，本项目所有主体工程全部完成落架后经相关部门验收合格后付已完工程总价款的70%，竣工预验收合格后，付至工程总价款的80%，本工程全部竣工后经相关部门综合验收合格后，在30日内向力新公司移交所有工程竣工资料、结算资料及签证单据，力新公司在30日内经核实清单无误后再付至工程总价款的95%。余款5%作为工程质量保证金，保修期满2年退还3%，其余2%的部分待保修期满5年时结清。力新公司应在达到付款条件时15日内付款，若未能按时付款，从第16日起支付双倍同期银行贷款利息。(4)关于工期延误。承包人在发生工期顺延事项后14日内，就延误的工期以书面形式向工程师提出报告。工程师在收到报告后14日内予以确认，逾期不予确认也不提出修改意见，视为同意顺延工期。工期合理顺延情形，除通用条款约定外，专用条款特别约定：①非承包人原因，上级主管部门要求停工的；②基础施工时深度及地质条件变化影响到整体工程施工工期，经设计单位和发包人确认的；③因发包人原因或其他非承包人原因造成停工和误工，由承包人提出经发包人书面确认的；④不可抗力如发生地震、洪水、台风、暴雨等自然灾害造成停工，须经承包人在事后1个月内提出，并提供相应经有关部门确认的文件资料，否则可以不予延期；⑤发、承包人双方另行协商工期顺延的；⑥施工过程中需要延期而未及时办理工期签证的，由承包人承担责任，且在工程结算时，不给予计算工期顺延。

力新公司已经支付工程款765万元，该金额已包括2014年1月24日预借款50万元在内。

涉案工程于2013年1月8日通过桩基子分部工程质量验收，于2013年1月31日通过地基与基础工程质量验收，于2013年9月30日通过主体结构分部工程质量验收。

力新公司于2014年9月29日向福建省漳州市中级人民法院起诉请求：(1) 判令解除双方于2012年11月1日签订的《建设工程施工合同》及补充协议；(2) 判令达鑫公司赔偿力新公司损失14,755,577.07元；(3) 判令达鑫公司立即将涉案工程全部移交给力新公司；(4) 判令达鑫公司立即将本案工程所有相关的材料移交给力新公司，配合已施工完成并通过验收工程资料的完整归档及后续竣工验收工作，对资料真实性有效性负责，对已完工程并通过验收工程的质量负责；(5) 判令达鑫公司开具相应的工程款建筑业统一发票给力新公司。

达鑫公司提出反诉，请求：判令力新公司依约支付工程款6,521,361元及利息。

一审审理期间，在一审法院主持下，达鑫公司将案涉工程现状移交给力新公司，工程现状以现场录制光盘为准。工程移交当日，达鑫公司仅移交工程，未移交钥匙，直至2016年5月底才移交钥匙。

一审诉讼中，根据达鑫公司申请，一审法院依法委托福建省营造项目管理有限公司对已完工程量及工程造价进行鉴定，最终鉴定意见为：已完成工程量总造价为13,667,995元。

法院裁判

一审法院认为：《建设工程施工合同》及补充协议合法有效。涉案工程自2012年12月25日实际开工，达鑫公司未在合同约定的工期内完工，致使力新公司不能实现合同目的，力新公司请求解除双方签订的《建设工程施工合同》及补充协议，合法有据，应予支持；《建设工程施工合同》及补充协议自力新公司向一审法院提起诉讼之日即自2014年9月29日起解除。虽然在合同履行过程中，力新公司未依约支付第6期工程进度款，达鑫公司可自2014年8月27日起合法停工，但在达鑫公司合法停工之前已逾期竣工249天，应按合同约定支付逾期竣工违约金1,245,000元。根据鉴定结论，已完工程总造价为13,667,995元。案涉工程主体工程已完成落架且工程基础、桩基、主体结构经验收合格，力新公司应向达鑫公司支付已完工程总价款的70%，即1,917,596.5元，该笔工程进度款本应于2014年8月27日之前支付，力新公司未按时支付工程进度款，构成违约。鉴于达鑫公司没有证据证明其遭受损失的具体金额，达鑫公司的损失应为尚欠工程进度款的贷款利息损失，双方约定按双倍同期银行贷款利率计算利息偏高，应予以调整，力新公司应自2014年8月28日起以尚欠工程进度款1,917,596.5元为基数，按中国人民银行同期同类贷款利率的130%向达鑫公司支付利息。本案已完工程尚未竣工验收，力新公司要求达鑫公司移交工程内页资料，于法无据，不予支持；力新公司应待已完工程竣工验收后再向达鑫公司主张相关工程内页资料的移交；已完工程质量尚未验收合格，剩余工程款支付条件尚未成就，达鑫公司可待条件成就后另案主张。

一审法院判决：（1）双方签订的《建设工程施工合同》及补充协议自2014年9月29日起解除；（2）力新公司应于判决发生法律效力之日起10日内支付达鑫公司工程款1,917,596.5元及违约金，违约金自2014年8月28日起至还款之日止，以尚欠工程款1,917,596.5元为基数，按中国人民银行同期同类贷款利率的130%计付；（3）达鑫公司应于判决发生法律效力之日起10日内支付力新公司逾期竣工违约金1,245,000元；（4）达鑫公司应于判决发生法律效力之日起10日内向力新公司开具金额为50万元的建筑业统一发票，并在收到本案其他剩余工程款之日起10日内向力新公司开具同等金额的建筑业统一发票；(5) 驳回力新公司的其他诉讼请求；(6) 驳回达鑫公司的其他反诉请求。

力新公司和达鑫公司均不服一审判决，分别向福建省高级人民法院提起上诉。

力新公司上诉称，力新公司之所以不再继续支付工程进度款，是因为达鑫公司工期严重延误，未按期竣工，导致合同解除，相应责任只能由达鑫公司自行承担。一审法院工程价款的处理存在错误，请求二审法院撤销一审判决第1项、第2项、第5项、第6项，改判支持力新公司一审本诉请求，驳回达鑫公司一审反诉请求。

达鑫公司上诉称，达鑫公司存在工期顺延的合理理由，原审对于逾期竣工违约金处理不当，另外对于已付款金额认定有误，撤销一审判决第1项、第2项、第3项、第4项、第6项，维持第5项，改判支持达鑫公司一审反诉请求，驳回力新公司一审本诉请求。

二审法院认为：(1) 在合同已经解除的情况下，双方应当进行最终结算，力新公司应当将剩余的工程款6,517,995元（13,667,995元-7,150,000元）全部支付给达鑫公司。一审判决认定力新公司应当在已完工程量总造价70%的基础上，扣除已付工程款，作为还应支付达鑫公司的剩余工程款，忽略了案涉合同已经解除，后续施工已无法继续履行，双方应当就已完工程量进行总体结算的事实，予以纠正。(2) 关于力新公司应承担的违约责任问题。案涉项目所有主体工程于2014年7月22日全部完成落架，已经达到案涉合同约定的支付已完工程造价70%的条件。达鑫公司于2014年8月5日将请求支付第6期工程款（付至已完工程造价的70%）的工程款支付申请表交给监理单位，监理单位工程师及力新公司工程师并未在接到该申请后7日内核实已完工程量，按照前述约定，达鑫公司在工程款支付申请表及附件中开列的工程量从第8日起，即从2014年8月13日起，即视为被确认。在确认计量结果后14日内，即2014年8月27日前，力新公司应当向达鑫公司支付已完工程造价的70%，但是力新公司并未依约支付，存在违约情形。力新公司应当承担逾期付款违约金的基数为2,417,596.5元（13,667,995元×70%－7,150,000元），一审判决以1,917,596.5元作为基数计算逾期付款违约金错误，予以纠正。力新公司应当于2014年8月27日前支付第6期工程款，但是其并未依照约定支付，故一审判决认定力新公司应当自2014年8月28日开始支付逾期付款违约金，直至款项还清之日，是正确的。（3）关于达鑫公司应承担的违约责任问题，力新公司应当于2014年8月27日前支付第6期工程款，但是其并未依照合同约定支付，其主张对不支付该期工程进度款享有抗辩权，亦缺乏法律和合同依据，故一审判决认定达鑫公司有权自2014年8月27日停工正确。案涉工程应当在2014年4月2日之前竣工，但是达鑫公司并未在此期间完工，直至有权停工之日2014年8月27日，其逾期竣工的时间为147天。由此，按照案涉合同约定的计算标准，达鑫公司应当承担的逾期竣工违约金为147天×5000元/天=735,000元。一审判决以达鑫公司逾期竣工应当承担的违约金作为其赔偿力新公司的损失，并无不当，但是对于达鑫公司逾期竣工的时间认定有误，予以纠正。

二审判决：（1）维持一审判决第1项、第4项；（2）撤销一审判决第2项、第3项、第5项、第6项；（3）力新公司向达鑫公司支付工程款6,517,995元及逾期付款违约金（违约金自2014年8月28日起至还款之日止，以尚欠第6期工程款2,417,596.5元为基数，按中国人民银行同期同类贷款利率的130%计付）；（4）达鑫公司支付东山公司逾期竣工违约金735,000元；（5）达鑫公司向力新公司移交其施工范围内符合城建档案规范要求的工程内页资料；（6）驳回力新公司的其他上诉请求；（7）驳回达鑫公司的其他上诉请求。

力新公司不服二审判决，向最高人民法院申请再审称：二审判决完全未考虑案涉工程至今尚未竣工验收、达鑫公司工期严重延误、多项质量瑕疵、不配合提交工程内页资料导致合同解除后案涉工程难以由第三方接手和继续完成的实际情况，判决力新公司提前支付全部工程款，缺乏法律与合同依据；达鑫公司案涉工程并未施工完毕，并无法提交符合城建档案规范要求的工程内页资料，因此工程完全无法进行工程竣工验收，工程量鉴定中，除了基础主体部分通过验收外，其余分部分项工程虽然有部分已施工，但是各分部分项工程均未施工完成，施工质量也不符合合同要求，二审判决简单依据工程量鉴定结论，错误认定力新公司据此应支付相应工程款，明显背离合同当事人确定的施工合同要求。

再审认为：关于合同解除后力新公司应否向达鑫公司支付全部工程款的问题。(1) 根据《合同法》第97条[1]关于“合同解除后，尚未履行的，终止履行；已经履行的，根据履行情况和合同性质，当事人可以要求恢复原状、采取其他补救措施、并有权要求赔偿损失”的规定，合同解除后，合同已部分履行，能恢复原状的，可以恢复原状，不能恢复原状的，应予以货币补偿。又根据《建设工程司法解释（一)》第10条第1款关于“建设工程施工合同解除后，已经完成的建设工程质量合格的，发包人应当按照约定支付相应的工程价款；已经完成的建设工程质量不合格的，参照本解释第三条规定处理”的规定，在合同解除后，力新公司应对达鑫公司已完成的工程量进行验收，如验收合格应按约支付工程款。案涉工程于2013年9月30日通过主体结构分部工程质量验收，且在一审法院释明后，力新公司并未对达鑫公司已完工程组织验收，现又以达鑫公司已完工程量未验收为由拒付工程款，不予支持。(2) 案涉《建设工程施工合同》约定力新公司按照工程进度向达鑫公司支付工程款，这是双方基于正常履行合同而作出的互利约定，即力新公司通过预留部分工程款加强对达鑫公司后续施工的督促，达鑫公司亦可在后续履约过程中逐渐收回施工成本。但在合同解除后，达鑫公司已无后续施工的可能，力新公司无督促之必要，达鑫公司也无法通过后续施工收回施工成本，力新公司主张仍以合同约定的方式按施工进度付款，已无事实基础，对达鑫公司也有失公平。据此，二审判决力新公司支付全部工程款，达鑫公司交付全部工程内页资料，并无不当。此外，原审法院对双方违约责任等其他事宜的处理均无不当。

再审裁定：驳回力新公司的再审申请。

---

[1] 《合同法》已废止，该条文内容已被《民法典》第566条所取代。

案例评析

本案涉及的法律问题是建设工程施工合同中途解除的后果处理。

《民法典》第566条规定：“合同解除后，尚未履行的，终止履行；已经履行的，根据履行情况和合同性质，当事人可以要求恢复原状、采取其他补救措施、并有权要求赔偿损失。”该法第806条第3项同时规定：“已经完成的建设工程质量合格的，发包人应当按照约定支付相应的工程价款；已经完成的建设工程质量不合格的，参照本法第七百九十三条的规定处理。”根据建设工程施工合同本身具有的特殊性，施工合同解除涉及的法律后果是恢复原状即移交建设工程并结算工程价款、违约方承担违约责任并赔偿对方相应的损失。第一，关于恢复原状问题。基于承包人对工程建设投入的劳务和建筑材料已物化为建设工程，故而无法在合同解除后适用恢复原状的返还原则，只能用支付已完工工程价款的方法解决合同解除的后果处理问题，即发包人接受在建工程的同时应向承包人支付相应的工程价款。首先，对于工程价款的结算问题，必须在已完工工程质量合格的基础上，由双方按照施工合同约定的计价标准结算相应的工程价款。对于具体的工程价款，双方无法协商达成一致的，可根据施工合同约定的结算标准通过司法鉴定计算得出。其次，由于施工合同不再继续履行，因此施工合同约定的付款进度计划不再适用，发包人应在接受建设工程的同时将承包人已施工完成的全部工程价款予以支付。最后，基于恢复原状的返还原则要求，交付工程和支付工程价款系同等给付义务，应同时履行而没有先后顺序。最后还需指出，对于施工合同解除后果的处理，应按照恢复原状的要求，将依附于建设工程而产生的其他财物包括孳息、施工资料等应一并返还。第二，关于违约责任及损失赔偿问题。施工合同解除中涉及的违约责任，主要包括迟延支付工程进度违约责任、施工延误违约责任及因一方违约而导致合同解除的违约责任，承、发包双方根据各自的违约行为承担相应的违约责任。

对于违约责任的承担方式，施工合同有约定的，根据约定执行；施工合同没有约定的，可以举证证明因对方违约而遭受的损失，从而要求对方予以赔偿。

本案中，发包人请求解除施工合同，承包人在诉讼中表示同意，也办理了工程移交手续，因此发包人应支付在建工程的全部款项，一审法院仍按照施工合同约定的付款进度计划判令发包人支付工程款，显然是错误的。施工资料是建设工程的一部分，承包人向发包人移交建设工程，理应将工程资料同时移交，发包人的这一诉讼请求符合规定。就违约责任问题，承包人施工逾期，应按施工合同约定的每日 5000 元的标准承担违约责任，具体逾期天数应扣除合理顺延日期。发包人在施工合同履行过程中存在迟延支付工程进度款的违约行为，施工合同对于发包人迟延支付工程进度款的违约责任没有约定，承包人也没有举证证明因此所遭受的损失，法院按银行同期贷款利率标准作为违约金的计算依据，也是一种合理的选择。对于发包人要求承包人在承担施工逾期违约责任的同时另行赔偿损失，因其未能提供证据予以证明，故不予支持。

第六章　建设工程价款优先受偿权制度

《民法典》第 807 条确立的建设工程价款优先受偿权（以下简称优先受偿权）制度，虽系借鉴他国法律制度设立的产物，但在保护价值、行使程序等方面又具有鲜明的中国特色，对于解决长期来我国建筑市场上存在的拖欠建设工程价款问题提供了很好的法律对策。如何妥善地理解、适用现有法律规定，建立并完善优先受偿权制度，已成为当前理论界与实务界的一大课题。

第一节　建设工程价款优先受偿权的界定

承包人就建设工程价款债权对建设工程享有优先受偿权，是法律基于维护社会公共利益及建筑工人权利之需要，在相关利益冲突时作出的一种价值选择。

一、建设工程价款优先受偿权制度之历史沿革

优先受偿权是指承包人对于建设工程的价款就该工程折价或者拍卖的价款享有优先受偿的权利。已废止的《合同法》首次作出了工程价款优先受偿的规定，《民法典》再次肯定了该项制度，该法第 807 条规定：“发包人未按照约定支付价款的，承包人可以催告发包人在合理期限内支付价款。发包人逾期不支付的，除根据建设工程的性质不宜折价、拍卖外，承包人可以与发

包人协议将该工程折价，也可以请求人民法院将该工程依法拍卖。建设工程的价款就该工程折价或者拍卖的价款优先受偿。”这一立法规定确立了优先受偿权制度，使承包人就工程价款优先受偿获得了立法上的有力保护。

由于已废止的《合同法》第286条对优先受偿权仅为原则规定，实践中对于优先受偿权的法律性质、行使主体、期限及效力范围等均不明确，导致优先受偿权适用在司法实践中存在较大的分歧。为此，最高人民法院于2002年针对上海高级人民法院的请示，专门下发《最高人民法院关于建设工程价款优先受偿权问题的批复》（以下简称《优先受偿权批复》），就优先受偿权中迫切存在的问题作了解答，一定程度上解了燃眉之急。该批复明确了优先受偿权的行使条件、范围、期限及权利效能和限制，为司法实践提供了具体的操作依据。囿于理论和实践的局限，该批复在实务操作中依然存在不少问题，如无效施工合同在工程竣工后施工人是否也享有优先受偿权？合同解除或中止的在建工程，是否也纳入优先受偿权范畴？工程竣工后6个月的期间已过，但合同约定的工程款支付期限未届满，优先受偿权如何行使？诸如此类的问题给广大法律工作者带来了极大的困惑，司法实践中各种处理方法不一，一定程度上也影响了司法公信力。

2019年2月1日起施行的《建设工程司法解释（二）》用了将近1/4的篇幅对于优先受偿权问题作了较为详尽的规定，对权利行使的条件、受偿范围、保护期限、权利行使的限制等均予以明确，解决了司法实践中长期存在的困扰问题，从理论到实务完善和丰富了优先受偿权制度。

二、建设工程价款优先受偿权性质之学理争论

关于建设工程领域优先受偿权的性质，理论上存在留置权、优先权和法定抵押权之争。

1. 留置权说。该观点认为，优先受偿权属于留置权，《民法典》第807条扩大了留置财产的范围，“建设工程合同的债权人对不动产同样可以行使留

置权”。[1]《民法典》中规定的留置权标的物仅限于动产，不利于对债权人利益的充分保护，应扩大可留置财产的范围，如果发包人不按约定支付工程价款，承包人即可留置该工程，并以此优先受偿。同时，由于建设工程留置权不以占有建设工程为条件，除承包人外，还可以赋予分包商和材料供应商、建筑工人对工程的留置权，更好地有效解决工程款的层层拖欠问题。[2]

2. 法定抵押权说。该观点认为，优先受偿权在性质上属于一种法定抵押权。“优先受偿权作为一种不转移占有的担保物权，具有从属性、物上代位性和优先受偿性，符合抵押权的一般特点，从抵押权的概念分析，抵押权是指债权人对于债务人或者第三人不能移占而提供担保的财产，以其变价受偿优先清偿的权利，承建商的该种权利基本上与抵押权的概念相符。”[3] 有参与立法的学者对于优先受偿权制度的建立指出，从设计、起草、讨论、修改、审议直至正式通过，始终是指法定抵押权，只是考虑法律适用上的便利，才采用了直接规定其内容、效力以及实现方式的条文表述，而未直接使用“抵押权”之名。[4]

3. 优先权说。该观点认为，优先权是指特定的债权人依据法律规定而享有的就债务人的总财产或特定财产优先于其他债权人受偿的权利。优先权在性质上属于担保物权，它基于法律的直接规定产生，不允许当事人任意创设，无须登记公示，可以针对动产或不动产，不以占有标的物为成立要件，受偿顺序由法律直接规定。我国立法中类似的规定还有船舶优先权和民用航空器优先权等。因此，从立法体例上看，我国现行民事立法尚未将优先权作为一种独立的担保物权，只是在某些法律中赋予了特定债权优先受偿权。

笔者认同第三种观点，即优先受偿权在性质上应为法定优先权。理由如下：第一，《民法典》明确规定了留置权的标的物为动产，而优先受偿权的标

---

〔1〕 参见江平主编：《中华人民共和国合同法精解》，中国政法大学出版社 1999 年版，第 223 页。
〔2〕 参见王建东：《建设工程合同法律制度研究》，中国法制出版社 2004 年版，第 191 页。
〔3〕 参见吕伯涛主编：《适用合同法重大疑难问题研究》，人民法院出版社 2001 年版，第 282 ~ 284 页。
〔4〕 参见梁慧星：《合同法第 286 条的权利性质及其适用》，载《山西大学学报》（哲学社会科学版）2001 年第 3 期。

的物是不动产，且建设工程承包人在行使优先受偿权时大多已不再占有标的物，故不符合留置权的特点。第二，抵押权须由当事人以法律行为设立，并无法定抵押权的规定。抵押权能得到优先受偿的一个重要原因是出于对公示公信的保护，如果抵押权没有登记公示，则没有公信力可言，也不能对抗善意第三人，更谈不上优先受偿。而优先受偿权的成立无须当事人的意定，更无须经过登记程序。第三，最高人民法院的《优先受偿权批复》对优先受偿权性质为优先权也予以了肯定。根据该批复第 1 条的规定，建设工程的承包人的优先受偿权优于抵押权和其他债权；根据第 4 条的规定，建设工程承包人行使优先权的期限为 6 个月。“直接将建设工程优先受偿权表述为‘优先权’，可以认为是对建设工程优先受偿权性质的肯定”。[1]

三、建设工程价款优先受偿权之优先效力及限制

民事优先权，从功能上看，具有保障人权、实现公平和对经济弱者以特别保护、保护公共利益或共同利益、保护经济秩序和实现某种社会观念等功能。[2] 作为民事优先权的一种，建设工程价款优先受偿权的功能主要集中在优先受偿的效力，这也是实现优先权制度功能的基本保障。首先，建设工程是承包人劳动成果的物化，没有承包人的人力和物力投入，就没有实体的建筑物，其他权利尤其是物权就失去了存在的基础，因此，工程款债权在所有的利益位阶中是第一位的。[3] 其次，就权利的效力角度而言，优先受偿权具有优先性，优先受偿权不仅优于普通债权，也优于抵押权等担保物权。在与

---

〔1〕 参见杨永清：《〈最高人民法院关于建设工程价款优先受偿权问题的批复〉的理解与适用——兼谈与该权利有关的几个重要问题》，载曹建明主编，最高人民法院民事审判第一庭编：《民事审判指导与参考》（第 3 卷），法律出版社 2002 年版，第 93 ~ 94 页。

〔2〕 参见郭明瑞、仲相：《我国未来民法典中应当设立优先权制度》，载《中国法学》2004 年第 4 期。

〔3〕 参见王丹：《买卖双方均认可存在房屋买卖关系，但在诸多重要事实上存在疑点，人民法院应综合各种证据准确认定是否存在真实购房关系——宋宇与北京盛和发房地产开发有限公司、广东粤财投资控股有限公司、北京城乡建设集团有限责任公司商品房预售合同纠纷再审案》，载最高人民法院民事审判第一庭编：《民事审判指导与参考》（2012 年第 3 辑，总第 51 辑），人民法院出版社 2012 年版，第 225 页。

其他权利尤其是其他优先权发生冲突时，就标的物的变现款，优先受偿权优先于其他权利人而受清偿。

我们同时也应注意到，任何权利都不是绝对的，总有一定的限制，优先受偿权也不例外。从《民法典》及最高人民法院的司法解释来看，优先受偿权的行使限制体现在以下几方面：一是权利主体受限制，即仅限于同发包人直接发生施工合同关系的承包人；二是提出权利主张的时间受限制，即从发包人应付款之日起 6 个月，超过该时间期限，承包人不能再主张行使优先受偿权；三是受偿范围受限制，仅限于工程价款；四是实施对象受限制，即优先受偿权的行使不能超越公共利益，不能对抗生存权。例如，《优先受偿权批复》第 2 条明确规定，“消费者交付商品房的全部或者大部分款项后，承包人就该商品房享有的工程价款优先受偿权不得对抗买受人”，体现了最高人民法院保障人民群众基本生活与维护社会整体稳定的价值取向。在施工人的经营利益与消费者的生存利益发生权利冲突时，优先受偿权的优先效力受到限制，支付了全部或大部分购房款的消费者的权益具有第一优先顺序获得保护。

第二节 建设工程价款优先受偿权之行使规则

优先受偿权的行使，对涉及建设工程的各类债权的清偿顺位产生较大的影响，由于该权利的行使受当事人的合意及履行情况影响，且不履行权利登记及公示程序，在行使的权利主体、权利客体、债权范围、行使期限、主张方式等方面存在较大争议，在司法实践中亦存在以优先受偿权为由逃避债务的诉讼风险，有必要对其行使规则进行梳理。

一、行使条件——建设工程质量合格

《建设工程司法解释（二）》第 19 条规定：“建设工程质量合格，承包人请求其承建工程的价款就工程折价或者拍卖的价款优先受偿的，人民法院应予支持。”第 20 条规定：“未竣工的建设工程质量合格，承包人请求其承建工程的价款就其承建工程部分折价或者拍卖的价款优先受偿的，人民法院应予

支持。”这两条规定确立了行使优先受偿权须基于工程质量合格这一前提条件，体现了最高人民法院既确保工程质量合格又兼顾保护施工企业员工利益的政策考量。

（一）优先受偿权行使条件的基本规则

对优先受偿权行使条件的掌握，需注意以下三项基本规则：

1. 优先受偿权的行使仅限于建设工程施工合同

《建设工程司法解释（二）》第19条、第20条的规定突出了“承建”，有专门的指向和特定的含义，区别于《优先受偿权批复》中的“为建设工程……实际支出的费用”，因此不包括建设工程范畴内的勘察、设计合同。

2. 优先受偿权的行使不区分建设工程竣工与否

《优先受偿权批复》规定了优先受偿权的行使期间从“竣工之日”起算，由此带来的审判思维是“优先受偿权的行使仅限于已竣工的建设工程”，这在一定程度上危及了因种种主、客观原因而致建设工程未能竣工的承包人的合法权益保护，也有悖于设立这项制度的初衷。《建设工程司法解释（二）》第20条对这一问题统一了思路，即不再以建设工程竣工为行使前提，履行施工合同中途解除的在建工程，承包人也依法享有优先受偿权。

3. 建设工程质量合格是行使优先受偿权的关键

根据法律规定，承包人获得工程价款的前提是工程质量合格，如果工程质量不合格，承包人对发包人的工程债权也就不成立，优先受偿权也就失去了行使基础和前提。但需注意的是，这里所指的工程质量合格是以国家对于建设工程进行竣工验收合格的法定标准作为判断依据，而非以施工合同约定的质量标准作为判断依据。[1] 施工合同约定的质量标准可能高于或低于国家法定标准，而工程质量问题是国家的强制性要求，优先受偿权又是一项法定权利，故不能通过当事人自行约定标准的方式排除优先受偿权的适用。对于

〔1〕参见最高人民法院民事审判第一庭编著：《最高人民法院建设工程施工合同司法解释（二）理解与适用》，人民法院出版社2019年版，第407～408页。

工程质量符合国家强制性标准但不符合施工合同约定标准的，发包人可通过追究违约责任的方式要求承包人承担相应的民事责任。

（二）建设工程质量合格的无效施工合同权利人亦可行使优先受偿权

无效施工合同的权利人能否行使优先受偿权，最高人民法院在司法解释中对此没有明确。笔者对此持肯定观点，理由如下：

第一，从《建设工程司法解释（一）》《建设工程司法解释（二）》的立法精神来看，最高人民法院对于工程价款坚持了工程质量优于合同效力的原则。《建设工程司法解释（一）》第2条规定，建设工程施工合同无效，工程经竣工验收合格的，施工合同承包人仍可参照合同约定要求发包人支付工程价款。优先受偿权的权利基础源于工程价款债权，而工程价款原则上以工程质量合格为条件，在工程价款仍应支付、工程款债务仍需清偿的情况下，虽然施工合同无效，债权人的优先受偿权仍应得到支持。这既符合优先受偿权制度设计的目的，也考虑到承包人的人力、物力、财力已经物化于建筑工程的实际情况，《建设工程司法解释（一）》《建设工程司法解释（二）》对此问题的立法设计和价值取向在逻辑上是一致的。

第二，从解决发包人拖欠承包人、工人工资问题的立法目的出发，亦应对该权利予以保护。基于当下建筑市场违法违规行为的普遍，建设工程施工合同被认定无效占有很大比例，如果认定合同无效时，承包人不享有工程款的优先受偿权，则很难平衡双方当事人的利益，承包人处于不利地位，工程款债权很难实现，相对应的建筑施工企业员工的工资亦难以得到保护。此外，从行政管理角度，无论是工程招投标要求还是施工企业资质管理要求，其根本目的是要保证建设工程质量。[1] 因此，在工程质量合格的前提下，允许无效施工合同的权利人行使优先受偿权符合合同法创设这项制度的立法目的，也符合最高人民法院司法解释的立法精神。

---

〔1〕 参见潘军锋：《建设工程施工合同案件审判疑难问题研究》，载《法律适用》2014年第7期。

二、行使主体——与发包人建立直接合同关系的承包人

《建设工程司法解释（二）》第 17 条规定：“与发包人订立建设工程施工合同的承包人，根据合同法第二百八十六条规定请求其承建工程的价款就工程折价或者拍卖的价款优先受偿的，人民法院应予支持。”这个条文对于行使工程价款优先受偿权的主体进行了明确，也作了限制：一是建设工程不包括工程勘察和设计，故优先受偿权的主体范围不包括工程勘察、设计合同的承包人。二是与发包人没有直接合同关系的实际施工人无权行使优先受偿权，即优先受偿权的主体范围仅限于与发包人签订施工合同的相对方。

工程承包人这一概念的外延很宽泛，之前在长期的司法实践中困扰大家且争议很突出的问题就是挂靠施工及分包、转包施工中的实际施工人能否主张优先受偿权？各地法院对此的做法不一，争论很大。支持者的观点主要为：优先受偿权是基于工程款债权的存在而衍生出的特殊权利，现司法解释规定了允许分包人或实际施工人就其承建的工程部分要求发包人在欠付工程款范围内承担责任，作为工程款债权的衍生权利，也应该一并赋予分包人或实际施工人享有。如果不支持的话，在总承包人怠于向发包人行使权利时，将造成分包人或实际施工人的债权无法兑现，使其实际利益受损。而否定者的观点为：分包人或实际施工人与发包人不具有合同关系，虽然《建设工程司法解释（一）》第 26 条有限突破了合同相对性原则，但分包人和实际施工人的这一权利不能滥用和无限扩大。笔者认为，《建设工程司法解释（一）》对于合同相对性的突破仅限于工程价款范围，法律没有规定和授权工程价款优先受偿权亦可以突破合同相对性原则，对于这一诉讼法的基本原则我们还是要坚守并严格把握。

（一）主体资格的认定须严守合同相对性原则

对于承包人这一概念，《建设工程司法解释（二）》虽然延续了之前的表述，但对其身份地位作了严格限制，即根据合同相对性原则仅限于同发包人签订工程施工合同的承包人，未与发包人发生直接合同关系的实际施工人、

挂靠人等，不属于享有优先受偿权的承包人范畴。这里的承包人概念认定，根据合同相对性原则予以判断，因此，“如果发包人、总包人、实际施工人三方共同签订合同，那么总包人、分包人连带享有优先权”。[1]

对于不享有优先受偿权的实际施工人，如果发生总包人怠于行使优先受偿权而致实际施工人利益受损的情况，笔者认为，分包人或实际施工人可依据《民法典》第535条的规定，在发包人欠付工程价款范围内向发包人主张代位优先权，这样既可保护分包人及实际施工人的合法权益不受损害，又不违反法律规定。

（二）工程款债权的受让人也享有优先受偿权

承包人将工程价款债权转让时，优先受偿权能否一并转让？这也是司法实践中争议很大的问题，对于债权受让人能否行使优先受偿权，各地法院做法也不一致。有观点认为，建立优先受偿权制度的目的是保护施工者的利益，现承包人通过债权转让的方式获得了相应的对价，这种对价的实质就是工程价款，故承包人的利益已得到实现，债权受让人行使优先受偿权已缺乏法理基础。笔者对此持不同意见，笔者认为对于债权受让人行使优先受偿权应予支持。首先，建设工程标的物系由承包人的人力、物力、财力等物化而来，优先受偿权依附于建设工程标的物而存在。其次，优先受偿权所保护的是承包人的工程价款债权，即工程债权与建设工程标的物之间具有直接的对应性，该权利不具有人身依附性。最后，我国《民法典》第547条规定，除专属于债权人自身的从权利外，受让人可取得与受让债权有关的从权利。优先受偿权作为一种法定优先权，是具有担保性质的权利，依附于作为主债权的工程款债权，承包人将建设工程价款债权转让的，作为从权利的优先受偿权理应随之转让。上述理由亦可运用于发包人将建设工程转让后，承包人不管建设工程的受让主体是谁，均可以工程价款请求对被转让建设工程行使优先受

[1] 参见最高人民法院民事审判第一庭编著：《最高人民法院建设工程施工合同司法解释（二）理解与适用》，人民法院出版社2019年版，第370页。

偿权。

（三）因自身原因导致施工合同解除的承包人也享有优先受偿权

《建设工程司法解释（二）》第20条虽然仅规定了在建工程的承包人依法享有优先受偿权，但对于承包人作为导致施工合同解除的违约方是否仍享有优先受偿权，该条文未作规定。笔者认为，仅就该司法解释的规定精神来看，强调的还是已履行部分的工程质量问题，并未要求承包人享有优先受偿权的前提是对于建设工程未能竣工不存在过错，体现了生存权优于其他权利的立法精神。虽然承包人对建设工程未能竣工存有过错，导致施工合同被解除而给发包人带来损失，但发包人可以寻求由承包人承担相应违约、赔偿等民事责任的救济渠道解决。故在建设工程质量合格的情形下，赋予承包人优先受偿权符合司法解释的立法精神，也不侵害发包人的合法权益。

三、行使期限——应付建设工程价款之日起6个月

优先受偿权是没有公示而直接依法产生的权利，从交易安全角度出发，须对其限定权利行使期限。《优先受偿权批复》及《建设工程司法解释（二）》均明确，优先受偿权的行使期间为6个月。优先受偿权的权利性质属于形成权，6个月应为除斥期间，不存在中止、中断、延长的情形，也不允许当事人约定延长或缩短，如果承包人不及时行使优先受偿权，权利将消灭。

除斥期间的认定，涉及优先受偿权的灭失，故此，该6个月的除斥期间起算时间显得尤为重要。《建设工程司法解释（二）》第22条明确，优先受偿权的除斥期间应从发包人“应当给付建设工程价款之日”起算，这很好地解决了“以建设工程竣工日”作为起算点所带来的大量问题，有力地保护了承包人的合法利益。司法实践中，对于“应当给付建设工程价款之日”的认定，应把握以下几点：

第一，施工合同约定工程结算价款付款时间的，以约定的应付款日为起算日。对于已通过竣工验收的建设工程，施工合同关于相关结算、付款事宜有明确约定的，应以施工合同约定的工程竣工结算价款支付日作为除斥期间

的起算日。需要指出，在施工合同约定的工程结算价款给付日之前，工程价款债权的付款条件尚未成就，依附于工程价款债权的优先受偿权也未成立。按照施工合同约定的日期认定“工程价款应当给付之日”也是尊重当事人意思自治的体现。这里尚需注意的是，对于无效施工合同的处理，本着“参照合同约定支付工程价款”的原则，亦应按无效施工合同约定的付款日期作为认定“应当给付建设工程价款之日”的依据。

第二，施工合同未有约定的，以工程款支付条件成就之日为起算日。承包人行使优先受偿权，其前提之一是工程债权不存在法律障碍及事实障碍。施工合同对工程价款支付时间未作出约定或约定不明的，在建设工程已通过竣工验收的情况下，工程价款支付条件成就之日即工程债权成立之日，进一步而言，从支付条件成就日起发包人应承担欠付工程价款的利息，工程价款支付条件成就之日即“应当给付建设工程价款之日”。对于工程价款支付条件成就之日的认定，可作如下考虑：一是如果建设工程已实际交付的，以建设工程交付之日作为工程价款付款条件成就日；二是如果建设工程没有交付，但承包人已经提交了竣工结算资料，发包人未在约定期限或合理期限内答复，以承包人提交竣工结算资料日为工程价款付款条件成就日；三是建设工程没有交付，承包人也没有提交竣工结算资料的，工程价款结算条件没有成就，无法确定“应当给付建设工程价款之日”，在此情况下，人民法院通过审理确定了发包人应付工程价款的时间，以承包人起诉之日作为“应当给付建设工程价款之日”是最合理的选择。

第三，在建工程以施工合同解除日作为起算日。对于建设工程未实际竣工，建设工程施工合同提前解除或终止的，《建设工程司法解释（二）》第20条仅明确承包人在质量合格的前提下依旧享有优先受偿权，但对于权利行使的起算点没有作出相应的规定。对于在建工程，如果发包人与承包人就合同解除后的工程款结算另行达成合意，应尊重当事人的意思自治，以双方约定的工程价款支付时间作为认定优先受偿权除斥期间起算时间的依据。如果双方没有就合同解除的善后事宜达成一致，施工合同约定的付款日期也未届满，在此情况下，对于“应当给付建设工程价款之日”的确定应做深入研究。笔者认为，施工合同被提前解除或终止，就承包人的自我救济而言，迅速向发包人主张工程款并尽快解决善后事宜是其应尽的义务，如果其自身怠于追讨工程价款，则法律亦无对其保护的必要。故在此情况下，优先受偿权的行使期限，应从施工合同解除日起算，促使双方尽快解决纠纷，防止“半拉子工程”的久拖不决，这有利于社会和谐稳定，与目前各地法院的实际做法也是一致的。如《深圳市中级人民法院关于建设工程合同若干问题的指导意见》第29条规定：“在工程竣工验收合格前，建设工程合同被解除的，承包人对已完工程享有建设工程价款优先受偿权，承包人行使优先权的期限为六个月，自建设工程合同解除之日起计算。”

第四，双方协议延长付款期限，以变更后的付款期限届满日为认定依据。施工合同双方当事人通过补充协议的方式约定延长付款期限，在没有违反法律禁止性规定及侵犯他人合法权益的情况下，该约定应为合法有效，付款期限的延长与工程价款优先受偿权的行使期限向后顺延，两者是一致的，对双方当事人而言，也是公平的。值得提出的是，当事人双方就支付时间重新约定时，不得已经超过了6个月的除斥期间，如果双方当事人约定延长付款期限时已经超过法定期限，则承包人的优先受偿权已经消灭。而优先受偿权在性质上属于担保物权，它基于法律的直接规定产生，不允许当事人任意创设，更不能因双方的重新约定而产生新的具有排他性优先权的可能。

这里要着重注意的是，在6个月的除斥期间已过或接近届满的情况下，承包人与发包人频繁地通过协议或以法院调解书的方式变更合同约定，不断延长付款期限，对此优先受偿权的行使期限能否也随之不断地向后顺延？这需要我们在审理中作认真审查，尤其需查明双方协议延长付款期限背后的真正目的以确认该延长约定的效力。如前所述，优先受偿权优于抵押权和其他债权，承包人未在除斥期间行使该权利，会导致权利丧失，从而沦为一般债权人。实践中，发包人将在建工程进行抵押融资的现象比较常见，发包人由于资金周转困难等原因，未能按时还款，有可能被银行或其他债权人追诉至法院，要求实现抵押权。由于优先受偿权优于抵押权，如果发包人与承包人基于某种利益输送，通过协议或法院调解书将应付工程款的时间延后，由此使本已消灭的优先受偿权重新“复活”，以此抵抗金融机构或其他债权人的抵押权实现，客观上损害了抵押权人的合法利益。因此，司法实践中须从严认定变更付款时间的协议效力：一是要查明发包人欠付工程价款的事实是否真实，以及具体欠付的数额，防止双方签订虚假协议以对抗其他债权人。二是要审查延长付款期限的原因，查明是出于资金困难等原因导致付款不能还是存在钻法律空子恶意损害他人利益的故意。三是要审查建设工程项目的抵押登记情况以及融资借贷情况，从客观上判断延长付款期限是否存在侵害他人利益的可能。如果确实因客观原因导致付款不能，双方协商一致延长付款时间，也没有存在损害他人利益的情形，应认定双方变更付款时间的约定有效。反之，如果承、发包人双方为获取不当利益而恶意串通使第三人的合法权益遭受侵害，则仍应以原合同约定的付款日期作为应付工程价款之日并据此计算优先受偿权的除斥期间。

案例 27
优先受偿权行使期限应随付款期限的延长同步顺延
——协和公司和汉华公司建设工程施工合同纠纷案[1]

基本案情

再审申请人（一审原告、二审上诉人）：湖南协和建设有限公司（以下简称协和公司）

被申请人（一审被告、二审上诉人）：株洲市汉华房地产开发有限公司（以下简称汉华公司）

2009 年 7 月 28 日，协和公司与汉华公司签署《建设工程施工合同》，约定汉华公司将其“汉华国际商业城”项目发包给协和公司施工，合同价款约为 12,000 万元；合同另对竣工验收、保修责任、违约责任等进行了约定。

2009 年 10 月 26 日，双方当事人出于向有关部门备案等目的，签订了另

[1] 参见最高人民法院（2017）最高法民再 389 号民事判决书。

一份《建设工程施工合同（示范文本）》，该合同约定的工程合同价款为56,195,428.07元。2009年10月28日，双方又签订了《建设工程施工合同》（示范文本补充合同），该合同约定了工程承包范围、合同工期（2009年10月15日至2011年4月15日，共计548天）、合同价款142,000,000元等内容。

建设工程施工合同签署后，协和公司于2009年10月15日开工建设，2012年6月交付给汉华公司使用，根据株洲市建设工程竣工结算备案表记载，工程竣工日期为2012年8月8日。根据协和公司提交的《建设工程竣工档案（预）验收申请表》，记载竣工时间为2012年10月18日。株洲市建设工程竣工结算备案机关出具的证明证实工程竣工验收时间为2014年10月18日。

2013年10月29日，协和公司向汉华公司提交了工程结算书，要求进行工程结算，结算金额为2.029亿元。此后双方就工程结算进了长期的协商。2014年1月27日，协和公司、汉华公司签订了《竣工结算协议书》。之后，当事双方工作人员就结算有关事项进行了多次协商，双方工作人员在2014年2月18日汉华国际商业城工程竣工决算会议和2014年3月1日汉华国际商业城工程竣工决算碰头会议相关文件上签字。

2014年10月10日，协和公司作为乙方，汉华公司作为甲方双方签订了协议书，该协议约定：（1）乙方为了配合甲方组织的审计事务所作出的汉华国际工程竣工结算最终审计报告书，甲乙双方派出的结算人员于2014年10月11日到甲方办公室配合甲方的审计工作，直到审计部门2014年11月13日出具竣工结算最终审计报告书为止。（2）甲方已付工程款14,200万元（实际付款多少，以甲乙双方实际核对到账金额为准），余下款项待竣工结算最终审计报告书经甲乙双方签字盖章确认后，甲方应当在3个月内付清。同时，甲方对于逾期支付给乙方的相应款项，甲方仍应当按照2009年7月28日双方签订的《建设工程施工合同》中的约定承担资金占有费、违约金和办理竣工结算，或者甲方同意将“株洲汉华国际商业城”项目中正负零以下的全部地下室（共三层）永久归乙方所有（使用），并由乙方自由处置（甲方配合办理有关手续），乙方对本工程中结算款有优先受偿权。

2014 年 10 月 11 日，汉华公司出具了《承诺书》，承诺将所有应支付的工程款和工程结算款均应付至协和公司指定的银行账号上，不得另行支付给其他任何单位和个人，如果汉华公司没有将工程款和工程结算款支付到协和公司指定的银行账号上，协和公司有权不予认可该笔款项，如果给协和公司造成了经济损失，均由汉华公司负责承担……“株洲汉华国际商业城”项目的工程款和工程结算款，协和公司享有优先受偿权。

2014 年 10 月 23 日，发包单位即汉华公司、承包单位即协和公司、审核单位株洲公正项目咨询有限公司在建设工程结算审核定案表进行了盖章，该表上显示：工程项目名称为汉华国际商业城，送审造价 202, 906, 080. 58 元、最终审核造价为 175, 163, 712. 65 元。2014 年 10 月 24 日，当事双方签订工程款结算协议书，该协议约定工程中标及注册造价 12, 000 万元，工程结算造价 17, 516 万元，工程款已付 16, 641 万元，工程未付款 875 万元左右，协议余款支付确定日期为 2015 年 1 月 27 日。同日。汉华公司向协和公司出具了欠条，该欠条写明：“2014 年 10 月 24 日我公司株洲市汉华房地产开发有限公司（以下简称汉华公司）与湖南协和建设有限公司（以下简称协和公司）在工程款结算协议书中确认的工程结算款为 17, 516 万元，其中已付工程款为 16, 641 万元、未付工程款为 875 万元……我公司于 2015 年 1 月 27 日之前将拖欠的上述工程款支付给协和公司，并且我公司拖欠协和公司的上述工程款，协和公司有优先受偿权。未尽事宜，以双方 2009 年 7 月 28 日签订的合同为准。”

2014 年 11 月 4 日，株洲市建设工程造价管理站在《株洲市建设工程竣工结算备案表》加盖了公章；2014 年 12 月 10 日，备案机关在《株洲市建设工程竣工验收备案表》出具同意备案的意见。

因催款未果，协和公司向湖南省株洲市中级人民法院提起诉讼，请求：（1）判令汉华公司支付未付的工程款 33, 160, 000 元；（2）判令汉华公司支付质保金和定金的违约金共计 2, 617, 432. 79 元；（3）判令汉华公司支付延期支付工程款、工程结算款的资金占用费 24, 317, 333. 3 元；（4）判令汉华公司支付项目管理费 230, 000 元；（5）判令协和公司就汉华公司拖欠的工程款对“汉华国际商业城”建设工程折价或拍卖的价款享有优先受偿权。

法院裁判

一审法院认为，涉案工程建设工程竣工档案（预）验收申请表记载竣工时间为2012年10月18日，应当以该日期作为协和公司主张优先受偿权的起算时间，故协议公司主张优先受偿权超过法定期限。工程造价应按照履行过程中的审定单以及汉华公司出具的欠条为依据。

一审判决：(1) 汉华公司支付工程款29,029,152.56元给协和公司；(2) 汉华公司支付以本金29,029,152.56元，按照月息2%的标准计算自2015年1月28日起至实际还款之日止的利息给协和公司；(3) 汉华公司支付项目管理费230,000元给协和公司；(4) 驳回协和公司其他的诉讼请求。

协和公司和汉华公司均不服一审判决，分别向湖南省高级人民法院提起上诉。

协和公司上诉称，原审法院未支持协和公司的优先受偿权主张不当，对利息起算日和违约金部分的处理也不当，故请求二审法院：(1) 撤销一审判决第2项，改判汉华公司在判决生效后15日内支付以本金29,029,152.56元按照月息2%计算自2012年10月18日起至实际还款日之止的利息；(2) 判令汉华公司支付延期退还定金和质量保证金的违约金2,617,432.79元；(3) 确认协和公司就“汉华国际商业城”建设工程折价或拍卖的价款享有优先受偿权。

汉华公司上诉称，原审法院对工程造价认定有误，请求二审依法进行改判。

二审法院认为，关于协和公司对本案工程折价或拍卖价款是否具有优先受偿权。《优先受偿权批复》第4条规定：“建设工程承包人行使优先受偿权的期限为六个月，自建设工程竣工之日或者建设工程合同约定的竣工之日起计算。”经查，本案工程2012年10月18日竣工，2014年9月23日办理竣工验收备案，2014年10月24日办理竣工结算备案。工程竣工日期虽为2012年10月18日，但之后6个月期限内双方并未办理工程结算，双方结算价款不明，协和公司此时主张建设工程优先受偿权的时机不成就。2014 年 10 月 24 日工程虽办理竣工结算备案，但双方结算协议约定欠付款于 2015 年 1 月 27 日之前付清，在该约定付款期限到达前，双方纠纷尚未发生，协和公司不行使建设工程优先受偿权合乎情理。时至本案立案时 2015 年 7 月 29 日，协和公司行使建设工程优先受偿权，已超过法律规定的 6 个月保护期限，协和公司优先受偿权时效消灭。

二审判决：驳回上诉，维持原判。

协和公司不服二审判决，向最高人民法院申请再审，要求确认其对涉案工程享有优先受偿权。

再审认为：(1) 本案优先受偿权的保护期限应从 2015 年 1 月 28 日开始起算。理由如下：建设工程优先受偿的对象是工程折价或者拍卖价款，而工程需折价或者拍卖的前提是发包人逾期不支付工程价款。当发包人支付工程价款已届履行期时，承包人通过诉讼要求支付工程款才可能得到支持，并相应主张优先受偿权才有意义，故建设工程优先受偿权宜从发包人应付工程款期间届满之日起算。在认定该优先受偿权的行使期限时，应当尊重当事人之间关于支付工程价款期限的约定，优先受偿权行使期限的起算点，不应早于当事人之间约定的工程价款支付期限，以保证实现该优先权权能。本案中，汉华公司在再审审理中提出的从 2012 年 10 月 18 日开始起算优先受偿权期限的抗辩主张，本院不予支持。(2) 关于协和公司提出优先受偿权主张的时间如何认定的问题。湖南省高级人民法院认为优先受偿权须向相对方提出，审判机关不是其权利的行使对象，属于对法律规定的错误理解，本院予以纠正。原审查明，协和公司于 2015 年 5 月 15 日向株洲市中级人民法院提交起诉状，主张欠付工程款及优先受偿权。因协和公司无力缴纳诉讼费，其降低了诉讼请求标的额并重新提交起诉状后，株洲市中级人民法院于 2015 年 7 月 29 日予以立案。虽然本案一审立案时间是 2015 年 7 月 29 日，但协和公司第一次提交起诉状的时间是 2015 年 5 月 15 日，在株洲市中级人民法院对协和公司第一次提交起诉状未作处理的情形下，应认定协和公司后面提交的起诉状是对之前起诉状的变更，其通过起诉主张权利的效力处于延续状态，故本案应认定协和公司提起优先受偿权主张的时间是2015年5月15日。该时间点未超过优先受偿权保护期限。

再审判决：(1) 撤销湖南省高级人民法院二审判决；(2) 维持株洲市中级人民法院一审判决第2项、第3项、第4项；(3) 变更株洲市中级人民法院一审判决第1项为：汉华公司支付协和公司工程款29,029,152.56元，协和公司就该工程款对“汉华国际商业城”建设工程折价或者拍卖的价款享有优先受偿权。

案例评析

本案涉及的法律问题是当事人协议延长付款期限的情形下，工程款优先受偿权的除斥期间起算时间能否同步顺延。

《优先受偿权批复》及《建设工程司法解释(二)》均明确，优先受偿权的行使期间为6个月。优先受偿权的权利性质属于形成权，6个月应为除斥期间，如果承包人不及时行使优先受偿权，权利将消灭。因此，对于该6个月的除斥期间起算时间显得尤为重要。《建设工程司法解释(二)》第22条明确，优先受偿权的除斥期间应从发包人“应当给付建设工程价款之日”起算，司法实践中对于双方当事人协议延长付款期限，相对应的优先受偿权6个月的除斥期间是否同时顺延，法律对此没有相应的规定。笔者认为，工程价款支付期限属双方可以协商的范畴，当事人通过补充协议的方式约定延长付款期限，在没有违反法律禁止性规定及侵犯他人合法权益的情况下，该约定应为合法有效。根据优先受偿权行使期间的计算规则，“应当给付建设工程价款之日”的延长也导致了优先受偿权的行使期限向后顺延，两者在逻辑上是一致的，对双方当事人而言，也是公平的。实践中需要注意的是，这种约定不能在发包人欠付工程价款超过6个月的法定期限后进行，因为此时承包人的优先受偿权已经消灭，不能再通过协议约定的方式重新取得。另外，由于优先受偿权优于抵押权，实践中需防止当事人通过延长付款期限的方式侵害第三人的合法权益，尤其是发包人的其他债权人的抵押权。

本案中，本案双方当事人虽于2014年10月24日工程办理了竣工结算备案，但发包人于该日向协和公司出具欠条，确认实际拖欠工程款3316万元，承诺于2015年1月27日之前完成支付，并在欠条中载明协和公司就拖欠的工程款享有优先受偿权。通过数次协商，双方对于应付工程价款的时间约定延长至2015年1月27日，在无证据证明双方存在恶意串通侵害案外人利益的情形下，本案优先受偿权除斥期间的起算时间宜应顺延至2015年1月28日，至2015年7月27日止。本案中尚需注意的是，优先受偿权的主张并不以法院立案作为标准，承包人于2015年5月15日向一审法院提交起诉状，主张了欠付工程款及优先受偿权，应视为其已在除斥期间内行使了优先受偿权，该主张时间并未超出除斥期间。应当说，最高人民法院的这一判例对于优先受偿权行使方式的认定给我们启发了思路，指明了方向。

四、保护范围——仅限于建设工程价款

对于优先受偿权的保护范围，《建设工程司法解释（二）》第21条修改了2002年《优先受偿权批复》的意见，将“承包人为建设工程应当支付的工作人员报酬、材料款等实际支出的费用”修改为“依照国务院有关行政主管部门关于建设工程价款范围的规定确定”，该规定明确了工程价款优先受偿权的保护范围限定在建设工程价款范畴，排除了工程款利息、违约金及损害赔偿金的适用。国务院有关行政主管部门关于建设工程价款范围的规定，从现有生效的行政法规来看，主要依据为住建部、财政部印发的《建筑安装工程费用项目组成》，该规章第1条第1款规定，建筑安装工程费用项目按费用构成要素组成划分为人工费、材料费、施工机具费、企业管理费、利润、规费和税金，因此，对于承包人主张优先受偿权的保护范围应从前述规定予以综合认定，司法实践中若通过司法鉴定确定工程造价，应结合前述规定的建设工程费用组成比对司法鉴定报告确定优先受偿权的行使范围；若双方通过自行协商达成结算协议，则应审查该工程结算款是否包括欠付款利息、垫资款利息、违约金或赔偿金，若有，应在优先受偿范围内予以排除。

司法实践中，对于优先受偿权的保护范围尚需注意以下几个问题：

第一，承包人主张优先受偿权的前提之一是发包人未按约支付建设工程价款。故优先受偿权中的建设工程价款应当是确定的、实际发生的且已届清偿期的建设工程价款，尚未实际发生或不确定的建设工程价款，不应在优先受偿权中主张。

第二，质量保修金是指发包人与承包人在建设工程承包合同中约定，从应付工程款中预留，用以保证承包人在缺陷责任期内对建设工程出现的缺陷进行维修的资金，因此质量保修金属于建设工程价款的范畴，应当属于优先受偿权的保护范围。

第三，履约保证金是工程发包人为防止承包人在合同履行过程中违反合同约定，并弥补发包人因此造成的损失而要求承包人交纳的一定数目的金钱。发包人不得将履约保证金挪作他用，并在工程竣工验收后退还给承包人。可见，履约保证金只是一种债的担保方式，不属于工程款范畴，承包人享有的只是一种返还请求权，故不能就此享有优先受偿的权利。

五、行使方式——诉讼及协议

我国法律未明确规定工程款优先受偿权的行使方式，《民法典》第 807 条规定的优先受偿权的实现方式是对建设工程协议折价或申请法院拍卖，据此对优先受偿权的行使方式可以确定为诉讼及协议两种方式。

第一，实践中，诉讼是最常见的也是被大众所接受的行使方式，一般而言，由承包人单独或在工程款诉讼中一并提起优先受偿权确认之诉。《建设工程司法解释（二）》第 17 条、第 19 条、第 20 条对此也赋予了承包人行使优先受偿权的实现方式，即对于承包人请求就其承建工程部分折价或者拍卖的价款优先受偿的，人民法院应予支持。

第二，承包人与发包人通过协商一致将工程折价以支付工程价款，也是承包人行使优先受偿权的一种方式。《合同法》第 286 条规定，“……承包人可以与发包人协议将该工程折价，也可以……建设工程的价款就该工程折价或者拍卖的价款优先受偿”，该规定“赋予承包人通过与发包人协议将工程折价使工程价款得以优先受偿的权利，确定了折价协议具有对抗其他债权人的法律效力，这种方式一般不存在程序问题”。[1]

优先受偿权的行使方式除通过诉讼、仲裁或协议方式外，是否可通过书面函件的方式进行主张，并无明确的规定，在司法实践中引起了很大的争议。有观点认为，无论承包人是否主张，只要超过6个月期限，优先受偿权消灭，再无权申请法院将工程拍卖。[2] 从最高人民法院对此的观点来看，也是一直摇摆不定的。在《最高人民法院关于审理建设工程施工合同纠纷案件适用法律若干问题的解释（征求意见稿）》及《最高人民法院关于审理建设工程施工合同纠纷案件适用法律若干问题的解释（二）（征求意见稿）》[3] 中，对优先受偿权的行使方式明确界定可以以书面形式进行，但遗憾的是，在正式颁布的两部司法解释文件中均删除了这一规定。在最高人民法院作出的生效判决相关案例中，存在既有明确“行使优先受偿权必须以诉讼方式行使”,[4] 又有认可“行使优先受偿权可以书面发函或工作联系单的方式行使”[5] 的不同裁判思路。

笔者认为，承包人可以通过书面函告的方式主张优先受偿权，理由如下：一是我国法律对于优先受偿权的行使方式没有作出禁止性规定，更没有强调该行使方式仅限于诉讼。根据“法无禁止皆可为”的原则，应当认可权利人以函告的形式进行主张。二是以函告的方式行使可以减少当事人的成本和诉累，有利于保护承包人的利益。从实践看，建设工程案件一般涉及金额较大，

---

〔1〕 参见王建东：《评〈合同法〉第286条》，载《中国法学》2003年第2期。

〔2〕 参见邬砚：《建设工程合同纠纷254个裁判规则深度解析》，法律出版社2019年版，第268页。

〔3〕 2003年12月《最高人民法院关于审理建设工程施工合同纠纷案件适用法律若干问题的解释（征求意见稿）》第17条规定：“承包方主张以承建工程折价或拍卖的价款优先受偿的，应向发包方催告，催告履行的合理期限应不少于1个月，以发包方收到催告通知之次日起算，催告应当采用书面形式。”2017年7月，《最高人民法院关于审理建设工程施工合同纠纷案件适用法律若干问题的解释（二）》（征求意见稿）第32条规定：“承包人主张优先受偿权的，应向发包人书面催告。建设工程施工合同没有约定催告履行合理期限的，催告履行的合理期限应不少于一个月，自发包人收到催告通知之次日起算。”第34条规定：“承包人行使优先受偿权的期限为一年，自承包人催告发包人给付工程价款期间届满之日起算；承包人未履行催告义务的，以发包人应当给付工程价款之日起算。另一种意见：承包人行使优先受偿权期限为六个月，自发包人应当给付工程价款之日起算。”

〔4〕 参见（2017）最高法民再字第389号民事判决书。

〔5〕 参见（2018）最高法民再字第84号民事判决书。

且经常涉及鉴定评估等程序，经济成本、时间成本均非常高，如果必须通过诉讼或仲裁方式解决，无疑会给承包人带来巨大的经济负担，同时承包人的权利实现需要漫长的等待，与设立优先受偿权制度的初衷背离。反之，如果明确认可承包人可以通过书面函告的方式主张优先受偿权，承包人可以以非常小的成本和代价保护自身合法权益，更有利于立法目的的实现，丰富权利保护的方式。[1] 三是具有相应立法例予以佐证。根据《最高人民法院关于适用〈中华人民共和国担保法〉若干问题的解释》第34条第2款的规定，“连带责任保证的债权人在保证期间届满前要求保证人承担保证责任的，从债权人要求保证人承担保证责任之日起。开始计算保证合同的诉讼时效”。这一条文的立法精神在法理上同样可以适用于优先受偿权。这里需要我们正确理解并适用除斥期间和诉讼时效期间的转换，笔者认为承包人在6个月的除斥期间内对发包人以书面函告方式主张了优先受偿权且遭到拒绝，则该权利的除斥期间结束，相应的诉讼时效制度开始发生作用，此时承包人的胜诉权受诉讼时效期间制约，法院应按《民法典》关于诉讼时效制度的规定审查承包人自主张优先受偿权遭到发包人拒绝时至提起诉讼时的时间段是否已超过诉讼时效期间，而不应单纯以诉讼方式来评判承包人是否失权，是否超出6个月的除斥期间。

案例28

通过发函的形式主张优先受偿权，应当认定承包人行使了权利

——昆明二建公司与北京信托公司等第三人撤销之诉纠纷案[2]

基本案情

再审申请人（一审被告、二审上诉人）：昆明二建建设（集团）有限公

[1] 参见陈东强：《建设工程价款优先受偿权的行使与规制》，载《山东法官培训学院学报》2018年第5期。

[2] 参见最高人民法院（2018）最高法民再字第84号民事判决书。

司（以下简称昆明二建公司）

被申请人（一审原告、二审被上诉人）：北京国际信托有限公司（以下简称北京信托公司）

原审被告：云南金冠源房地产开发有限公司（以下简称金冠源公司）

2014年2月19日北京信托公司与金冠源公司签订了《信托贷款合同》及其《补充协议》，约定由北京信托公司向金冠源公司提供总金额不超过人民币5000万元的信托贷款。同时，北京信托公司与金冠源公司签订了《在建工程抵押合同》及其《补充协议》，约定用金冠源公司溪谷雅苑项目中未销售部分264套房屋提供抵押担保。之后，北京信托公司向金冠源公司发放了人民币42,450,000元的信托贷款。截至2015年2月28日，金冠源公司尚欠信托贷款本金人民币37,998,328.77元，欠贷款利息人民币47,250.01元以及罚息和复息等费用。为此，北京信托公司向云南省昆明市真元公证处申请公证“签发执行证书”，云南省昆明市真元公证处于2015年3月17日作出了（2015）云昆真元证执字第2号公证书。北京信托公司依据该公证书向云南省昆明市中级人民法院（以下简称昆明中院）申请执行，昆明中院即对溪谷雅苑项目中未销售部分的238套房屋予以查封。

昆明二建公司与金冠源公司于2011年8月签订了《建设工程施工合同》，约定由昆明二建公司承建位于龙泉路溪谷雅苑小区的土建、水电安装部分的工程，建筑面积为128,063.29平方米，合同总价款为人民币1.38亿元。后经协商，双方对合同工期进行了调整，将工期延长至2013年6月10日。昆明二建公司于2013年5月底完成了溪谷雅苑小区工程，于2013年6月15日将溪谷雅苑小区工程移交给了金冠源公司。金冠源公司在接收了该工程后，未按合同约定与昆明二建公司进行结算，昆明二建公司分别于2013年11月26日、2014年9月10日向金冠源公司发出催告函，要求金冠源公司与昆明二建公司进行结算。金冠源公司均收到了催告函，并于2013年11月28日向昆明二建公司出具了关于溪谷雅苑小区工程款结算支付事宜的协商意见（以下简称协商意见），表示会在两个月内与昆明二建公司进行结算，并认可昆明二建公司对溪谷雅苑小区工程享有优先受偿权，但金冠源公司仍未在此期限内与昆明二建公司进行结算。后昆明二建公司与金冠源公司于2015年6月22日达成了谅解备忘录，约定金冠源公司认可昆明二建公司享有对溪谷雅苑小区工程价款的优先受偿权，若溪谷雅苑小区项目的房产、铺面、车位被查封或受限制的房产、铺面、车位得以解封，则金冠源公司同意昆明二建公司有权向相关机关主张优先权，通过将房产、铺面、车位处理后优先受偿所欠付工程款，金冠源公司承诺尽量在3个月内作出工程结算，昆明二建公司承诺不予追究金冠源公司任何逾期结算及逾期支付工程款等违约责任。后双方于2015年8月28日对溪谷雅苑小区工程进行了结算，工程总价款为人民币125,109,234.25元。在此期间，金冠源公司以其他方式支付昆明二建公司工程款人民币93,485,415.76元。

昆明二建公司以金冠源公司拖欠工程款为由于2016年1月18日诉至昆明中院，请求金冠源公司支付所欠工程款人民币31,623,818.49元及对溪谷雅苑小区工程在金冠源公司所欠付工程价款范围内享有优先受偿权。昆明中院于2016年5月16日作出（2016）云01民初57号民事判决，判令金冠源公司支付昆明二建公司工程款人民币31,623,818.49元；昆明二建公司在人民币31,623,818.49元范围内对溪谷雅苑小区工程就该工程折价或拍卖的价款享有优先受偿权。

现北京信托公司向昆明中院提起诉讼，请求依法撤销昆明中院（2016）云01民初57号民事判决第2项，即昆明二建公司在人民币31,623,818.4元范围内对溪谷雅苑小区项目工程就该工程折价或拍卖的价款享有优先受偿权。

法院裁判

一审法院认为，依照法律规定，建设工程承包人享有优先受偿权的权利，该权利应当在法律规定的6个月内行使。行使优先受偿权的方式有两种，即当事人协商将工程折价和申请人民法院将该工程依法拍卖。结合本案查明的事实，昆明二建公司于2013年5月底完成了溪谷雅苑小区工程，于2013年6月15日将溪谷雅苑小区工程移交给了金冠源公司。金冠源公司在接收了该工程后，未按合同约定支付工程款，为此，昆明二建公司于2013年11月26日向金冠源公司发出催告函，要求金冠源公司与昆明二建公司进行结算，并支付工程款。同时，该催告函也载明昆明二建公司对溪谷雅苑小区工程款享有优先受偿权。也就是说，昆明二建公司在6个月内仅系明确和声明自身享有法定优先受偿权。但享有民事权利和行使民事权利是不同的概念。民事权利的行使是指权利人为实现自己的权利实施一定的行为，民事权利行使是通过法律行为使自己的民事权利得到实现。行使建设工程价款优先受偿权的方式，依据《合同法》第286条[1]的规定，发包人逾期不支付的，除按照建设工程的性质不宜折价、拍卖的以外，承包人可以与发包人协议将该工程折价，也可以申请人民法院将该工程依法拍卖。本案中，昆明二建公司在2013年11月26日向金冠源公司发的催告函及其他证据仅是证明其声明自身享有建设工程价款优先受偿权，但双方当事人并未对溪谷雅苑小区工程价款是否折价进行过协商，即不符合民事权利行使的实施方式。同时，昆明二建公司也未向人民法院申请拍卖以抵工程款。2016年1月18日，昆明二建公司向昆明中院起诉，要求金冠源公司支付工程款和享有建设工程价款优先受偿权时，昆明二建公司作为承包人对溪谷雅苑小区工程价款享有优先受偿权已经超过6个月的除斥期，其丧失了对溪谷雅苑小区工程就该工程折价或拍卖的价款享有优先受偿权。

一审法院判决：撤销昆明中院（2016）云01民初57号民事判决第2项，即昆明二建公司在人民币31,623,818.49元范围内对溪谷雅苑小区项目工程就该工程折价或拍卖的价款享有优先受偿权。

昆明二建公司不服一审判决，向云南省高级人民法院（以下简称云南高院）提起上诉，请求撤销昆明中院（2016）云01民撤7号民事判决，维持昆明中院（2016）云01民初57号民事判决。

二审法院认为，根据《合同法》第286条[2]的规定，承包人主张建设工

---

[1] 《合同法》已废止，该条已更改为《民法典》第807条。

[2] 《合同法》已废止，该条已更改为《民法典》第807条。

程优先受偿权的方式有两种，一是与发包人协议将工程折价，二是申请人民法院将工程拍卖，建设工程的价款就该工程折价或者拍卖的价款优先受偿。同时，根据《优先受偿权批复》第4条“建设工程承包人行使优先权的期限为六个月，自建设工程竣工之日或者建设工程合同约定的竣工之日起计算”的规定，本案中，昆明二建公司一审提交的工程竣工验收证明书证明涉案工程于2013年6月7日竣工。故昆明二建公司行使优先受偿权的除斥期间应为2013年6月7日至12月6日。该期间为不变期间，不适用中止、中断或延长的规定。而昆明二建公司向一审法院提起对案涉工程享有优先受偿权诉讼的时间是2016年1月18日，此时已超过了前述法律规定的承包人主张享有建设工程优先受偿权的6个月的除斥期间，故昆明二建公司已丧失对涉案工程享有的优先受偿权。

二审法院判决：驳回上诉，维持原判。

昆明二建公司不服二审判决，向最高人民法院申请再审。

最高人民法院再审认为，承包人享有的建设工程优先受偿权系法定权利，不需要经法院确认即享有。本案所涉溪谷雅苑项目工程于2013年6月7日竣工，金冠源公司未按照合同约定与昆明二建公司进行结算。昆明二建公司于2013年11月26日向金冠源公司发出催告函，要求金冠源公司尽快结算并声明享有建设工程价款优先受偿权，而金冠源公司也于2013年11月28日向昆明二建公司出具协商意见，表示会在两个月内进行结算，并认可昆明二建公司对溪谷雅苑小区工程享有优先受偿权。昆明二建公司行使案涉建设工程价款优先受偿权，符合《优先受偿权批复》第4条关于“建设工程承包人行使优先权的期限为六个月，自建设工程竣工之日或者建设工程合同约定的竣工之日起计算”之规定。原一审、二审判决关于昆明二建公司发函仅主张享有优先受偿权，而没有行使优先受偿权，起诉主张案涉工程享有优先受偿权已经超过了除斥期间的认定确有错误，本院予以纠正。

再审判决：(1) 撤销云南高院二审判决；(2) 撤销昆明中院一审判决；(3) 驳回北京信托公司诉讼请求。

案例评析

本案例涉及承包人能否以发函方式行使建设工程优先受偿权这一法律问题。

《民法典》第807条规定了当事人可以通过对建设工程协议折价或申请法院拍卖的方式实现其建设工程价款优先受偿权，故一般而言，优先受偿权的行使方式可以确定为诉讼及协议两种方式。除此之外，承包人能否通过书面函件的方式主张优先受偿权，法律并无明确的规定，在司法实践中引起了很大的争议。最高人民法院这一判例给我们的审判实践打开了思路，指明了方向。

我国法律对于优先受偿权的行使方式没有强调仅限于诉讼和折价，根据“法无禁止皆可为”的原则，应当认可权利人以函告的形式主张优先受偿权。从工程实务来看，建设工程施工合同案件一般标的额较大，且经常涉及鉴定评估等程序，经济成本、时间成本均非常高，如果必须通过诉讼或仲裁方式解决，无疑会给承包人带来巨大的经济负担，同时承包人的权利实现需要漫长的等待，与建设工程价款优先受偿权的初衷相悖。而以函告的方式行使优先受偿权可以减少当事人的成本和讼累，有利于保护承包人的利益，丰富权利保护的方式。

本案所涉的建设工程于2013年6月7日竣工，承包人于2013年11月26日向发包人发出催告函，要求发包人尽快结算并声明享有建设工程价款优先受偿权，而发包人也于2013年11月28日出具协商意见，认可了承包人对建设工程享有优先受偿权，因此，承包人已于除斥期间内通过发函的形式主张了权利，最高人民法院的终审判决确认了承包人以发函的形式向发包人主张优先受偿权应视为其已经行使了优先受偿权，故承包人的工程款债权应优于其他债权得到受偿。

六、权利限制——性质上不宜折价、拍卖的建设工程

任何权利的行使都是相对的，没有不受限制的绝对权利，承包人的优先

受偿权亦是如此。《民法典》及《建设工程司法解释（二）》对承包人的优先受偿权的实现方式规定为就工程折价或拍卖款优先受偿，建设工程优先受偿的对象为可折价、拍卖的工程，而对性质上不宜折价、拍卖的工程则无法享有优先受偿权。[1] 优先受偿权在权利实现时受到一定的限制，这一问题在司法实践中尤需引起大家重视，否则将造成生效判决无法执行。虽然《建设工程司法解释（二）》正式发布时取消了对性质上不宜折价和拍卖工程的规定，但综合建设工程的性质、法律规定及司法实践中暴露出的问题来看，不宜折价、拍卖的工程主要集中在涉及社会公益的工程、严重影响整体功能及完整性的工程、消费者已支付了全部或部分购房款的商品房工程、动迁安置房工程、质量不合格且无法修复的建设工程及违法建筑等。

（一）政府、军事等涉及公共利益的职能设施及学校、医院等社会公益设施不宜折价或拍卖

公益优先是我国立法与司法应遵循的一项基本价值取向，对承包人的工程价款优先保护只能是相对的，不能超越公共或公益目标。故承包人所承建工程是涉及公共利益的建筑设施，其主张对该建筑工程进行折价或拍卖并享受优先受偿权的，应不予支持。

但是从承包人合法利益保护及利益平衡角度考量，我们也应该注意到公共利益的范围是模糊不清的，应当从严解释“不宜折价、拍卖”，避免对公共利益作扩大化理解。司法实践中，对于涉及公共利益及公益设施的纠纷处理，可以从下面两方面考虑，以平衡双方利益：

第一，发包人虽为承担公共职能的机构，但建设工程非为实现公共利益目标所必须者，不能认为是不宜折价或拍卖的，如职工宿舍、商业经营用房等；或者虽与公共利益有牵连，但权属转移不影响公共目标实现的建设工程，也不能认为不宜折价或拍卖，如作为地下停车库使用的人防工程。最高人民

---

〔1〕参见最高人民法院民事审判第一庭编著：《最高人民法院建设工程施工合同司法解释（二）理解与适用》，人民法院出版社2019年版，第403页。

法院（2014）民一终字第61号民事判决书认为“人防工程只是对相关建筑工程在战时及紧急状态下确保能够发挥特定用途有特别要求，但其经济价值和可交易属性是应当受到法律保护的”，这一裁判思路可以供我们参考使用。

第二，如不宜折价拍卖的建设工程能够产生其他收益，可以将该收益作为对工程折价或拍卖款的替代物，进而承认承包人对工程收益的优先受偿权，类似学校、医院、博物馆等公共机构的运营利润也可能成为承包人优先受偿的对象。

（二）严重影响建设项目整体功能及完整性的工程不宜折价或拍卖

一个建设工程项目的开发、建设并投入使用，往往需要由许多相互关联的子项目配套构成一个系统，其中某些配套工程的缺失会影响整个建设项目功能的实现。而在工程实务中，由于工程量大、投资高，整个工程项目的施工建设往往分标段进行，存在相互独立的数份施工合同并由不同的承包人进行施工建设。在此情形下，承包人不能单独就其承建的建设工程行使优先受偿权。一是客观上无法进行折价或拍卖。作为整体工程的一部分，承包人所承建的建设工程不具有独立性甚至不具备独立的权属登记，现实中也无法将其从整体工程中切割出来，故缺乏进行折价或评估拍卖的基础。二是一些相对独立并具备权属登记条件的建设项目，由于处于建设项目的整体规划中，也不具备独立的使用功能，客观上也无法进行折价或拍卖而实现承包人的优先受偿权，比如厂区内作为食堂使用功能的建筑物，具备单独进行产权登记的条件，也独立于其他建设工程，但该建设工程的规划定位、地理位置等均限制了对其进行折价或拍卖。三是从承包人的工程价款债权数额占整个建设项目价值的比例看，法律也不允许基于对承包人优先受偿权的保护而将整体建设工程进行折价或拍卖。承包人仅对整个建设项目中的一部分工程进行了施工，其享有的工程价款债权在整个建设项目中所占的比重并不高，在此情况下对整个建设项目进行折价或拍卖，显然是不妥的。四是就社会资源的有效配置和利用而言，也不宜进行折价或拍卖。如果单独对承包人承建工程进行折价或拍卖，会使整个建设工程的整体性和系统性受到破坏，影响整体功能，造成社会资源的浪费。一些配套工程可能还是与厂矿企业的生产有直接关系的关键工程，若允许承包人行使优先受偿权，将不利于发挥物的整体效能，使整个建设项目的开发目的不能实现，形成社会资源的极大浪费。

（三）所有权人自始非发包人的建设工程不宜折价或拍卖

建设工程自始为第三人所有，即建设工程是由第三人委托发包人对外进行发包建造的，承包人对该工程不享有优先受偿权。《民法典》第 807 条规定的优先受偿权涉及的是发包人与承包人之间的权利义务关系，建设工程非为发包人所有，故不适用该条规定。需要注意的是，建设工程为第三人所有仅指建设工程自始为第三人所有、且由第三人委托发包人进行发包建造的情形，如果建设工程原为发包人所有，第三人通过其他方式依法受让取得该工程的所有权，承包人对该建设工程享有建设工程优先权，其理由与工程债权转让中的优先受偿权行使基本一致，这里不再展开。

对于承包人的优先受偿权在建设工程的产权通过以物抵债转让给第三人时，是否能够对抗第三人，现行立法与司法解释均没有明确规定。笔者认为，通过以物抵债方式取得建设工程所有权的第三人，不是《优先受偿权批复》第 2 条规定的消费者，第三人通过以物抵债方式取得建设工程所有权不能对抗承包人的优先受偿权，承包人对已过户到该第三人名下的由承包人承建的建设工程享有优先受偿权。司法实践中对于此类情况的具体处理，可作如下考虑：一是承包人可主张该转让无效以实现建设工程所有权恢复，此后再行使优先受偿权实现其债权；二是由受让人将发包人欠承包人的工程价款债务代为清偿，承包人实现其债权；三是承包人可直接就其承建的建设工程行使优先受偿权以实现其债权。

（四）消费者已支付了全部或大部分购房款的商品房不宜折价或拍卖

《优先受偿权批复》已明确，商品房的买方作为消费者的权利优于承包人的工程价款优先受偿权，这是最高人民法院从生存权优于其他一切权利的角度作出的司法考量。据此，在消费者已支付了全部或大部分购房款的情况下，承包人对由其施工承建的商品房工程不能通过主张折价或拍卖的方式行使优先受偿权。司法实践中，对此问题的把握尚需结合《最高人民法院关于人民法院民事执行中查封、扣押、冻结财产的规定》（法释〔2004〕15号）和《最高人民法院关于人民法院办理执行异议和复议案件若干问题的规定》（法释〔2015〕10号），注意查明几个关键事实：

第一，认定“消费者”仅限于购房自住者。法释〔2015〕10号第29条对此予以了明确规定，即“所购商品房系用于居住且买受人名下无其他用于居住的房屋”，如果购房的目的旨在出租、投资炒房等非居住目的，那么购房人就不再是“消费者”，而属于投资者，甚至投机者。〔1〕因此，“批复中的‘消费者’的含义与《中华人民共和国消费者权益保障法》的规定含义相同，即‘为生活消费需要购买’商品房的消费者，不包括为经营目的而购买商品房的消费者”。〔2〕审判实践中可结合购房合同、购房款的支付、购房人及其家人的居住情况综合判断。

第二，商品房的性质仅限于住房。写字楼、商铺包括厂房等经营性用房的购买人，不属于《优先受偿权批复》第2条的保护对象，购房人的买卖行为属于经营行为，其身份应为经营者而非消费者，故不能阻止承包人行使优先受偿权。〔3〕

第三，“大部分”购房款的比例应在50%以上。对于全部购房款已支付的理解没有争议，实践中对于“大部分”购房款的数额与占比理解上有歧义，根据法释〔2015〕10号文件第29条的规定，“大部分”购房款应为购房人“已支付的价款超过合同约定总价款的百分之五十”。

第四，商品房买卖合同解除或无效后的退款、赔偿款仅为一般债权。如前所述，对于承包人优先受偿权的限制目的在于保护生存权，在买受人解除商品房买卖合同或该合同被确认无效后的退款、损失赔偿款，与居住权无关，

---

〔1〕参见张巍：《建设工程承包人优先受偿权之功能研究》，载《北大法律评论》编辑委员会编：《北大法律评论》（第7卷·第2辑），北京大学出版社2006年版，第271页。

〔2〕参见汪治平：《建设工程价款优先受偿权的若干问题》，载《人民司法》2002年第8期。

〔3〕参见邬砚：《建设工程合同纠纷：254个裁判规则深度分析》，法律出版社2019年版，第243页。

只是一般债权，优先受偿权的保护顺位优于普通债权，在此情况下承包人可以行使优先受偿权，这也是司法实践中需注意之处。

（五）动迁安置房工程不宜折价或拍卖

《最高人民法院关于审理商品房买卖合同纠纷案件适用法律若干问题的解释》第7条第1款规定："拆迁人与被拆迁人按照所有权调换形式订立拆迁补偿安置协议，明确拆迁人以位置、用途特定的房屋对被拆迁人予以补偿安置，如果拆迁人将该补偿安置房屋另行出卖给第三人，被拆迁人请求优先取得补偿安置房屋的，应予支持。"动迁安置的本质特征是"价值互换"，即拆迁人对被拆迁人的房屋予以征收，同时给予被动迁人相等价值甚至略高价值的房屋以保证被拆迁人的正常居住、生活不受影响。因此，动迁安置房工程是民生工程，直接影响到众多被拆迁人的生存权。如前所述，对生存权的保护优于承包人的优先受偿权，结合《优先受偿权批复》对消费者权利的特别保护，应该认定涉动迁安置房工程属不宜折价或拍卖的工程，承包人对此不得行使优先受偿权。

（六）质量不合格且无法修复的建设工程不宜折价或拍卖

根据《建筑法》等相关法律的规定，建设工程须经过竣工验收合格方可投入使用。工程质量不合格且无法修复的工程，属于建设工程经竣工验收不合格的一种情形，其后果是发包人的合同目的无法实现，应认定承包人构成根本违约，结合《建设工程司法解释（一）》的规定精神，发包人有权拒绝承包人请求支付工程价款的主张。在承包人不享有工程款债权的情况下，其更不能享有工程价款优先受偿权从而对建设工程请求折价或拍卖。

（七）违法建筑不宜折价或拍卖

对于"违法建筑"的定义，我国法律未作明确规定，通常认为，缺乏建设用地规划许可或建设工程规划许可审批手续的建设工程，应为违法建筑。违法建筑因其违反了法律强制性规定，其直接后果是建筑物不能进行权属登记。本书前文中对于承包人就违法建筑的施工能否取得工程价款的问题进行过分析，基于某些违法建筑存在的特殊性，我们不能一概地对承包人的工程价款主张不予支持，承包人在某些情形下对于违法建筑的施工可以享有对发包人的工程价款债权。但是因违法建筑的性质决定了其无法完成权利登记，在此情况下，权利义务主体对违法建筑不能进行处分，即使处分了，也不发生物权变动的法律效力，由此亦不能通过折价或拍卖的方式对违法建筑予以转让、处分，承包人也不能对违法建筑行使相应的优先受偿权。

需要注意的是，对于不宜折价、拍卖的建设工程因灭失、毁损或因政府征收补偿等而取得的补偿金、赔偿金等，承包人的优先受偿权效力应当及于以上赔偿金等财物。这是因为，优先受偿权在性质上属于担保物权，具有权利法定性、优先受偿性以及物上代位性等特点。物上代位性是指担保物权的效力及于担保财产因损毁、灭失所得赔偿金等代位物上，其是担保物权的重要特征。《民法典》第390条规定："担保期间，担保财产毁损、灭失或者被征收等，担保物权人可以就获得的保险金、赔偿金或者补偿金等优先受偿。被担保债权的履行期限未届满的，也可以提存该保险金、赔偿金或者补偿金等。"因此，建设工程灭失、毁损的，优先受偿权的效力应当及于由此取得的相应赔偿金或其他替代财物。

案例29
建设工程价款优先受偿权的行使与司法认定
——城建公司与进修学院等建设工程合同纠纷案[1]

基本案情

上诉人（原审原告）：中城建第九工程局有限公司（以下简称城建公司）
被上诉人（原审被告）：上海市中西创新进修学院（以下简称进修学院）
被上诉人（原审被告）：上海申鼎国际科教有限公司（以下简称申鼎公司）

[1] 参见上海市第一中级人民法院（2014）沪一中民二（民）终字第3228号民事判决书。

被上诉人（原审被告）：上海欧华职业技术学院（以下简称技术学院）

原审被告：李宇琦

2009年9月6日，城建公司（承包人）与进修学院（发包人）签订《上海市建设工程施工合同》约定，由进修学院将奉贤校区改扩建工程（以下简称涉案工程）发包给城建公司施工建设，合同价款暂定9000万元，如工程调整按实结算。双方在“专用条款”部分约定：如发包人擅自使用，则视为本工程已验收合格，并已交付使用。上述施工合同签订后，城建公司于2009年10月起开始施工。

2010年7月，上海市奉贤区建设和交通委员会向进修学院出具行政处罚事先告知书及行政处罚决定书，以涉案工程存在“应采用招标发包而未采用招标发包的行为”为由，对进修学院作出罚款9000元的行政处罚。

2012年8月，城建公司与进修学院、申鼎公司、技术学院、李宇琦签订一份《工程款及债务处理协议》（以下简称《处理协议》）。在该协议抬头处载明的“立协议单位”为甲方：进修学院、申鼎公司、技术学院；乙方：李宇琦，丙方：城建公司。约定：（1）丙方承建甲方新校区工程造价暂按13,259万元计算，最终以审计报告为准，双方共同努力于2012年12月底之前审计完毕；（2）截至2012年8月2日，以暂定工程造价13,259万元计算（待审计结束后多退少补），甲方拖欠丙方工程款、未付工程款的损失、应偿还借款等一次性结算合计为15,914万元（本款项除工程款部分待审计结束后多退少补，其余部分不再作任何调整）；（3）甲方用公司名下100%股权为相关债务提供担保，其中51%股权变更到丙方名下，49%股权质押予丙方；（4）乙方用名下某公司30%股权为甲方债务提供担保。

2012年9月，涉案工程实际进行了部分使用，但目前学校空关，涉案工程属于闲置状态。

2012年10月，进修学院（建设单位）、监理单位、管理单位、城建公司（施工单位）共同出具工程开竣工确认单，确认涉案工程的开工时间为2009年10月，竣工时间为2012年8月。但双方确认，该竣工时间仅为工程完工时间，涉案工程至今未办理竣工验收手续。

2013 年 1 月，进修学院补办取得规划许可证。涉案工程在开工时并未办理规划许可、施工许可等立项及报建相关手续，并由此导致一直未能向有关部门申请办理验收手续。

2013 年 4 月 22 日，城建公司将涉案工程的钥匙全部移交给进修学院，并在 2013 年 4 月 24 日向进修学院移交了所有竣工资料。

2013 年 9 月，进修学院委托上海某建设造价咨询有限公司（以下简称造价咨询公司）对涉案工程结算进行审核。

2013 年 11 月 22 日，进修学院（委托方）及城建公司（施工方）在造价咨询公司出具的工程结算审核审定单中加盖公章（进修学院的法定代表人金某同时在审定单中签名）予以确认。该审定单中载明：送审工程结算总价为 211,228,512 元，审定工程结算总价为 177,481,292 元，核减金额 33,747,220 元，核增金额 0 元。

2014 年 1 月 6 日，造价咨询公司出具结算审核报告，载明涉案工程的审定结算总价为 17,748.1292 万元，其中核减额 3374.7220 万元，核减率 15.98%。

2013 年 5 月，城建公司向上海市徐汇区人民法院提起诉讼，要求判令：(1) 进修学院、申鼎公司、技术学院共同支付工程欠款 20,403.1292 万元及利息；(2) 判令对“上海市中西创新进修学院奉贤校区改扩建工程”进行拍卖或折价，并确认中城建公司就上述欠款中的工程价款部分对拍卖或折价的价款享有法定优先受偿权；(3) 对李宇琦名下的上海澳地实业有限公司 30% 的股权进行拍卖或折价，并判令李宇琦以股权的拍卖款或折价款清偿进修学院、申鼎公司、技术学院欠付城建公司的所有款项。

法院裁判

一审法院认为：(1) 关于工程款问题。双方签订的合同违反了《招标投标法》的相关规定，应属无效，但各方当事人签订的处理协议是双方就有关债务及工程款的具体支付事宜而签订的独立的结算协议，其内容并未涉及涉案工程的施工建造事宜，与施工合同并不具有主、从合同的关系，应属有效，双方应按处理协议的内容履行。现工程实际已经施工完毕并交付使用，进修学院已经在相关审核报告上盖章，故理应按审核意见的结论支付工程欠款。(2) 关于城建公司是否享有优先受偿权。首先，建设工程承包人行使优先权的期限为 6 个月，自建设工程竣工之日或者建设工程合同约定的竣工之日起计算。本案中，双方确认的竣工日期为 2012 年 8 月，而城建公司于 2013 年 5 月提起本案诉讼，已超过批复所规定的行使优先权的期限。其次，涉案工程的用途为学校，而且尚未补办齐全相关的报建审批手续，故其性质应属不宜折价、拍卖的建设工程。因此，城建公司主张的优先受偿权有悖于相关法律规定，法院对此不予支持。(3) 城建公司主张对李宇琦名下的股权进行处分的主张，因未订立书面合同并向工商管理部门办理出质登记，故悖于法律规定，不予支持。

一审判决：(1) 城建公司与进修学院签订的《上海市建设工程施工合同》及《补充协议（一）》、《补充协议（二）》无效；(2) 进修学院、申鼎公司、技术学院向城建公司支付工程款 139,807,292 元；(3) 进修学院、申鼎公司、技术学院向城建公司支付逾期付款损失；(4) 驳回城建公司的其余诉讼请求。

城建公司不服一审判决，向上海市第一中级人民法院提起上诉称，原审法院对合同效力和欠付款金额认定有误，未支持城建公司主张的优先受偿权缺乏依据，故请求二审法院改判确认双方签订的合同有效，判令进修学院、申鼎公司、技术学院支付欠款 20,403.1292 万元及利息，并确认城建公司对系争工程享有工程款优先受偿权。

二审法院认为：(1) 原审法院对合同效力及结算原则认定正确，但对已付款部分认定有误，故二审对欠付款金额进行调整。(2) 关于城建公司是否享有优先受偿权的问题。首先，本案中各方均确认工程开竣工确认单中记载的竣工时间 2012 年 8 月实际为工程完工之日，而非竣工验收之日，故原审法院以该日期作为计算优先受偿权的起始日期错误。系争工程虽至今尚未办理竣工验收手续，但城建公司已于 2013 年 4 月 22 日移交了工程的全部钥匙，由技术学院的工作人员予以签收，该移交应视为系争工程的整体移交，也应视为发包方对建设工程竣工验收合格的认可，虽然系争工程确实在2012年9月已经部分投入使用，但之前部分使用的情形并不能否定此后的整体移交之事实，根据相关司法解释的规定，建设工程未经竣工验收，发包人擅自使用的，以转移占有建设工程之日为竣工日期，故应当认定系争工程的竣工日期为2013年4月22日，据此城建公司于2013年5月提起本案诉讼并主张优先受偿权并未超过法律规定的期限。其次，虽然系争工程的用途为学校，但各方均确认工程的现状是空置，且中西进修学院的办学许可证已经过期，系争工程目前并未实际用于办学，故原审认定其属于不宜折价、拍卖的建设工程缺乏依据。再次，《合同法》规定工程承包人对建设工程享有优先受偿权，是基于建设工程凝聚的是承包人的资金和劳动成果，为了保护承包人的合法权利，在发包方不支付工程款的情况下，允许承包人对建设工程申请拍卖并优先受偿。本案工程系城建公司带资建设，三被上诉人拖欠上亿元工程款未付，目前工程又处于空置状态，否定城建公司的优先受偿权，不利于对合法债权的保护，也有违公平合理之原则。故综合考虑本案的实际履行情况以及公平合理原则，法院对城建公司主张的优先受偿权依法予以支持。最后，根据相关批复的规定，建筑工程价款仅包括承包人为建设工程应当支付的工作人员报酬、材料款等实际支出的费用，不包括承包人因发包人违约所造成的损失。本案中双方均确认除了工程款之外还有借款等其他往来款项，而处理协议中确定的欠款金额也明确包含了工程款、未付工程款的损失以及应偿还借款，故不能以被上诉人实际欠付上诉人的204, 031, 292元作为行使优先受偿权的标准。鉴于对已付款部分的性质双方存在争议，无法区分是支付工程款、损失补偿款抑或归还借款，在本案系争工程款的审定价少于双方协议约定的被上诉人欠付款数额的前提下，法院认为应以系争工程的审定价作为城建公司优先受偿权的范围为宜，这也符合公平合理原则及优先受偿权的立法原意。

二审判决：（1）维持一审判决第1项；（2）撤销一审判决第2~4项；（3）进修学院、申鼎公司、技术学院向城建公司支付工程余款、损失补偿款、应偿还借款等合计204, 031, 292元；（4）进修学院、申鼎公司、技术学院向城建公司支付逾期付款损失；（5）城建公司在人民币177,481,292元范围内对本案所涉工程的折价款（或拍卖款）具有优先受偿权。

案例评析

本案例是一起很典型的涉及建设工程价款优先受偿权的纠纷案件，涵盖了优先受偿权制度的基本要素。

根据《优先受偿权批复》及《建设工程司法解释（二）》的规定，承包人主张并行使优先受偿权须满足以下条件：一是仅限于工程价款债权，二是行使期限在6个月除斥期间内，三是建设工程性质上不属于不宜折价、拍卖之情形。具体而言，第一，关于建设工程优先受偿权之范围，即工程价款债权问题。《民法典》第807条仅将建设工程优先受偿权范围概括界定为“建设工程的价款”，但究竟“建设工程的价款”内涵为何，并不清晰。《优先受偿权批复》对该问题进行了厘定，认为“建设工程的价款”包括“承包人为建设工程应当支付的工作人员报酬、材料款等实际支出的费用，不包括承包人因发包人违约所造成的损失”；《建设工程司法解释（二）》对于建设工程优先受偿权的范围有了更明确的规定，即“依照国务院有关行政主管部门关于建设工程价款范围的规定确定”，即优先受偿权的范围仅限于工程价款，不包括承包人的利息损失和发包人违约带来的损失。第二，关于行使期限问题，《优先受偿权批复》规定为自工程竣工之日起或者合同约定竣工之日起计算6个月，最新颁布的《建设工程司法解释（二）》则进一步明确为自发包人应当给付建设工程价款之日6个月。第三，对于优先受偿权的行使的限制，《民法典》第807条对工程款优先受偿权的标的物范围规定为“不宜折价、拍卖”的建设工程除外。对于“不宜折价、拍卖”的建设工程，因其涉及承包人合法权益的实现与社会公共利益之间的冲突，本着公共利益优先的原则，故对承包人的优先受偿权予以一定的限制。

本案中，首先，双方当事人于2012年8月签订的《处理协议》是对双方债权债务的约定，合法有效，本应作为双方结算之依据。但《处理协议》中确定的欠款金额不仅包括工程价款，还包括了未付工程款之损失及应偿还借款，后者超出了优先受偿权之范围。故法院最终未完全依照该《处理协议》，而是以工程审定价即工程造价作为确定优先受偿权范围的依据，符合司法解释的规定。其次，对于承包人提起本案诉讼是否已超出法定除斥期间的问题，基于案件审理时《建设工程司法解释（二）》尚未颁布，法院唯有根据《优先受偿权批复》作出认定。涉案工程因发包人的原因无法办理竣工验收，虽然发包人在2012年9月已经使用了部分建设工程，但双方于2013年4月22日才移交工程的全部钥匙，该移交应视为涉案工程的整体移交。根据规定，建设工程未经竣工验收，发包人擅自使用的，以转移占有建设工程之日为竣工日期，故应当认定涉案工程的竣工日期为2013年4月22日，承包人于2013年5月提起诉讼主张工程价款优先受偿权，没有超过6个月的除斥期间。最后，对于涉案工程是否属于“不宜折旧、拍卖”的范畴的问题，虽然涉案工程用途为学校，但对民营学校是公益性主体还是营利性主体存在一定争议，结合本案发包人的办学许可证已过期、学校空关、工程闲置等情况，在发包方拖欠上亿元工程价款未付的情况下，对于涉案工程的折价、拍卖并不会对社会公共利益产生不利影响；反之，若以“不宜折价、拍卖”之事由否定承包人的优先受偿权，不利于合法债权的保护，也有违公平合理之原则。因此，从实际履行情况以及公平合理原则出发，本案并不存在涉案工程“不宜折价、拍卖”的优先受偿权实现的阻却事由。对于本案二审法院的裁判观点，笔者予以认同。一言以蔽之，优先受偿权的限制范围的本质，是为承包人利益的实现划定不可逾越的界限，该界限即社会公共利益，故该界限不应界定过宽，否则难以保持社会公共利益和承包人利益之间的平衡。本案中，校园工程未能投入使用，发包人未能支付工程价款，客观上说明发包人不具有行使相关社会功能的能力，公益性无法体现，因此对于“不宜折价、拍卖的建设工程”范畴不能仅从建设工程的性质予以认定，还应该结合实际情况予以综合判断。

第三节 建设工程价款优先受偿权相关法律实务问题

优先受偿权制度是建设工程施工合同领域争议较多，涉及主体较多，较为特殊的制度。[1] 《建设工程司法解释（二）》对优先受偿权作出了最新规定，对适用中存在较多争议的问题进行解决，使司法实践中的混乱状态得到了一定程度上的澄清，具有相当大的现实意义。但是，我们也应该看到，新规定并没有完全覆盖我国现行建设工程价款优先受偿权制度存在的诸多问题，仍具有进行深入探讨的意义。

一、承包人预先放弃优先受偿权的效力认定及法律后果

实践中，发包人将在建工程抵押至银行办理贷款，由于建设工程价款优先受偿权优于抵押权，银行要求发包人（贷款人）提供施工企业承诺放弃工程价款优先受偿权的相关文件，而施工企业基于承接工程或长期良好合作关系以及对于发包人偿债能力等综合考量，作出了预先放弃优先受偿权的承诺。对于该承诺的效力，理论界及实务界一直存在很大的争议。反对者认为，优先受偿权的制度设计是从保护承包人的利益，最终保障工人等劳动者生存利益考虑，体现了生存利益优先于经营利益的指导思想，体现了维护社会稳定、维护劳动者权益的政策考量，不应认定放弃承诺有效。而支持者认为，优先受偿权目的在于优先保障工人工资等权益的实现，但该类权益的保障也可以通过当事人其他筹集资金的措施予以实现。只要不损害第三人利益，民事主体有权放弃其权利。[2] 故优先受偿权作为财产性民事权利，承包人可以处分并对于自己作出的民事行为承担相应后果，放弃承诺有效。最高人民法院采纳了两种观点的合理之处：一是尊重意思自治，承包人与发包人有权就包括

---

〔1〕 参见最高人民法院民事审判第一庭编著：《最高人民法院建设工程施工合同司法解释（二）理解与适用》，人民法院出版社 2019 年版，第 29 页。

〔2〕 参见王旭光：《建设工程价款优先受偿权制度研究——〈合同法〉第 286 条的理论与实务》，人民法院出版社 2010 年版，第 229 页。

优先受偿权在内的各项权利进行协商处理。优先受偿权作为私权，原则上允许当事人依法处分。二是维护《民法典》第807条的立法目的，即承包人与发包人有权就事先放弃或限制建设工程价款优先受偿权的约定不得损害农民工等建筑工人的合法权益，不能导致建筑工人的工资权益受到损害。[1] 基于上述考虑，《建设工程司法解释（二）》第23条规定：发包人与承包人约定放弃或者限制建设工程价款优先受偿权，损害建筑工人利益，发包人根据该约定主张承包人不享有建设工程价款优先受偿权的，人民法院不予支持。

实践中主流观点认为，对于承包人预先放弃优先受偿权的，必定会在一定程度上削弱追债能力，也不可避免地对建筑工人利益造成损害；同时，对于是否损害建筑工人利益，实践中也很难查清，认定无效更为妥当和正确。笔者认为，对于承包人预先放弃优先受偿权的效力认定与审查，应以是否损害建筑工人的合法利益作为认定依据，如果没有损害建筑工人合法利益，承包人的该预先放弃行为应认定为有效。对于如何查清是否损害建筑工人的合法利益，笔者认为应从以下几方面予以考虑：

第一，不能混淆承包人放弃自己权利与损害建筑工人利益的边界。承包人作出预先放弃优先受偿权的承诺，其实质是对自己权利的放弃，司法实践中不能无限扩大“对建筑工人利益的损害”的适用外延，从而作出“一刀切”式的机械认定。

第二，正确界定工程价款与建筑工人利益的范围。建筑工人的利益主要体现在其应得的工资收入上，而该部分款项仅是工程款的一部分，即施工成本中的人工费，施工成本中的其他材料费、施工机具费、利润、税金等与建筑工人的利益并无关联。因此，在司法实践中应注意审查承包人已付建筑工人工资情况，欠付工程款并不等于欠付建筑工人工资，如果承包人已基本付清建筑工人的工资，那么发包人虽然尚欠付承包人一定的工程价款，但并不存在“损害建筑工人的利益”的事实，对于承包人预先作出的承诺，应认定

---

[1] 参见最高人民法院民事审判第一庭编著：《最高人民法院建设工程施工合同司法解释（二）理解与适用》，人民法院出版社2019年版，第471～472页。

其效力。

第三，正确审查发包人的已付工程款情况。在发包人已支付较大比例工程款且足以支付工人工资的情况下，对于承包人预先放弃优先受偿权的承诺，甚至施工过程中作出的放弃剩余工程价款优先受偿权的承诺，不能轻易认定为“损害建筑工人的利益”，应认定有效，否则也易给承包人不诚信的反悔行为留下法律空子。实践中，承包人将已收取的工程价款挪作他用，然后打着“追讨农民工工资”的旗号不断闹事的行为屡见不鲜，人民法院的审判工作不能助长这种不良风气，不能让承包人的不诚信行为得逞。

第四，查明农民工工资保证金制度的履行及落实情况。近年来，为保障农民工的工资收入，各地纷纷出台了建设工程领域的农民工工资保证金制度，包括规定承包人应缴纳的保证金比例、专用账户的开设及管理等，并通过施工许可证的申请与批准保障该项制度的落实。国务院最新颁布并于2020年5月1日起实施的《保障农民工工资支付条例》（国务院令第724号）第26条明确规定：“施工总承包单位应当按照有关规定开设农民工工资专用账户，专项用于支付该工程建设项目农民工工资。”此外，2016年1月，《国务院办公厅关于全面治理拖欠农民工工资问题的意见》（国办发〔2016〕1号），首次提出了“积极引入商业保险机制。保障农民工工资支付”，同年10月，经保监会[1]备案同意，农民工工资支付履约保证金保险这一专属险种正式成立，这是由保险公司向建设工程项目所在地建设行政主管部门提供的保证施工承包人按规定支付建筑工人工资的保险，它是建筑企业在申请施工许可证时必须向行政管理职能部门提供工资支付履约证明外，对施工期间欠薪风险的外部管控，也是建筑企业未完全履行工资支付义务时的工资保障。因此，通过查明农民工工资保证金制度的履行及落实情况以及农民工工资支付履约保证金保险的实施情况，也可以从多个角度判断是否存在“损害建筑工人的利益”的情况，以此正确认定承包人预先放弃优先受偿权的效力。

---

〔1〕 现更名为中国银行保险监督管理委员会。

二、多个建设工程价款优先受偿权并存的处理

根据《建筑法》第24条第2款的规定，建筑工程的发包人不得将应当由一个承包单位完成的建筑工程肢解成若干部分发包给几个承包单位；《建设工程质量管理条例》第7条第2款明确规定，建设单位不得将建设工程肢解发包。同时，如前所述，除与发包人直接建立施工合同关系的承包人外，实际施工人等不享有优先受偿权，故就常理而言，一个建设工程的施工不存在多个工程价款优先受偿权的可能。但是实践中也有例外，经发包人同意，承包人将部分专业性较强的工程项目分包给具有相应施工资质的其他施工企业完成，发包人与承包人、分包人共同签署了分包合同，该合同应为有效合同，且实际施工人与发包人间具有合同关系，在施工质量合格的前提下，实际施工人亦就其施工部分的工程价款享有优先受偿权。另外，实务中较多出现由发包人指定分包的情形，发包人与承包人签订的施工合同中如果约定由发包人指定特定项目由第三人负责施工，而且在履行过程中，指定分包人完全代替承包人就特定工程项目履行了合同义务，承包人仅承担配合盖章等手续的义务，则在指定分包人与发包人间形成了事实合同关系，在此情形下，发包人指定的实际施工人享有优先受偿权。[1] 故实践中确实可以存在多个工程价款优先受偿权并存的现象。

工程价款优先受偿权的实现方式，从《建设工程司法解释（二）》的规定来看，承包人是通过对承建的工程进行折价或拍卖的价款优先受偿。折价方式的后果是工程所有权由发包人转移给承包人，在多个优先受偿权并存的情形下，这一方式显然很难行得通。实践中，优先受偿权的实现更多的是通过拍卖工程的方式得到受偿。目前《民事诉讼法》及其他法律对于承包人申请人民法院拍卖的程序没有具体的规定，司法实践中通常由法院认定承包人享有优先受偿权后由承包人申请法院执行，通过执行程序实现其权利。在多

---

〔1〕参见最高人民法院民事审判第一庭编著：《最高人民法院建设工程施工合同司法解释（二）理解与适用》，人民法院出版社2019年版，第370页。

个优先受偿权并存的情形下，权利的实现方式依下面两种模式进行：一是多个优先受偿权人分别向法院起诉并依据生效法律文书申请执行，法院将拍卖价款根据各优先权人的债权数额同比例分配；二是未起诉的优先权人，可在法院的执行程序中以执行异议人的身份主张其享有建设工程价款优先受偿权并要求参与分配。法院应启动执行异议审查程序，审查异议人主张优先受偿权是否成立、范围是否适当、期限是否超出等事项。经审查，异议人享有优先受偿权的，且具有优先于其他债权效力的，应当支持其异议。如果经审查异议人不享有优先受偿权，应当驳回其异议。如果对该驳回不服，异议人可以另行提起诉讼主张实现建设工程价款优先受偿权，执行法院应当中止执行。

三、建设工程价款优先受偿权在第三人撤销之诉中的运用

当前在司法实践中存在大量虚假诉讼，当事人恶意串通骗取法院生效裁判文书损害了案外第三人的合法权益。为保护第三人的合法权益不受侵犯，《民事诉讼法》设立了第三人撤销之诉这一法律制度，其第 56 条第 3 款规定："前两款规定的第三人，因不能归责于本人的事由未参加诉讼，但有证据证明发生法律效力的判决、裁定、调解书的部分或者全部内容错误，损害其民事权益的，可以自知道或应当知道其民事权益受到损害之日起六个月内，向作出该判决、裁定、调解书的人民法院提起诉讼。人民法院经审理，诉讼请求成立的，应当改变或者撤销原判决、裁定、调解书，诉讼请求不成立的，驳回诉讼请求。"这一法律制度的创设，对于可能发生的发包人与其债权人的诉讼，尤其是他人对发包人提起实现抵押权的诉讼而给承包人的优先受偿权带来损害的，提供了法律保护和救济途径。

第三人撤销之诉作为一种非常救济制度，对生效裁判的权威性和稳定性产生了很大的冲击，故在司法实践中各地法院对其正确理解和运用一直予以严格把控。根据优先受偿权法律制度的性质及特点，结合《民事诉讼法》的规定，笔者认为，对于承包人以其工程价款优先受偿权受到损害为由提起第三人撤销之诉，需从严掌握，司法实践中应严格把握以下几点：

第一，前案诉讼标的必须是由承包人施工完成的建设工程。工程价款优

先受偿权的实现方式是承包人通过对由其承建的工程进行折价或拍卖的价款优先受偿，故也唯有前案诉讼标的是承包人承建的建设工程，才能构成对承包人优先受偿权的侵犯。如果前案不涉及对上述建设工程实现抵押权等处分的，仅仅是发包人与其债权人间的普通债务纠纷，则承包人提起的第三人撤销之诉不能成立。

第二，承包人需证明发包人欠付其工程价款的具体数额及确切证据。优先受偿权成立的前提是承包人享有对发包人的工程债权，如果承包人无法提供证据证明发包人尚欠付其工程价款，也不能证明具体的欠款数额，则承包人优先受偿权能否成立存疑，其提起第三人撤销之诉缺乏请求权基础，对其诉讼应不予受理，已经受理的，应裁定驳回起诉。

第三，承包人的优先受偿权尚未失权。即承包人的工程价款优先受偿权尚在除斥期间或其在发包人应付款之日起的 6 个月内已向发包人主张过优先受偿权。

第七章　建设工程施工合同案件中的司法鉴定程序

建设工程施工合同纠纷中，工程结算价和工程质量的认定是查明事实不可缺少的一环，尤其是双方存在较大争执且又不能达成一致时，对工程结算价或工程质量进行司法鉴定就成为解决争议的主要手段。实践中，由于没有一个统一的标准和操作规程，涉及的专业性又很强（跨法律和工程两个领域），司法鉴定程序呈现一种无序状态。鉴定范围和标准不明确、鉴定材料的合法有效性受质疑、重复鉴定等许多问题交织在一起，导致司法鉴定问题成为审理建设工程施工合同纠纷案件的一个重大障碍。司法鉴定不规范而拖累审限、耗时费力，不利于准确、迅捷的解决纠纷，也不利于人民法院公信力的树立。基于此，全面、准确地掌握和运用司法鉴定制度，对于正确查明建设工程施工合同纠纷案件事实至关重要。

第一节　建设工程施工合同案件中司法鉴定的种类、特点和现状

2005 年 2 月 28 日第十届全国人大常委会第十四次会议通过的《全国人民代表大会常务委员会关于司法鉴定管理问题的决定》，对法医类、物证类、声像资料鉴定的司法鉴定活动作出了规定，没有涉及建设工程造价及质量鉴定的相关规定。目前司法实践中对于建设工程施工合同涉及的司法鉴定活动，

主要是依据最高人民法院颁发的《人民法院司法鉴定工作暂行规定》并结合各地实际予以开展。

一、建设工程施工合同案件中司法鉴定的种类

《人民法院司法鉴定工作暂行规定》第2条规定，“本规定所称司法鉴定，是指在诉讼过程中，为查明案件事实，人民法院依据职权，或者应当事人及其他诉讼参与人的申请，指派或委托具有专门知识人，对专门性问题进行检验、鉴别和评定的活动”，司法鉴定解决的是诉讼活动中面临的专业性问题，具体到建设工程施工合同纠纷中，司法鉴定是指依法取得有关建筑工程司法鉴定资格的鉴定机构和鉴定人受司法机关或当事人委托，运用建筑学理论和技术，对与建筑工程相关的问题进行鉴定并提供鉴定结论的活动。

从司法实践的情况看，建设工程施工合同纠纷主要包括三类，即工程价款纠纷、工期纠纷和工程质量纠纷，与上述纠纷所对应的司法鉴定主要是建设工程质量鉴定、工期鉴定、工程造价鉴定、损害赔偿鉴定四类。从纠纷引发的成因分析，具体的司法鉴定种类大体有以下几种：

第一，涉及工程质量的司法鉴定。一是发包人认为承包人完成的建设工程质量不合格而申请司法鉴定，包括竣工工程和在建工程。二是承包人认为发包人提供的主要建筑材料、建筑构配件及设备不符合强制性标准而产生的质量鉴定。三是发包人在建设工程未竣工验收时即擅自使用，但其认为建设工程的地基基础工程或主体结构出现质量问题而申请司法鉴定。四是双方对于建设工程修复后的工程质量是否合格发生争执导致的质量鉴定，既有验收过程中发生的质量修复，也有保修期内的质量修复。

第二，涉及工程价款的司法鉴定。一是因涉及设计变更导致工程量或工程标准发生变化，双方当事人对于该部分工程价款不能协商一致产生的司法鉴定。二是双方约定采用可调价格结算工程价款的，一方申请对工程造价进行司法鉴定。三是承包人拒绝保修或者屡次修复不成而由发包人自行修复的修复方案及修复费用的司法鉴定。

第三，工期鉴定。发包人主张承包人施工逾期而要求其承担违约责任，

对于是否逾期、逾期天数所进行的司法鉴定。

第四，涉及损害赔偿的司法鉴定。一是承包人主张因为发包人的原因，导致其产生停、窝工损失的司法鉴定。二是发包人主张因承包人的施工质量不合格而给其或第三人造成了人身或财产损害的。

这些鉴定种类在一个建设工程施工合同纠纷案中可并存，也可交叉，如工程质量鉴定可能还会同时涉及建筑材料的质量鉴定，工程造价鉴定的同时会对停、窝工损失一并进行鉴定等，这些在司法实践中由法院自行掌握。

二、建设工程施工合同案件中司法鉴定的特点

司法鉴定究其性质，属于诉讼程序的一部分，司法鉴定的启动、开展、出具意见、接受庭审质证等过程都是诉讼程序的一部分，其整个程序均受到诉讼法的规制。根据《民事诉讼法》第63条的规定，司法鉴定结论只是证据的一种，虽然其形成过程具有专业性，但是与其他证据并无本质上的区别，仍应接受“真实性、合法性、关联性”检验，故而对于司法鉴定意见并非简单的全盘接收，仍应结合案件事实和证据，并根据双方的庭审质证意见作出采信与否、全部采信或部分采信的认定。

从建设工程本身的特点并结合司法实践的表现看，建设工程施工合同纠纷案件审理中所开展的司法鉴定有如下特点：

（一）鉴定难度大、耗时长

启动司法鉴定程序时，建设工程一般处于完工阶段或使用阶段，涉及材料配比、原材料质量等很难在现场察看、鉴定，一些施工工艺和工序要求是否达到合同约定很难作出准确判断，如使用干粉砂浆还是自拌砂浆、粉刷次数等，这些均涉及工程价款的计算和工程质量的正确认定；对一些隐蔽工程的勘查还需要作破坏性鉴定，衍生出修复问题，如果建设工程已经由第三人占有、使用，施工现场的勘察、打眼等工作还需取得使用人的同意和配合，工作难度极大，由此也直接影响了司法鉴定结论的准确性。

建设工程本身的复杂性决定了司法鉴定耗时长、工作量大。工程造价鉴

定涉及比对施工图和施工现场、查验建筑材料的质量、数量、品牌等、审核工程签证单、召集双方当事人进行确定计价原则、核对单据等，工作量十分巨大，如有一方不配合，司法鉴定工作将会无期限地耽搁下去。对于工程质量鉴定，如前所述，涉及破坏性鉴定的，如一方不同意，就无法进行下去。同时，即使进行了破坏性鉴定，还需同时作出修复方案及修复费用的鉴定，鉴定所需的时间也大大增加。

（二）多种鉴定类型并存现象多

建设施工合同纠纷案件中，承包人提起工程价款诉讼主张，发包人提起反诉主张工程质量赔偿及逾期竣工违约责任，这在司法实践中已是常态，由此造成的后果是在一起建设工程施工合同纠纷案件，往往存在工程造价鉴定、工期鉴定、工程质量鉴定、修复方案及修复费用鉴定等，甚至有些案件还会出现因质量问题引发的损害赔偿鉴定。此外，司法实践中往往这些不同种类的司法鉴定不是同时提出或对外委托的，而是在法院审理过程中，随着鉴定进程及根据鉴定中发现的问题，当事人分次提出不同性质和种类的鉴定，而为了正确查明事实，法院也不得不再次出具委托函委托不同的专业机构进行鉴定，拖累了审限。

（三）重复鉴定、补充鉴定多

由于建设工程施工复杂、体量大、项目多的特点，也不能苛求鉴定机构一次鉴定即作出正确的判断，实践中，对于鉴定意见通过庭审质证后，需要鉴定机关针对当事人提出的异议作补充鉴定也是常见现象。另外，由于诉诸法律以后，双方当事人站在各自的立场上，分别提供一些对自己有利的证据，造成双方各执一词、互相矛盾；或拒不配合，不提供任何资料，导致司法鉴定工作的依据性资料严重缺失，一些重要的证据材料出现在鉴定结论作出后，甚至出现在不同的审判程序中，而现行的民事诉讼证据规则对此也缺乏相应的规定和制裁力度，由此造成重复鉴定多、补充鉴定多。

（四）工程造价计价标准的动态变化影响大

工程造价计价标准的动态变化对于司法鉴定存在很大影响：一方面是人工价格和原材料价格动态变化对鉴定的影响。一些建设工程合同对于工程价款的结算约定的是固定总价或固定单价，这些总价或单价涉及的价格如人工价格、材料价格可能会随着市场变化而发生变化，对于这些变化的应对，如果施工合同中当事人没有约定，这种价格变动如何鉴定、如何采信和适用都是需要探讨的问题。另一方面是计价体系的变化对造价鉴定的影响。由于计价体系是不断变化的，如建筑行业在“营改增”后计价方法发生了很大的变化，这就是税制改革对建筑业计价的影响，这些变化都增加了司法鉴定过程的难度。

（五）鉴定意见对当事人利益影响大

如前所述，建设工程施工合同纠纷的审理横跨法律和工程两大领域，专业性强的特点在民事诉讼中尤为突出，导致案件裁判者对于鉴定意见的依赖性很强，虽然司法鉴定报告仅是诉讼证据的一种，但在实践中往往成为定案依据，这也决定了司法鉴定在建设工程施工合同纠纷案件审理中居于重要地位。双方当事人在诉讼中的焦点集中在司法鉴定的最终意见，对于人民法院裁判的公正性质疑也因司法鉴定结论而引起，因此对司法鉴定的整个过程的合法、合规性应予高度重视并应设定严格的程序予以规范。

（六）鉴定成本高昂

根据目前行业的惯例，一些专业机构对于工程造价的司法鉴定的收费按照施工合同的标的额或建设工程的造价取一定比例预收相应的鉴定费用，工程质量鉴定收费按照需要鉴定的建筑面积取一定比例预收费。从司法实践的情况来看，建设工程施工合同纠纷案件中的司法鉴定费用存在畸高的问题，目前就司法鉴定的收费标准问题，囿于决定权不在法院，实践中带来很大困扰，亟须引起大家重视和注意。2009 年 11 月，国家发改委和司法部联合制定的《司法鉴定收费管理办法》开始实施，首次在国家规章层面对司法鉴定机构的收费问题进行了统一规制，但是该办法仅针对法医、物证和声像资料的鉴定事项规定了收费标准，并未涵盖建设工程案件的鉴定收费标准。由于建设工程案件的鉴定事项具有更强的复杂性和独特性，个案情况不同，鉴定收费差异较大，部分鉴定机关的收费随意和定价过高的问题突出，由此在司法实践中因不愿交或交不起鉴定费而导致放弃鉴定申请的案例不在少数，[1] 而鉴定工作不开展，致使一些关键事实不能查清，一些案件只能以证据不足而驳回当事人的诉讼请求，由此给审判带来了很大的困扰，也为法院审判的正确性埋下隐患。如何破解这一难题亟须立法层面予以重视。如果法院要求司法鉴定机关暂缓收费，且不说司法鉴定单位是否接受法院的方案，即使接受也可能存在最后法院判决承担的鉴定费用无法执行到位，损害司法鉴定单位利益的问题，这种方案亦不可取。此外，高昂的鉴定成本所涉及的承担主体及分担比例，也是当事人重点关注的问题，实践中，很多施工合同纠纷案件最终的调解失败就卡在司法鉴定费用的承担分配上。

三、建设工程施工合同案件中司法鉴定的现状

如前所述，建设工程本身的特殊性决定了对司法鉴定意见的最终认定结论在建设工程施工合同纠纷的审理中具有举足轻重的地位，对合同双方当事人的利益影响很大，工程实务界有句行话，“打官司打证据，打工程官司打鉴定”，亦可略窥一斑。因此，依法启动司法鉴定程序并正确认定司法鉴定报告显得尤为重要。由于建设工程本身的复杂性及专业性，在不具备相关专业知识的情况下，审判人员及仲裁人员对于鉴定结论的依赖性很强，也导致了司法实践中存在很多问题。

（一）混淆工程质量鉴定与工程造价鉴定的先后顺序

工程质量保证责任是承包人最重要的合同义务，无论施工合同有效与否，

---

〔1〕 参见最高人民法院民事审判第一庭编著：《最高人民法院建设工程施工合同司法解释（二）理解与适用》，人民法院出版社2019年版，第320页。

承包人获取工程价款的前提是其承建的建设工程质量合格，《建设工程司法解释（一）》第2条、第3条、第10条、第11条、第16条对此专门作出规定。在涉及建设工程未进行竣工验收的工程价款纠纷中，双方当事人对于工程质量有争议的，应先对建设工程质量合格与否作出认定后，才能根据不同的质量鉴定结论对承包人的工程价款请求作出支持与否的认定。司法实践中存在对于承包人的工程价款主张和发包人的质量抗辩或反诉间的关系未能正确区分，在没有排除质量问题前直接委托进行建设工程造价鉴定，使之后的审理陷入被动，也会造成审判资源的浪费。

（二）没有区分部分鉴定与全面鉴定的范围

《建设工程司法解释（一）》第23条规定，“当事人对部分案件事实有争议的，仅对有争议的事实进行鉴定，但争议事实范围不能确定，或者双方当事人请求对全部事实鉴定的除外”，根据这一规定，除争议事实范围不明外，只有双方当事人均请求对全部事实进行鉴定的，法院才可以委托全面鉴定。工程实务中，工程质量验收涉及阶段验收、竣工验收等，工程价款结算涉及固定价外的增项工程结算等，因此，在当事人申请司法鉴定时，对不同情况下委托司法鉴定的内容和范围要有区分。司法实践中一些案件在初步事实尚未查明，甚至尚未开庭审理，因一方当事人提出全面司法鉴定的申请，法院基于防止遗漏查明事实而被二审程序改判，不区分争议事实及无争议事实的范围，即委托司法鉴定单位作全面鉴定，或者要求鉴定单位作出包括整体工程及争议项目在内的两个鉴定意见，对于超出部分的鉴定费用判令申请方承担，这是目前比较常见的做法。从后果来看，既增加了鉴定成本，也人为拉长了鉴定时间，不符合诉讼经济原则和效率原则，效果很不好。

（三）未严格审查司法鉴定单位的资质等级

根据《工程造价咨询企业管理办法》（住房和城乡建设部令第50号）的规定，在诉讼及仲裁过程中进行的工程造价鉴定活动，受委托的鉴定机构应具备工程造价咨询企业资质，并在其资质等级范围内承接鉴定工作。根据

《建设工程质量检测管理办法》(原建设部令第141号)及《城市危险房屋管理规定》(原建设部令第129号)的规定,在诉讼及仲裁过程中进行的工程质量鉴定活动,受委托的鉴定机构应具备建设行政主管部门审批的资质,并按照其资质证书的类别承接相应的鉴定工作。司法实践中由于对相关行政法规不熟悉,法院在委托司法鉴定单位时未对所委托的司法鉴定单位的资质等级进行严格审查,导致鉴定单位与所鉴定工程的资质要求不匹配,使鉴定意见的合法性遭到质疑,甚至在当事人提出后重新另行委托重作,司法的严肃性遭到破坏。

(四)缺乏对鉴定结论及异议独立进行法律分析和判断

建设工程具有造价高、周期长、涉及范围广的复杂特点,不同的工程类别,如市政、房建、水利水电等存在设计、材料、施工等方面的差异,特别是涉及工程造价需要综合考虑现场测量、建筑材料、施工图纸等因素,故在施工合同纠纷审理中,需要审判人员具有一定的工程专业方面的知识,而现实是审判人员具备处理一般民商事审判的经验,但对建设工程相关专业知识则存在盲区,因此在具体案件的审理中,对鉴定意见不加详查,缺乏独立的法律分析和判断。在当事人对鉴定意见进行质证并提出异议时,要求鉴定人员对异议予以回复并直接采信鉴定人员的回复意见,"以鉴代审"现象严重并普遍。本质上来讲,鉴定单位只是裁判机构的辅助,鉴定机构根据法院的委托内容并依据法院认定的事实进行鉴定,并据此作出鉴定意见。司法实践中发生的"以鉴代审"现象,其实质是把司法审判权交给鉴定机构,严重削弱了司法的权威性,也是需要重点解决的一大顽疾。

第二节 建设工程施工合同案件中司法鉴定的基本原则

司法鉴定的科学性、公正性和合法性,决定了诉讼案件的审判质量和客观公正性。虽然我国法律对建设工程施工合同纠纷诉讼中司法鉴定应遵循的基本原则并无明确规定,但依据法律所倡导的立法精神和价值取向,结合司法实践的需要，笔者认为，在建设工程施工合同纠纷案件审理中，司法鉴定应遵循下列基本原则。

一、法院主导原则

所谓法院主导原则，是指整个司法鉴定过程，包括鉴定程序的启动、鉴定材料的认定、鉴定范围和标准的确定、鉴定意见的采信与否等，均由法院决定。法院与司法鉴定机构之间是委托与被委托的关系，双方的权利义务具有不对等关系，司法鉴定机构只能在法院指导下开展鉴定工作。确立并坚持法院主导司法鉴定的原则，目的是避免和摒弃司法实践中长期存在并饱受诟病的“以鉴代审”弊端，树立司法的权威性和严肃性。

法院在司法鉴定程序中的主导地位和作用主要体现在以下几方面：一是启动司法鉴定程序与否必须由法院审查决定。当事人申请只是前提，不是当事人只要提出申请鉴定，就一概许可，是否启动鉴定的决定权在法院。由于建设工程司法鉴定时间长、成本高，且易出现不规范现象，因此，一直以来，人民法院对鉴定都应当慎用，不鉴定可以查明事实的，就不应该鉴定，对部分事实进行鉴定即可查明事实的，不应对全部事实鉴定。[1] 二是即使当事人没有提出鉴定申请，如果为了查明事实的需要，人民法院应当向对该专门性问题相关的待证事实负有举证责任的一方当事人释明，告知其鉴定的必要性和不鉴定的法律后果。三是鉴定的范围和内容必须有人民法院确定。这里有两层意思：一方面，需要鉴定的内容和范围由法院根据案件审理的需要确定，不是全盘根据当事人的申请确定范围，比如对于已通过竣工验收的工程质量鉴定只能针对具体问题鉴定，不能随意对整个建设工程的进行质量鉴定；另一方面，鉴定机关必须在法院委托的范围内进行，不能脱离法院指定的范围进行鉴定，尤其是计价原则和需套用的工程定额标准由法院根据审理查明的事实予以决定。四是鉴定材料必须经过庭审质证并由法院认定。送交司法鉴

---

〔1〕 参见最高人民法院民事审判第一庭编著：《最高人民法院建设工程施工合同司法解释（二）理解与适用》，人民法院出版社 2019 年版，第 317 页。

定机关的材料，如工程签证单、施工图等必须先由法院庭审质证认定，不能由鉴定单位召集双方核对、确定。五是鉴定机关的资质是否符合要求必须由法院审定。虽然鉴定机构由双方当事人协商一致指定，但法院仍需审查其是否具有与所鉴定的建设工程相匹配的资质，如果鉴定机构的资质等级不符合要求，法院须另行委托资质等级符合要求的鉴定机构。六是鉴定意见是否予以认定并作为查明事实的依据，必须经庭审质证并由法院依职权决定。

最后尤需强调，合同约定的计价标准，计价方法，造价鉴定所依据材料的真实性、合法性及关联性，工程存在质量问题的部位等，都是法律问题和事实问题，不属于专门性、技术性问题，应由法院依法查清并予以认定，由鉴定机构代替法院认定前述法律问题和事实问题，属于典型的“以鉴代审”的违法情况，司法实践中要注意避免。

二、公正性原则

所谓公正原则，是指鉴定机构对案件双方当事人的利益站在公正的立场平等对待，对双方当事人提供的材料公平地作为鉴定的依据，不得因当事人的地位不同而适用不同的标准，从而使利益失去平衡。

鉴定报告作为一种证据，是对已经过去的客观事实重新确认，它必须反映客观的事实。经过法庭质证的鉴定报告具有较高的证据效力，往往成为判决的主要依据，因此，公正原则是司法鉴定最重要的原则之一。鉴定机构和具体的鉴定人员只有严格、准确地贯彻公正原则，才能使鉴定报告公正、客观，才能经得起法庭庭审中双方当事人的质证，才能顺利地为法庭审理案件所采信。

三、从约性原则

所谓从约原则，是指根据民法的自愿和诚实信用原则，只要当事人的约定不违反国家法律和国务院行政法规的强制性规定，不管双方签订的合同或具体条款是否合理，司法鉴定必须尊重当事人的约定，按合同确定的计价原则和质量标准进行司法鉴定，不能另行确定标准进行司法鉴定。

四、合法性原则

合法性原则是司法鉴定的基本原则，也是司法鉴定的基础，它是指鉴定机构的鉴定依据、鉴定方法、鉴定标准、鉴定程序必须遵循国家相关法律规定，确保鉴定结论的合法性。合法性原则是评判鉴定过程与结果是否合法，鉴定意见是否具备证据效力的前提。

合法性原则在鉴定过程中主要表现为：第一，鉴定主体合法。司法鉴定机构必须是按法律、法规、部门规章规定依法成立，并具有相应资质等级的机构或法人。司法鉴定人必须是具备规定的条件，获得相关证书的自然人。第二，鉴定材料合法。基于进行司法鉴定的相关材料必须是经过法院庭审质证认定的证据，比如工程签证单、技术联系单、会议纪要、损失依据等。第三，鉴定程序合法。包括司法鉴定的申请、决定与委托、受理、实施、补充鉴定、重新鉴定、专家共同鉴定等各个环节上必须符合诉讼法和其他相关法律法规和部门规章的规定。第四，鉴定步骤、方法、标准合法。鉴定的步骤、方法应当是经过法律确认的、有效的，鉴定标准要符合合同约定或国家法定标准以及部门（行业）标准。第五，鉴定结果的合法性。主要表现为司法鉴定文书的合法性。鉴定文书必须具备法律规定的文书格式和必备的各项内容，鉴定意见必须符合证据要求和法律规范。

五、必要性原则

司法鉴定开展的目的是解决案件审理中必须要解决的专门性问题，因此必须秉承必要性原则，从“关联性、可行性、范围最小化”角度开展。第一，委托鉴定的事项应当与当事人所争议的待证事实具有关联性，能够达到证明待证事实的目的；第二，鉴定事项应当属于能够通过鉴定得出结论的事项，具有可行性；第三，在委托鉴定前应尽量排除无争议项，只对有争议项进行鉴定，尽可能地减少鉴定次数，严格限制重复鉴定。《民诉法解释》第 121 条第 1 款对当事人的鉴定申请不予准许规定了两种情形：一是申请鉴定的事项与待证事实无关联；二是申请鉴定的事项对证明待证事实无意义。具体而言，启动司法鉴定程序是为了解决专门性问题，对于一般性的事实认定问题应当由法官根据举证责任的有关要求，通过法庭调查等程序来予以认定，不可由司法鉴定越俎代庖。

案例30

固定总价施工合同的工程范围未发生变化，不应进行司法鉴定

——包头二建与拉布大林储备库建设工程施工合同纠纷案[1]

基本案情

上诉人（原审原告）：包头市第二建筑工程有限责任公司（以下简称包头二建）

被上诉人（原审被告）：内蒙古拉布大林国家粮食储备库（以下简称拉布大林储备库）

被上诉人（原审被告）：内蒙古自治区粮食局（以下简称内蒙古粮食局）

被上诉人（原审被告）：内蒙古自治区发展和改革委员会（以下简称内蒙古发改委）

2001年9月，包头二建以9,256,592元的固定总报价取得呼盟拉布大林粮食储备库建设项目中标资格，并在投标书中保证：如一旦由于我方发生预算漏项、计算错误等所形成的风险，在不改变包括投标报价在内的所有投标承诺的前提下由我方承担。内蒙古粮食局、内蒙古发改委以〔2001〕1357号文件确认该工程中标单位及签订合同项目建设单位，公布中标价为9,256,592元。同年9月17日，包头二建与拉布大林储备库签订《建设工程施工合同》（以下简称《施工合同》）约定：工程名称：拉布大林储备库建设项目。工程内容：建筑16米的砖圆仓及附属设施。立项批准文号：国家计委、粮食局计综合〔2001〕664号。资金来源：国家投资。工期：354天。价款：9,256,592元。《施工合同》第23条第2款、第3款还约定：合同价款采用固定价格方

[1] 参见最高人民法院（2006）最高法民一终字第54号民事判决书。

式确定，经建库办批准的工程变更可以调整。质量标准：优良。合同生效：交付履约保证金后生效。包头二建向内蒙古粮食局缴纳了履约保证金。

2003年9月18日，该储备库建设项目工程通过内蒙古建库办组织的竣工验收后，双方依据招投标文件、中标通知书及合同确定的固定价款9,256,592元结算。施工中，对于增加的工程量，根据包头二建所作的预算书，双方进行了结算。另在合同约定的项目之外，又发包给包头二建部分工程，该工程款双方也进行了结算。拉布大林储备库给付包头二建三部分工程款共9,801,450元。

施工中，包头二建要求增加工程概算，并向拉布大林储备库申请。拉布大林储备库向其上级单位作出概算不足、增加概算的报告。内蒙古建库办分别以〔2003〕494号等文件，请示国家粮食局，解决涉案工程的超概算资金问题，国家粮食局未批复。

2005年7月15日，包头二建向内蒙古自治区高级人民法院起诉称，该公司与拉布大林储备库签订的《施工合同》约定采用固定总价，但在招标文件及合同中明确，工程价款可以调整。由于该工程招标概算与预算费用相差悬殊，承包人提出增加概算资金，监理单位也提出其承包的主体工程预算费用不足的意见。内蒙古粮食局、内蒙古发改委也多次向国家粮食局〔1〕上报，但追加资金一直未到位。该公司为保证按时完工，进行了垫资。工程竣工验收后，该建设工程总价应为16,029,192元，已付9,801,450元，尚欠6,737,742元，应由招标委托人内蒙古粮食局、内蒙古发改委和拉布大林储备库共同承担，故请求判令内蒙古粮食局、内蒙古发改委和拉布大林储备库共同支付尚欠工程款6,737,742元，逾期付款违约金2,065,791.70元，赔偿经济损失1,096,509.30元、差旅费100,000元。

一审法院审理过程中，包头二建申请对建设工程造价进行司法鉴定，该申请未获法院准许。

〔1〕现更名为国家粮食和物资储备局。

法院裁判

一审法院认为，本案是通过国家招投标确定的建设工程项目，《施工合同》约定了按固定价格结算工程款。包头二建称在合同专用条款中约定了其他调整因素，即“经自治区建库办批准的工程变更”的合同价款可以调整，提出鉴定申请及增加工程款的请求，无事实及法律依据。因为在履行合同中未发生合同修改或变更导致工程量发生变化的情况，应按合同约定总价格结算。拉布大林储备库给上级单位要求增加概算的报告，不是对《施工合同》的修改和变更，内蒙古建库办向国家粮食局的请示也不是对工程变更的批准，该《施工合同》不存在工程变更和修改的情形，故对包头二建的鉴定申请应予驳回。拉布大林储备库及内蒙古建库办给上级要求增加概算的报告，国家未批准，是未生效的民事行为，没有法律约束力。拉布大林储备库按合同约定已全部履行给付工程款的义务，包头二建再无相应证据证明拖欠其工程款6,737,742元的事实，其请求无依据，应承担举证不能的法律责任。

一审判决：驳回包头二建的诉讼请求。

包头二建不服一审判决，向最高人民法院提起上诉，请求撤销一审判决，依法改判支持其一审的诉讼请求。

二审法院认为，《建设工程司法解释（一）》第22条规定：“当事人约定按照固定价结算工程价款，一方当事人请求对工程造价进行鉴定的，不予支持。”由此说明，固定价款是合同总价或单价在合同约定的风险范围内不可调整的价格。双方当事人通过合同约定了工程价款的确定形式为固定价格，表明双方对建设工程的风险是预知的，并考虑合同履行过程中可能引起价格变动的诸多因素，应当尊重当事人的意思自治。本案中的呼盟拉布大林粮食储备库建设项目是国家通过招投标的方式确定的建设承包方。招投标文件公开了承建该项目的一切前提和全部信息。投标须知特别提醒投标人：“投标人可以自行或与招标人联系对工程施工现场和周围环境进行勘察，以获取须投标人自己负责的有关编制投标文件和签署合同所需的所有材料。招标人和招标代理机构对投标人未踏勘现场而使其投标发生偏离不负任何责任；本合同价款采用固定价格方式。合同总价在合同履行过程中不再因市场因素、工程造价部门发布的调价因素进行调整。”对此，包头二建有条件决定是否参与竞标，并清楚签订《施工合同》的法律后果。因此，在当事人双方签订的《施工合同》固定价格没有变更仍然有效，拉布大林储备库已依约付清合同价款的情况下，包头二建申请对其承包的土建工程造价进行鉴定，依据不足。

最高人民法院二审判决：驳回上诉，维持原判。

案例评析

本案例涉及了必要性原则在司法鉴定程序中的运用问题。

在固定总价施工合同纠纷案件的审理中，经常遇到承包人提出各种理由申请对工程造价进行司法鉴定，对于承包人的这一申请是否应予准许，即是否应通过司法鉴定的方法确定工程造价，应运用必要性原则进行审查。从固定总价施工合同的性质来看，所谓固定总价合同，是指工程总价款予以明确约定具体数额的建设工程施工合同，这种“固定”是指工程价款一经约定，除发包人增减工程量和设计变更外，一律不调整；所谓“总价”，是指完成合同约定范围内工程量以及为完成该工程量而实施的全部工作的总价款。因此，对于固定总价施工合同的工程价款结算只有满足发生设计变更或工程范围发生变化（增减工程量）这一条件时，才允许进行司法鉴定，而司法鉴定的范围也仅限于发生变化的部分工程项目。如果允许一方当事人申请鉴定来重新结算工程款，事实上是推翻了双方当事人订立合同时的磋商过程和最终合意的结果，客观上也可能助长承包人以低价订立合同再通过申请鉴定来推翻合同约定的计价方式，既有违诚信原则，也不利于营造建筑市场公平有序的环境。

本案中，双方当事人签订的是固定总价施工合同，承包人在投标书中也保证：“如一旦由于我方发生预算漏项、计算错误等所形成的风险，在不改变包括投标报价在内的所有投标承诺的前提下由我方承担。”同时，根据审理中所查明的事实可知，在实际施工过程中，未发生设计变更或导致工程量发生变化的情况，因此双方应按施工合同确定的工程价款进行结算，承包人要求进行司法鉴定并重新确定工程价款的申请，不具有必要性，应不予准许。

六、取舍原则

建设工程施工合同纠纷案件中的司法鉴定区别于一般司法鉴定的特殊性是，司法鉴定意见不具有唯一性和确定性，这是由建设工程本身的特点所决定的。所谓取舍原则就是司法鉴定过程中，对于不同的计价原则、质量标准等争议事项，司法鉴定人员囿于专业知识及法律权限无法也无权作出判断，仅能在鉴定报告中列出舍选项或争议项，或在鉴定报告中对于争议项作出说明，由法庭结合案情在鉴定意见的基础上就争议项目作出判断，进行取舍。取舍原则在司法实践中主要表现为四种形式，一是司法鉴定报告给出两种或两种以上鉴定意见，由法院选择认定；二是司法鉴定报告给出一种鉴定意见，另外说明争议部分由法院认定；三是司法鉴定报告给出两种或两种以上鉴定意见，并在每一种意见中，另外说明争议部分，由法院认定；四是司法鉴定报告给出一种鉴定意见，并就当事人提出的异议，部分载明鉴定人意见，部分载明由法院判定。[1] 需要说明的是，鉴定机构应在司法鉴定的过程中就相关问题及争议事项及时与法院进行沟通，在征得人民法院同意后，才能根据不同的证据材料及标准分别进行鉴定，得出鉴定意见，而不能擅自作出不同的鉴定意见供法院取舍。

第三节 建设工程施工合同案件中司法鉴定的实施规则

作为民事诉讼证据中的一种特殊证据，司法鉴定意见形成于民事诉讼过程中，是人民法院、司法鉴定机构和当事人三者通力配合的产物。司法鉴定

---

〔1〕 参见周吉高、阚蓉：《关于工程造价司法鉴定中取舍原则的思考》，载《中国司法鉴定》2014 年第 3 期（总第 74 期）。

程序的启动、司法鉴定工作的开展、司法鉴定意见的形成，受其自身的规律和相关规则的规范，现结合法律、行政法规、司法解释的规定分别予以阐述。

一、启动前提

启动司法鉴定程序的前提条件是基于当事人对案件涉及的专门性问题有争议，而这些专门性问题不解决，案件事实就难以查明。这里首先体现了一个必要性问题，就是鉴定所要解决的问题是通过其他方式所不能解决的，只有通过鉴定才能解决或者应当排除以其他低诉讼成本方法查明案件的可能性。[1] 其次，需要通过司法鉴定解决的是专门性问题，排除了法律适用问题和一般性事实问题。专门性问题主要指工程造价、工程质量、工期、修复方案及修复费用等；法律适用问题是属于法院依法裁判的范围，不纳入鉴定范围；而一般性事实问题的认定，应当由法官根据举证责任的有关要求，通过庭审调查等程序来解决，而不应该通过启动鉴定程序予以解决。

二、启动主体

《人民法院司法鉴定工作暂行规定》中明确："在诉讼过程中，为查明案件事实，人民法院依据职权，或者应当事人及其他诉讼参与人的申请，指派或委托具有专门知识的人，对专门性问题进行检验、鉴别和评定的活动。"《民事诉讼法》第76条第2款规定："当事人未申请鉴定，人民法院对专门性问题认为需要鉴定的，应当委托具备资格的鉴定人进行鉴定。"根据上述规定，司法鉴定程序的启动方式，一是当事人申请，二是人民法院依职权主动进行。因此，当事人及人民法院是司法鉴定程序的启动主体。

从《建设工程司法解释（二）》第14条的规定精神来看，对于司法鉴定的启动主体确立了以当事人申请为主、法院依职权委托鉴定为辅的原则。对于人民法院依职权主动进行司法鉴定的，在实践中存在操作上的难题，即司

---

[1] 参见陈龙业、宋韦韦：《民事诉讼鉴定程序启动若干问题的理解与适用》，载《人民司法》2013年第15期。

法鉴定费用由谁来预付？如果鉴定单位不同意缓缴，怎么办？如果同意缓缴，法院最终判决司法鉴定费的承担者不主动履行，由鉴定单位申请执行还是由法院主动移送执行？此外，因为当事人的不配合，导致鉴定所必需的材料无法取得，鉴定开展不下去，怎么办？这些问题在司法实践中很难解决，所以确立以当事人申请为主，以法院依职权委托为辅的原则是符合司法实践需要的。对于当事人不申请鉴定，而相关的待证事实又必须通过鉴定予以查明的，由法院向负有举证责任的当事人进行释明，经法院释明当事人仍未申请鉴定或虽申请鉴定但未支付鉴定费或拒不提交相关材料的，应当承担举证不能的法律后果。

三、启动时间

鉴于建设工程案件的复杂性，对于司法鉴定的启动时间应在案件争议焦点确定和举证责任明确分配以后再进行，尽量避免在待证事项还未确定的情况下就进行司法鉴定的对外委托，否则容易造成鉴定范围的盲目扩大，既浪费了社会资源，也拖累了审限，还影响对案件基本事实的查明。

司法鉴定的申请时间属于举证期限范畴，在案件争议焦点确定、待证事项明确的情况下，法院应设定期限，规定当事人申请司法鉴定的时间。从2020年5月1日起施行的《最高人民法院关于民事诉讼证据的若干规定》(以下简称《民事诉讼证据规定》) 第31条第1款规定来看，最高人民法院对于司法鉴定的启动明确规定当事人应在法院指定期间内提出申请，但是《民事诉讼法》及《民诉法解释》对于证据失权问题又采取了比较宽松的态度，《建设工程司法解释（二)》第14条第2款又规定了当事人可以在二审程序中提出司法鉴定申请，故当事人未在法院指定期间内提出申请，在之后的审理过程中提出申请或在二审、再审程序中提出申请，是否应明确不予准许，并由其承担举证不能的法律后果？这些司法实践中的问题亟须最高人民法院作出解答。对于司法鉴定的申请时间，笔者建议：

第一，根据《民事诉讼法》《民诉法解释》《建设工程司法解释（二)》的规定，当事人没有在指定期间内申请鉴定，在指定期间届满后又申请的，无论其是否存在故意或重大过失，人民法院如果认为不进行司法鉴定不足以查清某些案件基本事实，应对鉴定申请予以准许。

第二，正常而言，司法鉴定申请应在一审程序中提出，相关的举证期限也应指对一审程序而言，但是《民事诉讼法》及《民诉法解释》并没有明确规定仅限于一审程序，《建设工程司法解释（二）》第 14 条第 2 款规定，“……二审诉讼中申请鉴定，人民法院认为确有必要的，应当依照民事诉讼法第一百七十条第一款第三项的规定处理”，即二审直接委托鉴定，查明事实后改判，或者发回一审法院重审。[1] 从确保判决准确且避免被二审程序或再审程序改判出发，应当允许当事人在一审、二审程序中均可提出司法鉴定申请。考虑二审直接委托进行司法鉴定并依据鉴定结论作出判决，事实上对鉴定所涉事项构成一审终审，侵犯了当事人的审级利益，除非双方均同意放弃审级利益并同意二审法院直接委托鉴定，否则应发回一审法院重审。

第三，根据《民事诉讼法》第 65 条、《民诉法解释》第 102 条的规定，对于负有相关举证责任且未在举证期限内申请鉴定的当事人可进行训诫、罚款等，当事人一方要求另一方赔偿因逾期提供证据致使其增加的交通、住宿、就餐、误工、证人出庭作证等必要费用，人民法院可予支持。

四、鉴定机构的确定

《民事诉讼法》第 76 条及《民诉法解释》第 121 条规定了鉴定人的确定有协商和指定两种方式。人民法院作为居中裁判者，在鉴定机构的选定上，应赋予当事人较大的自主权，避免大包大揽。首先，应该由双方当事人协商确定具备资格的鉴定人。在双方协商过程中，法院应给予必要的指导，比如对于鉴定人的资质等级要求、行政许可范围等。对于双方当事人协商确定的鉴定人，法院应根据需要鉴定的内容对鉴定人的资格进行审查，不符合要求的可要求当事人重新协商确定。其次，在双方当事人不能协商达成一致的情

---

[1] 参见最高人民法院民事审判第一庭编著：《最高人民法院建设工程施工合同司法解释（二）理解与适用》，人民法院出版社 2019 年版，第 314 页。

况下，可由法院选定几个鉴定机构供双方当事人选择，双方当事人选择的过程也是同时协商确定的过程，不能征求单方当事人的意见。最后，在上述方法均未能选定鉴定机构的情况下，可由法院直接确定并委托鉴定机构。

案例 31
鉴定人应当在资质范围内从事鉴定活动
——金太阳公司与安华公司建设工程施工合同纠纷案[1]

基本案情

再审申请人（一审被告、反诉原告，二审上诉人）：黄山市金太阳置业投资集团有限公司（以下简称金太阳公司）

被申请人（一审原告、反诉被告，二审上诉人）：黄山市安华联合建筑装饰工程有限公司（以下简称安华公司）

2008 年，金太阳公司与安华公司签订一份《建设工程施工合同》，约定：由金太阳公司将金太阳大厦二期工程发包给安华公司进行施工；工程承包范围为招标工程量范围内文件规定的土建、水电安装；开、竣工日期分别为 2008 年 12 月 8 日、2010 年 11 月 28 日；合同价款为 3248 万元；签订时间为 2009 年 4 月 18 日。该合同附件 3 签订时间注明为“2008 年 12 月 8 日”。2009 年 3 月 5 日，安华公司向金太阳公司出具书面承诺：“金太阳大厦项目因规范要求，需在市建委进行招标程序，招标中的事项及费用由我公司承办，今后实际以双方签订的正式合同和补充协议为准，特此承诺。”2009 年 3 月 20 日，金太阳公司将金太阳大厦二期工程对外进行招标，投标报价方式为只报唯一的综合取费率。2009 年 4 月 10 日，安华公司提交投标函，载明：本单位自愿以现行安徽省建筑定额为基础，按综合费率 16% 进行投标报价，按照招标文件、设计图纸、技术规范承接黄山市金太阳大厦工程的施工、竣工、保修任务。后经专家组评定和业主确定安华公司为中标单位。

---

〔1〕 参见最高人民法院（2015）最高法民申字第 44 号民事裁定书。

安华公司（乙方）与金太阳公司（甲方）另行签订一份《补充协议》，约定：工程总造价为3248万元，一次性包干；乙方同意整个项目工程除甲供钢材、铝合金门窗、扶手栏杆、消防暖通、外墙涂料、空调、电梯外按设计图纸中的一切工程量及所有费用、人工费用一次性总价包干3248万元（含税）为最后结算价，图纸变更增减的工程量另行计算，除此不再向甲方记取任何费用；履约保证金250万元，乙方于协议签订后3日内支付150万元；《补充协议》还对工程款的计价依据、工程进度款的支付、工期、保证金的支付与退还等进行了约定。双方在《补充协议》标注的签订时间均为2009年4月28日。双方实际按《建设工程施工合同》和《补充协议》履行。

2009年8月3日，金太阳公司将其持有的《建设工程施工合同》提交黄山市建管处备案。2009年9月15日，金太阳公司向安华公司发出中标通知书，同日，该中标通知书在黄山市建设工程招标投标管理办公室进行了备案。

金太阳大厦二期工程于2010年11月28日竣工，2011年1月25日验收合格。此后，安华公司对金太阳公司提出的部分工程质量问题进行了维修。

后双方因工程款结算等事宜产生争议，安华公司向黄山市中级人民法院提起诉讼，请求判令金太阳公司支付安华公司工程款6,937,177.06元及利息。

金太阳公司提起反诉，请求判令：（1）安华公司支付逾期竣工验收合格违约金97.44万元；（2）安华公司赔付各项工程质量维修费用计221.06万元；（3）安华公司支付农民工团体上访违约金204.94万元；（4）安华公司出具11,667,411元工程款发票。

一审审理期间，法院根据双方当事人申请，委托中国建设银行安徽省分行建设工程咨询审价中心对诉争工程造价进行鉴定，鉴定意见为：（1）以施工合同及补充协议约定进行计算，金太阳大厦二期工程总造价为32,791,720.81元。（2）按中标通知书及招标文件进行计算，金太阳大厦二期工程总造价为37,864,170.86元。

另外，诉讼过程中，双方就金太阳大厦二期工程外墙开裂、渗水问题达成协议，由安华公司支付25万元维修费用，交与金太阳公司自行委托第三方进行维修。就其余质量问题，金太阳公司申请鉴定。经法院委托，安徽省建筑工程质量第二监督检测站对金太阳公司提出的工程质量问题进行了鉴定，并委托法院委托黄山市价格认证中心对质量修复工程进行价格鉴定。2013 年 6 月 28 日，黄山市价格认证中心出具关于黄山金太阳大厦二期工程质量瑕疵修复工程造价的价格鉴定结论书，鉴定意见为：黄山金太阳大厦二期工程质量瑕疵修复总额为 202,457.78 元。

法院裁判

一审法院认为：(1) 关于合同效力问题。金太阳大厦二期工程于 2009 年 4 月 10 日进行招投标，但于招投标活动前，安华公司 2009 年 3 月 5 日向金太阳公司出具了承诺函，后又于 2009 年 3 月 30 日向金太阳公司支付了履约保证金 150 万元，并进行了施工前的相关准备工作，故依法应认定中标无效。(2) 关于工程造价问题。中标无效故《建设工程施工合同》和《补充协议》均应认定无效。鉴于双方实际按《建设工程施工合同》和《补充协议》履行，故对按中标通知书进行鉴定的工程造价和按双方实际履行的《建设工程施工合同》及《补充协议》进行鉴定的工程造价的差价 5,072,450.05 元酌情进行分配，一审法院确认诉争工程结算价款为 33,806,210.82 元。(3) 关于诉争工程有无质量缺陷、该缺陷是否应由安华公司承担责任以及鉴定机构、鉴定程序是否合法问题。根据安徽省建筑工程质量第二监督检测站的鉴定意见，金太阳大厦二期工程地下室地面抗压强度不符合设计要求，故地下室地面因质量问题产生的维修费用应由安华公司负担。安华公司认为地下室地面已超保修期、质量问题系金太阳公司擅自使用导致的答辩意见，不予采纳。诉争工程部分墙与框架梁（柱）交接处未设加强网，亦不符合设计及施工验收规范要求，且经鉴定机构鉴定该裂缝对使用性有影响，应进行处理。安华公司认为墙体开裂及渗水问题双方已调解解决，但此次鉴定意见为内墙裂缝，属工程不同部位的质量缺陷，故对安华公司的该辩解意见不予采信。黄山市价格认证中心系依法取得相关资质的鉴定机构，鉴定程序合法有效，对该鉴定意见予以采信。双方已就诉争工程外墙裂缝、渗水问题达成协议，由安华公司支付金太阳公司维修费用25万元，原审法院对此予以确认。据此，安华公司应向金太阳公司支付维修费用为452,457.78元（250,000元+202,457.78元）。

一审法院判决：(1) 金太阳公司支付安华公司工程款（含应返还的质保金）2,453,092.80元及利息；(2) 安华公司向金太阳公司支付工程维修费用452,457.78元；(3) 驳回安华公司其他诉讼请求；(4) 驳回金太阳公司其他诉讼请求。

安华公司与金太阳公司均不服一审判决，分别向安徽省高级人民法院提出上诉。

安华公司上诉称：(1) 一审判决在认定《建设工程施工合同》及《补充协议》无效的同时，认定双方实际按《建设工程施工合同》和《补充协议》履行缺乏事实根据；(2) 金太阳公司于2010年5月1日在案涉工程竣工验收之前即擅自提前投入使用，故金太阳公司已经无权就涉案工程的质量问题向安华公司主张权利，一审法院根据金太阳公司的申请，对所谓质量问题进行鉴定并按照鉴定结果判决安华公司承担所谓的地下室地面和内墙裂缝维修费显然是错误的。故请求二审法院依法予以改判。

金太阳公司上诉称：(1) 一审法院在认定中标无效，双方实际按《建设工程施工合同》和《补充协议》履行情况下，应当参照当事人的合同约定结算工程价款；(2) 黄山市价格认定中心鉴定人员不具备制订工程质量瑕疵修复方案的资质，一审法院不应以黄山市价格认定中心出具的鉴定报告作为判决工程维修费用的依据，而应依法支持金太阳公司要求安华公司赔付各项工程质量维修费用2,210,600元的反诉请求。故请求二审法院进行改判。

二审法院认为：(1) 原审法院对于工程造价的认定正确。(2) 关于维修费用，原审法院委托安徽省建筑工程质量第二监督检测站对相关质量问题进行鉴定，并根据该站鉴定出的质量瑕疵，就修复费用委托黄山市价格认证中心进行价格鉴定，核定案涉工程质量瑕疵修复总价为202,457.78元。原审法院对于金太阳公司提出的案涉工程地下室修复等问题的处理，是将质量问题的认定及修复方案交由有资质的安徽省建筑工程质量第二监督检测站作出，黄山市价格认证中心只是对瑕疵修复的费用进行了鉴定，该鉴定并未超出其资质范围，应为有效。金太阳公司认为黄山市价格认证中心鉴定人员不具备制定工程质量瑕疵修复方案的资质，鉴定结论不能作为依据，要求重新鉴定的上诉请求依据不足，本院不予采信。

二审法院判决：驳回上诉，维持原判。

金太阳公司不服二审判决，向最高人民法院申请再审。

再审认为：(1) 关于质量修复方案鉴定机构及鉴定人的资质、资格问题。根据《建设工程勘察设计管理条例》第 8 条中“设计单位应当在其资质等级许可的范围内承揽建设工程勘察、设计业务”之规定，建设工程存在质量问题，应当由法院依法委托具有鉴定资质的鉴定机构进行鉴定。本案一审中，针对金太阳公司对案涉工程提出的质量问题，黄山市价格认证中心接受一审法院的委托，根据安徽省建筑工程质量第二监督检测站鉴定出具的质量瑕疵鉴定意见，作出工程质量瑕疵修复方案和费用鉴定技术报告并据此出具鉴定结论，核定案涉工程质量瑕疵修复总价为 202, 457. 78 元（其中地下室地面修复费用为 172, 795. 21 元）。然而，经本院调卷审查发现，黄山市价格认定中心价格鉴定机构资质证上核准的资质范围仅为价格鉴定，鉴定人员凌新泽、汪峰的鉴定资格为价格鉴证师。由此说明，无论是该价格中心还是两鉴定人均不具有进行瑕疵修复的资质和资格，该中心的鉴定结论不能作为定案依据。原审法院在金太阳公司一审、二审均对此明确提出异议并申请重新鉴定的情况下，本应另行委托鉴定，却以“质量问题的认定及修复方案交由有资质的安徽省建筑工程质量第二监督检测站作出，黄山市价格认证中心只是对瑕疵修复的费用进行了鉴定，该鉴定并未超出其资质范围，应为有效”为由，驳回金太阳公司要求重新鉴定的请求，并采信该中心的鉴定意见，认定案涉工程质量瑕疵修复总价为 202, 457. 78 元，认定事实有误，程序存在严重瑕疵。(2) 原审法院对造价的认定也存在错误。

最高人民法院再审裁定：(1) 指令安徽省高级人民法院再审本案；(2) 再审期间，中止原判决的执行。

案例评析

本案例涉及司法实践中对于司法鉴定机构的资质审查问题，即鉴定机构的资质等级及资质范围应符合规定。

鉴定机构是否具有相应的鉴定资格是能否作出科学鉴定结论的前提。对于不同类型的鉴定工作，国家出台了相关行政法规予以规范，根据《工程造价咨询企业管理办法》《建设工程质量检测管理办法》《工程质量检测机构资质等级标准》等规定，鉴定机构及相关人员应在其资质等级及被核准的资质范围内承接鉴定工作，不能超越资质等级并跨资质范围以及超出专业能力接受委托。司法实践中，鉴定机构超资质范围和专业能力接收委托进行司法鉴定的现象，主要集中在质量鉴定后的修复方案设计及修复费用鉴定的过程中。通常而言，一个完整的工程质量争议解决过程需要经历工程质量鉴定、修复方案鉴定与修复造价鉴定三个流程，因此，如果由司法鉴定机构出具修复方案及修复费用意见，应当审查其是否同时具备从事造价鉴定业务及工程设计的专业能力和资质，如果不具备，应另行委托具备修复方案设计资质及造价资质的鉴定机构，分别对建设工程存在的质量问题及修复费用作出司法鉴定。

本案中，涉案工程经质量检测机构检测，查明了所存在的质量问题，对于质量问题的修复及相关修复费用的计算，分属不同的专业领域，因此，法院在委托鉴定单位进行司法鉴定时，需查明该鉴定单位是否同时具备造价资质及修复方案设计资质，如果没有同时具备，应该分别委托具有对应资质的鉴定单位进行司法鉴定。一审法院委托的鉴定单位仅具备造价咨询资质，由其同时作出修复方案设计，显然是错误的，相对应的司法鉴定报告亦不能作为证据使用。

五、重新鉴定的启动

这里所称的重新鉴定应仅限于当事人对法院委托的鉴定部门作出的鉴定

意见有异议申请重新鉴定。对于双方在诉前共同委托的鉴定，一方对鉴定意见不服，根据《建设工程司法解释（二）》第13条的规定，除双方明确表示接受该咨询意见约束外，法院对当事人申请司法鉴定应予准许。在法院委托的鉴定部门作出鉴定意见后，对于当事人申请重新委托司法鉴定，以不予准许为原则，以准予重新鉴定申请为例外。对于申请重新鉴定的，应根据《民事诉讼证据规定》第40条的规定进行审查，即当事人对法院委托的鉴定部门作出的鉴定意见有异议申请重新鉴定，提出证据证明有下列情形之一的，应予准许：鉴定人不具备相应资格的、鉴定程序严重违法的、鉴定意见明显依据不足的、鉴定意见不能作为证据使用的其他情形。

六、不予准许鉴定申请的情形

对于当事人提出的司法鉴定申请，应由案件受理法院进行审查，对于不属于专门性问题或不具有必要性的，应不予准许。

1. 工程造价鉴定申请的不予准许情形

第一，双方当事人在诉前已达成有效的结算合意，如已经签署结算协议或工程结算单。第二，施工合同对于工程价款的结算约定了固定总价，且无调整因素。第三，施工合同约定工程价款的确定以造价审计为准的，在诉前双方已委托了社会审价机构进行了工程造价审计，且均已在审价报告上签字盖章的。第四，施工合同专用条款约定承包人提交结算报告后，发包人逾期不审核结算的，视为发包人认可承包人的结算报告，故发包人收到承包人提交的结算报告后逾期未审核结算，也无证据证明其提出过异议，视为结算条件成就，发包人申请司法鉴定确定工程造价的，不予准许。

这里需注意一点，双方当事人虽然在诉前已经达成了工程价款结算协议，但在诉讼中双方均申请对建设工程造价进行鉴定，人民法院应予准许并委托鉴定机构进行司法鉴定。这是因为，虽然双方对于工程价款的结算已经达成了合意，但是在诉讼中均请求重新通过司法鉴定的方式确定最终工程造价，说明双方当事人均不认可之前所签订的工程价款结算协议，双方的最新合意是不确认该工程价款结算协议，依据该工程价款结算协议已不能得出真实工程价款金额，故应当允许当事人双方共同申请法院委托工程造价申请。[1]

2. 工程质量鉴定申请的不予准许情形

第一，建设工程已竣工验收合格，承包人请求发包人付款，发包人认为工程存在重大质量问题而申请工程质量鉴定申请，但其未提供证据证明建设工程存在质量问题的，不予准许工程质量鉴定申请。第二，建设工程虽未进行竣工验收，但发包人已擅自使用，在承包人提起诉讼请求支付工程价款时，发包人主张工程质量不合格，申请质量鉴定的，不予准许。第三，建设工程已竣工，未进行验收，但监理单位出具了工程质量合格证，发包人申请质量鉴定的，不予准许。监理单位受发包人委托，代表发包人进行质量监管，其对工程质量的意见应该代表了发包人的意见，除非发包人能提供证据证明建设工程存在重大质量问题，否则对其质量鉴定申请应不予准许。第四，发包人主张承包人未履行保修责任，但未能提供证据证明具体质量问题，又要求对整个工程质量申请鉴定的，不予准许质量鉴定申请。

司法实践中，不少案件当事人，尤其是发包人为了刻意延长审判时间达到迟延支付工程价款的目的，滥用诉讼权利而恶意提起司法鉴定申请，这种情况需要引起审判人员的重视，慎重审查司法鉴定的申请。

3. 工期鉴定申请的不予准许情形

第一，施工合同中约定了“承包人不在约定时间内提出工期顺延申请视为工期不需顺延”，且承包人无法举证证明其已在约定时间内提出了工期顺延申请的，对于承包人在诉讼中要求进行工期鉴定以证明其逾期竣工具有合理性的，应不予准许。第二，发包人与承包人双方已通过会议纪要、备忘录、补充协议等文件明确了工期延误的原因或停、窝工损失的责任承担问题，诉讼中一方再次就工期问题提出司法鉴定申请的，不予准许。第三，施工中途解约的在建工程，所涉及的停、窝工损失等，在对解约后果一并处理中已包含，不再进行具体的工期鉴定。第四，发包人与承包人双方对影响事件造成

---

〔1〕 参见最高人民法院民事审判第一庭编著：《最高人民法院建设工程施工合同司法解释（二）理解与适用》，人民法院出版社2019年版，第285页。

工期延误的事实问题没有争议，而是对依据合同约定该影响事件造成工期延误的责任应当由谁承担等法律问题存在争议的，不属于专门性问题，不在司法鉴定范围内，应通过合同约定和法律规定作出认定，对相关的工期鉴定申请不予准许。比如，发包人未能按合同约定提供图纸或所提供图纸不符合合同约定的，发包人未能按合同约定提供施工现场、施工条件、基础资料、许可、批准等开工条件的，发包人提供的测量基准点、基准线和水准点及其书面资料存在错误或疏漏的，专用合同条款中约定的其他情形等。

案例32
诉前已达成结算协议，一方当事人不得再申请司法鉴定
——薛理杰、陈强与重庆交通公司建设工程施工合同纠纷案[1]

基本案情

上诉人（原审原告）：薛理杰

上诉人（原审原告）：陈强

被上诉人（一审被告）：重庆交通建设（集团）有限责任公司（以下简称重庆交通公司）

被上诉人（原审被告）：绵阳市交通运输局（以下简称绵阳交通局）

被上诉人（原审被告）：绵阳市重点公路建设指挥部（以下简称绵阳建设指挥部）

被上诉人（原审被告）：绵阳市重点公路建设指挥部办公室（以下简称绵阳重点办）

被上诉人（原审被告）：绵阳市人民政府

一审第三人：四川辰升建筑劳务有限责任公司（以下简称辰升公司）

一审第三人：四川荣邦建筑工程有限公司（以下简称荣邦公司）

2009年8月7日，绵阳建设指挥部向重庆交通公司发出中标通知书，载

[1] 参见最高人民法院（2014）最高法民一终字第88号民事判决书。

明重庆交通公司被确定为省道S105线、S302线绵阳境内公路灾后重建工程施工三标段中标人，中标价153,978,391元，其中专项暂定金额5,568,600元。

2009年12月28日，绵阳建设指挥部作为发包人，重庆交通公司作为承包人签订了《合同协议书》，约定指挥部为实施S302线北川曲山至茂县段灾后重建工程（任家坪至禹里段），已接受重庆交通公司对该项目第三标段的投标，双方达成如下协议："……3. 本标段起止桩号K4+375－K7+145。4. 签约合同价：153,978,391元，其中专项暂定金额5,568,600元……"合同另对工期、质量、违约责任等进行了约定。

重庆交通公司第三项目部作为甲方与乙方荣邦公司签订了一份《劳务承包合同》（签订时间不详），就S302线灾后重建工程第三合同段工程施工的劳务人工费事宜，达成合意："……第二条承包范围。马鞍山隧道开挖、初期支护、二衬等。第三条承包金额为37,548,000元。第四条工期。开工日期2010年2月1日，竣工日期2011年5月20日……"该合同由重庆交通公司第三项目部、荣邦公司加盖公章。其中荣邦公司代表署名林孔义。

2011年5月3日，重庆交通公司第三项目部作为甲方，与乙方辰升公司签订《劳务协作合同》。内容如下："……1. 工程名称：省道S302线灾后重建工程第三合同段；2. 工程地点：绵阳市北川羌族自治县槽山沟（马鞍山隧道）；3. 工程协作方式及范围：马鞍山隧道开挖、初期支护、二衬等劳务施工及配套工作；4. 计价方式：按清单计价；5. 合同金额：由于设计图纸未最终确定，根据现有图纸初步计算，暂定合同总金额为14,000万元，预计劳务费为39,952,960元，最终以实际工程量计算劳务价款……"该合同加盖双方公章及骑缝章，甲方代表彭刚和乙方代表王升辉在合同上签字。

后施工中，由薛理杰、陈强组建施工班组进场进行劳务部分的施工，施工过程中，由于工程款支付等事宜产生争议，发生了多次停工。2012年6月25日，绵阳重点办向重庆交通公司发出《关于省道S302线任禹路第三合同段无故停工处理的函》，2012年7月3日，指挥部向重庆交通公司发出《关于省道S302线任禹路第三合同段汛期安全整改及无故停工处理的函》。2012年7月9日至11日，有绵阳重点办、北川羌族自治县交通局、重庆交通公司、辰升公司、薛理杰等单位和人员参加，薛理杰、陈强与辰升公司进行了多次协商，但未能达成一致意见。

2012年7月12日，施工单位、监理单位和业主共同对薛理杰、陈强所作的工程量形成3张工程量现场签证单。辰升公司的张林、薛理杰和陈强班组的王建岚、重庆交通公司的王龙在施工单位签名栏签字。监理工程师与业主代表分别在监理工程师签名栏和业主代表签字栏签字。

2012年7月20日，辰升公司作为甲方与乙方省道302线任禹路第三合同段劳务班组签订《退场清算协议》。载明："……甲方向乙方包干锁定支付人民币10,044万元，该金额包括但不限于乙方在任禹路三标段实施的所有工程及洪灾、工期延误等一切补偿，后期乙方不得再提出任何支付要求。……二、为保证灾后重建工程不受停工影响，乙方必须在本月23日前安排其所有人员及机械设备退出施工现场，以保证新的施工班组顺利进场施工。三、结算金额支付：甲方前期已向乙方累计支付7588万元（最终以双方核实的金额为准），根据锁定总额10,044万元，甲方还应累计向乙方支付2456万元……"邓绪军作为甲方代表在协议上签字，薛理杰作为乙方代表在协议上签字，相关政府协调人员亦在该协议上签字。

《退场清算协议》签订后，辰升公司向薛理杰、陈强班组支付了21,560,254.92元，连同协议签订前已付款75,880,000元，合计支付97,440,254.92元。另外，辰升公司还向薛理杰、陈强班组支付了材料、设备转让款2,839,700元。余300万元质保金未返还。

薛理杰、陈强向四川省高级人民法院提起诉讼称，当时是由于无法支付工人工资等多方面的因素，在未进行结算的情况下暂时签订了结算协议，结算协议确定的工程价款远远低于实际工程价款，故请求：（1）撤销薛理杰、陈强与辰升公司签订的《退场清算协议》；（2）重庆交通公司向薛理杰、陈强支付工程价款5100万元及利息；（3）绵阳交通局、绵阳建设指挥部、绵阳重点办、绵阳市人民政府在欠付工程款范围内对上述工程款承担连带支付责任。

法院裁判

一审审理中，薛理杰、陈强向一审法院申请对其在省道S302线北川至茂县第三标段中实际完成的工程价款进行鉴定。

一审法院认为：(1) 薛理杰、陈强与荣邦公司之间属挂靠关系，双方之间的挂靠关系无效。辰升公司与薛理杰、陈强之间应为转包关系。该转包行为应属无效。薛理杰、陈强应为本案工程实际施工人，有权提起诉讼主张工程款。(2) 2012年7月20日，薛理杰、陈强班组与辰升公司签订了《退场清算协议》，该协议的效力独立于本案其他合同的效力，且系双方当事人在政府相关部门主持和见证下对工程结算自愿协商的结果，应属有效。从实际履行上看，协议签订后，薛理杰、陈强按照约定退场，辰升公司也按照协议约定支付了相关款项，薛理杰、陈强也接受了辰升公司的支付。经双方当事人一审庭审中确认，除质保金外，《退场清算协议》其余内容均已履行完毕。故薛理杰、陈强现主张撤销该《退场清算协议》的理由均不能成立，法院不予支持。

一审法院判决：驳回薛理杰、陈强的诉讼请求。

薛理杰、陈强不服一审判决，向最高人民法院提起上诉，请求撤销《退场清算协议》，通过鉴定重新确定工程造价。

二审法院认为，从本案的实际情况看，《退场清算协议》不仅有双方当事人参与，还有当地政府相关职能部门作为见证人。该协议系在政府相关部门主持下为彻底解决工程款问题与退场清算问题双方当事人协商的结果，薛理杰、陈强仅举证证明在该协议签订前双方发生过分歧和冲突，但并未举证证明在该协议签订时其受到胁迫。薛理杰、陈强主张涉案协议中约定的工程价款过低，显失公平，其认为涉案工程款高达2亿元，但未提供相应证据，其主张本院不予支持。另涉案协议除质保金部分，其余均已履行完毕。《退场清算协议》是双方自愿协商的结果，体现了双方真实的意思表示，且不违反法律的禁止性规定，应为有效。因此，应以此为依据确定涉案工程款，本案已无须对涉案工程款再进行鉴定，一审法院未组织鉴定并无不当。

二审法院判决：驳回上诉，维持原判。

案例评析

本案例涉及不予准许司法鉴定申请的一种情形，即当事人双方在诉前对工程价款结算已达成一致情况下，其中一方不能在诉讼中再申请司法鉴定以求重新确定工程造价。

双方当事人在诉讼前就工程价款的结算事宜达成协议，体现了双方的真实意思表示，在协议内容不违反法律、法规的情况下，则应恪守承诺，不能事后反悔。因此，在结算协议不存在无效和可撤销情形的情况下，应认定结算协议有效，并以此作为结算依据，而不应准许一方当事人提出的鉴定申请。如果一方当事人主张结算协议存在无效和可撤销情形，应当承担相应举证责任予以证明。《建设工程司法解释（二）》第12条规定："当事人在诉讼前已经对建设工程价款结算达成协议，诉讼中一方当事人申请对工程造价进行鉴定的，人民法院不予准许。"司法实践中对于该条文的适用需掌握的是，不予准许司法鉴定申请仅限于一方当事人提出申请，如果在诉讼中双方均申请对建设工程造价进行鉴定，此时人民法院应予准许并委托鉴定机构进行司法鉴定。这是因为，虽然双方对于工程价款的结算已经达成了合意，但是在诉讼中均请求重新通过司法鉴定的方式确定最终工程造价，说明双方当事人均不认可之前所签订的工程价款结算协议，双方的最新合意是不确认该工程价款结算协议，依据该工程价款结算协议已不能得出真实工程价款金额，故应当允许当事人双方共同申请法院委托工程造价申请。

本案中，涉案建设工程竣工后，双方当事人于2012年7月20日签订了《退场清算协议》，该协议明确了工程结算价这10,044万元，并约定该金额包括但不限于承包人所有工程及洪灾、工期延误等一切补偿，后期承包人不得再提出任何支付要求等事项。该协议约定的工程结算价数额是双方当事人协商的结果，符合双方对于涉案建设工程造价的心理预判，也不违反法律禁止性规定，应为合法有效。事实上，发包人也按此协议支付了除工程质量保证金外的所有工程结算款。因此，在承包人无证据证明存在受胁迫等可撤销可变更事项的情况下，对于承包人在诉讼中申请司法鉴定重新确定工程造价，应不予准许。

第四节 建设工程施工合同案件中司法鉴定的审查要点

法院决定启动司法鉴定程序后，会随之确定鉴定人开展鉴定活动。在此过程中，应当对鉴定机构、鉴定范围、鉴定材料、鉴定方法等影响鉴定程序合法性、鉴定结果公正性的要素予以审查，以确保司法鉴定结论的科学、准确、有效。

一、审查鉴定程序

从相关法律、行政法规的规定及司法实践的需要看，对于鉴定程序的审查主要从其合法性角度展开。

（一）鉴定机构资质等级及资质范围应符合规定

鉴定机构是否具有相应的鉴定资格是能否作出科学鉴定结论的前提。为保证工程造价及工程质量鉴定的规范、准确，维护建设市场的秩序，国家相关行政管理部门对从事工程造价及质量检测机构的技术力量、设备和专业人员等都规定了相应的标准，只有具备相应条件才能通过相应的资质等级审批。

第一，鉴定机构应当在其资质等级许可的范围内从事鉴定活动。根据《工程造价咨询企业管理办法》第19条和第38条的规定，甲级工程造价咨询企业可以从事各类建设项目的工程造价咨询业务，乙级工程造价咨询企业只可以从事工程造价2亿元人民币以下的各类建设项目的工程造价咨询业务；根据《建设工程质量检测管理办法》及《工程质量检测机构资质等级标准》的规定，工程质量检测机构应取得相应的“资质证书”并处于有效期内，不同的资质等级检测不同规模的工程质量。司法实践中，对于鉴定机构的资质等级是否与所需鉴定的建设工程规模匹配、质量检测机构的资质证书是否在有效期内，法院往往是忽略的，对相关的行政规定很陌生，法院也不了解。故而，司法实践中只以审查有无鉴定资质为重点，一般很少将所要鉴定的建设工程规模同鉴定机构的资质等级联系起来综合审查，由此导致鉴定程序出现瑕疵，相对应的司法鉴定报告不能作为定案证据。

第二，鉴定机构应当在其核准的资质范围内从事鉴定活动，不能跨资质范围尤其是超出专业能力接受委托。司法实践中对于鉴定机构超资质范围和专业能力接收委托进行司法鉴定的现象，主要集中在质量鉴定后的修复方案设计及修复费用鉴定的过程中。通常而言，一个完整的工程质量争议解决过程需要经历工程质量鉴定、修复方案鉴定与修复造价鉴定三个流程，目前同时具备这三个方面专业资质的鉴定单位几乎没有。多数情况下，为节省司法资源、提高审判效率的考虑，法院往往选定一家鉴定单位来完成三个流程的作业，鉴定单位的资质问题往往会成为当事人最容易找到的质疑目标。因此，如果由司法鉴定机构出具修复方案及修复费用意见，法院应当审查其是否同时具备从事造价鉴定业务及工程设计的专业能力和资质，如果不具备，法院应另行委托具备修复方案设计资质及造价资质的鉴定机构，分别对建设工程存在的质量问题及修复费用作出司法鉴定。

第三，在工期鉴定领域，目前尚无资质管理方面的专门性规定，理论界对于工期鉴定应由造价机构还是监理机构进行尚存争议。司法实践中目前以委托造价咨询企业进行工期鉴定为主流做法（其中原因不排除目前法院鉴定单位目录中仅有造价咨询机构而基本无监理机构）。由于工期鉴定一般牵涉工程延期后应承担的违约金、损失赔偿的数额，因此基于现状，笔者建议对于建设工程的工期鉴定，应以委托具有工程造价咨询资质的机构进行鉴定为宜。

（二）鉴定范围应与委托范围保持一致

按照法院委托鉴定函的要求和内容开展司法鉴定工作，是鉴定机构作为受托人必须遵守的义务，未经过法院的同意，鉴定机构不得变更或超越委托范围进行鉴定。因此，对司法鉴定报告的审查，还须审查鉴定机构是否存在漏鉴、超鉴、变更鉴定事项的情形。在司法实践中，也确实存在部分鉴定机构擅自变更鉴定范围，或者在法院委托的鉴定范围外增加部分鉴定，提出自己的意见。比如，法院委托对屋顶漏水问题进行质量鉴定，鉴定机构在鉴定结论中除了对屋顶漏水问题进行质量鉴定外，还提出了外墙面砖出现空鼓、黏合度不强等问题，发包人据此顺势增加诉讼请求，要求承包人赔偿这一质量问题的修复损失，由此不但起不到定分止争的作用，反而扩大了双方矛盾。因此，在审查发现鉴定范围与委托书不一致时，法院应要求鉴定机关重新按委托函确定的范围重新出具鉴定意见，原出具的鉴定报告不得作为证据交给双方进行质证。

（三）鉴定人员资格应符合鉴定业务要求

鉴定人员是能否作出科学鉴定结论的关键因素。国家行政管理部门对于工程质量及工程造价鉴定人员亦有相关的资格证书要求，从当前司法实践的情况看，司法鉴定人员主要分工程造价鉴定人和工程质量鉴定人两类。

工程造价鉴定人是指受鉴定机构指派，负责鉴定项目工程造价鉴定的注册造价工程师。从司法鉴定的要求看，工程造价鉴定人应当具备注册造价师资格，并且注册造价师专业与鉴定项目应当一致。目前，注册造价师专业一般分为土建专业、安装专业、交通运输专业和水利工程专业。鉴定机构应当根据鉴定项目的具体情况，指派相应专业的注册造价师进行鉴定工作，法院对此也应作仔细的审查，以确保鉴定结论的正确性。

《建设工程质量检测管理办法》第 14 条规定："检测机构完成检测业务后，应当及时出具检测报告。检测报告经检测人员签字、检测机构法定代表人或者其授权的签字人签署，并加盖检测机构公章或者检测专用章后方可生效……"该规章附件二同时对不同工程项目进行质量检测的技术人员的资格及职称要求作了详细规定，法院在审查工程质量检测鉴定报告时应结合工程项目及行政规定，对鉴定报告上签字人员的技术职称证书等一并予以审查，以确保质量检测人员资格符合鉴定要求。

（四）鉴定程序应符合法律规定的回避制度

司法实践中较多出现的现象是法院委托的工程造价鉴定单位，同时还是发包人的投资顾问，甚至涉讼工程在诉前的社会审计单位和司法鉴定单位是同一家企业，导致司法鉴定结论的公正性受到质疑。因此，审查回避制度在司法鉴定程序中的执行和落实情况也是合法性原则的必然要求。

第一，审查鉴定机构是否存在应当回避的情形。根据《民事诉讼法》第44条第4款规定，鉴定人有下列情形，应当回避：是本案当事人或者当事人、诉讼代理人近亲属；与本案有利害关系；与本案当事人、诉讼代理人有其他关系，可能影响对案件公正审理。《建设工程造价鉴定规范》第3.3.4条及第3.5条规定，鉴定机构应在《鉴定人员组成通知书》中载明回避声明和公正承诺：鉴定机构没有担任过鉴定项目咨询人，与鉴定项目没有利害关系；鉴定人不是鉴定项目当事人、代理人的近亲属，与鉴定项目当事人、代理人的近亲属没有其他利害关系，与鉴定项目没有利害关系；如有上述情形的，鉴定单位应当自行回避，向委托人说明，不予接受委托。因此，如果存在上述情形，鉴定机构在接受法院或仲裁机构委托后，应该向法院或仲裁机构如实告知其与当事人一方的关系并主动申请回避。这是司法鉴定机构的法定义务，如有违反，则构成违反法定程序。

第二，审查鉴定机构是否保障了当事人申请回避的权利。《建设工程造价鉴定规范》第3.5.3条及第3.5.6条规定，当事人有权申请鉴定机构及鉴定人回避。因此，鉴定机构在接受法院或仲裁机构委托后，应当向当事人书面告知鉴定人员的组成，并就回避事宜作出承诺及声明，同时告知当事人申请鉴定机构和鉴定人回避的权利。

对于鉴定程序中回避制度的审查也是人民法院对司法鉴定报告进行合法性审查的重点内容之一，如果法院经审查发现司法鉴定机构存在上述情形，应及时更换司法鉴定机构并重新予以另外委托。

（五）鉴定机构不能擅自转委托

《全国人民代表大会常务委员会关于司法鉴定管理问题的决定》第10条确立了鉴定人独立鉴定原则，这不仅要求鉴定机构的鉴定活动不受其他组织和个人的干预，也要求鉴定机构不得擅自将鉴定事项转委托给其他鉴定机构。鉴定机构擅自转委托的，违反了《民事诉讼法》对鉴定机构选定主体的规定，因擅自转委托而制作的鉴定意见，应不予采纳。

（六）鉴定报告中的签名人员与实际作业人员应保持一致

现实中，由于有些鉴定机构在册的技术人员人数达不到资质规定的要求，为了资质保留或资质升级，他们就寻求专业技术人员挂靠，这种现象十分普遍。这些挂靠人员在鉴定活动中并不从事具体的鉴定工作，他们只是在鉴定意见上签名或加盖注册师印章。还有一种情况是鉴定单位的业务很繁忙，法院委托的司法鉴定工作往往挂在某个注册工程师名下，具体鉴定工作全部由其他没有资格证书的人员完成。这种现象在庭审质证时表现得很明显，即出庭接受质证的鉴定人员往往有几个人，除了一个注册工程师外，还有一到二个所谓的“助手”，相关的问题均由这些助手回答。因此，在开庭过程中，通过对出庭鉴定人员的质询，仔细审查实际作业人与鉴定报告上的签名人员是否一致，审查鉴定意见是否确实是签名的鉴定人员所出具。

案例33
回避制度的法律规定对司法鉴定机构及鉴定人员同样适用

——国际公司与华东理工大学建设工程施工合同纠纷案[1]

基本案情

上诉人（原审原告）：上海国际建设总承包有限公司（以下简称国

[1] 参见上海市第一中级人民法院（2013）沪一中民二（民）终字第317号民事判决书。

际公司)

被上诉人(原审被告):华东理工大学

2006年12月,华东理工大学就奉贤新校区一期部分(公共教学楼、学生公寓、仪器物化实验楼、学生活动中心)工程发布了招标文件,并附工程承包说明、工程量清单。2007年1月24日经过投标程序国际公司以总报价11,904.5976万元中标(承包)。

2007年2月,国际公司、华东理工大学签订了《华东理工大学奉贤新校区一期部分工程(公共教学楼、仪器物化楼、学生公寓、学生活动中心)施工承包合同》,约定承包范围为依照施工图纸所表明的建筑、结构、装饰、安装、绿化及室外总体等工程;工期225天,竣工日期为2007年8月27日;合同价款11,904.5976万元,合同价款采用单价闭口方式确定(除甲供材料、甲方指定或确认价格材料及设备)。

国际公司与华东理工大学就该招标工程还签订了一份《施工补充合同》,该补充合同约定,"工程名称为华东理工大学奉贤新校区一期部分工程(公共教学楼、学生公寓、仪器物化实验楼、学生活动中心);承包范围:依照施工图纸所表明的建筑、结构、装饰、安装及室外总体等工程;开工日期为2007年1月24日,2008年1月31日竣工并交付使用,总工期373天;合同价款11,904.5976万元,为暂定造价……该补充合同上载明的签署日期为2007年1月24日"。同时,双方还签订了一份《协议书》(内部),对各单体工程的工期及竣工日期、工程质量标准作了具体约定。

2007年4月30日,国际公司、华东理工大学签订《华东理工大学奉贤新校区工程临时后勤工人宿舍施工合同》,约定承包范围为临时后勤工人宿舍的土建、安装、装饰及室外总体等工程;建筑面积3500平方米;结构形式为混合结构2层;开工日期2007年5月5日,竣工日期2007年7月31日;暂定造价350万元,最终采用市建委、市定额总站有关"93定额"的相关文件在工程竣工验收后,根据国际公司编制的工程造价结算书委托审价机构审价确定;本工程总造价税前下浮7%。同日,双方又签订了《华东理工大学奉贤新校区工程10KV配电房施工合同》,约定,承包范围为10KV配电房的土建、安装、装饰及室外总体等工程；建筑面积为265平方米；开工日期2007年6月16日，竣工日期2007年8月31日；暂定造价26.5万元，最终采用市建委、市定额总站有关“93定额”的相关文件在工程竣工验收后，根据国际公司编制的工程造价结算书委托审价机构审价确定；本工程总造价税前下浮9%。

上述工程中，公共教学楼于2007年1月22日开工，于2007年8月28日竣工；仪器实验楼、物化实验楼于2007年1月22日开工，于2007年10月17日竣工；学生公寓于2007年2月1日开工，2007年8月28日竣工；学生活动中心于2007年4月19日开工，于2008年5月20日竣工。2008年9～10月，国际公司将工程竣工资料及结算资料移交给华东理工大学。

嗣后，上海沪港建设咨询有限公司（以下简称沪港公司）接受华东理工大学委托对系争工程进行审价。2009年1月，沪港公司出具了初审结论，国际公司、华东理工大学对其中的绿化工程、公共教学楼、学生公寓、物化楼、仪器楼、后勤工人宿舍、10KV配电房等的初审结论盖章确认，但华东理工大学对消防报警，学生活动中心的网架、钢结构、幕墙等工程未予确认。沪港公司未出具正式审价报告。

2010年8月9日，国际公司向上海市徐汇区人民法院提起诉讼，请求判令华东理工大学支付工程余款24,096,629.90元及逾期付款违约金，并返还质量保证金7,082,739.88元及逾期返还保证金的滞纳金。

一审审理期间，法院根据双方申请，通过上海高级人民法院电脑摇号指定委托沪港公司对涉案工程进行司法审价。沪港公司出具鉴定结论为：根据华东理工大学主张按投标及“2000定额”审定工程造价为161,218,088元；根据国际公司主张按合同结算方式审定工程造价为187,094,966元；差额为25,867,878元。

法院裁判

一审法院认为，双方就涉案工程先后签订了两份合同，即2007年2月的备案合同和2007年1月24日的补充合同，其中备案合同约定采用单价闭口按照工程量清单计价，补充合同则约定采用“93定额”计价方式。补充合同所采用的计价方式否定了备案合同的计价方式，构成了对备案合同的实质性变更，故补充合同违反了《招标投标法》的相关规定，应属无效。因此，双方应当根据备案合同的计价原则进行结算，根据司法审价报告及双方确认的配电房和后勤工人宿舍的审价审定单，涉案工程最终决算价应为165,503,243.94元，扣除华东理工大学已付款，尚欠工程款金额为6,245,203.29元。此外，按照备案合同确定的计算方式，涉案工程保修金金额为7,328,645.95元，华东理工大学未付款金额已小于保修金金额，故双方之间未结清的只有保修金。对于保修金返还期限已经届满的部分，华东理工大学应予返还，并承担支付逾期利息的责任，华东理工大学同意提前返还尚未到期的保修金，并无不当，予以准许。

一审法院判决：(1) 华东理工大学返还国际公司保修金2,580,880.31元及逾期还款利息；(2) 华东理工大学返还国际公司保修金3,664,322.98元；(3) 国际公司的其余诉讼请求不予支持。

国际公司不服一审判决，向上海市第一中级人民法院提起上诉，主张鉴定单位沪港公司存在应回避而未回避情形，程序不当，故鉴定结论不合法。请求二审法院依法改判或发回重审。

二审法院认为，根据《民事诉讼法》第44条第4款的规定，与本案有利害关系的或与本案当事人、诉讼代理人有其他关系，可能影响对案件公正审理的鉴定人，应当自行回避。本案中，沪港公司系华东理工大学对涉案建设工程所委托的投资监理单位，与华东理工大学存在利害关系，而且在施工完毕后其也接受华东理工大学的委托对工程造价进行过社会审价，故本案诉讼中，在一方当事人提出异议情况下，沪港公司再担任司法审价单位对工程造价进行审价显属不当，违反了《民事诉讼法》关于有利害关系的鉴定人应当自行回避的相关规定。一审法院判决对此未予查明，属违反法定程序。

二审法院裁定：撤销原审判决，发回重审。

案例评析

本案例涉及回避制度在司法鉴定程序中的运用问题。

合法性原则是司法鉴定的基本原则，也是司法鉴定的基础，而司法鉴定程序符合法律规定是其中的一项重要内容。根据《民事诉讼法》第44条的规定，与本案有利害关系的或与本案当事人、诉讼代理人有其他关系，可能影响对案件公正审理的鉴定人，应当自行回避。《建设工程造价鉴定规范》第3.3.4条及第3.5条规定，鉴定机构担任过鉴定项目咨询人的、与鉴定项目有利害关系的，鉴定人是鉴定项目当事人或代理人近亲属的、与鉴定项目有利害关系的、与鉴定项目当事人或代理人有其他利害关系的，应当自行回避，向委托人说明，不予接受委托。因此，鉴定机构在接受法院或仲裁机构委托后，除了应当保障当事人的申请回避权利外，还应该向委托法院如实告知其与当事人一方的关系并主动申请回避。这是司法鉴定单位的法定义务，如有违反，则构成违反法定程序。

目前，司法实践中较多出现的现象是法院委托的工程造价鉴定单位，同时还是发包人的投资顾问，甚至涉讼工程在诉前的社会审计单位和司法鉴定单位是同一家企业，导致司法鉴定结论的公正性受到质疑。因此，司法鉴定机构及鉴定人员是否存在应当回避而未回避的情形，也是人民法院对司法鉴定报告进行合法性审查的重点内容之一，如果法院经审查发现司法鉴定机构存在上述情形，应及时更换司法鉴定机构并重新另外委托。

本案中，法院委托的司法鉴定单位沪港公司既是一方当事人的投资监理单位，又在本案涉讼前接受委托对涉案建设工程的造价进行了社会审价，在法院对此不知情的情况下，理应将此情况主动告知法院，并由法院征求双方当事人的意见以确定是否需更换司法鉴定单位或主动申请回避，但该鉴定机构没有履行该法定义务，由此导致当事人对于司法鉴定意见公正性的质疑，也使一审判决因违反法定程序而发回重审，这一点在审判实践中需要引起我们的充分重视和警觉。

二、审查鉴定范围

对于鉴定范围的审查，应按照“关联性、可行性、范围最小化”的原则进行，具体到工程造价鉴定、工程质量检测和工期鉴定，应作以下审查：

（一）工程造价鉴定范围

需要掌握的基本原则是对“争议事实”进行鉴定，即对工程价款数额存在争议的案件事实进行鉴定，通过审查认定存在工程价款争议的项目，排除无争议和已有证据可以判断的项目，在尽可能小的范围内鉴定。具体而言，对于鉴定范围的审查应作以下考虑：第一，对于暂定价施工合同，双方当事人对计价原则、标准、工程签证等未能达成一致的，则应对建设工程的造价进行全面司法鉴定。第二，对于固定总价施工合同，若双方对部分增减工程项目结算或某些签证、停、窝工索赔等有争议，则围绕增减工程项目、签证单及停窝工索赔进行司法鉴定。第三，对于固定单价施工合同，若双方对承包人的施工量存在争议，则仅对工程量进行司法鉴定并计算出相应的工程造价。第四，无效施工合同或施工合同解除，已完工程质量合格，双方对工程价款存在争议的，参照前述标准进行司法鉴定。

（二）工程质量鉴定范围

工程质量瑕疵影响了建设工程的整体质量安全以及社会公共利益，人民法院有责任查明涉讼建设工程是否合格、是否会危及公共安全以及社会公共利益。此种情况下，就必须要启动工程质量鉴定，但这并非意味着当事人一提出质量异议即一概进行司法鉴定。人民法院在对工程质量鉴定范围审查时，应注意把握以下几个方面：一是审查建设工程是否已竣工并验收合格。如建设工程已竣工验收合格，发包人主张的工程质量异议可通过承包人履行保修责任予以解决，或仅就承包人未履行保修义务的具体质量问题进行司法鉴定。

如果建设工程尚未进行竣工验收，应审查造成未竣工验收的原因及责任归属，如果是发包人在收到承包人提交的竣工验收申请后拖延不组织验收，按照相关法律规定，发包人收到竣工验收申请之日视为建设工程竣工之日，发包人主张的工程质量异议通过工程质量保修程序予以解决。如果是承包人的原因导致建设工程未能进行竣工验收，应由双方及时去办理工程竣工验收，发包人的司法鉴定申请缺乏基础，应不予准许。二是审查发包人提出质量异议是否属于工程地基基础或主体结构问题。这是法律有特殊规定的工程部位，对于发包人就此提出的质量异议应予以重视，但在实践中是否启动司法鉴定应审查发包人是否提供了初步证据及这些证据与地基基础或主体结构的施工质量间是否存在对应关系，能否初步证明该工程部位存在质量问题。如果能够初步证明，则对地基基础或主体结构进行质量鉴定。三是审查作为衡量建设工程是否存在质量缺陷的比照标准。工程质量鉴定所依据的质量标准，包括强制性技术规范与当事人约定标准两种类别。施工合同约定了质量标准的以约定的技术标准为准，没有约定的以国家标准为准，但合同约定的质量标准不能低于国家强制性规范，如发生此类现象，应以国家强制性技术规范作为鉴定依据。四是审查建筑物发生质量问题的时间以判断是否具有进行司法鉴定的可能和基础。即鉴定对象目前的质量状况能否代表竣工验收时的质量状况，如墙面涂料粉刷、外墙面砖黏合强度等，随着建筑物的使用会出现掉落等现象，发包人申请鉴定时存在的问题并不等于竣工验收时存在质量问题。具体的应根据相应的工程部位和技术规范、设计寿命等综合确定。

（三）工期延误鉴定范围

司法实践中，部分法院在工期鉴定委托书中仅笼统地要求鉴定机构“对工期延误的原因和责任出具鉴定意见”，导致鉴定机构无所适从，既难以出具有针对性的鉴定意见，也不免存在“以鉴代审”的嫌疑。这是没有划清工期鉴定中“鉴”与“审”界限的表现。从工程实务分析，属于工期鉴定的委托范围主要包括两方面：一是工期合理顺延的事由。即施工过程中发生了哪些影响事件导致工期顺延，如设计变更、施工条件变化、新增工程量等。二是工期合理顺延的天数。即该些影响事件分别造成工期顺延的具体天数。

三、审查鉴定材料

首先需明确一点，司法鉴定所需的材料其本质就是证据，只有经过庭审质证并被认定具备证据“三性”的材料，才能作为鉴定的依据。关于证据材料是否采信，属于审判权的职责范围，应当由人民法院认定，但在司法实践中，由于案件涉及建设工程领域的专业性强，一些法官缺乏这方面的知识，将一些属于法律问题的证据采信直接放权给鉴定机构，或者和鉴定机构经过沟通后也未经质证直接让鉴定机构作为鉴定依据适用；有的鉴定机构直接从当事人处单方接收了证据材料即用于司法鉴定。诸如此类的现象在司法实践中很常见，既影响了司法鉴定结论的合法性，也破坏了司法的权威性。因此，对于鉴定材料的审查，必须强调须经双方当事人质证并由法院认定后才能适用，具体可在司法鉴定开始前进行。第一，要求双方当事人围绕鉴定事项分别提供证据并进行证据交换，核对无争议的证据和有争议的证据，由此固定争议焦点和证据。第二，法院组织双方对核对结果进行书面确认，并对有争议的证据进行逐项质证。第三，将当事人经质证认可的证据以及法院予以认定的证据移交给鉴定机构。此外，建设工程施工合同案件中的司法鉴定，现场勘查是一个重要环节，鉴定机构在鉴定过程中根据工作需要进行现场勘验的，应当向法院申请，由法院组织各方参加现场勘验，并形成现场勘验笔录，杜绝鉴定机构自行组织当事人一方进行现场勘验的现象，否则该现场勘验结果不能作为司法鉴定适用的材料。

四、审查鉴定方法

鉴定方法的采用貌似属于专业技术问题，但往往取决于合同约定与法律规定，既关系鉴定结论的准确与否，更关系案件的实体问题，因此对于鉴定方法的采用属审判权范畴，不是鉴定机构的权限之列。对于不同内容的司法鉴定方法，应从如下审查：

（一）工程价款的鉴定方法

第一，施工合同约定了计价标准的，不得套用与合同约定不一致的工程定额标准或市场价标准，即从约原则。以上海为例，虽然“93 定额”已经被之后的“2000 定额”和“2016 定额”所取代，但实践中一些施工合同仍约定按“93 定额”结算，此时应尊重当事人的约定，不能套用最新工程定额标准进行司法鉴定。

第二，施工合同未约定计价标准的，应由法院召集双方当事人协商确定计价原则，如果协商不成，则由法院决定工程造价鉴定应采用的计价标准，鉴定机构根据法院确定的计价标准开展鉴定活动。一般而言，目前司法实践中套用当地最新工程定额标准居多。

第三，对于固定总价合同的鉴定方向，是对增项、甩项、漏项工程进行鉴定而不涉及其他。而这些增减项工程造价的鉴定方法，根据合同约定、报价清单或工程定额标准确定。

第四，对于固定单价合同的鉴定方法，重点是审查工程清单工程量及现场签证工程量的测算方法是否符合规范及程序要求。

第五，合同中途解除的在建工程造价鉴定方法，除了审查是否参照合同约定的计价标准或适用工程定额标准计算工程造价外，法院还应审查鉴定范围是否有遗漏。由于工程未完工，除已施工部分的工程价款外，承包人已运至施工现场的材料、设备，施工现场搭建的临时设施费用的摊销问题，现场工人的退场费用问题，以及全部工程的预期利润问题等，都应当在司法鉴定范围内，而不是仅仅计算已完工程的价款。

（二）工程质量的鉴定方法

建设工程质量鉴定方法的审查相对简单，主要包括：一是应审查现场勘验、取样等鉴定环节是否合乎程序要求。二是施工合同约定了工艺标准的，除该标准低于国家标准外，应按合同约定的标准进行质量鉴定。施工合同没有约定质量标准的，应先征求双方意见，明确鉴定应采用的标准；双方未成达成一致的，采用国家相关标准进行质量鉴定。

（三）工期延误的鉴定方法

第一，重点审查对停工天数的计算、窝工人数的统计及补贴、机械器具的租赁费用的确定依据和标准，以确保鉴定结论有依据。

第二，审查鉴定报告认定工期延误天数所采用的工期延误分析方法。虽然国内目前没有统一的工期延误分析技术规范，实践中多数是参考国外的一些技术规范，如英国工程法学会主持编制的《工期延误和干扰索赔分析准则》等，但鉴定报告对此必须作出说明。

第五节 建设工程施工合同案件中司法鉴定的主导管理

如前所述，司法鉴定程序必须在人民法院主导下开展，这就要求人民法院从启动司法鉴定程序开始到对鉴定意见的质证和认证均应参与其中，并加强审查力度。从审判规律及司法实践出发，为使司法鉴定合法合规开展并为查明案件事实提供有力的支撑和帮助，也为提高诉讼效率，人民法院对司法鉴定工作的开展应主动进行。

一、快速启动司法鉴定程序

（一）尽快确定鉴定范围并选定司法鉴定机构

对于当事人的司法鉴定申请予以准许后，法院应尽快召集双方当事人协商确定初步的鉴定方向及鉴定机构人选。当事人对于鉴定范围有争执的，法院应根据案件审理所固定的争议焦点确定司法鉴定的范围和方向以便有针对性地选择鉴定机构。对于司法鉴定机构的确定，双方当事人不能达成一致的，法院可以提供、推荐数家有资质的鉴定单位供当事人参考决定，如果双方当事人还是未能取得一致意见，法院应主动干预，直接落实有资质的鉴定单位并发出委托函。

（二）尽快完成司法鉴定前的准备工作

确定鉴定机构后，法院应及时召开由鉴定人员及当事人共同参加的鉴定准备会，以便高效推进鉴定工作。鉴定准备会的主要目的和内容可以包括以下四个方面：一是鉴定人提出需要双方提供的鉴定资料并确定提交时限；二是对于双方存在争议的鉴定资料，法院在听取争议各方和鉴定人意见后，决定是否作为鉴定依据；三是法院就鉴定范围、鉴定标准和方法听取争议各方和鉴定人意见，并作最终决定；四是法院给鉴定机构指定鉴定期限和鉴定步骤。

需要注意的是，第一，当事人应当在法院指定的时间内提交鉴定资料，控制鉴定资料的一方当事人逾期不提供或经法院释明后拒不提供资料导致相关争议项无法确定，亦导致司法鉴定无法进行的，法院可以终结司法鉴定程序，并根据案件审理情况，由拒不提供资料的一方当事人承担相应不利后果。或者采用证明妨碍规则，〔1〕对拒绝配合鉴定一方当事人施加一定的制裁以促使其改变态度配合鉴定，或直接赋予其一定的事实推定效果使鉴定程序得以继续。〔2〕第二，对于双方当事人提供的鉴定材料，如果受鉴项目资料较多，法院可以先行委托鉴定机构对双方当事人提交的资料进行核对，确定无争议的资料和有争议的资料后，由法院组织双方当事人对核对结果进行书面确认。对于有争议的证据材料，法院应当组织当事人进行逐项质证，经质证后法院将予以认定的证据材料移交鉴定机构作为鉴定依据使用。

二、全程参与司法鉴定过程

目前司法实践中存在的司法鉴定周期长问题，一个很重要的原因就是法院缺乏与鉴定机构间的沟通，缺乏对鉴定机构鉴定效率的有效监督。因此，

---

〔1〕所谓证明妨碍规则，是指一方当事人在诉讼中或诉讼外，以故意或过失的作为或不作为，致使对方当事人陷入证明困难或证明不能的行为。参见包冰锋：《多元化适用：证明妨碍法律效果的选择路经》，载《现代法学》2011 年第 5 期。

〔2〕参见李玉生主编：《建设工程施工合同案件审理指南》，人民法院出版社 2019 年版，第 349 页。

在司法鉴定过程中，法院应主动地全程参与，而不能不闻不问，放任不管，坐等鉴定机构出具鉴定意见。审判部门应当加强与鉴定机构的沟通，掌握鉴定工作的进度，及时解决司法鉴定过程中出现的各类问题，督促鉴定机构加快鉴定节奏。如果鉴定机构接受委托后未能在指定期限内出具鉴定意见，审判部门可以会同鉴定管理部门要求鉴定机构说明理由，并就相关情况向鉴定机构上级或行业主管部门反映。

法院参与司法鉴定全过程，具体的工作重点体现在以下几方面：第一，对鉴定机构的鉴定工作及时督促，必要时可以发出督促函，要求鉴定人按期完成鉴定工作；第二，对于当事人根据鉴定需要补充提供的证据组织质证，作出是否采纳的决定；第三，鉴定机构提出需要进行现场勘验的，审判部门应当及时会同鉴定管理部门组织当事人实地勘验，并协调解决案外人配合现场勘验的相关问题；第四，对于鉴定人无法依专业知识认定的争议项，及时给予认定意见；若一时无法认定，可要求鉴定人作为争议项在鉴定意见中特别列明。

三、规范认定司法鉴定报告

（一）依法送达司法鉴定报告

鉴定机构完成鉴定初稿后应当及时送交人民法院，由法院向各方当事人送达，并要求当事人在规定的期限内提交书面异议和相关证据材料。鉴定机构针对当事人的异议及相关证据材料对鉴定意见初稿进行核对与调整，并通过法院书面答复当事人。需要强调的是，对于鉴定初稿的审查不仅是当事人的义务，也是人民法院的职责。法院对鉴定初稿经审查认为结论明确、说理充分、涵盖了全部委托事项、符合委托鉴定要求后，应当及时通知鉴定机构出具正式鉴定报告并再次送达各方当事人。

（二）规范开展司法鉴定报告的庭审质证

对于鉴定机构出具的正式鉴定报告，法院应及时开庭进行质证。当事人对鉴定报告有异议或者人民法院认为鉴定人有必要出庭的，人民法院应当通知在鉴定报告上署名的鉴定人员出庭接受质询。鉴定报告上署名的鉴定人员在接到人民法院出庭通知时已不在原鉴定机构执业，人民法院应当通知原鉴定机构指派具有相应资质的鉴定人员出庭，回答当事人的质询。

（三）充分保障当事人的质证权利

法院应当允许当事人可以申请一至两名专家辅助人出庭，代表当事人对鉴定报告进行质证，或者对案件事实所涉及的专业问题提出意见，该意见视为当事人的陈述。当事人申请专家辅助人出庭应当在开庭前向人民法院申请，并经人民法院准许。一方当事人申请专家辅助人出庭的，人民法院应当在开庭前通知另一方当事人。当事人针对鉴定报告申请专家辅助人出庭的，一般应在一审程序中提出。当事人在二审程序中申请专家辅助人出庭，人民法院经审查确有必要的，可以准许。

（四）依法回应当事人的质证异议

经庭审质证当事人对鉴定报告仍持异议，法院应要求鉴定机构对于异议作出回答或出具补充鉴定报告。鉴定机构出具补充鉴定报告的，法院仍需组织双方当事人进行质证，并将各方意见记录在案，作为法院最终对鉴定报告作出评判的考量意见。

（五）独立作出对司法鉴定报告的认定

对司法鉴定报告的审查认证，是法院查明案件事实并作出认定的关键。在经过庭审质证、双方当事人提出各自的异议并由鉴定机构出具答复意见后，法院应综合三方观点并根据施工合同的约定及法律规定，独立对鉴定报告进行审查，逐项进行分析认定，形成最终的法院认证结论，并阐述相应的理由作为判决的依据，避免照搬照抄司法鉴定报告及补充意见的内容。

附录　法律行政法规、规章

一、法　　律

中华人民共和国民法典（节选）

（2020年5月28日第十三届全国人民代表大会第三次会议通过
中华人民共和国主席令第四十五号　2020年5月28日公布
自2021年1月1日起施行）

第十八章　建设工程合同

第七百八十八条　建设工程合同是承包人进行工程建设，发包人支付价款的合同。

建设工程合同包括工程勘察、设计、施工合同。

第七百八十九条　建设工程合同应当采用书面形式。

第七百九十条　建设工程的招标投标活动，应当依照有关法律的规定公开、公平、公正进行。

第七百九十一条　发包人可以与总承包人订立建设工程合同，也可以分别与勘察人、设计人、施工人订立勘察、设计、施工承包合同。发包人不得将应当由一个承包人完成的建设工程支解成若干部分发包给数个承包人。

总承包人或者勘察、设计、施工承包人经发包人同意，可以将自己承包的部分工作交由第三人完成。第三人就其完成的工作成果与总承包人或者勘察、设计、施工承包人向发包人承担连带责任。承包人不得将其承包的全部建设工程转包给第三人或者将其承包的全部建设工程支解以后以分包的名义分别转包给第三人。

禁止承包人将工程分包给不具备相应资质条件的单位。禁止分包单位将其承包的工程再分包。建设工程主体结构的施工必须由承包人自行完成。

第七百九十二条 国家重大建设工程合同，应当按照国家规定的程序和国家批准的投资计划、可行性研究报告等文件订立。

第七百九十三条 建设工程施工合同无效，但是建设工程经验收合格的，可以参照合同关于工程价款的约定折价补偿承包人。

建设工程施工合同无效，且建设工程经验收不合格的，按照以下情形处理：

（一）修复后的建设工程经验收合格的，发包人可以请求承包人承担修复费用；

（二）修复后的建设工程经验收不合格的，承包人无权请求参照合同关于工程价款的约定折价补偿。

发包人对因建设工程不合格造成的损失有过错的，应当承担相应的责任。

第七百九十四条 勘察、设计合同的内容一般包括提交有关基础资料和概预算等文件的期限、质量要求、费用以及其他协作条件等条款。

第七百九十五条 施工合同的内容一般包括工程范围、建设工期、中间交工工程的开工和竣工时间、工程质量、工程造价、技术资料交付时间、材料和设备供应责任、拨款和结算、竣工验收、质量保修范围和质量保证期、相互协作等条款。

第七百九十六条 建设工程实行监理的，发包人应当与监理人采用书面形式订立委托监理合同。发包人与监理人的权利和义务以及法律责任，应当依照本编委托合同以及其他有关法律、行政法规的规定。

第七百九十七条 发包人在不妨碍承包人正常作业的情况下，可以随时对作业进度、质量进行检查。

第七百九十八条 隐蔽工程在隐蔽以前，承包人应当通知发包人检查。发包人没有及时检查的，承包人可以顺延工程日期，并有权请求赔偿停工、窝工等损失。

第七百九十九条 建设工程竣工后，发包人应当根据施工图纸及说明书、国家颁发的施工验收规范和质量检验标准及时进行验收。验收合格的，发包人应当按照约定支付价款，并接收该建设工程。

建设工程竣工经验收合格后，方可交付使用；未经验收或者验收不合格的，不得交付使用。

第八百条 勘察、设计的质量不符合要求或者未按照期限提交勘察、设计文件拖延工期，造成发包人损失的，勘察人、设计人应当继续完善勘察、设计，减收或者免收勘察、设计费并赔偿损失。

第八百零一条 因施工人的原因致使建设工程质量不符合约定的，发包人有权请求施工人在合理期限内无偿修理或者返工、改建。经过修理或者返工、改建后，造成逾期交付的，施工人应当承担违约责任。

第八百零二条 因承包人的原因致使建设工程在合理使用期限内造成人身损害和财产损失的，承包人应当承担赔偿责任。

第八百零三条 发包人未按照约定的时间和要求提供原材料、设备、场地、资金、技术资料的，承包人可以顺延工程日期，并有权请求赔偿停工、窝工等损失。

第八百零四条 因发包人的原因致使工程中途停建、缓建的，发包人应当采取措施弥补或者减少损失，赔偿承包人因此造成的停工、窝工、倒运、机械设备调迁、材料和构件积压等损失和实际费用。

第八百零五条 因发包人变更计划，提供的资料不准确，或者未按照期限提供必需的勘察、设计工作条件而造成勘察、设计的返工、停工或者修改设计，发包人应当按照勘察人、设计人实际消耗的工作量增付费用。

第八百零六条 承包人将建设工程转包、违法分包的，发包人可以解除合同。

发包人提供的主要建筑材料、建筑构配件和设备不符合强制性标准或者不履行协助义务，致使承包人无法施工，经催告后在合理期限内仍未履行相应义务的，承包人可以解除合同。

合同解除后，已经完成的建设工程质量合格的，发包人应当按照约定支付相应的工程价款；已经完成的建设工程质量不合格的，参照本法第七百九十三条的规定处理。

第八百零七条 发包人未按照约定支付价款的，承包人可以催告发包人在合理期限内支付价款。发包人逾期不支付的，除根据建设工程的性质不宜折价、拍卖外，承包人可以与发包人协议将该工程折价，也可以请求人民法院将该工程依法拍卖。建设工程的价款就该工程折价或者拍卖的价款优先受偿。

第八百零八条 本章没有规定的，适用承揽合同的有关规定。

中华人民共和国建筑法（2019年修正）

（1997年11月1日第八届全国人民代表大会常务委员会第二十八次会议通过
根据2011年4月22日第十一届全国人民代表大会常务委员会第二十次会议《关于修改〈中华人民共和国建筑法〉的决定》第一次修正
根据2019年4月23日第十三届全国人民代表大会常务委员会第十次会议《关于修改〈中华人民共和国建筑法〉等八部法律的决定》第二次修正）

第一章 总 则

第一条 为了加强对建筑活动的监督管理，维护建筑市场秩序，保证建筑工程的质量和安全，促进建筑业健康发展，制定本法。

第二条 在中华人民共和国境内从事建筑活动，实施对建筑活动的监督管理，应当遵守本法。

本法所称建筑活动，是指各类房屋建筑及其附属设施的建造和与其配套的线路、管道、设备的安装活动。

第三条 建筑活动应当确保建筑工程质量和安全，符合国家的建筑工程安全标准。

第四条 国家扶持建筑业的发展，支持建筑科学技术研究，提高房屋建筑设计水平，鼓励节约能源和保护环境，提倡采用先进技术、先进设备、先进工艺、新型建筑材料和现代管理方式。

第五条 从事建筑活动应当遵守法律、法规，不得损害社会公共利益和他人的合法权益。

任何单位和个人都不得妨碍和阻挠依法进行的建筑活动。

第六条 国务院建设行政主管部门对全国的建筑活动实施统一监督管理。

第二章 建筑许可

第一节 建筑工程施工许可

第七条 建筑工程开工前，建设单位应当按照国家有关规定向工程所在地县级以上人民政府建设行政主管部门申请领取施工许可证；但是，国务院建设行政主管部门确定的限额以下的小型工程除外。

按照国务院规定的权限和程序批准开工报告的建筑工程，不再领取施工许可证。

第八条 申请领取施工许可证，应当具备下列条件：

（一）已经办理该建筑工程用地批准手续；

（二）依法应当办理建设工程规划许可证的，已经取得建设工程规划许可证；

（三）需要拆迁的，其拆迁进度符合施工要求；

（四）已经确定建筑施工企业；

（五）有满足施工需要的资金安排、施工图纸及技术资料；

（六）有保证工程质量和安全的具体措施。

建设行政主管部门应当自收到申请之日起七日内，对符合条件的申请颁发施工许可证。

第九条 建设单位应当自领取施工许可证之日起三个月内开工。因故不能按期开工的，应当向发证机关申请延期；延期以两次为限，每次不超过三个月。既不开工又不申请延期或者超过延期时限的，施工许可证自行废止。

第十条 在建的建筑工程因故中止施工的，建设单位应当自中止施工之日起一个月内，向发证机关报告，并按照规定做好建筑工程的维护管理工作。

建筑工程恢复施工时，应当向发证机关报告；中止施工满一年的工程恢复施工前，建设单位应当报发证机关核验施工许可证。

第十一条 按照国务院有关规定批准开工报告的建筑工程，因故不能按期开工或者中止施工的，应当及时向批准机关报告情况。因故不能按期开工超过六个月的，应当重新办理开工报告的批准手续。

第二节 从业资格

第十二条 从事建筑活动的建筑施工企业、勘察单位、设计单位和工程监理单位，应当具备下列条件：

（一）有符合国家规定的注册资本；

（二）有与其从事的建筑活动相适应的具有法定执业资格的专业技术人员；

（三）有从事相关建筑活动所应有的技术装备；

（四）法律、行政法规规定的其他条件。

第十三条 从事建筑活动的建筑施工企业、勘察单位、设计单位和工程监理单位，按照其拥有的注册资本、专业技术人员、技术装备和已完成的建筑工程业绩等资质条件，划分为不同的资质等级，经资质审查合格，取得相应等级的资质证书后，方可在其资质等级许可的范围内从事建筑活动。

第十四条 从事建筑活动的专业技术人员，应当依法取得相应的执业资格证书，并在执业资格证书许可的范围内从事建筑活动。

第三章 建筑工程发包与承包

第一节 一般规定

第十五条 建筑工程的发包单位与承包单位应当依法订立书面合同，明确双方的权利和义务。

发包单位和承包单位应当全面履行合同约定的义务。不按照合同约定履行义务的，依法承担违约责任。

第十六条 建筑工程发包与承包的招标投标活动，应当遵循公开、公正、平等竞争的原则，择优选择承包单位。

建筑工程的招标投标，本法没有规定的，适用有关招标投标法律的规定。

第十七条 发包单位及其工作人员在建筑工程发包中不得收受贿赂、回扣或者索取其他好处。

承包单位及其工作人员不得利用向发包单位及其工作人员行贿、提供回扣或者给予其他好处等不正当手段承揽工程。

第十八条 建筑工程造价应当按照国家有关规定，由发包单位与承包单位在合同中约定。公开招标发包的，其造价的约定，须遵守招标投标法律的规定。

发包单位应当按照合同的约定，及时拨付工程款项。

第二节 发 包

第十九条 建筑工程依法实行招标发包，对不适于招标发包的可以直接发包。

第二十条 建筑工程实行公开招标的，发包单位应当依照法定程序和方式，发布招标公告，提供载有招标工程的主要技术要求、主要的合同条款、评标的标准和方法以及开标、评标、定标的程序等内容的招标文件。

开标应当在招标文件规定的时间、地点公开进行。开标后应当按照招标文件规定的评标标准和程序对标书进行评价、比较，在具备相应资质条件的投标者中，择优选定中标者。

第二十一条 建筑工程招标的开标、评标、定标由建设单位依法组织实施，并接受有关行政主管部门的监督。

第二十二条 建筑工程实行招标发包的，发包单位应当将建筑工程发包给依法中标的承包单位。建筑工程实行直接发包的，发包单位应当将建筑工程发包给具有相应资质条件的承包单位。

第二十三条 政府及其所属部门不得滥用行政权力，限定发包单位将招标发包的建筑工程发包给指定的承包单位。

第二十四条 提倡对建筑工程实行总承包，禁止将建筑工程肢解发包。

建筑工程的发包单位可以将建筑工程的勘察、设计、施工、设备采购一并发包给一个工程总承包单位，也可以将建筑工程勘察、设计、施工、设备采购的一项或者多项发包给一个工程总承包单位；但是，不得将应当由一个承包单位完成的建筑工程肢解成若干部分发包给几个承包单位。

第二十五条 按照合同约定，建筑材料、建筑构配件和设备由工程承包单位采购的，发包单位不得指定承包单位购入用于工程的建筑材料、建筑构配件和设备或者指定生产厂、供应商。

第三节 承　　包

第二十六条 承包建筑工程的单位应当持有依法取得的资质证书，并在其资质等级许可的业务范围内承揽工程。

禁止建筑施工企业超越本企业资质等级许可的业务范围或者以任何形式用其他建筑施工企业的名义承揽工程。禁止建筑施工企业以任何形式允许其他单位或者个人使用本企业的资质证书、营业执照，以本企业的名义承揽工程。

第二十七条 大型建筑工程或者结构复杂的建筑工程，可以由两个以上的承包单位联合共同承包。共同承包的各方对承包合同的履行承担连带责任。

两个以上不同资质等级的单位实行联合共同承包的，应当按照资质等级低的单位的业务许可范围承揽工程。

第二十八条 禁止承包单位将其承包的全部建筑工程转包给他人，禁止承包单位将其承包的全部建筑工程肢解以后以分包的名义分别转包给他人。

第二十九条 建筑工程总承包单位可以将承包工程中的部分工程发包给具有相应资质条件的分包单位；但是，除总承包合同中约定的分包外，必须经建设单位认可。施工总承包的，建筑工程主体结构的施工必须由总承包单位自行完成。

建筑工程总承包单位按照总承包合同的约定对建设单位负责；分包单位按照分包合同的约定对总承包单位负责。总承包单位和分包单位就分包工程对建设单位承担连带责任。

禁止总承包单位将工程分包给不具备相应资质条件的单位。禁止分包单位将其承包的工程再分包。

第四章　建筑工程监理

第三十条　国家推行建筑工程监理制度。

国务院可以规定实行强制监理的建筑工程的范围。

第三十一条　实行监理的建筑工程，由建设单位委托具有相应资质条件的工程监理单位监理。建设单位与其委托的工程监理单位应当订立书面委托监理合同。

第三十二条　建筑工程监理应当依照法律、行政法规及有关的技术标准、设计文件和建筑工程承包合同，对承包单位在施工质量、建设工期和建设资金使用等方面，代表建设单位实施监督。

工程监理人员认为工程施工不符合工程设计要求、施工技术标准和合同约定的，有权要求建筑施工企业改正。

工程监理人员发现工程设计不符合建筑工程质量标准或者合同约定的质量要求的，应当报告建设单位要求设计单位改正。

第三十三条　实施建筑工程监理前，建设单位应当将委托的工程监理单位、监理的内容及监理权限，书面通知被监理的建筑施工企业。

第三十四条　工程监理单位应当在其资质等级许可的监理范围内，承担工程监理业务。

工程监理单位应当根据建设单位的委托，客观、公正地执行监理任务。

工程监理单位与被监理工程的承包单位以及建筑材料、建筑构配件和设备供应单位不得有隶属关系或者其他利害关系。

工程监理单位不得转让工程监理业务。

第三十五条 工程监理单位不按照委托监理合同的约定履行监理义务，对应当监督检查的项目不检查或者不按照规定检查，给建设单位造成损失的，应当承担相应的赔偿责任。

工程监理单位与承包单位串通，为承包单位谋取非法利益，给建设单位造成损失的，应当与承包单位承担连带赔偿责任。

第五章 建筑安全生产管理

第三十六条 建筑工程安全生产管理必须坚持安全第一、预防为主的方针，建立健全安全生产的责任制度和群防群治制度。

第三十七条 建筑工程设计应当符合按照国家规定制定的建筑安全规程和技术规范，保证工程的安全性能。

第三十八条 建筑施工企业在编制施工组织设计时，应当根据建筑工程的特点制定相应的安全技术措施；对专业性较强的工程项目，应当编制专项安全施工组织设计，并采取安全技术措施。

第三十九条 建筑施工企业应当在施工现场采取维护安全、防范危险、预防火灾等措施；有条件的，应当对施工现场实行封闭管理。

施工现场对毗邻的建筑物、构筑物和特殊作业环境可能造成损害的，建筑施工企业应当采取安全防护措施。

第四十条 建设单位应当向建筑施工企业提供与施工现场相关的地下管线资料，建筑施工企业应当采取措施加以保护。

第四十一条 建筑施工企业应当遵守有关环境保护和安全生产的法律、法规的规定，采取控制和处理施工现场的各种粉尘、废气、废水、固体废物以及噪声、振动对环境的污染和危害的措施。

第四十二条 有下列情形之一的，建设单位应当按照国家有关规定办理申请批准手续：

（一）需要临时占用规划批准范围以外场地的；

（二）可能损坏道路、管线、电力、邮电通讯等公共设施的；

（三）需要临时停水、停电、中断道路交通的；

（四）需要进行爆破作业的；

（五）法律、法规规定需要办理报批手续的其他情形。

第四十三条 建设行政主管部门负责建筑安全生产的管理，并依法接受劳动行政主管部门对建筑安全生产的指导和监督。

第四十四条 建筑施工企业必须依法加强对建筑安全生产的管理，执行安全生产责任制度，采取有效措施，防止伤亡和其他安全生产事故的发生。

建筑施工企业的法定代表人对本企业的安全生产负责。

第四十五条 施工现场安全由建筑施工企业负责。实行施工总承包的，由总承包单位负责。分包单位向总承包单位负责，服从总承包单位对施工现场的安全生产管理。

第四十六条 建筑施工企业应当建立健全劳动安全生产教育培训制度，加强对职工安全生产的教育培训；未经安全生产教育培训的人员，不得上岗作业。

第四十七条 建筑施工企业和作业人员在施工过程中，应当遵守有关安全生产的法律、法规和建筑行业安全规章、规程，不得违章指挥或者违章作业。作业人员有权对影响人身健康的作业程序和作业条件提出改进意见，有权获得安全生产所需的防护用品。作业人员对危及生命安全和人身健康的行为有权提出批评、检举和控告。

第四十八条 建筑施工企业应当依法为职工参加工伤保险缴纳工伤保险费。鼓励企业为从事危险作业的职工办理意外伤害保险，支付保险费。

第四十九条 涉及建筑主体和承重结构变动的装修工程，建设单位应当在施工前委托原设计单位或者具有相应资质条件的设计单位提出设计方案；没有设计方案的，不得施工。

第五十条 房屋拆除应当由具备保证安全条件的建筑施工单位承担，由建筑施工单位负责人对安全负责。

第五十一条 施工中发生事故时，建筑施工企业应当采取紧急措施减少人员伤亡和事故损失，并按照国家有关规定及时向有关部门报告。

第六章　建筑工程质量管理

第五十二条　建筑工程勘察、设计、施工的质量必须符合国家有关建筑工程安全标准的要求，具体管理办法由国务院规定。

有关建筑工程安全的国家标准不能适应确保建筑安全的要求时，应当及时修订。

第五十三条　国家对从事建筑活动的单位推行质量体系认证制度。从事建筑活动的单位根据自愿原则可以向国务院产品质量监督管理部门或者国务院产品质量监督管理部门授权的部门认可的认证机构申请质量体系认证。经认证合格的，由认证机构颁发质量体系认证证书。

第五十四条　建设单位不得以任何理由，要求建筑设计单位或者建筑施工企业在工程设计或者施工作业中，违反法律、行政法规和建筑工程质量、安全标准，降低工程质量。

建筑设计单位和建筑施工企业对建设单位违反前款规定提出的降低工程质量的要求，应当予以拒绝。

第五十五条　建筑工程实行总承包的，工程质量由工程总承包单位负责，总承包单位将建筑工程分包给其他单位的，应当对分包工程的质量与分包单位承担连带责任。分包单位应当接受总承包单位的质量管理。

第五十六条　建筑工程的勘察、设计单位必须对其勘察、设计的质量负责。勘察、设计文件应当符合有关法律、行政法规的规定和建筑工程质量、安全标准、建筑工程勘察、设计技术规范以及合同的约定。设计文件选用的建筑材料、建筑构配件和设备，应当注明其规格、型号、性能等技术指标，其质量要求必须符合国家规定的标准。

第五十七条　建筑设计单位对设计文件选用的建筑材料、建筑构配件和设备，不得指定生产厂、供应商。

第五十八条　建筑施工企业对工程的施工质量负责。

建筑施工企业必须按照工程设计图纸和施工技术标准施工，不得偷工减料。工程设计的修改由原设计单位负责，建筑施工企业不得擅自修改工程设计。

第五十九条 建筑施工企业必须按照工程设计要求、施工技术标准和合同的约定，对建筑材料、建筑构配件和设备进行检验，不合格的不得使用。

第六十条 建筑物在合理使用寿命内，必须确保地基基础工程和主体结构的质量。

建筑工程竣工时，屋顶、墙面不得留有渗漏、开裂等质量缺陷；对已发现的质量缺陷，建筑施工企业应当修复。

第六十一条 交付竣工验收的建筑工程，必须符合规定的建筑工程质量标准，有完整的工程技术经济资料和经签署的工程保修书，并具备国家规定的其他竣工条件。

建筑工程竣工经验收合格后，方可交付使用；未经验收或者验收不合格的，不得交付使用。

第六十二条 建筑工程实行质量保修制度。

建筑工程的保修范围应当包括地基基础工程、主体结构工程、屋面防水工程和其他土建工程，以及电气管线、上下水管线的安装工程，供热、供冷系统工程等项目；保修的期限应当按照保证建筑物合理寿命年限内正常使用，维护使用者合法权益的原则确定。具体的保修范围和最低保修期限由国务院规定。

第六十三条 任何单位和个人对建筑工程的质量事故、质量缺陷都有权向建设行政主管部门或者其他有关部门进行检举、控告、投诉。

第七章 法律责任

第六十四条 违反本法规定，未取得施工许可证或者开工报告未经批准擅自施工的，责令改正，对不符合开工条件的责令停止施工，可以处以罚款。

第六十五条 发包单位将工程发包给不具有相应资质条件的承包单位的，或者违反本法规定将建筑工程肢解发包的，责令改正，处以罚款。

超越本单位资质等级承揽工程的，责令停止违法行为，处以罚款，可以责令停业整顿，降低资质等级；情节严重的，吊销资质证书；有违法所得的，予以没收。

未取得资质证书承揽工程的，予以取缔，并处罚款；有违法所得的，予以没收。

以欺骗手段取得资质证书的，吊销资质证书，处以罚款；构成犯罪的，依法追究刑事责任。

第六十六条 建筑施工企业转让、出借资质证书或者以其他方式允许他人以本企业的名义承揽工程的，责令改正，没收违法所得，并处罚款，可以责令停业整顿，降低资质等级；情节严重的，吊销资质证书。对因该项承揽工程不符合规定的质量标准造成的损失，建筑施工企业与使用本企业名义的单位或者个人承担连带赔偿责任。

第六十七条 承包单位将承包的工程转包的，或者违反本法规定进行分包的，责令改正，没收违法所得，并处罚款，可以责令停业整顿，降低资质等级；情节严重的，吊销资质证书。

承包单位有前款规定的违法行为的，对因转包工程或者违法分包的工程不符合规定的质量标准造成的损失，与接受转包或者分包的单位承担连带赔偿责任。

第六十八条 在工程发包与承包中索贿、受贿、行贿，构成犯罪的，依法追究刑事责任；不构成犯罪的，分别处以罚款，没收贿赂的财物，对直接负责的主管人员和其他直接责任人员给予处分。

对在工程承包中行贿的承包单位，除依照前款规定处罚外，可以责令停业整顿，降低资质等级或者吊销资质证书。

第六十九条 工程监理单位与建设单位或者建筑施工企业串通，弄虚作假、降低工程质量的，责令改正，处以罚款，降低资质等级或者吊销资质证书；有违法所得的，予以没收；造成损失的，承担连带赔偿责任；构成犯罪的，依法追究刑事责任。

工程监理单位转让监理业务的，责令改正，没收违法所得，可以责令停业整顿，降低资质等级；情节严重的，吊销资质证书。

第七十条 违反本法规定，涉及建筑主体或者承重结构变动的装修工程擅自施工的，责令改正，处以罚款；造成损失的，承担赔偿责任；构成犯罪的，依法追究刑事责任。

第七十一条 建筑施工企业违反本法规定，对建筑安全事故隐患不采取措施予以消除的，责令改正，可以处以罚款；情节严重的，责令停业整顿，降低资质等级或者吊销资质证书；构成犯罪的，依法追究刑事责任。

建筑施工企业的管理人员违章指挥、强令职工冒险作业，因而发生重大伤亡事故或者造成其他严重后果的，依法追究刑事责任。

第七十二条 建设单位违反本法规定，要求建筑设计单位或者建筑施工企业违反建筑工程质量、安全标准，降低工程质量的，责令改正，可以处以罚款；构成犯罪的，依法追究刑事责任。

第七十三条 建筑设计单位不按照建筑工程质量、安全标准进行设计的，责令改正，处以罚款；造成工程质量事故的，责令停业整顿，降低资质等级或者吊销资质证书，没收违法所得，并处罚款；造成损失的，承担赔偿责任；构成犯罪的，依法追究刑事责任。

第七十四条 建筑施工企业在施工中偷工减料的，使用不合格的建筑材料、建筑构配件和设备的，或者有其他不按照工程设计图纸或者施工技术标准施工的行为的，责令改正，处以罚款；情节严重的，责令停业整顿，降低资质等级或者吊销资质证书；造成建筑工程质量不符合规定的质量标准的，负责返工、修理，并赔偿因此造成的损失；构成犯罪的，依法追究刑事责任。

第七十五条 建筑施工企业违反本法规定，不履行保修义务或者拖延履行保修义务的，责令改正，可以处以罚款，并对在保修期内因屋顶、墙面渗漏、开裂等质量缺陷造成的损失，承担赔偿责任。

第七十六条 本法规定的责令停业整顿、降低资质等级和吊销资质证书的行政处罚，由颁发资质证书的机关决定；其他行政处罚，由建设行政主管部门或者有关部门依照法律和国务院规定的职权范围决定。

依照本法规定被吊销资质证书的，由工商行政管理部门吊销其营业执照。

第七十七条 违反本法规定，对不具备相应资质等级条件的单位颁发该等级资质证书的，由其上级机关责令收回所发的资质证书，对直接负责的主管人员和其他直接责任人员给予行政处分；构成犯罪的，依法追究刑事责任。

第七十八条 政府及其所属部门的工作人员违反本法规定，限定发包单位将招标发包的工程发包给指定的承包单位的，由上级机关责令改正；构成犯罪的，依法追究刑事责任。

第七十九条 负责颁发建筑工程施工许可证的部门及其工作人员对不符合施工条件的建筑工程颁发施工许可证的，负责工程质量监督检查或者竣工验收的部门及其工作人员对不合格的建筑工程出具质量合格文件或者按合格工程验收的，由上级机关责令改正，对责任人员给予行政处分；构成犯罪的，依法追究刑事责任；造成损失的，由该部门承担相应的赔偿责任。

第八十条 在建筑物的合理使用寿命内，因建筑工程质量不合格受到损害的，有权向责任者要求赔偿。

第八章 附 则

第八十一条 本法关于施工许可、建筑施工企业资质审查和建筑工程发包、承包、禁止转包，以及建筑工程监理、建筑工程安全和质量管理的规定，适用于其他专业建筑工程的建筑活动，具体办法由国务院规定。

第八十二条 建设行政主管部门和其他有关部门在对建筑活动实施监督管理中，除按照国务院有关规定收取费用外，不得收取其他费用。

第八十三条 省、自治区、直辖市人民政府确定的小型房屋建筑工程的建筑活动，参照本法执行。

依法核定作为文物保护的纪念建筑物和古建筑等的修缮，依照文物保护的有关法律规定执行。

抢险救灾及其他临时性房屋建筑和农民自建低层住宅的建筑活动，不适用本法。

第八十四条 军用房屋建筑工程建筑活动的具体管理办法，由国务院、中央军事委员会依据本法制定。

第八十五条 本法自 1998 年 3 月 1 日起施行。

中华人民共和国招标投标法（2017年修正）

（1999年8月30日第九届全国人民代表大会常务委员会第十一次会议通过
根据2017年12月27日第十二届全国人民代表大会常务委员会
第三十一次会议《关于修改〈中华人民共和国招标投标法〉、
〈中华人民共和国计量法〉的决定》修正）

第一章 总 则

第一条 为了规范招标投标活动，保护国家利益、社会公共利益和招标投标活动当事人的合法权益，提高经济效益，保证项目质量，制定本法。

第二条 在中华人民共和国境内进行招标投标活动，适用本法。

第三条 在中华人民共和国境内进行下列工程建设项目包括项目的勘察、设计、施工、监理以及与工程建设有关的重要设备、材料等的采购，必须进行招标：

（一）大型基础设施、公用事业等关系社会公共利益、公众安全的项目；

（二）全部或者部分使用国有资金投资或者国家融资的项目；

（三）使用国际组织或者外国政府贷款、援助资金的项目。

前款所列项目的具体范围和规模标准，由国务院发展计划部门会同国务院有关部门制订，报国务院批准。

法律或者国务院对必须进行招标的其他项目的范围有规定的，依照其规定。

第四条 任何单位和个人不得将依法必须进行招标的项目化整为零或者以其他任何方式规避招标。

第五条 招标投标活动应当遵循公开、公平、公正和诚实信用的原则。

第六条 依法必须进行招标的项目，其招标投标活动不受地区或者部门的限制。任何单位和个人不得违法限制或者排斥本地区、本系统以外的法人或者其他组织参加投标，不得以任何方式非法干涉招标投标活动。

第七条 招标投标活动及其当事人应当接受依法实施的监督。

有关行政监督部门依法对招标投标活动实施监督，依法查处招标投标活动中的违法行为。

对招标投标活动的行政监督及有关部门的具体职权划分，由国务院规定。

第二章 招 标

第八条 招标人是依照本法规定提出招标项目、进行招标的法人或者其他组织。

第九条 招标项目按照国家有关规定需要履行项目审批手续的，应当先履行审批手续，取得批准。

招标人应当有进行招标项目的相应资金或者资金来源已经落实，并应当在招标文件中如实载明。

第十条 招标分为公开招标和邀请招标。

公开招标，是指招标人以招标公告的方式邀请不特定的法人或者其他组织投标。

邀请招标，是指招标人以投标邀请书的方式邀请特定的法人或者其他组织投标。

第十一条 国务院发展计划部门确定的国家重点项目和省、自治区、直辖市人民政府确定的地方重点项目不适宜公开招标的，经国务院发展计划部门或者省、自治区、直辖市人民政府批准，可以进行邀请招标。

第十二条 招标人有权自行选择招标代理机构，委托其办理招标事宜。任何单位和个人不得以任何方式为招标人指定招标代理机构。

招标人具有编制招标文件和组织评标能力的，可以自行办理招标事宜。任何单位和个人不得强制其委托招标代理机构办理招标事宜。

依法必须进行招标的项目，招标人自行办理招标事宜的，应当向有关行政监督部门备案。

第十三条 招标代理机构是依法设立、从事招标代理业务并提供相关服务的社会中介组织。

招标代理机构应当具备下列条件：

（一）有从事招标代理业务的营业场所和相应资金；

（二）有能够编制招标文件和组织评标的相应专业力量。

第十四条 招标代理机构与行政机关和其他国家机关不得存在隶属关系或者其他利益关系。

第十五条 招标代理机构应当在招标人委托的范围内办理招标事宜，并遵守本法关于招标人的规定。

第十六条 招标人采用公开招标方式的，应当发布招标公告。依法必须进行招标的项目的招标公告，应当通过国家指定的报刊、信息网络或者其他媒介发布。

招标公告应当载明招标人的名称和地址、招标项目的性质、数量、实施地点和时间以及获取招标文件的办法等事项。

第十七条 招标人采用邀请招标方式的，应当向三个以上具备承担招标项目的能力、资信良好的特定的法人或者其他组织发出投标邀请书。

投标邀请书应当载明本法第十六条第二款规定的事项。

第十八条 招标人可以根据招标项目本身的要求，在招标公告或者投标邀请书中，要求潜在投标人提供有关资质证明文件和业绩情况，并对潜在投标人进行资格审查；国家对投标人的资格条件有规定的，依照其规定。

招标人不得以不合理的条件限制或者排斥潜在投标人，不得对潜在投标人实行歧视待遇。

第十九条 招标人应当根据招标项目的特点和需要编制招标文件。招标文件应当包括招标项目的技术要求、对投标人资格审查的标准、投标报价要求和评标标准等所有实质性要求和条件以及拟签订合同的主要条款。

国家对招标项目的技术、标准有规定的，招标人应当按照其规定在招标文件中提出相应要求。

招标项目需要划分标段、确定工期的，招标人应当合理划分标段、确定工期，并在招标文件中载明。

第二十条 招标文件不得要求或者标明特定的生产供应者以及含有倾向或者排斥潜在投标人的其他内容。

第二十一条 招标人根据招标项目的具体情况，可以组织潜在投标人踏勘项目现场。

第二十二条 招标人不得向他人透露已获取招标文件的潜在投标人的名称、数量以及可能影响公平竞争的有关招标投标的其他情况。

招标人设有标底的，标底必须保密。

第二十三条 招标人对已发出的招标文件进行必要的澄清或者修改的，应当在招标文件要求提交投标文件截止时间至少十五日前，以书面形式通知所有招标文件收受人。该澄清或者修改的内容为招标文件的组成部分。

第二十四条 招标人应当确定投标人编制投标文件所需要的合理时间；但是，依法必须进行招标的项目，自招标文件开始发出之日起至投标人提交投标文件截止之日止，最短不得少于二十日。

第三章 投　　标

第二十五条 投标人是响应招标、参加投标竞争的法人或者其他组织。

依法招标的科研项目允许个人参加投标的，投标的个人适用本法有关投标人的规定。

第二十六条 投标人应当具备承担招标项目的能力；国家有关规定对投标人资格条件或者招标文件对投标人资格条件有规定的，投标人应当具备规定的资格条件。

第二十七条 投标人应当按照招标文件的要求编制投标文件。投标文件应当对招标文件提出的实质性要求和条件作出响应。

招标项目属于建设施工的，投标文件的内容应当包括拟派出的项目负责人与主要技术人员的简历、业绩和拟用于完成招标项目的机械设备等。

第二十八条 投标人应当在招标文件要求提交投标文件的截止时间前，将投标文件送达投标地点。招标人收到投标文件后，应当签收保存，不得开启。投标人少于三个的，招标人应当依照本法重新招标。

在招标文件要求提交投标文件的截止时间后送达的投标文件，招标人应当拒收。

第二十九条 投标人在招标文件要求提交投标文件的截止时间前，可以补充、修改或者撤回已提交的投标文件，并书面通知招标人。补充、修改的内容为投标文件的组成部分。

第三十条 投标人根据招标文件载明的项目实际情况，拟在中标后将中标项目的部分非主体、非关键性工作进行分包的，应当在投标文件中载明。

第三十一条 两个以上法人或者其他组织可以组成一个联合体，以一个投标人的身份共同投标。

联合体各方均应当具备承担招标项目的相应能力；国家有关规定或者招标文件对投标人资格条件有规定的，联合体各方均应当具备规定的相应资格条件。由同一专业的单位组成的联合体，按照资质等级较低的单位确定资质等级。

联合体各方应当签订共同投标协议，明确约定各方拟承担的工作和责任，并将共同投标协议连同投标文件一并提交招标人。联合体中标的，联合体各方应当共同与招标人签订合同，就中标项目向招标人承担连带责任。

招标人不得强制投标人组成联合体共同投标，不得限制投标人之间的竞争。

第三十二条 投标人不得相互串通投标报价，不得排挤其他投标人的公平竞争，损害招标人或者其他投标人的合法权益。

投标人不得与招标人串通投标，损害国家利益、社会公共利益或者他人的合法权益。

禁止投标人以向招标人或者评标委员会成员行贿的手段谋取中标。

第三十三条 投标人不得以低于成本的报价竞标，也不得以他人名义投标或者以其他方式弄虚作假，骗取中标。

第四章 开标、评标和中标

第三十四条 开标应当在招标文件确定的提交投标文件截止时间的同一

时间公开进行；开标地点应当为招标文件中预先确定的地点。

第三十五条 开标由招标人主持，邀请所有投标人参加。

第三十六条 开标时，由投标人或者其推选的代表检查投标文件的密封情况，也可以由招标人委托的公证机构检查并公证；经确认无误后，由工作人员当众拆封，宣读投标人名称、投标价格和投标文件的其他主要内容。

招标人在招标文件要求提交投标文件的截止时间前收到的所有投标文件，开标时都应当当众予以拆封、宣读。

开标过程应当记录，并存档备查。

第三十七条 评标由招标人依法组建的评标委员会负责。

依法必须进行招标的项目，其评标委员会由招标人的代表和有关技术、经济等方面的专家组成，成员人数为五人以上单数，其中技术、经济等方面的专家不得少于成员总数的三分之二。

前款专家应当从事相关领域工作满八年并具有高级职称或者具有同等专业水平，由招标人从国务院有关部门或者省、自治区、直辖市人民政府有关部门提供的专家名册或者招标代理机构的专家库内的相关专业的专家名单中确定；一般招标项目可以采取随机抽取方式，特殊招标项目可以由招标人直接确定。

与投标人有利害关系的人不得进入相关项目的评标委员会；已经进入的应当更换。

评标委员会成员的名单在中标结果确定前应当保密。

第三十八条 招标人应当采取必要的措施，保证评标在严格保密的情况下进行。

任何单位和个人不得非法干预、影响评标的过程和结果。

第三十九条 评标委员会可以要求投标人对投标文件中含义不明确的内容作必要的澄清或者说明，但是澄清或者说明不得超出投标文件的范围或者改变投标文件的实质性内容。

第四十条 评标委员会应当按照招标文件确定的评标标准和方法，对投标文件进行评审和比较；设有标底的，应当参考标底。评标委员会完成评标后，应当向招标人提出书面评标报告，并推荐合格的中标候选人。

招标人根据评标委员会提出的书面评标报告和推荐的中标候选人确定中标人。招标人也可以授权评标委员会直接确定中标人。

国务院对特定招标项目的评标有特别规定的，从其规定。

第四十一条　中标人的投标应当符合下列条件之一：

（一）能够最大限度地满足招标文件中规定的各项综合评价标准；

（二）能够满足招标文件的实质性要求，并且经评审的投标价格最低；但是投标价格低于成本的除外。

第四十二条　评标委员会经评审，认为所有投标都不符合招标文件要求的，可以否决所有投标。

依法必须进行招标的项目的所有投标被否决的，招标人应当依照本法重新招标。

第四十三条　在确定中标人前，招标人不得与投标人就投标价格、投标方案等实质性内容进行谈判。

第四十四条　评标委员会成员应当客观、公正地履行职务，遵守职业道德，对所提出的评审意见承担个人责任。

评标委员会成员不得私下接触投标人，不得收受投标人的财物或者其他好处。

评标委员会成员和参与评标的有关工作人员不得透露对投标文件的评审和比较、中标候选人的推荐情况以及与评标有关的其他情况。

第四十五条　中标人确定后，招标人应当向中标人发出中标通知书，并同时将中标结果通知所有未中标的投标人。

中标通知书对招标人和中标人具有法律效力。中标通知书发出后，招标人改变中标结果的，或者中标人放弃中标项目的，应当依法承担法律责任。

第四十六条　招标人和中标人应当自中标通知书发出之日起三十日内，按照招标文件和中标人的投标文件订立书面合同。招标人和中标人不得再行订立背离合同实质性内容的其他协议。

招标文件要求中标人提交履约保证金的，中标人应当提交。

第四十七条 依法必须进行招标的项目，招标人应当自确定中标人之日起十五日内，向有关行政监督部门提交招标投标情况的书面报告。

第四十八条 中标人应当按照合同约定履行义务，完成中标项目。中标人不得向他人转让中标项目，也不得将中标项目肢解后分别向他人转让。

中标人按照合同约定或者经招标人同意，可以将中标项目的部分非主体、非关键性工作分包给他人完成。接受分包的人应当具备相应的资格条件，并不得再次分包。

中标人应当就分包项目向招标人负责，接受分包的人就分包项目承担连带责任。

第五章 法律责任

第四十九条 违反本法规定，必须进行招标的项目而不招标的，将必须进行招标的项目化整为零或者以其他任何方式规避招标的，责令限期改正，可以处项目合同金额千分之五以上千分之十以下的罚款；对全部或者部分使用国有资金的项目，可以暂停项目执行或者暂停资金拨付；对单位直接负责的主管人员和其他直接责任人员依法给予处分。

第五十条 招标代理机构违反本法规定，泄露应当保密的与招标投标活动有关的情况和资料的，或者与招标人、投标人串通损害国家利益、社会公共利益或者他人合法权益的，处五万元以上二十五万元以下的罚款，对单位直接负责的主管人员和其他直接责任人员处单位罚款数额百分之五以上百分之十以下的罚款；有违法所得的，并处没收违法所得；情节严重的，暂停直至取消招标代理资格；构成犯罪的，依法追究刑事责任。给他人造成损失的，依法承担赔偿责任。

前款所列行为影响中标结果的，中标无效。

第五十一条 招标人以不合理的条件限制或者排斥潜在投标人的，对潜在投标人实行歧视待遇的，强制要求投标人组成联合体共同投标的，或者限制投标人之间竞争的，责令改正，可以处一万元以上五万元以下的罚款。

第五十二条 依法必须进行招标的项目的招标人向他人透露已获取招标

文件的潜在投标人的名称、数量或者可能影响公平竞争的有关招标投标的其他情况的，或者泄露标底的，给予警告，可以并处一万元以上十万元以下的罚款；对单位直接负责的主管人员和其他直接责任人员依法给予处分；构成犯罪的，依法追究刑事责任。

前款所列行为影响中标结果的，中标无效。

第五十三条 投标人相互串通投标或者与招标人串通投标的，投标人以向招标人或者评标委员会成员行贿的手段谋取中标的，中标无效，处中标项目金额千分之五以上千分之十以下的罚款，对单位直接负责的主管人员和其他直接责任人员处单位罚款数额百分之五以上百分之十以下的罚款；有违法所得的，并处没收违法所得；情节严重的，取消其一年至二年内参加依法必须进行招标的项目的投标资格并予以公告，直至由工商行政管理机关吊销营业执照；构成犯罪的，依法追究刑事责任。给他人造成损失的，依法承担赔偿责任。

第五十四条 投标人以他人名义投标或者以其他方式弄虚作假，骗取中标的，中标无效，给招标人造成损失的，依法承担赔偿责任；构成犯罪的，依法追究刑事责任。

依法必须进行招标的项目的投标人有前款所列行为尚未构成犯罪的，处中标项目金额千分之五以上千分之十以下的罚款，对单位直接负责的主管人员和其他直接责任人员处单位罚款数额百分之五以上百分之十以下的罚款；有违法所得的，并处没收违法所得；情节严重的，取消其一年至三年内参加依法必须进行招标的项目的投标资格并予以公告，直至由工商行政管理机关吊销营业执照。

第五十五条 依法必须进行招标的项目，招标人违反本法规定，与投标人就投标价格、投标方案等实质性内容进行谈判的，给予警告，对单位直接负责的主管人员和其他直接责任人员依法给予处分。

前款所列行为影响中标结果的，中标无效。

第五十六条 评标委员会成员收受投标人的财物或者其他好处的，评标委员会成员或者参加评标的有关工作人员向他人透露对投标文件的评审和比较、中标候选人的推荐以及与评标有关的其他情况的，给予警告，没收收受的财物，可以并处三千元以上五万元以下的罚款，对有所列违法行为的评标委员会成员取消担任评标委员会成员的资格，不得再参加任何依法必须进行招标的项目的评标；构成犯罪的，依法追究刑事责任。

第五十七条 招标人在评标委员会依法推荐的中标候选人以外确定中标人的，依法必须进行招标的项目在所有投标被评标委员会否决后自行确定中标人的，中标无效。责令改正，可以处中标项目金额千分之五以上千分之十以下的罚款；对单位直接负责的主管人员和其他直接责任人员依法给予处分。

第五十八条 中标人将中标项目转让给他人的，将中标项目肢解后分别转让给他人的，违反本法规定将中标项目的部分主体、关键性工作分包给他人的，或者分包人再次分包的，转让、分包无效，处转让、分包项目金额千分之五以上千分之十以下的罚款；有违法所得的，并处没收违法所得；可以责令停业整顿；情节严重的，由工商行政管理机关吊销营业执照。

第五十九条 招标人与中标人不按照招标文件和中标人的投标文件订立合同的，或者招标人、中标人订立背离合同实质性内容的协议的，责令改正；可以处中标项目金额千分之五以上千分之十以下的罚款。

第六十条 中标人不履行与招标人订立的合同的，履约保证金不予退还，给招标人造成的损失超过履约保证金数额的，还应当对超过部分予以赔偿；没有提交履约保证金的，应当对招标人的损失承担赔偿责任。

中标人不按照与招标人订立的合同履行义务，情节严重的，取消其二年至五年内参加依法必须进行招标的项目的投标资格并予以公告，直至由工商行政管理机关吊销营业执照。

因不可抗力不能履行合同的，不适用前两款规定。

第六十一条 本章规定的行政处罚，由国务院规定的有关行政监督部门决定。本法已对实施行政处罚的机关作出规定的除外。

第六十二条 任何单位违反本法规定，限制或者排斥本地区、本系统以外的法人或者其他组织参加投标的，为招标人指定招标代理机构的，强制招标人委托招标代理机构办理招标事宜的，或者以其他方式干涉招标投标活动的，责令改正；对单位直接负责的主管人员和其他直接责任人员依法给予警告、记过、记大过的处分，情节较重的，依法给予降级、撤职、开除的处分。

个人利用职权进行前款违法行为的，依照前款规定追究责任。

第六十三条 招标投标活动依法负有行政监督职责的国家机关工作人员徇私舞弊、滥用职权或者玩忽职守，构成犯罪的，依法追究刑事责任；不构成犯罪的，依法给予行政处分。

第六十四条 依法必须进行招标的项目违反本法规定，中标无效的，应当依照本法规定的中标条件从其余投标人中重新确定中标人或者依照本法重新进行招标。

第六章 附 则

第六十五条 投标人和其他利害关系人认为招标投标活动不符合本法有关规定的，有权向招标人提出异议或者依法向有关行政监督部门投诉。

第六十六条 涉及国家安全、国家秘密、抢险救灾或者属于利用扶贫资金实行以工代赈、需要使用农民工等特殊情况，不适宜进行招标的项目，按照国家有关规定可以不进行招标。

第六十七条 使用国际组织或者外国政府贷款、援助资金的项目进行招标，贷款方、资金提供方对招标投标的具体条件和程序有不同规定的，可以适用其规定，但违背中华人民共和国的社会公共利益的除外。

第六十八条 本法自 2000 年 1 月 1 日起施行。

二、行政法规、规章、规定

中华人民共和国招标投标法实施条例（2019年修订）

（2011年12月20日中华人民共和国国务院令第613号公布
根据2017年3月1日《国务院关于修改和废止部分行政法规的决定》
第一次修订　根据2018年3月19日《国务院关于修改和废止
部分行政法规的决定》第二次修订　根据2019年3月2日
《国务院关于修改部分行政法规的决定》第三次修订）

第一章　总　　则

第一条　为了规范招标投标活动，根据《中华人民共和国招标投标法》（以下简称招标投标法），制定本条例。

第二条　招标投标法第三条所称工程建设项目，是指工程以及与工程建设有关的货物、服务。

前款所称工程，是指建设工程，包括建筑物和构筑物的新建、改建、扩建及其相关的装修、拆除、修缮等；所称与工程建设有关的货物，是指构成工程不可分割的组成部分，且为实现工程基本功能所必需的设备、材料等；所称与工程建设有关的服务，是指为完成工程所需的勘察、设计、监理等服务。

第三条　依法必须进行招标的工程建设项目的具体范围和规模标准，由国务院发展改革部门会同国务院有关部门制订，报国务院批准后公布施行。

第四条　国务院发展改革部门指导和协调全国招标投标工作，对国家重大建设项目的工程招标投标活动实施监督检查。国务院工业和信息化、住房城乡建设、交通运输、铁道、水利、商务等部门，按照规定的职责分工对有关招标投标活动实施监督。

县级以上地方人民政府发展改革部门指导和协调本行政区域的招标投标工作。县级以上地方人民政府有关部门按照规定的职责分工，对招标投标活动实施监督，依法查处招标投标活动中的违法行为。县级以上地方人民政府对其所属部门有关招标投标活动的监督职责分工另有规定的，从其规定。

财政部门依法对实行招标投标的政府采购工程建设项目的预算执行情况和政府采购政策执行情况实施监督。

监察机关依法对与招标投标活动有关的监察对象实施监察。

第五条 设区的市级以上地方人民政府可以根据实际需要，建立统一规范的招标投标交易场所，为招标投标活动提供服务。招标投标交易场所不得与行政监督部门存在隶属关系，不得以营利为目的。

国家鼓励利用信息网络进行电子招标投标。

第六条 禁止国家工作人员以任何方式非法干涉招标投标活动。

第二章 招　标

第七条 按照国家有关规定需要履行项目审批、核准手续的依法必须进行招标的项目，其招标范围、招标方式、招标组织形式应当报项目审批、核准部门审批、核准。项目审批、核准部门应当及时将审批、核准确定的招标范围、招标方式、招标组织形式通报有关行政监督部门。

第八条 国有资金占控股或者主导地位的依法必须进行招标的项目，应当公开招标；但有下列情形之一的，可以邀请招标：

（一）技术复杂、有特殊要求或者受自然环境限制，只有少量潜在投标人可供选择；

（二）采用公开招标方式的费用占项目合同金额的比例过大。

有前款第二项所列情形，属于本条例第七条规定的项目，由项目审批、核准部门在审批、核准项目时作出认定；其他项目由招标人申请有关行政监督部门作出认定。

第九条 除招标投标法第六十六条规定的可以不进行招标的特殊情况外，

有下列情形之一的，可以不进行招标：

（一）需要采用不可替代的专利或者专有技术；

（二）采购人依法能够自行建设、生产或者提供；

（三）已通过招标方式选定的特许经营项目投资人依法能够自行建设、生产或者提供；

（四）需要向原中标人采购工程、货物或者服务，否则将影响施工或者功能配套要求；

（五）国家规定的其他特殊情形。

招标人为适用前款规定弄虚作假的，属于招标投标法第四条规定的规避招标。

第十条 招标投标法第十二条第二款规定的招标人具有编制招标文件和组织评标能力，是指招标人具有与招标项目规模和复杂程度相适应的技术、经济等方面的专业人员。

第十一条 国务院住房城乡建设、商务、发展改革、工业和信息化等部门，按照规定的职责分工对招标代理机构依法实施监督管理。

第十二条 招标代理机构应当拥有一定数量的具备编制招标文件、组织评标等相应能力的专业人员。

第十三条 招标代理机构在招标人委托的范围内开展招标代理业务，任何单位和个人不得非法干涉。

招标代理机构代理招标业务，应当遵守招标投标法和本条例关于招标人的规定。招标代理机构不得在所代理的招标项目中投标或者代理投标，也不得为所代理的招标项目的投标人提供咨询。

第十四条 招标人应当与被委托的招标代理机构签订书面委托合同，合同约定的收费标准应当符合国家有关规定。

第十五条 公开招标的项目，应当依照招标投标法和本条例的规定发布招标公告、编制招标文件。

招标人采用资格预审办法对潜在投标人进行资格审查的，应当发布资格预审公告、编制资格预审文件。

依法必须进行招标的项目的资格预审公告和招标公告，应当在国务院发展改革部门依法指定的媒介发布。在不同媒介发布的同一招标项目的资格预审公告或者招标公告的内容应当一致。指定媒介发布依法必须进行招标的项目的境内资格预审公告、招标公告，不得收取费用。

编制依法必须进行招标的项目的资格预审文件和招标文件，应当使用国务院发展改革部门会同有关行政监督部门制定的标准文本。

第十六条 招标人应当按照资格预审公告、招标公告或者投标邀请书规定的时间、地点发售资格预审文件或者招标文件。资格预审文件或者招标文件的发售期不得少于5日。

招标人发售资格预审文件、招标文件收取的费用应当限于补偿印刷、邮寄的成本支出，不得以营利为目的。

第十七条 招标人应当合理确定提交资格预审申请文件的时间。依法必须进行招标的项目提交资格预审申请文件的时间，自资格预审文件停止发售之日起不得少于5日。

第十八条 资格预审应当按照资格预审文件载明的标准和方法进行。

国有资金占控股或者主导地位的依法必须进行招标的项目，招标人应当组建资格审查委员会审查资格预审申请文件。资格审查委员会及其成员应当遵守招标投标法和本条例有关评标委员会及其成员的规定。

第十九条 资格预审结束后，招标人应当及时向资格预审申请人发出资格预审结果通知书。未通过资格预审的申请人不具有投标资格。

通过资格预审的申请人少于3个的，应当重新招标。

第二十条 招标人采用资格后审办法对投标人进行资格审查的，应当在开标后由评标委员会按照招标文件规定的标准和方法对投标人的资格进行审查。

第二十一条 招标人可以对已发出的资格预审文件或者招标文件进行必要的澄清或者修改。澄清或者修改的内容可能影响资格预审申请文件或者投标文件编制的，招标人应当在提交资格预审申请文件截止时间至少3日前，或者投标截止时间至少15日前，以书面形式通知所有获取资格预审文件或者招标文件的潜在投标人；不足3日或者15日的，招标人应当顺延提交资格预审申请文件或者投标文件的截止时间。

第二十二条 潜在投标人或者其他利害关系人对资格预审文件有异议的，应当在提交资格预审申请文件截止时间2日前提出；对招标文件有异议的，应当在投标截止时间10日前提出。招标人应当自收到异议之日起3日内作出答复；作出答复前，应当暂停招标投标活动。

第二十三条 招标人编制的资格预审文件、招标文件的内容违反法律、行政法规的强制性规定，违反公开、公平、公正和诚实信用原则，影响资格预审结果或者潜在投标人投标的，依法必须进行招标的项目的招标人应当在修改资格预审文件或者招标文件后重新招标。

第二十四条 招标人对招标项目划分标段的，应当遵守招标投标法的有关规定，不得利用划分标段限制或者排斥潜在投标人。依法必须进行招标的项目的招标人不得利用划分标段规避招标。

第二十五条 招标人应当在招标文件中载明投标有效期。投标有效期从提交投标文件的截止之日起算。

第二十六条 招标人在招标文件中要求投标人提交投标保证金的，投标保证金不得超过招标项目估算价的2%。投标保证金有效期应当与投标有效期一致。

依法必须进行招标的项目的境内投标单位，以现金或者支票形式提交的投标保证金应当从其基本账户转出。

招标人不得挪用投标保证金。

第二十七条 招标人可以自行决定是否编制标底。一个招标项目只能有一个标底。标底必须保密。

接受委托编制标底的中介机构不得参加受托编制标底项目的投标，也不得为该项目的投标人编制投标文件或者提供咨询。

招标人设有最高投标限价的，应当在招标文件中明确最高投标限价或者最高投标限价的计算方法。招标人不得规定最低投标限价。

第二十八条 招标人不得组织单个或者部分潜在投标人踏勘项目现场。

第二十九条 招标人可以依法对工程以及与工程建设有关的货物、服务全部或者部分实行总承包招标。以暂估价形式包括在总承包范围内的工程、货物、服务属于依法必须进行招标的项目范围且达到国家规定规模标准的，应当依法进行招标。

前款所称暂估价，是指总承包招标时不能确定价格而由招标人在招标文件中暂时估定的工程、货物、服务的金额。

第三十条 对技术复杂或者无法精确拟定技术规格的项目，招标人可以分两阶段进行招标。

第一阶段，投标人按照招标公告或者投标邀请书的要求提交不带报价的技术建议，招标人根据投标人提交的技术建议确定技术标准和要求，编制招标文件。

第二阶段，招标人向在第一阶段提交技术建议的投标人提供招标文件，投标人按照招标文件的要求提交包括最终技术方案和投标报价的投标文件。

招标人要求投标人提交投标保证金的，应当在第二阶段提出。

第三十一条 招标人终止招标的，应当及时发布公告，或者以书面形式通知被邀请的或者已经获取资格预审文件、招标文件的潜在投标人。已经发售资格预审文件、招标文件或者已经收取投标保证金的，招标人应当及时退还所收取的资格预审文件、招标文件的费用，以及所收取的投标保证金及银行同期存款利息。

第三十二条 招标人不得以不合理的条件限制、排斥潜在投标人或者投标人。

招标人有下列行为之一的，属于以不合理条件限制、排斥潜在投标人或者投标人：

（一）就同一招标项目向潜在投标人或者投标人提供有差别的项目信息；

（二）设定的资格、技术、商务条件与招标项目的具体特点和实际需要不相适应或者与合同履行无关；

（三）依法必须进行招标的项目以特定行政区域或者特定行业的业绩、奖项作为加分条件或者中标条件；

（四）对潜在投标人或者投标人采取不同的资格审查或者评标标准；

（五）限定或者指定特定的专利、商标、品牌、原产地或者供应商；

（六）依法必须进行招标的项目非法限定潜在投标人或者投标人的所有制形式或者组织形式；

（七）以其他不合理条件限制、排斥潜在投标人或者投标人。

第三章 投 标

第三十三条 投标人参加依法必须进行招标的项目的投标，不受地区或者部门的限制，任何单位和个人不得非法干涉。

第三十四条 与招标人存在利害关系可能影响招标公正性的法人、其他组织或者个人，不得参加投标。

单位负责人为同一人或者存在控股、管理关系的不同单位，不得参加同一标段投标或者未划分标段的同一招标项目投标。

违反前两款规定的，相关投标均无效。

第三十五条 投标人撤回已提交的投标文件，应当在投标截止时间前书面通知招标人。招标人已收取投标保证金的，应当自收到投标人书面撤回通知之日起5日内退还。

投标截止后投标人撤销投标文件的，招标人可以不退还投标保证金。

第三十六条 未通过资格预审的申请人提交的投标文件，以及逾期送达或者不按照招标文件要求密封的投标文件，招标人应当拒收。

招标人应当如实记载投标文件的送达时间和密封情况，并存档备查。

第三十七条 招标人应当在资格预审公告、招标公告或者投标邀请书中载明是否接受联合体投标。

招标人接受联合体投标并进行资格预审的，联合体应当在提交资格预审申请文件前组成。资格预审后联合体增减、更换成员的，其投标无效。

联合体各方在同一招标项目中以自己名义单独投标或者参加其他联合体投标的，相关投标均无效。

第三十八条 投标人发生合并、分立、破产等重大变化的，应当及时书面告知招标人。投标人不再具备资格预审文件、招标文件规定的资格条件或者其投标影响招标公正性的，其投标无效。

第三十九条 禁止投标人相互串通投标。

有下列情形之一的，属于投标人相互串通投标：

（一）投标人之间协商投标报价等投标文件的实质性内容；

（二）投标人之间约定中标人；

（三）投标人之间约定部分投标人放弃投标或者中标；

（四）属于同一集团、协会、商会等组织成员的投标人按照该组织要求协同投标；

（五）投标人之间为谋取中标或者排斥特定投标人而采取的其他联合行动。

第四十条 有下列情形之一的，视为投标人相互串通投标：

（一）不同投标人的投标文件由同一单位或者个人编制；

（二）不同投标人委托同一单位或者个人办理投标事宜；

（三）不同投标人的投标文件载明的项目管理成员为同一人；

（四）不同投标人的投标文件异常一致或者投标报价呈规律性差异；

（五）不同投标人的投标文件相互混装；

（六）不同投标人的投标保证金从同一单位或者个人的账户转出。

第四十一条 禁止招标人与投标人串通投标。

有下列情形之一的，属于招标人与投标人串通投标：

（一）招标人在开标前开启投标文件并将有关信息泄露给其他投标人；

（二）招标人直接或者间接向投标人泄露标底、评标委员会成员等信息；

（三）招标人明示或者暗示投标人压低或者抬高投标报价；

（四）招标人授意投标人撤换、修改投标文件；

（五）招标人明示或者暗示投标人为特定投标人中标提供方便；

（六）招标人与投标人为谋求特定投标人中标而采取的其他串通行为。

第四十二条 使用通过受让或者租借等方式获取的资格、资质证书投标的，属于招标投标法第三十三条规定的以他人名义投标。

投标人有下列情形之一的，属于招标投标法第三十三条规定的以其他方式弄虚作假的行为：

（一）使用伪造、变造的许可证件；

（二）提供虚假的财务状况或者业绩；

（三）提供虚假的项目负责人或者主要技术人员简历、劳动关系证明；

（四）提供虚假的信用状况；

（五）其他弄虚作假的行为。

第四十三条 提交资格预审申请文件的申请人应当遵守招标投标法和本条例有关投标人的规定。

第四章 开标、评标和中标

第四十四条 招标人应当按照招标文件规定的时间、地点开标。

投标人少于3个的，不得开标；招标人应当重新招标。

投标人对开标有异议的，应当在开标现场提出，招标人应当当场作出答复，并制作记录。

第四十五条 国家实行统一的评标专家专业分类标准和管理办法。具体标准和办法由国务院发展改革部门会同国务院有关部门制定。

省级人民政府和国务院有关部门应当组建综合评标专家库。

第四十六条 除招标投标法第三十七条第三款规定的特殊招标项目外，依法必须进行招标的项目，其评标委员会的专家成员应当从评标专家库内相关专业的专家名单中以随机抽取方式确定。任何单位和个人不得以明示、暗示等任何方式指定或者变相指定参加评标委员会的专家成员。

依法必须进行招标的项目的招标人非因招标投标法和本条例规定的事由，不得更换依法确定的评标委员会成员。更换评标委员会的专家成员应当依照前款规定进行。

评标委员会成员与投标人有利害关系的，应当主动回避。

有关行政监督部门应当按照规定的职责分工，对评标委员会成员的确定方式、评标专家的抽取和评标活动进行监督。行政监督部门的工作人员不得担任本部门负责监督项目的评标委员会成员。

第四十七条 招标投标法第三十七条第三款所称特殊招标项目，是指技术复杂、专业性强或者国家有特殊要求，采取随机抽取方式确定的专家难以保证胜任评标工作的项目。

第四十八条 招标人应当向评标委员会提供评标所必需的信息，但不得明示或者暗示其倾向或者排斥特定投标人。

招标人应当根据项目规模和技术复杂程度等因素合理确定评标时间。超过三分之一的评标委员会成员认为评标时间不够的，招标人应当适当延长。

评标过程中，评标委员会成员有回避事由、擅离职守或者因健康等原因不能继续评标的，应当及时更换。被更换的评标委员会成员作出的评审结论无效，由更换后的评标委员会成员重新进行评审。

第四十九条 评标委员会成员应当依照招标投标法和本条例的规定，按照招标文件规定的评标标准和方法，客观、公正地对投标文件提出评审意见。招标文件没有规定的评标标准和方法不得作为评标的依据。

评标委员会成员不得私下接触投标人，不得收受投标人给予的财物或者其他好处，不得向招标人征询确定中标人的意向，不得接受任何单位或者个人明示或者暗示提出的倾向或者排斥特定投标人的要求，不得有其他不客观、不公正履行职务的行为。

第五十条 招标项目设有标底的，招标人应当在开标时公布。标底只能作为评标的参考，不得以投标报价是否接近标底作为中标条件，也不得以投标报价超过标底上下浮动范围作为否决投标的条件。

第五十一条 有下列情形之一的，评标委员会应当否决其投标：

（一）投标文件未经投标单位盖章和单位负责人签字；

（二）投标联合体没有提交共同投标协议；

（三）投标人不符合国家或者招标文件规定的资格条件；

（四）同一投标人提交两个以上不同的投标文件或者投标报价，但招标文件要求提交备选投标的除外；

（五）投标报价低于成本或者高于招标文件设定的最高投标限价；

（六）投标文件没有对招标文件的实质性要求和条件作出响应；

（七）投标人有串通投标、弄虚作假、行贿等违法行为。

第五十二条 投标文件中有含义不明确的内容、明显文字或者计算错误，评标委员会认为需要投标人作出必要澄清、说明的，应当书面通知该投标人。投标人的澄清、说明应当采用书面形式，并不得超出投标文件的范围或者改变投标文件的实质性内容。

评标委员会不得暗示或者诱导投标人作出澄清、说明，不得接受投标人主动提出的澄清、说明。

第五十三条 评标完成后，评标委员会应当向招标人提交书面评标报告和中标候选人名单。中标候选人应当不超过3个，并标明排序。

评标报告应当由评标委员会全体成员签字。对评标结果有不同意见的评标委员会成员应当以书面形式说明其不同意见和理由，评标报告应当注明该不同意见。评标委员会成员拒绝在评标报告上签字又不书面说明其不同意见和理由的，视为同意评标结果。

第五十四条 依法必须进行招标的项目，招标人应当自收到评标报告之日起3日内公示中标候选人，公示期不得少于3日。

投标人或者其他利害关系人对依法必须进行招标的项目的评标结果有异议的，应当在中标候选人公示期间提出。招标人应当自收到异议之日起3日内作出答复；作出答复前，应当暂停招标投标活动。

第五十五条 国有资金占控股或者主导地位的依法必须进行招标的项目，招标人应当确定排名第一的中标候选人为中标人。排名第一的中标候选人放弃中标、因不可抗力不能履行合同、不按照招标文件要求提交履约保证金，或者被查实存在影响中标结果的违法行为等情形，不符合中标条件的，招标人可以按照评标委员会提出的中标候选人名单排序依次确定其他中标候选人为中标人，也可以重新招标。

第五十六条 中标候选人的经营、财务状况发生较大变化或者存在违法行为，招标人认为可能影响其履约能力的，应当在发出中标通知书前由原评标委员会按照招标文件规定的标准和方法审查确认。

第五十七条 招标人和中标人应当依照招标投标法和本条例的规定签订书面合同，合同的标的、价款、质量、履行期限等主要条款应当与招标文件和中标人的投标文件的内容一致。招标人和中标人不得再行订立背离合同实质性内容的其他协议。

招标人最迟应当在书面合同签订后5日内向中标人和未中标的投标人退还投标保证金及银行同期存款利息。

第五十八条 招标文件要求中标人提交履约保证金的，中标人应当按照招标文件的要求提交。履约保证金不得超过中标合同金额的10%。

第五十九条 中标人应当按照合同约定履行义务，完成中标项目。中标人不得向他人转让中标项目，也不得将中标项目肢解后分别向他人转让。

中标人按照合同约定或者经招标人同意，可以将中标项目的部分非主体、非关键性工作分包给他人完成。接受分包的人应当具备相应的资格条件，并不得再次分包。

中标人应当就分包项目向招标人负责，接受分包的人就分包项目承担连带责任。

第五章 投诉与处理

第六十条 投标人或者其他利害关系人认为招标投标活动不符合法律、行政法规规定的，可以自知道或者应当知道之日起10日内向有关行政监督部门投诉。投诉应当有明确的请求和必要的证明材料。

就本条例第二十二条、第四十四条、第五十四条规定事项投诉的，应当先向招标人提出异议，异议答复期间不计算在前款规定的期限内。

第六十一条 投诉人就同一事项向两个以上有权受理的行政监督部门投诉的，由最先收到投诉的行政监督部门负责处理。

行政监督部门应当自收到投诉之日起3个工作日内决定是否受理投诉，并自受理投诉之日起30个工作日内作出书面处理决定；需要检验、检测、鉴定、专家评审的，所需时间不计算在内。

投诉人捏造事实、伪造材料或者以非法手段取得证明材料进行投诉的，行政监督部门应当予以驳回。

第六十二条 行政监督部门处理投诉，有权查阅、复制有关文件、资料，调查有关情况，相关单位和人员应当予以配合。必要时，行政监督部门可以责令暂停招标投标活动。

行政监督部门的工作人员对监督检查过程中知悉的国家秘密、商业秘密，应当依法予以保密。

第六章 法律责任

第六十三条 招标人有下列限制或者排斥潜在投标人行为之一的，由有关行政监督部门依照招标投标法第五十一条的规定处罚：

（一）依法应当公开招标的项目不按照规定在指定媒介发布资格预审公告或者招标公告；

（二）在不同媒介发布的同一招标项目的资格预审公告或者招标公告的内容不一致，影响潜在投标人申请资格预审或者投标。

依法必须进行招标的项目的招标人不按照规定发布资格预审公告或者招标公告，构成规避招标的，依照招标投标法第四十九条的规定处罚。

第六十四条 招标人有下列情形之一的，由有关行政监督部门责令改正，可以处10万元以下的罚款：

（一）依法应当公开招标而采用邀请招标；

（二）招标文件、资格预审文件的发售、澄清、修改的时限，或者确定的提交资格预审申请文件、投标文件的时限不符合招标投标法和本条例规定；

（三）接受未通过资格预审的单位或者个人参加投标；

（四）接受应当拒收的投标文件。

招标人有前款第一项、第三项、第四项所列行为之一的，对单位直接负责的主管人员和其他直接责任人员依法给予处分。

第六十五条 招标代理机构在所代理的招标项目中投标、代理投标或者向该项目投标人提供咨询的，接受委托编制标底的中介机构参加受托编制标底项目的投标或者为该项目的投标人编制投标文件、提供咨询的，依照招标投标法第五十条的规定追究法律责任。

第六十六条 招标人超过本条例规定的比例收取投标保证金、履约保证金或者不按照规定退还投标保证金及银行同期存款利息的，由有关行政监督部门责令改正，可以处 5 万元以下的罚款；给他人造成损失的，依法承担赔偿责任。

第六十七条 投标人相互串通投标或者与招标人串通投标的，投标人向招标人或者评标委员会成员行贿谋取中标的，中标无效；构成犯罪的，依法追究刑事责任；尚不构成犯罪的，依照招标投标法第五十三条的规定处罚。投标人未中标的，对单位的罚款金额按照招标项目合同金额依照招标投标法规定的比例计算。

投标人有下列行为之一的，属于招标投标法第五十三条规定的情节严重行为，由有关行政监督部门取消其 1 年至 2 年内参加依法必须进行招标的项目的投标资格：

（一）以行贿谋取中标；

（二）3 年内 2 次以上串通投标；

（三）串通投标行为损害招标人、其他投标人或者国家、集体、公民的合法利益，造成直接经济损失 30 万元以上；

（四）其他串通投标情节严重的行为。

投标人自本条第二款规定的处罚执行期限届满之日起 3 年内又有该款所列违法行为之一的，或者串通投标、以行贿谋取中标情节特别严重的，由工商行政管理机关吊销营业执照。

法律、行政法规对串通投标报价行为的处罚另有规定的，从其规定。

第六十八条 投标人以他人名义投标或者以其他方式弄虚作假骗取中标的，中标无效；构成犯罪的，依法追究刑事责任；尚不构成犯罪的，依照招标投标法第五十四条的规定处罚。依法必须进行招标的项目的投标人未中标的，对单位的罚款金额按照招标项目合同金额依照招标投标法规定的比例计算。

投标人有下列行为之一的，属于招标投标法第五十四条规定的情节严重行为，由有关行政监督部门取消其 1 年至 3 年内参加依法必须进行招标的项目的投标资格：

（一）伪造、变造资格、资质证书或者其他许可证件骗取中标；

（二）3 年内 2 次以上使用他人名义投标；

（三）弄虚作假骗取中标给招标人造成直接经济损失 30 万元以上；

（四）其他弄虚作假骗取中标情节严重的行为。

投标人自本条第二款规定的处罚执行期限届满之日起 3 年内又有该款所列违法行为之一的，或者弄虚作假骗取中标情节特别严重的，由工商行政管理机关吊销营业执照。

第六十九条 出让或者出租资格、资质证书供他人投标的，依照法律、行政法规的规定给予行政处罚；构成犯罪的，依法追究刑事责任。

第七十条 依法必须进行招标的项目的招标人不按照规定组建评标委员会，或者确定、更换评标委员会成员违反招标投标法和本条例规定的，由有关行政监督部门责令改正，可以处 10 万元以下的罚款，对单位直接负责的主管人员和其他直接责任人员依法给予处分；违法确定或者更换的评标委员会成员作出的评审结论无效，依法重新进行评审。

国家工作人员以任何方式非法干涉选取评标委员会成员的，依照本条例第八十条的规定追究法律责任。

第七十一条 评标委员会成员有下列行为之一的，由有关行政监督部门责令改正；情节严重的，禁止其在一定期限内参加依法必须进行招标的项目的评标；情节特别严重的，取消其担任评标委员会成员的资格：

（一）应当回避而不回避；

（二）擅离职守；

（三）不按照招标文件规定的评标标准和方法评标；

（四）私下接触投标人；

（五）向招标人征询确定中标人的意向或者接受任何单位或者个人明示或者暗示提出的倾向或者排斥特定投标人的要求；

（六）对依法应当否决的投标不提出否决意见；

（七）暗示或者诱导投标人作出澄清、说明或者接受投标人主动提出的澄清、说明；

（八）其他不客观、不公正履行职务的行为。

第七十二条 评标委员会成员收受投标人的财物或者其他好处的，没收收受的财物，处3000元以上5万元以下的罚款，取消担任评标委员会成员的资格，不得再参加依法必须进行招标的项目的评标；构成犯罪的，依法追究刑事责任。

第七十三条 依法必须进行招标的项目的招标人有下列情形之一的，由有关行政监督部门责令改正，可以处中标项目金额10‰以下的罚款；给他人造成损失的，依法承担赔偿责任；对单位直接负责的主管人员和其他直接责任人员依法给予处分：

（一）无正当理由不发出中标通知书；

（二）不按照规定确定中标人；

（三）中标通知书发出后无正当理由改变中标结果；

（四）无正当理由不与中标人订立合同；

（五）在订立合同时向中标人提出附加条件。

第七十四条 中标人无正当理由不与招标人订立合同，在签订合同时向招标人提出附加条件，或者不按照招标文件要求提交履约保证金的，取消其中标资格，投标保证金不予退还。对依法必须进行招标的项目的中标人，由有关行政监督部门责令改正，可以处中标项目金额10‰以下的罚款。

第七十五条 招标人和中标人不按照招标文件和中标人的投标文件订立合同，合同的主要条款与招标文件、中标人的投标文件的内容不一致，或者招标人、中标人订立背离合同实质性内容的协议的，由有关行政监督部门责令改正，可以处中标项目金额5‰以上10‰以下的罚款。

第七十六条 中标人将中标项目转让给他人的，将中标项目肢解后分别转让给他人的，违反招标投标法和本条例规定将中标项目的部分主体、关键性工作分包给他人的，或者分包人再次分包的，转让、分包无效，处转让、分包项目金额5‰以上10‰以下的罚款；有违法所得的，并处没收违法所得；

可以责令停业整顿；情节严重的，由工商行政管理机关吊销营业执照。

第七十七条 投标人或者其他利害关系人捏造事实、伪造材料或者以非法手段取得证明材料进行投诉，给他人造成损失的，依法承担赔偿责任。

招标人不按照规定对异议作出答复，继续进行招标投标活动的，由有关行政监督部门责令改正，拒不改正或者不能改正并影响中标结果的，依照本条例第八十一条的规定处理。

第七十八条 国家建立招标投标信用制度。有关行政监督部门应当依法公告对招标人、招标代理机构、投标人、评标委员会成员等当事人违法行为的行政处理决定。

第七十九条 项目审批、核准部门不依法审批、核准项目招标范围、招标方式、招标组织形式的，对单位直接负责的主管人员和其他直接责任人员依法给予处分。

有关行政监督部门不依法履行职责，对违反招标投标法和本条例规定的行为不依法查处，或者不按照规定处理投诉、不依法公告对招标投标当事人违法行为的行政处理决定的，对直接负责的主管人员和其他直接责任人员依法给予处分。

项目审批、核准部门和有关行政监督部门的工作人员徇私舞弊、滥用职权、玩忽职守，构成犯罪的，依法追究刑事责任。

第八十条 国家工作人员利用职务便利，以直接或者间接、明示或者暗示等任何方式非法干涉招标投标活动，有下列情形之一的，依法给予记过或者记大过处分；情节严重的，依法给予降级或者撤职处分；情节特别严重的，依法给予开除处分；构成犯罪的，依法追究刑事责任：

（一）要求对依法必须进行招标的项目不招标，或者要求对依法应当公开招标的项目不公开招标；

（二）要求评标委员会成员或者招标人以其指定的投标人作为中标候选人或者中标人，或者以其他方式非法干涉评标活动，影响中标结果；

（三）以其他方式非法干涉招标投标活动。

第八十一条 依法必须进行招标的项目的招标投标活动违反招标投标法

和本条例的规定，对中标结果造成实质性影响，且不能采取补救措施予以纠正的，招标、投标、中标无效，应当依法重新招标或者评标。

第七章 附 则

第八十二条 招标投标协会按照依法制定的章程开展活动，加强行业自律和服务。

第八十三条 政府采购的法律、行政法规对政府采购货物、服务的招标投标另有规定的，从其规定。

第八十四条 本条例自2012年2月1日起施行。

建筑业企业资质管理规定（2015年修改）

（住房和城乡建设部令第22号 根据住房城乡建设部关于修改《勘察设计注册工程师管理规定》等11个部门规章的决定、住房城乡建设部关于修改《建筑业企业资质管理规定》等部门规章的决定修改）

第一章 总 则

第一条 为了加强对建筑活动的监督管理，维护公共利益和规范建筑市场秩序，保证建设工程质量安全，促进建筑业的健康发展，根据《中华人民共和国建筑法》《中华人民共和国行政许可法》《建设工程质量管理条例》《建设工程安全生产管理条例》等法律、行政法规，制定本规定。

第二条 在中华人民共和国境内申请建筑业企业资质，实施对建筑业企业资质监督管理，适用本规定。

本规定所称建筑业企业，是指从事土木工程、建筑工程、线路管道设备安装工程的新建、扩建、改建等施工活动的企业。

第三条 企业应当按照其拥有的资产、主要人员、已完成的工程业绩和技术装备等条件申请建筑业企业资质，经审查合格，取得建筑业企业资质证书后，方可在资质许可的范围内从事建筑施工活动。

第四条 国务院住房城乡建设主管部门负责全国建筑业企业资质的统一监督管理。国务院交通运输、水利、工业信息化等有关部门配合国务院住房城乡建设主管部门实施相关资质类别建筑业企业资质的管理工作。

省、自治区、直辖市人民政府住房城乡建设主管部门负责本行政区域内建筑业企业资质的统一监督管理。省、自治区、直辖市人民政府交通运输、水利、通信等有关部门配合同级住房城乡建设主管部门实施本行政区域内相关资质类别建筑业企业资质的管理工作。

第五条 建筑业企业资质分为施工总承包资质、专业承包资质、施工劳务资质三个序列。

施工总承包资质、专业承包资质按照工程性质和技术特点分别划分为若干资质类别，各资质类别按照规定的条件划分为若干资质等级。施工劳务资质不分类别与等级。

第六条 建筑业企业资质标准和取得相应资质的企业可以承担工程的具体范围，由国务院住房城乡建设主管部门会同国务院有关部门制定。

第七条 国家鼓励取得施工总承包资质的企业拥有独资或者控股的劳务企业。

建筑业企业应当加强技术创新和人员培训，使用先进的建造技术、建筑材料，开展绿色施工。

第二章 申请与许可

第八条 企业可以申请一项或多项建筑业企业资质。

企业首次申请或增项申请资质，应当申请最低等级资质。

第九条 下列建筑业企业资质，由国务院住房城乡建设主管部门许可：

（一）施工总承包资质序列特级资质、一级资质及铁路工程施工总承包二级资质；

（二）专业承包资质序列公路、水运、水利、铁路、民航方面的专业承包一级资质及铁路、民航方面的专业承包二级资质；涉及多个专业的专业承包一级资质。

第十条 下列建筑业企业资质，由企业工商注册所在地省、自治区、直辖市人民政府住房城乡建设主管部门许可：

（一）施工总承包资质序列二级资质及铁路、通信工程施工总承包三级资质；

（二）专业承包资质序列一级资质（不含公路、水运、水利、铁路、民航方面的专业承包一级资质及涉及多个专业的专业承包一级资质）；

（三）专业承包资质序列二级资质（不含铁路、民航方面的专业承包二级资质）；铁路方面专业承包三级资质；特种工程专业承包资质。

第十一条 下列建筑业企业资质，由企业工商注册所在地设区的市人民政府住房城乡建设主管部门许可：

（一）施工总承包资质序列三级资质（不含铁路、通信工程施工总承包三级资质）；

（二）专业承包资质序列三级资质（不含铁路方面专业承包资质）及预拌混凝土、模板脚手架专业承包资质；

（三）施工劳务资质；

（四）燃气燃烧器具安装、维修企业资质。

第十二条 申请本规定第九条所列资质的，应当向企业工商注册所在地省、自治区、直辖市人民政府住房城乡建设主管部门提出申请。其中，国务院国有资产管理部门直接监管的建筑企业及其下属一层级的企业，可以由国务院国有资产管理部门直接监管的建筑企业向国务院住房城乡建设主管部门提出申请。

省、自治区、直辖市人民政府住房城乡建设主管部门应当自受理申请之日起20个工作日内初审完毕，并将初审意见和申请材料报国务院住房城乡建设主管部门。

国务院住房城乡建设主管部门应当自省、自治区、直辖市人民政府住房城乡建设主管部门受理申请材料之日起60个工作日内完成审查，公示审查意见，公示时间为10个工作日。其中，涉及公路、水运、水利、通信、铁路、民航等方面资质的，由国务院住房城乡建设主管部门会同国务院有关部门审查。

第十三条 本规定第十条规定的资质许可程序由省、自治区、直辖市人民政府住房城乡建设主管部门依法确定，并向社会公布。

本规定第十一条规定的资质许可程序由设区的市级人民政府住房城乡建设主管部门依法确定，并向社会公布。

第十四条 企业申请建筑业企业资质，在资质许可机关的网站或审批平台提出申请事项，提交资金、专业技术人员、技术装备和已完成业绩等电子材料。

第十五条 企业申请建筑业企业资质，应当如实提交有关申请材料。资质许可机关收到申请材料后，应当按照《中华人民共和国行政许可法》的规定办理受理手续。

第十六条 资质许可机关应当及时将资质许可决定向社会公开，并为公众查询提供便利。

第十七条 建筑业企业资质证书分为正本和副本，由国务院住房城乡建设主管部门统一印制，正、副本具备同等法律效力。资质证书有效期为5年。

第三章 延续与变更

第十八条 建筑业企业资质证书有效期届满，企业继续从事建筑施工活动的，应当于资质证书有效期届满3个月前，向原资质许可机关提出延续申请。

资质许可机关应当在建筑业企业资质证书有效期届满前做出是否准予延续的决定；逾期未做出决定的，视为准予延续。

第十九条 企业在建筑业企业资质证书有效期内名称、地址、注册资本、法定代表人等发生变更的，应当在工商部门办理变更手续后1个月内办理资质证书变更手续。

第二十条 由国务院住房城乡建设主管部门颁发的建筑业企业资质证书

的变更，企业应当向企业工商注册所在地省、自治区、直辖市人民政府住房城乡建设主管部门提出变更申请，省、自治区、直辖市人民政府住房城乡建设主管部门应当自受理申请之日起 2 日内将有关变更证明材料报国务院住房城乡建设主管部门，由国务院住房城乡建设主管部门在 2 日内办理变更手续。

前款规定以外的资质证书的变更，由企业工商注册所在地的省、自治区、直辖市人民政府住房城乡建设主管部门或者设区的市人民政府住房城乡建设主管部门依法另行规定。变更结果应当在资质证书变更后 15 日内，报国务院住房城乡建设主管部门备案。

涉及公路、水运、水利、通信、铁路、民航等方面的建筑业企业资质证书的变更，办理变更手续的住房城乡建设主管部门应当将建筑业企业资质证书变更情况告知同级有关部门。

第二十一条 企业发生合并、分立、重组以及改制等事项，需承继原建筑业企业资质的，应当申请重新核定建筑业企业资质等级。

第二十二条 企业需更换、遗失补办建筑业企业资质证书的，应当持建筑业企业资质证书更换、遗失补办申请等材料向资质许可机关申请办理。资质许可机关应当在 2 个工作日内办理完毕。

企业遗失建筑业企业资质证书的，在申请补办前应当在公众媒体上刊登遗失声明。

第二十三条 企业申请建筑业企业资质升级、资质增项，在申请之日起前一年至资质许可决定作出前，有下列情形之一的，资质许可机关不予批准其建筑业企业资质升级申请和增项申请：

（一）超越本企业资质等级或以其他企业的名义承揽工程，或允许其他企业或个人以本企业的名义承揽工程的；

（二）与建设单位或企业之间相互串通投标，或以行贿等不正当手段谋取中标的；

（三）未取得施工许可证擅自施工的；

（四）将承包的工程转包或违法分包的；

（五）违反国家工程建设强制性标准施工的；

（六）恶意拖欠分包企业工程款或者劳务人员工资的；

（七）隐瞒或谎报、拖延报告工程质量安全事故，破坏事故现场、阻碍对事故调查的；

（八）按照国家法律、法规和标准规定需要持证上岗的现场管理人员和技术工种作业人员未取得证书上岗的；

（九）未依法履行工程质量保修义务或拖延履行保修义务的；

（十）伪造、变造、倒卖、出租、出借或者以其他形式非法转让建筑业企业资质证书的；

（十一）发生过较大以上质量安全事故或者发生过两起以上一般质量安全事故的；

（十二）其他违反法律、法规的行为。

第四章 监督管理

第二十四条 县级以上人民政府住房城乡建设主管部门和其他有关部门应当依照有关法律、法规和本规定，加强对企业取得建筑业企业资质后是否满足资质标准和市场行为的监督管理。

上级住房城乡建设主管部门应当加强对下级住房城乡建设主管部门资质管理工作的监督检查，及时纠正建筑业企业资质管理中的违法行为。

第二十五条 住房城乡建设主管部门、其他有关部门的监督检查人员履行监督检查职责时，有权采取下列措施：

（一）要求被检查企业提供建筑业企业资质证书、企业有关人员的注册执业证书、职称证书、岗位证书和考核或者培训合格证书，有关施工业务的文档，有关质量管理、安全生产管理、合同管理、档案管理、财务管理等企业内部管理制度的文件；

（二）进入被检查企业进行检查，查阅相关资料；

（三）纠正违反有关法律、法规和本规定及有关规范和标准的行为。

监督检查人员应当将监督检查情况和处理结果予以记录，由监督检查人员和被检查企业的有关人员签字确认后归档。

第二十六条 住房城乡建设主管部门、其他有关部门的监督检查人员在实施监督检查时，应当出示证件，并要有两名以上人员参加。

监督检查人员应当为被检查企业保守商业秘密，不得索取或者收受企业的财物，不得谋取其他利益。

有关企业和个人对依法进行的监督检查应当协助与配合，不得拒绝或者阻挠。

监督检查机关应当将监督检查的处理结果向社会公布。

第二十七条 企业违法从事建筑活动的，违法行为发生地的县级以上地方人民政府住房城乡建设主管部门或者其他有关部门应当依法查处，并将违法事实、处理结果或者处理建议及时告知该建筑业企业资质的许可机关。

对取得国务院住房城乡建设主管部门颁发的建筑业企业资质证书的企业需要处以停业整顿、降低资质等级、吊销资质证书行政处罚的，县级以上地方人民政府住房城乡建设主管部门或者其他有关部门，应当通过省、自治区、直辖市人民政府住房城乡建设主管部门或者国务院有关部门，将违法事实、处理建议及时报送国务院住房城乡建设主管部门。

第二十八条 取得建筑业企业资质证书的企业，应当保持资产、主要人员、技术装备等方面满足相应建筑业企业资质标准要求的条件。

企业不再符合相应建筑业企业资质标准要求条件的，县级以上地方人民政府住房城乡建设主管部门、其他有关部门，应当责令其限期改正并向社会公告，整改期限最长不超过 3 个月；企业整改期间不得申请建筑业企业资质的升级、增项，不能承揽新的工程；逾期仍未达到建筑业企业资质标准要求条件的，资质许可机关可以撤回其建筑业企业资质证书。

被撤回建筑业企业资质证书的企业，可以在资质被撤回后 3 个月内，向资质许可机关提出核定低于原等级同类别资质的申请。

第二十九条 有下列情形之一的，资质许可机关应当撤销建筑业企业资质：

（一）资质许可机关工作人员滥用职权、玩忽职守准予资质许可的；

（二）超越法定职权准予资质许可的；

（三）违反法定程序准予资质许可的；

（四）对不符合资质标准条件的申请企业准予资质许可的；

（五）依法可以撤销资质许可的其他情形。

以欺骗、贿赂等不正当手段取得资质许可的，应当予以撤销。

第三十条 有下列情形之一的，资质许可机关应当依法注销建筑业企业资质，并向社会公布其建筑业企业资质证书作废，企业应当及时将建筑业企业资质证书交回资质许可机关：

（一）资质证书有效期届满，未依法申请延续的；

（二）企业依法终止的；

（三）资质证书依法被撤回、撤销或吊销的；

（四）企业提出注销申请的；

（五）法律、法规规定的应当注销建筑业企业资质的其他情形。

第三十一条 有关部门应当将监督检查情况和处理意见及时告知资质许可机关。资质许可机关应当将涉及有关公路、水运、水利、通信、铁路、民航等方面的建筑业企业资质许可被撤回、撤销、吊销和注销的情况告知同级有关部门。

第三十二条 资质许可机关应当建立、健全建筑业企业信用档案管理制度。建筑业企业信用档案应当包括企业基本情况、资质、业绩、工程质量和安全、合同履约、社会投诉和违法行为等情况。

企业的信用档案信息按照有关规定向社会公开。

取得建筑业企业资质的企业应当按照有关规定，向资质许可机关提供真实、准确、完整的企业信用档案信息。

第三十三条 县级以上地方人民政府住房城乡建设主管部门或其他有关部门依法给予企业行政处罚的，应当将行政处罚决定以及给予行政处罚的事实、理由和依据，通过省、自治区、直辖市人民政府住房城乡建设主管部门或者国务院有关部门报国务院住房城乡建设主管部门备案。

第三十四条 资质许可机关应当推行建筑业企业资质许可电子化，建立建筑业企业资质管理信息系统。

第五章 法律责任

第三十五条 申请企业隐瞒有关真实情况或者提供虚假材料申请建筑业企业资质的，资质许可机关不予许可，并给予警告，申请企业在1年内不得再次申请建筑业企业资质。

第三十六条 企业以欺骗、贿赂等不正当手段取得建筑业企业资质的，由原资质许可机关予以撤销；由县级以上地方人民政府住房城乡建设主管部门或者其他有关部门给予警告，并处3万元的罚款；申请企业3年内不得再次申请建筑业企业资质。

第三十七条 企业有本规定第二十三条行为之一，《中华人民共和国建筑法》、《建设工程质量管理条例》和其他有关法律、法规对处罚机关和处罚方式有规定的，依照法律、法规的规定执行；法律、法规未作规定的，由县级以上地方人民政府住房城乡建设主管部门或者其他有关部门给予警告，责令改正，并处1万元以上3万元以下的罚款。

第三十八条 企业未按照本规定及时办理建筑业企业资质证书变更手续的，由县级以上地方人民政府住房城乡建设主管部门责令限期办理；逾期不办理的，可处以1000元以上1万元以下的罚款。

第三十九条 企业在接受监督检查时，不如实提供有关材料，或者拒绝、阻碍监督检查的，由县级以上地方人民政府住房城乡建设主管部门责令限期改正，并可以处3万元以下罚款。

第四十条 企业未按照本规定要求提供企业信用档案信息的，由县级以上地方人民政府住房城乡建设主管部门或者其他有关部门给予警告，责令限期改正；逾期未改正的，可处以1000元以上1万元以下的罚款。

第四十一条 县级以上人民政府住房城乡建设主管部门及其工作人员，违反本规定，有下列情形之一的，由其上级行政机关或者监察机关责令改正；对直接负责的主管人员和其他直接责任人员，依法给予行政处分；直接负责的主管人员和其他直接责任人员构成犯罪的，依法追究刑事责任：

（一）对不符合资质标准规定条件的申请企业准予资质许可的；

（二）对符合受理条件的申请企业不予受理或者未在法定期限内初审完毕的；

（三）对符合资质标准规定条件的申请企业不予许可或者不在法定期限内准予资质许可的；

（四）发现违反本规定规定的行为不予查处，或者接到举报后不依法处理的；

（五）在企业资质许可和监督管理中，利用职务上的便利，收受他人财物或者其他好处，以及有其他违法行为的。

第六章 附 则

第四十二条 本规定自2015年3月1日起施行。2007年6月26日建设部颁布的《建筑业企业资质管理规定》（建设部令第159号）同时废止。

建设工程质量管理条例（2019年修正）

（2000年1月30日国务院令第279号发布 根据2017年10月7日国务院令第687号《国务院关于修改部分行政法规的决定》修正 根据2019年4月23日国务院令第714号《国务院关于修改部分行政法规的决定》第二次修正）

第一章 总 则

第一条 为了加强对建设工程质量的管理，保证建设工程质量，保护人民生命和财产安全，根据《中华人民共和国建筑法》，制定本条例。

第二条 凡在中华人民共和国境内从事建设工程的新建、扩建、改建等有关活动及实施对建设工程质量监督管理的，必须遵守本条例。

本条例所称建设工程，是指土木工程、建筑工程、线路管道和设备安装工程及装修工程。

第三条 建设单位、勘察单位、设计单位、施工单位、工程监理单位依法对建设工程质量负责。

第四条 县级以上人民政府建设行政主管部门和其他有关部门应当加强对建设工程质量的监督管理。

第五条 从事建设工程活动，必须严格执行基本建设程序，坚持先勘察、后设计、再施工的原则。

县级以上人民政府及其有关部门不得超越权限审批建设项目或者擅自简化基本建设程序。

第六条 国家鼓励采用先进的科学技术和管理方法，提高建设工程质量。

第二章 建设单位的质量责任和义务

第七条 建设单位应当将工程发包给具有相应资质等级的单位。

建设单位不得将建设工程肢解发包。

第八条 建设单位应当依法对工程建设项目的勘察、设计、施工、监理以及与工程建设有关的重要设备、材料等的采购进行招标。

第九条 建设单位必须向有关的勘察、设计、施工、工程监理等单位提供与建设工程有关的原始资料。

原始资料必须真实、准确、齐全。

第十条 建设工程发包单位不得迫使承包方以低于成本的价格竞标，不得任意压缩合理工期。

建设单位不得明示或者暗示设计单位或者施工单位违反工程建设强制性标准，降低建设工程质量。

第十一条 施工图设计文件审查的具体办法，由国务院建设行政主管部门、国务院其他有关部门制定。

施工图设计文件未经审查批准的，不得使用。

第十二条 实行监理的建设工程，建设单位应当委托具有相应资质等级的工程监理单位进行监理，也可以委托具有工程监理相应资质等级并与被监理工程的施工承包单位没有隶属关系或者其他利害关系的该工程的设计单位进行监理。

下列建设工程必须实行监理：

（一）国家重点建设工程；

（二）大中型公用事业工程；

（三）成片开发建设的住宅小区工程；

（四）利用外国政府或者国际组织贷款、援助资金的工程；

（五）国家规定必须实行监理的其他工程。

第十三条 建设单位在开工前，应当按照国家有关规定办理工程质量监督手续，工程质量监督手续可以与施工许可证或者开工报告合并办理。

第十四条 按照合同约定，由建设单位采购建筑材料、建筑构配件和设备的，建设单位应当保证建筑材料、建筑构配件和设备符合设计文件和合同要求。

建设单位不得明示或者暗示施工单位使用不合格的建筑材料、建筑构配件和设备。

第十五条 涉及建筑主体和承重结构变动的装修工程，建设单位应当在施工前委托原设计单位或者具有相应资质等级的设计单位提出设计方案；没有设计方案的，不得施工。

房屋建筑使用者在装修过程中，不得擅自变动房屋建筑主体和承重结构。

第十六条 建设单位收到建设工程竣工报告后，应当组织设计、施工、工程监理等有关单位进行竣工验收。

建设工程竣工验收应当具备下列条件：

（一）完成建设工程设计和合同约定的各项内容；

（二）有完整的技术档案和施工管理资料；

（三）有工程使用的主要建筑材料、建筑构配件和设备的进场试验报告；

（四）有勘察、设计、施工、工程监理等单位分别签署的质量合格文件；

（五）有施工单位签署的工程保修书。

建设工程经验收合格的，方可交付使用。

第十七条 建设单位应当严格按照国家有关档案管理的规定，及时收集、整理建设项目各环节的文件资料，建立、健全建设项目档案，并在建设工程竣工验收后，及时向建设行政主管部门或者其他有关部门移交建设项目档案。

第三章 勘察、设计单位的质量责任和义务

第十八条 从事建设工程勘察、设计的单位应当依法取得相应等级的资质证书，并在其资质等级许可的范围内承揽工程。

禁止勘察、设计单位超越其资质等级许可的范围或者以其他勘察、设计单位的名义承揽工程。禁止勘察、设计单位允许其他单位或者个人以本单位的名义承揽工程。

勘察、设计单位不得转包或者违法分包所承揽的工程。

第十九条 勘察、设计单位必须按照工程建设强制性标准进行勘察、设计，并对其勘察、设计的质量负责。

注册建筑师、注册结构工程师等注册执业人员应当在设计文件上签字，对设计文件负责。

第二十条 勘察单位提供的地质、测量、水文等勘察成果必须真实、准确。

第二十一条 设计单位应当根据勘察成果文件进行建设工程设计。

设计文件应当符合国家规定的设计深度要求，注明工程合理使用年限。

第二十二条 设计单位在设计文件中选用的建筑材料、建筑构配件和设备，应当注明规格、型号、性能等技术指标，其质量要求必须符合国家规定的标准。

除有特殊要求的建筑材料、专用设备、工艺生产线等外，设计单位不得指定生产厂、供应商。

第二十三条 设计单位应当就审查合格的施工图设计文件向施工单位作出详细说明。

第二十四条 设计单位应当参与建设工程质量事故分析，并对因设计造成的质量事故，提出相应的技术处理方案。

第四章 施工单位的质量责任和义务

第二十五条 施工单位应当依法取得相应等级的资质证书，并在其资质等级许可的范围内承揽工程。

禁止施工单位超越本单位资质等级许可的业务范围或者以其他施工单位的名义承揽工程。禁止施工单位允许其他单位或者个人以本单位的名义承揽工程。

施工单位不得转包或者违法分包工程。

第二十六条 施工单位对建设工程的施工质量负责。

施工单位应当建立质量责任制，确定工程项目的项目经理、技术负责人和施工管理负责人。

建设工程实行总承包的，总承包单位应当对全部建设工程质量负责；建设工程勘察、设计、施工、设备采购的一项或者多项实行总承包的，总承包单位应当对其承包的建设工程或者采购的设备的质量负责。

第二十七条 总承包单位依法将建设工程分包给其他单位的，分包单位应当按照分包合同的约定对其分包工程的质量向总承包单位负责，总承包单位与分包单位对分包工程的质量承担连带责任。

第二十八条 施工单位必须按照工程设计图纸和施工技术标准施工，不得擅自修改工程设计，不得偷工减料。

施工单位在施工过程中发现设计文件和图纸有差错的，应当及时提出意见和建议。

第二十九条 施工单位必须按照工程设计要求、施工技术标准和合同约定，对建筑材料、建筑构配件、设备和商品混凝土进行检验，检验应当有书面记录和专人签字；未经检验或者检验不合格的，不得使用。

第三十条 施工单位必须建立、健全施工质量的检验制度，严格工序管理，作好隐蔽工程的质量检查和记录。隐蔽工程在隐蔽前，施工单位应当通知建设单位和建设工程质量监督机构。

第三十一条 施工人员对涉及结构安全的试块、试件以及有关材料，应当在建设单位或者工程监理单位监督下现场取样，并送具有相应资质等级的质量检测单位进行检测。

第三十二条 施工单位对施工中出现质量问题的建设工程或者竣工验收不合格的建设工程，应当负责返修。

第三十三条 施工单位应当建立、健全教育培训制度，加强对职工的教育培训；未经教育培训或者考核不合格的人员，不得上岗作业。

第五章 工程监理单位的质量责任和义务

第三十四条 工程监理单位应当依法取得相应等级的资质证书，并在其资质等级许可的范围内承担工程监理业务。

禁止工程监理单位超越本单位资质等级许可的范围或者以其他工程监理单位的名义承担工程监理业务。禁止工程监理单位允许其他单位或者个人以本单位的名义承担工程监理业务。

工程监理单位不得转让工程监理业务。

第三十五条 工程监理单位与被监理工程的施工承包单位以及建筑材料、建筑构配件和设备供应单位有隶属关系或者其他利害关系的，不得承担该项建设工程的监理业务。

第三十六条 工程监理单位应当依照法律、法规以及有关技术标准、设计文件和建设工程承包合同，代表建设单位对施工质量实施监理，并对施工质量承担监理责任。

第三十七条 工程监理单位应当选派具备相应资格的总监理工程师和监理工程师进驻施工现场。

未经监理工程师签字，建筑材料、建筑构配件和设备不得在工程上使用或者安装，施工单位不得进行下一道工序的施工。未经总监理工程师签字，建设单位不拨付工程款，不进行竣工验收。

第三十八条 监理工程师应当按照工程监理规范的要求，采取旁站、巡视和平行检验等形式，对建设工程实施监理。

第六章　建设工程质量保修

第三十九条　建设工程实行质量保修制度。

建设工程承包单位在向建设单位提交工程竣工验收报告时，应当向建设单位出具质量保修书。质量保修书中应当明确建设工程的保修范围、保修期限和保修责任等。

第四十条　在正常使用条件下，建设工程的最低保修期限为：

(一) 基础设施工程、房屋建筑的地基基础工程和主体结构工程，为设计文件规定的该工程的合理使用年限；

(二) 屋面防水工程、有防水要求的卫生间、房间和外墙面的防渗漏，为5年；

(三) 供热与供冷系统，为2个采暖期、供冷期；

(四) 电气管线、给排水管道、设备安装和装修工程，为2年。

其他项目的保修期限由发包方与承包方约定。

建设工程的保修期，自竣工验收合格之日起计算。

第四十一条　建设工程在保修范围和保修期限内发生质量问题的，施工单位应当履行保修义务，并对造成的损失承担赔偿责任。

第四十二条　建设工程在超过合理使用年限后需要继续使用的，产权所有人应当委托具有相应资质等级的勘察、设计单位鉴定，并根据鉴定结果采取加固、维修等措施，重新界定使用期。

第七章　监 督 管 理

第四十三条　国家实行建设工程质量监督管理制度。

国务院建设行政主管部门对全国的建设工程质量实施统一监督管理。国务院铁路、交通、水利等有关部门按照国务院规定的职责分工，负责对全国的有关专业建设工程质量的监督管理。

县级以上地方人民政府建设行政主管部门对本行政区域内的建设工程质量实施监督管理。县级以上地方人民政府交通、水利等有关部门在各自的职责范围内，负责对本行政区域内的专业建设工程质量的监督管理。

第四十四条 国务院建设行政主管部门和国务院铁路、交通、水利等有关部门应当加强对有关建设工程质量的法律、法规和强制性标准执行情况的监督检查。

第四十五条 国务院发展计划部门按照国务院规定的职责，组织稽察特派员，对国家出资的重大建设项目实施监督检查。

国务院经济贸易主管部门按照国务院规定的职责，对国家重大技术改造项目实施监督检查。

第四十六条 建设工程质量监督管理，可以由建设行政主管部门或者其他有关部门委托的建设工程质量监督机构具体实施。

从事房屋建筑工程和市政基础设施工程质量监督的机构，必须按照国家有关规定经国务院建设行政主管部门或者省、自治区、直辖市人民政府建设行政主管部门考核；从事专业建设工程质量监督的机构，必须按照国家有关规定经国务院有关部门或者省、自治区、直辖市人民政府有关部门考核。经考核合格后，方可实施质量监督。

第四十七条 县级以上地方人民政府建设行政主管部门和其他有关部门应当加强对有关建设工程质量的法律、法规和强制性标准执行情况的监督检查。

第四十八条 县级以上人民政府建设行政主管部门和其他有关部门履行监督检查职责时，有权采取下列措施：

（一）要求被检查的单位提供有关工程质量的文件和资料；

（二）进入被检查单位的施工现场进行检查；

（三）发现有影响工程质量的问题时，责令改正。

第四十九条 建设单位应当自建设工程竣工验收合格之日起15日内，将建设工程竣工验收报告和规划、公安消防、环保等部门出具的认可文件或者准许使用文件报建设行政主管部门或者其他有关部门备案。

建设行政主管部门或者其他有关部门发现建设单位在竣工验收过程中有违反国家有关建设工程质量管理规定行为的，责令停止使用，重新组织竣工验收。

第五十条 有关单位和个人对县级以上人民政府建设行政主管部门和其他有关部门进行的监督检查应当支持与配合，不得拒绝或者阻碍建设工程质量监督检查人员依法执行职务。

第五十一条 供水、供电、供气、公安消防等部门或者单位不得明示或者暗示建设单位、施工单位购买其指定的生产供应单位的建筑材料、建筑构配件和设备。

第五十二条 建设工程发生质量事故，有关单位应当在24小时内向当地建设行政主管部门和其他有关部门报告。对重大质量事故，事故发生地的建设行政主管部门和其他有关部门应当按照事故类别和等级向当地人民政府和上级建设行政主管部门和其他有关部门报告。

特别重大质量事故的调查程序按照国务院有关规定办理。

第五十三条 任何单位和个人对建设工程的质量事故、质量缺陷都有权检举、控告、投诉。

第八章 罚 则

第五十四条 违反本条例规定，建设单位将建设工程发包给不具有相应资质等级的勘察、设计、施工单位或者委托给不具有相应资质等级的工程监理单位的，责令改正，处50万元以上100万元以下的罚款。

第五十五条 违反本条例规定，建设单位将建设工程肢解发包的，责令改正，处工程合同价款百分之零点五以上百分之一以下的罚款；对全部或者部分使用国有资金的项目，并可以暂停项目执行或者暂停资金拨付。

第五十六条 违反本条例规定，建设单位有下列行为之一的，责令改正，处20万元以上50万元以下的罚款：

（一）迫使承包方以低于成本的价格竞标的；

（二）任意压缩合理工期的；

（三）明示或者暗示设计单位或者施工单位违反工程建设强制性标准，降低工程质量的；

（四）施工图设计文件未经审查或者审查不合格，擅自施工的；

（五）建设项目必须实行工程监理而未实行工程监理的；

（六）未按照国家规定办理工程质量监督手续的；

（七）明示或者暗示施工单位使用不合格的建筑材料、建筑构配件和设备的；

（八）未按照国家规定将竣工验收报告、有关认可文件或者准许使用文件报送备案的。

第五十七条 违反本条例规定，建设单位未取得施工许可证或者开工报告未经批准，擅自施工的，责令停止施工，限期改正，处工程合同价款百分之一以上百分之二以下的罚款。

第五十八条 违反本条例规定，建设单位有下列行为之一的，责令改正，处工程合同价款百分之二以上百分之四以下的罚款；造成损失的，依法承担赔偿责任：

（一）未组织竣工验收，擅自交付使用的；

（二）验收不合格，擅自交付使用的；

（三）对不合格的建设工程按照合格工程验收的。

第五十九条 违反本条例规定，建设工程竣工验收后，建设单位未向建设行政主管部门或者其他有关部门移交建设项目档案的，责令改正，处1万元以上10万元以下的罚款。

第六十条 违反本条例规定，勘察、设计、施工、工程监理单位超越本单位资质等级承揽工程的，责令停止违法行为，对勘察、设计单位或者工程监理单位处合同约定的勘察费、设计费或者监理酬金1倍以上2倍以下的罚款；对施工单位处工程合同价款百分之二以上百分之四以下的罚款，可以责令停业整顿，降低资质等级；情节严重的，吊销资质证书；有违法所得的，予以没收。

未取得资质证书承揽工程的，予以取缔，依照前款规定处以罚款；有违法所得的，予以没收。

以欺骗手段取得资质证书承揽工程的，吊销资质证书，依照本条第一款规定处以罚款；有违法所得的，予以没收。

第六十一条 违反本条例规定，勘察、设计、施工、工程监理单位允许其他单位或者个人以本单位名义承揽工程的，责令改正，没收违法所得，对勘察、设计单位和工程监理单位处合同约定的勘察费、设计费和监理酬金1倍以上2倍以下的罚款；对施工单位处工程合同价款百分之二以上百分之四以下的罚款；可以责令停业整顿，降低资质等级；情节严重的，吊销资质证书。

第六十二条 违反本条例规定，承包单位将承包的工程转包或者违法分包的，责令改正，没收违法所得，对勘察、设计单位处合同约定的勘察费、设计费百分之二十五以上百分之五十以下的罚款；对施工单位处工程合同价款百分之零点五以上百分之一以下的罚款；可以责令停业整顿，降低资质等级；情节严重的，吊销资质证书。

工程监理单位转让工程监理业务的，责令改正，没收违法所得，处合同约定的监理酬金百分之二十五以上百分之五十以下的罚款；可以责令停业整顿，降低资质等级；情节严重的，吊销资质证书。

第六十三条 违反本条例规定，有下列行为之一的，责令改正，处10万元以上30万元以下的罚款：

（一）勘察单位未按照工程建设强制性标准进行勘察的；

（二）设计单位未根据勘察成果文件进行工程设计的；

（三）设计单位指定建筑材料、建筑构配件的生产厂、供应商的；

（四）设计单位未按照工程建设强制性标准进行设计的。

有前款所列行为，造成工程质量事故的，责令停业整顿，降低资质等级；情节严重的，吊销资质证书；造成损失的，依法承担赔偿责任。

第六十四条 违反本条例规定，施工单位在施工中偷工减料的，使用不合格的建筑材料、建筑构配件和设备的，或者有不按照工程设计图纸或者施工技术标准施工的其他行为的，责令改正，处工程合同价款百分之二以上百分之四以下的罚款；造成建设工程质量不符合规定的质量标准的，负责返工、修理，并赔偿因此造成的损失；情节严重的，责令停业整顿，降低资质等级或者吊销资质证书。

第六十五条 违反本条例规定，施工单位未对建筑材料、建筑构配件、设备和商品混凝土进行检验，或者未对涉及结构安全的试块、试件以及有关材料取样检测的，责令改正，处10万元以上20万元以下的罚款；情节严重的，责令停业整顿，降低资质等级或者吊销资质证书；造成损失的，依法承担赔偿责任。

第六十六条 违反本条例规定，施工单位不履行保修义务或者拖延履行保修义务的，责令改正，处10万元以上20万元以下的罚款，并对在保修期内因质量缺陷造成的损失承担赔偿责任。

第六十七条 工程监理单位有下列行为之一的，责令改正，处50万元以上100万元以下的罚款，降低资质等级或者吊销资质证书；有违法所得的，予以没收；造成损失的，承担连带赔偿责任：

（一）与建设单位或者施工单位串通，弄虚作假、降低工程质量的；

（二）将不合格的建设工程、建筑材料、建筑构配件和设备按照合格签字的。

第六十八条 违反本条例规定，工程监理单位与被监理工程的施工承包单位以及建筑材料、建筑构配件和设备供应单位有隶属关系或者其他利害关系承担该项建设工程的监理业务的，责令改正，处5万元以上10万元以下的罚款，降低资质等级或者吊销资质证书；有违法所得的，予以没收。

第六十九条 违反本条例规定，涉及建筑主体或者承重结构变动的装修工程，没有设计方案擅自施工的，责令改正，处50万元以上100万元以下的罚款；房屋建筑使用者在装修过程中擅自变动房屋建筑主体和承重结构的，责令改正，处5万元以上10万元以下的罚款。

有前款所列行为，造成损失的，依法承担赔偿责任。

第七十条 发生重大工程质量事故隐瞒不报、谎报或者拖延报告期限的，对直接负责的主管人员和其他责任人员依法给予行政处分。

第七十一条 违反本条例规定，供水、供电、供气、公安消防等部门或者单位明示或者暗示建设单位或者施工单位购买其指定的生产供应单位的建筑材料、建筑构配件和设备的，责令改正。

第七十二条 违反本条例规定，注册建筑师、注册结构工程师、监理工程师等注册执业人员因过错造成质量事故的，责令停止执业1年；造成重大质量事故的，吊销执业资格证书，5年以内不予注册；情节特别恶劣的，终身不予注册。

第七十三条 依照本条例规定，给予单位罚款处罚的，对单位直接负责的主管人员和其他直接责任人员处单位罚款数额百分之五以上百分之十以下的罚款。

第七十四条 建设单位、设计单位、施工单位、工程监理单位违反国家规定，降低工程质量标准，造成重大安全事故，构成犯罪的，对直接责任人员依法追究刑事责任。

第七十五条 本条例规定的责令停业整顿，降低资质等级和吊销资质证书的行政处罚，由颁发资质证书的机关决定；其他行政处罚，由建设行政主管部门或者其他有关部门依照法定职权决定。

依照本条例规定被吊销资质证书的，由工商行政管理部门吊销其营业执照。

第七十六条 国家机关工作人员在建设工程质量监督管理工作中玩忽职守、滥用职权、徇私舞弊，构成犯罪的，依法追究刑事责任；尚不构成犯罪的，依法给予行政处分。

第七十七条 建设、勘察、设计、施工、工程监理单位的工作人员因调动工作、退休等原因离开该单位后，被发现在该单位工作期间违反国家有关建设工程质量管理规定，造成重大工程质量事故的，仍应当依法追究法律责任。

第九章 附 则

第七十八条 本条例所称肢解发包，是指建设单位将应当由一个承包单位完成的建设工程分解成若干部分发包给不同的承包单位的行为。

本条例所称违法分包，是指下列行为：

(一) 总承包单位将建设工程分包给不具备相应资质条件的单位的；

(二) 建设工程总承包合同中未有约定，又未经建设单位认可，承包单位将其承包的部分建设工程交由其他单位完成的；

(三) 施工总承包单位将建设工程主体结构的施工分包给其他单位的；

(四) 分包单位将其承包的建设工程再分包的。

本条例所称转包，是指承包单位承包建设工程后，不履行合同约定的责任和义务，将其承包的全部建设工程转给他人或者将其承包的全部建设工程肢解以后以分包的名义分别转给其他单位承包的行为。

第七十九条 本条例规定的罚款和没收的违法所得，必须全部上缴国库。

第八十条 抢险救灾及其他临时性房屋建筑和农民自建低层住宅的建设活动，不适用本条例。

第八十一条 军事建设工程的管理，按照中央军事委员会的有关规定执行。

第八十二条 本条例自发布之日起施行。

房屋建筑工程质量保修办法

(2000 年 6 月 26 日经第 24 次部常务会议讨论通过
原建设部令第 80 号 2000 年 6 月 30 日公布施行)

第一条 为保护建设单位、施工单位、房屋建筑所有人和使用人的合法权益，维护公共安全和公众利益，根据《中华人民共和国建筑法》和《建设工程质量管理条例》，制订本办法。

第二条 在中华人民共和国境内新建、扩建、改建各类房屋建筑工程(包括装修工程)的质量保修，适用本办法。

第三条 本办法所称房屋建筑工程质量保修，是指对房屋建筑工程竣工验收后在保修期限内出现的质量缺陷，予以修复。

本办法所称质量缺陷，是指房屋建筑工程的质量不符合工程建设强制性标准以及合同的约定。

第四条 房屋建筑工程在保修范围和保修期限内出现质量缺陷，施工单位应当履行保修义务。

第五条 国务院建设行政主管部门负责全国房屋建筑工程质量保修的监督管理。

县级以上地方人民政府建设行政主管部门负责本行政区域内房屋建设工程质量保修的监督管理。

第六条 建设单位和施工单位应当在工程质量保修书中约定保修范围、保修期限和保修责任等，双方约定的保修范围、保修期限必须符合国家有关规定。

第七条 在正常使用条件下，房屋建筑工程的最低保修期限为：

（一）地基基础工程和主体结构工程，为设计文件规定的该工程的合理使用年限；

（二）屋面防水工程、有防水要求的卫生间、房间和外墙面的防渗漏，为5年；

（三）供热与供冷系统，为2个采暖期、供冷期；

（四）电气管线、给排水管道、设备安装为2年；

（五）装修工程为2年。

其他项目的保修期限由建设单位和施工单位约定。

第八条 房屋建筑工程保修期从工程竣工验收合格之日起计算。

第九条 房屋建筑工程在保修期限内出现质量缺陷，建设单位或者房屋建筑所有人应当向施工单位发出保修通知。施工单位接到保修通知后，应当到现场核查情况，在保修书约定的时间内予以保修。发生涉及结构安全或者严重影响使用功能的紧急抢修事故，施工单位接到保修通知后，应当立即到达现场抢修。

第十条 发生涉及结构安全的质量缺陷，建设单位或者房屋建筑所有人应当立即向当地建设行政主管部门报告，采取安全防范措施；由原设计单位或者具有相应资质等级的设计单位提出保修方案，施工单位实施保修，原工程质量监督机构负责监督。

第十一条 保修完成后，由建设单位或者房屋建筑所有人组织验收。涉及结构安全的，应当报当地建设行政主管部门备案。

第十二条 施工单位不按工程质量保修书约定保修的，建设单位可以另行委托其他单位保修，由原施工单位承担相应责任。

第十三条 保修费用由质量缺陷的责任方承担。

第十四条 在保修期限内，因房屋建筑工程质量缺陷造成房屋所有人、使用人或者第三方人身、财产损害的，房屋所有人、使用人或者第三方可以向建设单位提出赔偿要求。建设单位向造成房屋建筑工程质量缺陷的责任方追偿。

第十五条 因保修不及时造成新的人身、财产损害，由造成拖延的责任方承担赔偿责任。

第十六条 房地产开发企业售出的商品房保修，还应当执行《城市房地产开发经营管理条例》和其他有关规定。

第十七条 下列情况不属于本办法规定的保修范围：

（一）因使用不当或者第三方造成的质量缺陷；

（二）不可抗力造成的质量缺陷。

第十八条 施工单位有下列行为之一的，由建设行政主管部门责令改正，并处 1 万元以上 3 万元以下的罚款：

（一）工程竣工验收后，不向建设单位出具质量保修书的；

（二）质量保修的内容、期限违反本办法规定的。

第十九条 施工单位不履行保修义务或者拖延履行保修义务的，由建设行政主管部门责令改正，处 10 万元以上 20 万元以下的罚款。

第二十条 军事建设工程的管理，按照中央军事委员会的有关规定执行。

第二十一条 本办法由国务院建设行政主管部门负责解释。

第二十二条 本办法自发布之日起施行。

建设工程质量保证金管理办法

（2017 年 6 月 20 日公布）

第一条 为规范建设工程质量保证金管理，落实工程在缺陷责任期内的维修责任，根据《中华人民共和国建筑法》《建设工程质量管理条例》《国务院办公厅关于清理规范工程建设领域保证金的通知》和《基本建设财务管理规则》等相关规定，制定本办法。

第二条 本办法所称建设工程质量保证金（以下简称保证金）是指发包人与承包人在建设工程承包合同中约定，从应付的工程款中预留，用以保证承包人在缺陷责任期内对建设工程出现的缺陷进行维修的资金。

缺陷是指建设工程质量不符合工程建设强制性标准、设计文件，以及承包合同的约定。

缺陷责任期一般为 1 年，最长不超过 2 年，由发、承包双方在合同中约定。

第三条 发包人应当在招标文件中明确保证金预留、返还等内容，并与承包人在合同条款中对涉及保证金的下列事项进行约定：

（一）保证金预留、返还方式；

（二）保证金预留比例、期限；

（三）保证金是否计付利息，如计付利息，利息的计算方式；

（四）缺陷责任期的期限及计算方式；

（五）保证金预留、返还及工程维修质量、费用等争议的处理程序；

（六）缺陷责任期内出现缺陷的索赔方式；

（七）逾期返还保证金的违约金支付办法及违约责任。

第四条 缺陷责任期内，实行国库集中支付的政府投资项目，保证金的管理应按国库集中支付的有关规定执行。其他政府投资项目，保证金可以预留在财政部门或发包方。缺陷责任期内，如发包方被撤销，保证金随交付使用资产一并移交使用单位管理，由使用单位代行发包人职责。

社会投资项目采用预留保证金方式的，发、承包双方可以约定将保证金交由第三方金融机构托管。

第五条 推行银行保函制度，承包人可以银行保函替代预留保证金。

第六条 在工程项目竣工前，已经缴纳履约保证金的，发包人不得同时预留工程质量保证金。

采用工程质量保证担保、工程质量保险等其他保证方式的，发包人不得再预留保证金。

第七条 发包人应按照合同约定方式预留保证金，保证金总预留比例不得高于工程价款结算总额的3%。合同约定由承包人以银行保函替代预留保证金的，保函金额不得高于工程价款结算总额的3%。

第八条 缺陷责任期从工程通过竣工验收之日起计。由于承包人原因导致工程无法按规定期限进行竣工验收的，缺陷责任期从实际通过竣工验收之日起计。由于发包人原因导致工程无法按规定期限进行竣工验收的，在承包人提交竣工验收报告90天后，工程自动进入缺陷责任期。

第九条 缺陷责任期内，由承包人原因造成的缺陷，承包人应负责维修，并承担鉴定及维修费用。如承包人不维修也不承担费用，发包人可按合同约定从保证金或银行保函中扣除，费用超出保证金额的，发包人可按合同约定向承包人进行索赔。承包人维修并承担相应费用后，不免除对工程的损失赔偿责任。

由他人原因造成的缺陷，发包人负责组织维修，承包人不承担费用，且发包人不得从保证金中扣除费用。

第十条 缺陷责任期内，承包人认真履行合同约定的责任，到期后，承包人向发包人申请返还保证金。

第十一条 发包人在接到承包人返还保证金申请后，应于14天内会同承包人按照合同约定的内容进行核实。如无异议，发包人应当按照约定将保证金返还给承包人。对返还期限没有约定或者约定不明确的，发包人应当在核实后14天内将保证金返还承包人，逾期未返还的，依法承担违约责任。发包人在接到承包人返还保证金申请后 14 天内不予答复，经催告后 14 天内仍不予答复，视同认可承包人的返还保证金申请。

第十二条 发包人和承包人对保证金预留、返还以及工程维修质量、费用有争议的，按承包合同约定的争议和纠纷解决程序处理。

第十三条 建设工程实行工程总承包的，总承包单位与分包单位有关保证金的权利与义务的约定，参照本办法关于发包人与承包人相应权利与义务的约定执行。

第十四条 本办法由住房城乡建设部、财政部负责解释。

第十五条 本办法自 2017 年 7 月 1 日起施行，原《建设工程质量保证金管理办法》（建质〔2016〕295 号）同时废止。

工程造价咨询企业管理办法（2020 年修正）

（2006 年 3 月 22 日建设部令第 149 号发布　根据 2015 年 5 月 4 日住房和城乡建设部令第 24 号　2016 年 9 月 13 日住房和城乡建设部令第 32 号　2020 年 2 月 19 日住房和城乡建设部令第 50 号修正）

第一章　总　　则

第一条 为了加强对工程造价咨询企业的管理，提高工程造价咨询工作质量，维护建设市场秩序和社会公共利益，根据《中华人民共和国行政许可法》、《国务院对确需保留的行政审批项目设定行政许可的决定》，制定本办法。

第二条 在中华人民共和国境内从事工程造价咨询活动，实施对工程造价咨询企业的监督管理，应当遵守本办法。

第三条 本办法所称工程造价咨询企业，是指接受委托，对建设项目投资、工程造价的确定与控制提供专业咨询服务的企业。

第四条 工程造价咨询企业应当依法取得工程造价咨询企业资质，并在其资质等级许可的范围内从事工程造价咨询活动。

第五条 工程造价咨询企业从事工程造价咨询活动，应当遵循独立、客观、公正、诚实信用的原则，不得损害社会公共利益和他人的合法权益。

任何单位和个人不得非法干预依法进行的工程造价咨询活动。

第六条 国务院住房城乡建设主管部门负责全国工程造价咨询企业的统一监督管理工作。

省、自治区、直辖市人民政府住房城乡建设主管部门负责本行政区域内工程造价咨询企业的监督管理工作。

有关专业部门负责对本专业工程造价咨询企业实施监督管理。

第七条 工程造价咨询行业组织应当加强行业自律管理。

鼓励工程造价咨询企业加入工程造价咨询行业组织。

第二章 资质等级与标准

第八条 工程造价咨询企业资质等级分为甲级、乙级。

第九条 甲级工程造价咨询企业资质标准如下：

（一）已取得乙级工程造价咨询企业资质证书满 3 年。

（二）技术负责人已取得一级造价工程师注册证书，并具有工程或工程经济类高级专业技术职称，且从事工程造价专业工作 15 年以上。

（三）专职从事工程造价专业工作的人员（以下简称专职专业人员）不少于 12 人，其中，具有工程（或工程经济类）中级以上专业技术职称或者取得二级造价工程师注册证书的人员合计不少于 10 人；取得一级造价工程师注册证书的人员不少于 6 人，其他人员具有从事工程造价专业工作的经历。

（四）企业与专职专业人员签订劳动合同，且专职专业人员符合国家规定的职业年龄（出资人除外）。

（五）企业近 3 年工程造价咨询营业收入累计不低于人民币 500 万元。

（六）企业为本单位专职专业人员办理的社会基本养老保险手续齐全。

（七）在申请核定资质等级之日前 3 年内无本办法第二十五条禁止的行为。

第十条 乙级工程造价咨询企业资质标准如下：

（一）技术负责人已取得一级造价工程师注册证书，并具有工程或工程经济类高级专业技术职称，且从事工程造价专业工作10年以上。

（二）专职专业人员不少于6人，其中，具有工程（或工程经济类）中级以上专业技术职称或者取得二级造价工程师注册证书的人员合计不少于4人；取得一级造价工程师注册证书的人员不少于3人，其他人员具有从事工程造价专业工作的经历。

（三）企业与专职专业人员签订劳动合同，且专职专业人员符合国家规定的职业年龄（出资人除外）。

（四）企业为本单位专职专业人员办理的社会基本养老保险手续齐全。

（五）暂定期内工程造价咨询营业收入累计不低于人民币50万元。

（六）申请核定资质等级之日前无本办法第二十五条禁止的行为。

第三章 资质许可

第十一条 甲级工程造价咨询企业资质，由国务院住房城乡建设主管部门审批。

申请甲级工程造价咨询企业资质的，可以向申请人工商注册所在地省、自治区、直辖市人民政府住房城乡建设主管部门或者国务院有关专业部门提交申请材料。

省、自治区、直辖市人民政府住房城乡建设主管部门或者国务院有关专业部门收到申请材料后，应当在5日内将全部申请材料报国务院住房城乡建设主管部门，国务院住房城乡建设主管部门应当自受理之日起20日内作出决定。

组织专家评审所需时间不计算在上述时限内，但应当明确告知申请人。

第十二条 申请乙级工程造价咨询企业资质的，由省、自治区、直辖市人民政府住房城乡建设主管部门审查决定。其中，申请有关专业乙级工程造价咨询企业资质的，由省、自治区、直辖市人民政府住房城乡建设主管部门商同级有关专业部门审查决定。

乙级工程造价咨询企业资质许可的实施程序由省、自治区、直辖市人民政府住房城乡建设主管部门依法确定。

省、自治区、直辖市人民政府住房城乡建设主管部门应当自作出决定之日起 30 日内，将准予资质许可的决定报国务院住房城乡建设主管部门备案。

第十三条 企业在申请工程造价咨询甲级（或乙级）资质，以及在资质延续、变更时，应当提交下列申报材料：

（一）工程造价咨询企业资质申请书（含企业法定代表人承诺书）；

（二）专职专业人员（含技术负责人）的中级以上专业技术职称证书和身份证；

（三）企业开具的工程造价咨询营业收入发票和对应的工程造价咨询合同（如发票能体现工程造价咨询业务的，可不提供对应的工程造价咨询合同；新申请工程造价咨询企业资质的，不需提供）；

（四）工程造价咨询企业资质证书（新申请工程造价咨询企业资质的，不需提供）；

（五）企业营业执照。

企业在申请工程造价咨询甲级（或乙级）资质，以及在资质延续、变更时，企业法定代表人应当对下列事项进行承诺，并由资质许可机关调查核实：

（一）企业与专职专业人员签订劳动合同；

（二）企业缴纳营业收入的增值税；

（三）企业为专职专业人员（含技术负责人）缴纳本年度社会基本养老保险费用。

第十四条 新申请工程造价咨询企业资质的，其资质等级按照本办法第十条第（一）项至第（四）项所列资质标准核定为乙级，设暂定期一年。

暂定期届满需继续从事工程造价咨询活动的，应当在暂定期届满 30 日前，向资质许可机关申请换发资质证书。符合乙级资质条件的，由资质许可机关换发资质证书。

第十五条 准予资质许可的，资质许可机关应当向申请人颁发工程造价咨询企业资质证书。

工程造价咨询企业资质证书由国务院住房城乡建设主管部门统一印制，

分正本和副本。正本和副本具有同等法律效力。

工程造价咨询企业遗失资质证书的，应当向资质许可机关申请补办，由资质许可机关在官网发布信息。

第十六条 工程造价咨询企业资质有效期为3年。

资质有效期届满，需要继续从事工程造价咨询活动的，应当在资质有效期届满30日前向资质许可机关提出资质延续申请。资质许可机关应当根据申请作出是否准予延续的决定。准予延续的，资质有效期延续3年。

第十七条 工程造价咨询企业的名称、住所、组织形式、法定代表人、技术负责人、注册资本等事项发生变更的，应当自变更确立之日起30日内，到资质许可机关办理资质证书变更手续。

第十八条 工程造价咨询企业合并的，合并后存续或者新设立的工程造价咨询企业可以承继合并前各方中较高的资质等级，但应当符合相应的资质等级条件。

工程造价咨询企业分立的，只能由分立后的一方承继原工程造价咨询企业资质，但应当符合原工程造价咨询企业资质等级条件。

第四章 工程造价咨询管理

第十九条 工程造价咨询企业依法从事工程造价咨询活动，不受行政区域限制。

甲级工程造价咨询企业可以从事各类建设项目的工程造价咨询业务。

乙级工程造价咨询企业可以从事工程造价2亿元人民币以下各类建设项目的工程造价咨询业务。

第二十条 工程造价咨询业务范围包括：

（一）建设项目建议书及可行性研究投资估算、项目经济评价报告的编制和审核；

（二）建设项目概预算的编制与审核，并配合设计方案比选、优化设计、限额设计等工作进行工程造价分析与控制；

（三）建设项目合同价款的确定（包括招标工程工程量清单和标底、投标报价的编制和审核）；合同价款的签订与调整（包括工程变更、工程洽商和索赔费用的计算）及工程款支付，工程结算及竣工结（决）算报告的编制与审核等；

（四）工程造价经济纠纷的鉴定和仲裁的咨询；

（五）提供工程造价信息服务等。

工程造价咨询企业可以对建设项目的组织实施进行全过程或者若干阶段的管理和服务。

第二十一条 工程造价咨询企业在承接各类建设项目的工程造价咨询业务时，应当与委托人订立书面工程造价咨询合同。

工程造价咨询企业与委托人可以参照《建设工程造价咨询合同》（示范文本）订立合同。

第二十二条 工程造价咨询企业从事工程造价咨询业务，应当按照有关规定的要求出具工程造价成果文件。

工程造价成果文件应当由工程造价咨询企业加盖有企业名称、资质等级及证书编号的执业印章，并由执行咨询业务的注册造价工程师签字、加盖执业印章。

第二十三条 工程造价咨询企业跨省、自治区、直辖市承接工程造价咨询业务的，应当自承接业务之日起30日内到建设工程所在地省、自治区、直辖市人民政府住房城乡建设主管部门备案。

第二十四条 工程造价咨询收费应当按照有关规定，由当事人在建设工程造价咨询合同中约定。

第二十五条 工程造价咨询企业不得有下列行为：

（一）涂改、倒卖、出租、出借资质证书，或者以其他形式非法转让资质证书；

（二）超越资质等级业务范围承接工程造价咨询业务；

（三）同时接受招标人和投标人或两个以上投标人对同一工程项目的工程造价咨询业务；

（四）以给予回扣、恶意压低收费等方式进行不正当竞争；

（五）转包承接的工程造价咨询业务；

（六）法律、法规禁止的其他行为。

第二十六条 除法律、法规另有规定外，未经委托人书面同意，工程造价咨询企业不得对外提供工程造价咨询服务过程中获知的当事人的商业秘密和业务资料。

第二十七条 县级以上地方人民政府住房城乡建设主管部门、有关专业部门应当依照有关法律、法规和本办法的规定，对工程造价咨询企业从事工程造价咨询业务的活动实施监督检查。

第二十八条 监督检查机关履行监督检查职责时，有权采取下列措施：

（一）要求被检查单位提供工程造价咨询企业资质证书、造价工程师注册证书，有关工程造价咨询业务的文档，有关技术档案管理制度、质量控制制度、财务管理制度的文件；

（二）进入被检查单位进行检查，查阅工程造价咨询成果文件以及工程造价咨询合同等相关资料；

（三）纠正违反有关法律、法规和本办法及执业规程规定的行为。

监督检查机关应当将监督检查的处理结果向社会公布。

第二十九条 监督检查机关进行监督检查时，应当有两名以上监督检查人员参加，并出示执法证件，不得妨碍被检查单位的正常经营活动，不得索取或者收受财物、谋取其他利益。

有关单位和个人对依法进行的监督检查应当协助与配合，不得拒绝或者阻挠。

第三十条 有下列情形之一的，资质许可机关或者其上级机关，根据利害关系人的请求或者依据职权，可以撤销工程造价咨询企业资质：

（一）资质许可机关工作人员滥用职权、玩忽职守作出准予工程造价咨询企业资质许可的；

（二）超越法定职权作出准予工程造价咨询企业资质许可的；

（三）违反法定程序作出准予工程造价咨询企业资质许可的；

（四）对不具备行政许可条件的申请人作出准予工程造价咨询企业资质许可的；

（五）依法可以撤销工程造价咨询企业资质的其他情形。

工程造价咨询企业以欺骗、贿赂等不正当手段取得工程造价咨询企业资质的，应当予以撤销。

第三十一条　工程造价咨询企业取得工程造价咨询企业资质后，不再符合相应资质条件的，资质许可机关根据利害关系人的请求或者依据职权，可以责令其限期改正；逾期不改的，可以撤回其资质。

第三十二条　有下列情形之一的，资质许可机关应当依法注销工程造价咨询企业资质：

（一）工程造价咨询企业资质有效期满，未申请延续的；

（二）工程造价咨询企业资质被撤销、撤回的；

（三）工程造价咨询企业依法终止的；

（四）法律、法规规定的应当注销工程造价咨询企业资质的其他情形。

第三十三条　工程造价咨询企业应当按照有关规定，向资质许可机关提供真实、准确、完整的工程造价咨询企业信用档案信息。

工程造价咨询企业信用档案应当包括工程造价咨询企业的基本情况、业绩、良好行为、不良行为等内容。违法行为、被投诉举报处理、行政处罚等情况应当作为工程造价咨询企业的不良记录记入其信用档案。

任何单位和个人有权查阅信用档案。

第五章　法律责任

第三十四条　申请人隐瞒有关情况或者提供虚假材料申请工程造价咨询企业资质的，不予受理或者不予资质许可，并给予警告，申请人在1年内不得再次申请工程造价咨询企业资质。

第三十五条　以欺骗、贿赂等不正当手段取得工程造价咨询企业资质的，由县级以上地方人民政府住房城乡建设主管部门或者有关专业部门给予警告，并处以1万元以上3万元以下的罚款，申请人3年内不得再次申请工程造价咨询企业资质。

第三十六条　未取得工程造价咨询企业资质从事工程造价咨询活动或者

超越资质等级承接工程造价咨询业务的，出具的工程造价成果文件无效，由县级以上地方人民政府住房城乡建设主管部门或者有关专业部门给予警告，责令限期改正，并处以1万元以上3万元以下的罚款。

第三十七条 违反本办法第十七条规定，工程造价咨询企业不及时办理资质证书变更手续的，由资质许可机关责令限期办理；逾期不办理的，可处以1万元以下的罚款。

第三十八条 违反本办法第二十三条规定，跨省、自治区、直辖市承接业务不备案的，由县级以上地方人民政府住房城乡建设主管部门或者有关专业部门给予警告，责令限期改正；逾期未改正的，可处以5000元以上2万元以下的罚款。

第三十九条 工程造价咨询企业有本办法第二十五条行为之一的，由县级以上地方人民政府住房城乡建设主管部门或者有关专业部门给予警告，责令限期改正，并处以1万元以上3万元以下的罚款。

第四十条 资质许可机关有下列情形之一的，由其上级行政主管部门或者监察机关责令改正，对直接负责的主管人员和其他直接责任人员依法给予处分；构成犯罪的，依法追究刑事责任：

（一）对不符合法定条件的申请人准予工程造价咨询企业资质许可或者超越职权作出准予工程造价咨询企业资质许可决定的；

（二）对符合法定条件的申请人不予工程造价咨询企业资质许可或者不在法定期限内作出准予工程造价咨询企业资质许可决定的；

（三）利用职务上的便利，收受他人财物或者其他利益的；

（四）不履行监督管理职责，或者发现违法行为不予查处的。

第六章 附 则

第四十一条 本办法自2006年7月1日起施行。2000年1月25日建设部发布的《工程造价咨询单位管理办法》（建设部令第74号）同时废止。

本办法施行前建设部发布的规章与本办法的规定不一致的，以本办法为准。

建筑工程施工许可管理办法（2018年修正）

（住房和城乡建设部第13次部常务会议审议通过
2014年6月25日住房和城乡建设部令第18号公布
根据2018年9月28日住房和城乡建设部令第42号修正）

第一条 为了加强对建筑活动的监督管理，维护建筑市场秩序，保证建筑工程的质量和安全，根据《中华人民共和国建筑法》，制定本办法。

第二条 在中华人民共和国境内从事各类房屋建筑及其附属设施的建造、装修装饰和与其配套的线路、管道、设备的安装，以及城镇市政基础设施工程的施工，建设单位在开工前应当依照本办法的规定，向工程所在地的县级以上地方人民政府住房城乡建设主管部门（以下简称发证机关）申请领取施工许可证。

工程投资额在30万元以下或者建筑面积在300平方米以下的建筑工程，可以不申请办理施工许可证。省、自治区、直辖市人民政府住房城乡建设主管部门可以根据当地的实际情况，对限额进行调整，并报国务院住房城乡建设主管部门备案。

按照国务院规定的权限和程序批准开工报告的建筑工程，不再领取施工许可证。

第三条 本办法规定应当申请领取施工许可证的建筑工程未取得施工许可证的，一律不得开工。

任何单位和个人不得将应当申请领取施工许可证的工程项目分解为若干限额以下的工程项目，规避申请领取施工许可证。

第四条 建设单位申请领取施工许可证，应当具备下列条件，并提交相应的证明文件：

（一）依法应当办理用地批准手续的，已经办理该建筑工程用地批准手续。

（二）在城市、镇规划区的建筑工程，已经取得建设工程规划许可证。

（三）施工场地已经基本具备施工条件，需要征收房屋的，其进度符合施工要求。

（四）已经确定施工企业。按照规定应当招标的工程没有招标，应当公开招标的工程没有公开招标，或者肢解发包工程，以及将工程发包给不具备相应资质条件的企业的，所确定的施工企业无效。

（五）有满足施工需要的技术资料，施工图设计文件已按规定审查合格。

（六）有保证工程质量和安全的具体措施。施工企业编制的施工组织设计中有根据建筑工程特点制定的相应质量、安全技术措施。建立工程质量安全责任制并落实到人。专业性较强的工程项目编制了专项质量、安全施工组织设计，并按照规定办理了工程质量、安全监督手续。

（七）建设资金已经落实。建设单位应当提供建设资金已经落实承诺书。

（八）法律、行政法规规定的其他条件。

县级以上地方人民政府住房城乡建设主管部门不得违反法律法规规定，增设办理施工许可证的其他条件。

第五条 申请办理施工许可证，应当按照下列程序进行：

（一）建设单位向发证机关领取《建筑工程施工许可证申请表》。

（二）建设单位持加盖单位及法定代表人印鉴的《建筑工程施工许可证申请表》，并附本办法第四条规定的证明文件，向发证机关提出申请。

（三）发证机关在收到建设单位报送的《建筑工程施工许可证申请表》和所附证明文件后，对于符合条件的，应当自收到申请之日起七日内颁发施工许可证；对于证明文件不齐全或者失效的，应当当场或者五日内一次告知建设单位需要补正的全部内容，审批时间可以自证明文件补正齐全后作相应顺延；对于不符合条件的，应当自收到申请之日起七日内书面通知建设单位，并说明理由。

建筑工程在施工过程中，建设单位或者施工单位发生变更的，应当重新申请领取施工许可证。

第六条 建设单位申请领取施工许可证的工程名称、地点、规模，应当符合依法签订的施工承包合同。

施工许可证应当放置在施工现场备查，并按规定在施工现场公开。

第七条 施工许可证不得伪造和涂改。

第八条 建设单位应当自领取施工许可证之日起三个月内开工。因故不能按期开工的，应当在期满前向发证机关申请延期，并说明理由；延期以两次为限，每次不超过三个月。既不开工又不申请延期或者超过延期次数、时限的，施工许可证自行废止。

第九条 在建的建筑工程因故中止施工的，建设单位应当自中止施工之日起一个月内向发证机关报告，报告内容包括中止施工的时间、原因、在施部位、维修管理措施等，并按照规定做好建筑工程的维护管理工作。

建筑工程恢复施工时，应当向发证机关报告；中止施工满一年的工程恢复施工前，建设单位应当报发证机关核验施工许可证。

第十条 发证机关应当将办理施工许可证的依据、条件、程序、期限以及需要提交的全部材料和申请表示范文本等，在办公场所和有关网站予以公示。

发证机关作出的施工许可决定，应当予以公开，公众有权查阅。

第十一条 发证机关应当建立颁发施工许可证后的监督检查制度，对取得施工许可证后条件发生变化、延期开工、中止施工等行为进行监督检查，发现违法违规行为及时处理。

第十二条 对于未取得施工许可证或者为规避办理施工许可证将工程项目分解后擅自施工的，由有管辖权的发证机关责令停止施工，限期改正，对建设单位处工程合同价款1%以上2%以下罚款；对施工单位处3万元以下罚款。

第十三条 建设单位采用欺骗、贿赂等不正当手段取得施工许可证的，由原发证机关撤销施工许可证，责令停止施工，并处1万元以上3万元以下罚款；构成犯罪的，依法追究刑事责任。

第十四条 建设单位隐瞒有关情况或者提供虚假材料申请施工许可证的，发证机关不予受理或者不予许可，并处1万元以上3万元以下罚款；构成犯罪的，依法追究刑事责任。

建设单位伪造或者涂改施工许可证的，由发证机关责令停止施工，并处1万元以上3万元以下罚款；构成犯罪的，依法追究刑事责任。

第十五条 依照本办法规定，给予单位罚款处罚的，对单位直接负责的主管人员和其他直接责任人员处单位罚款数额5%以上10%以下罚款。

单位及相关责任人受到处罚的，作为不良行为记录予以通报。

第十六条 发证机关及其工作人员，违反本办法，有下列情形之一的，由其上级行政机关或者监察机关责令改正；情节严重的，对直接负责的主管人员和其他直接责任人员，依法给予行政处分：

（一）对不符合条件的申请人准予施工许可的；

（二）对符合条件的申请人不予施工许可或者未在法定期限内作出准予许可决定的；

（三）对符合条件的申请不予受理的；

（四）利用职务上的便利，收受他人财物或者谋取其他利益的；

（五）不依法履行监督职责或者监督不力，造成严重后果的。

第十七条 建筑工程施工许可证由国务院住房城乡建设主管部门制定格式，由各省、自治区、直辖市人民政府住房城乡建设主管部门统一印制。

施工许可证分为正本和副本，正本和副本具有同等法律效力。复印的施工许可证无效。

第十八条 本办法关于施工许可管理的规定适用于其他专业建筑工程。有关法律、行政法规有明确规定的，从其规定。

《建筑法》第八十三条第三款规定的建筑活动，不适用本办法。

军事房屋建筑工程施工许可的管理，按国务院、中央军事委员会制定的办法执行。

第十九条 省、自治区、直辖市人民政府住房城乡建设主管部门可以根据本办法制定实施细则。

第二十条 本办法自2014年10月25日起施行。1999年10月15日建设部令第71号发布、2001年7月4日建设部令第91号修正的《建筑工程施工许可管理办法》同时废止。

必须招标的基础设施和公用事业项目范围规定

（发改法规规〔2018〕843号）

第一条 为明确必须招标的大型基础设施和公用事业项目范围，根据《中华人民共和国招标投标法》和《必须招标的工程项目规定》，制定本规定。

第二条 不属于《必须招标的工程项目规定》第二条、第三条规定情形的大型基础设施、公用事业等关系社会公共利益、公众安全的项目，必须招标的具体范围包括：

（一）煤炭、石油、天然气、电力、新能源等能源基础设施项目；

（二）铁路、公路、管道、水运，以及公共航空和A1级通用机场等交通运输基础设施项目；

（三）电信枢纽、通信信息网络等通信基础设施项目；

（四）防洪、灌溉、排涝、引（供）水等水利基础设施项目；

（五）城市轨道交通等城建项目。

第三条 本规定自2018年6月6日起施行。

必须招标的工程项目规定

（2018年3月27日国家发展和改革委员会令第16号公布
发改委令第16号自2018年6月1日起施行）

第一条 为了确定必须招标的工程项目，规范招标投标活动，提高工作效率、降低企业成本、预防腐败，根据《中华人民共和国招标投标法》第三条的规定，制定本规定。

第二条 全部或者部分使用国有资金投资或者国家融资的项目包括：

（一）使用预算资金200万元人民币以上，并且该资金占投资额10%以上的项目；

（二）使用国有企业事业单位资金，并且该资金占控股或者主导地位的项目。

第三条 使用国际组织或者外国政府贷款、援助资金的项目包括：

（一）使用世界银行、亚洲开发银行等国际组织贷款、援助资金的项目；

（二）使用外国政府及其机构贷款、援助资金的项目。

第四条 不属于本规定第二条、第三条规定情形的大型基础设施、公用事业等关系社会公共利益、公众安全的项目，必须招标的具体范围由国务院发展改革部门会同国务院有关部门按照确有必要、严格限定的原则制订，报国务院批准。

第五条 本规定第二条至第四条规定范围内的项目，其勘察、设计、施工、监理以及与工程建设有关的重要设备、材料等的采购达到下列标准之一的，必须招标：

（一）施工单项合同估算价在400万元人民币以上；

（二）重要设备、材料等货物的采购，单项合同估算价在200万元人民币以上；

（三）勘察、设计、监理等服务的采购，单项合同估算价在100万元人民币以上。

同一项目中可以合并进行的勘察、设计、施工、监理以及与工程建设有关的重要设备、材料等的采购，合同估算价合计达到前款规定标准的，必须招标。

第六条 本规定自2018年6月1日起施行。

建筑工程施工发包与承包违法行为认定查处管理办法

（2019 年 1 月 3 日住房和城乡建设部公布）

第一条 为规范建筑工程施工发包与承包活动中违法行为的认定、查处和管理，保证工程质量和施工安全，有效遏制发包与承包活动中的违法行为，维护建筑市场秩序和建筑工程主要参与方的合法权益，根据《中华人民共和国建筑法》《中华人民共和国招标投标法》《中华人民共和国合同法》《建设工程质量管理条例》《建设工程安全生产管理条例》《中华人民共和国招标投标法实施条例》等法律法规，以及《全国人大法工委关于对建筑施工企业母公司承接工程后交由子公司实施是否属于转包以及行政处罚两年追诉期认定法律适用问题的意见》（法工办发〔2017〕223 号），结合建筑活动实践，制定本办法。

第二条 本办法所称建筑工程，是指房屋建筑和市政基础设施工程及其附属设施和与其配套的线路、管道、设备安装工程。

第三条 住房和城乡建设部对全国建筑工程施工发包与承包违法行为的认定查处工作实施统一监督管理。

县级以上地方人民政府住房和城乡建设主管部门在其职责范围内具体负责本行政区域内建筑工程施工发包与承包违法行为的认定查处工作。

本办法所称的发包与承包违法行为具体是指违法发包、转包、违法分包及挂靠等违法行为。

第四条 建设单位与承包单位应严格依法签订合同，明确双方权利、义务、责任，严禁违法发包、转包、违法分包和挂靠，确保工程质量和施工安全。

第五条 本办法所称违法发包，是指建设单位将工程发包给个人或不具有相应资质的单位、肢解发包、违反法定程序发包及其他违反法律法规规定发包的行为。

第六条 存在下列情形之一的，属于违法发包：

（一）建设单位将工程发包给个人的；

（二）建设单位将工程发包给不具有相应资质的单位的；

（三）依法应当招标未招标或未按照法定招标程序发包的；

（四）建设单位设置不合理的招标投标条件，限制、排斥潜在投标人或者投标人的；

（五）建设单位将一个单位工程的施工分解成若干部分发包给不同的施工总承包或专业承包单位的。

第七条 本办法所称转包，是指承包单位承包工程后，不履行合同约定的责任和义务，将其承包的全部工程或者将其承包的全部工程肢解后以分包的名义分别转给其他单位或个人施工的行为。

第八条 存在下列情形之一的，应当认定为转包，但有证据证明属于挂靠或者其他违法行为的除外：

（一）承包单位将其承包的全部工程转给其他单位（包括母公司承接建筑工程后将所承接工程交由具有独立法人资格的子公司施工的情形）或个人施工的；

（二）承包单位将其承包的全部工程肢解以后，以分包的名义分别转给其他单位或个人施工的；

（三）施工总承包单位或专业承包单位未派驻项目负责人、技术负责人、质量管理负责人、安全管理负责人等主要管理人员，或派驻的项目负责人、技术负责人、质量管理负责人、安全管理负责人中一人及以上与施工单位没有订立劳动合同且没有建立劳动工资和社会养老保险关系，或派驻的项目负责人未对该工程的施工活动进行组织管理，又不能进行合理解释并提供相应证明的；

（四）合同约定由承包单位负责采购的主要建筑材料、构配件及工程设备或租赁的施工机械设备，由其他单位或个人采购、租赁，或施工单位不能提供有关采购、租赁合同及发票等证明，又不能进行合理解释并提供相应证明的；

（五）专业作业承包人承包的范围是承包单位承包的全部工程，专业作业承包人计取的是除上缴给承包单位“管理费”之外的全部工程价款的；

（六）承包单位通过采取合作、联营、个人承包等形式或名义，直接或变相将其承包的全部工程转给其他单位或个人施工的；

（七）专业工程的发包单位不是该工程的施工总承包或专业承包单位的，但建设单位依约作为发包单位的除外；

（八）专业作业的发包单位不是该工程承包单位的；

（九）施工合同主体之间没有工程款收付关系，或者承包单位收到款项后又将款项转拨给其他单位和个人，又不能进行合理解释并提供材料证明的。

两个以上的单位组成联合体承包工程，在联合体分工协议中约定或者在项目实际实施过程中，联合体一方不进行施工也未对施工活动进行组织管理的，并且向联合体其他方收取管理费或者其他类似费用的，视为联合体一方将承包的工程转包给联合体其他方。

第九条 本办法所称挂靠，是指单位或个人以其他有资质的施工单位的名义承揽工程的行为。

前款所称承揽工程，包括参与投标、订立合同、办理有关施工手续、从事施工等活动。

第十条 存在下列情形之一的，属于挂靠：

（一）没有资质的单位或个人借用其他施工单位的资质承揽工程的；

（二）有资质的施工单位相互借用资质承揽工程的，包括资质等级低的借用资质等级高的，资质等级高的借用资质等级低的，相同资质等级相互借用的；

（三）本办法第八条第一款第（三）至（九）项规定的情形，有证据证明属于挂靠的。

第十一条 本办法所称违法分包，是指承包单位承包工程后违反法律法规规定，把单位工程或分部分项工程分包给其他单位或个人施工的行为。

第十二条 存在下列情形之一的，属于违法分包：

（一）承包单位将其承包的工程分包给个人的；

（二）施工总承包单位或专业承包单位将工程分包给不具备相应资质单位的；

（三）施工总承包单位将施工总承包合同范围内工程主体结构的施工分包给其他单位的，钢结构工程除外；

（四）专业分包单位将其承包的专业工程中非劳务作业部分再分包的；

（五）专业作业承包人将其承包的劳务再分包的；

（六）专业作业承包人除计取劳务作业费用外，还计取主要建筑材料款和大中型施工机械设备、主要周转材料费用的。

第十三条 任何单位和个人发现违法发包、转包、违法分包及挂靠等违法行为的，均可向工程所在地县级以上人民政府住房和城乡建设主管部门进行举报。

接到举报的住房和城乡建设主管部门应当依法受理、调查、认定和处理，除无法告知举报人的情况外，应当及时将查处结果告知举报人。

第十四条 县级以上地方人民政府住房和城乡建设主管部门如接到人民法院、检察机关、仲裁机构、审计机关、纪检监察等部门转交或移送的涉及本行政区域内建筑工程发包与承包违法行为的建议或相关案件的线索或证据，应当依法受理、调查、认定和处理，并把处理结果及时反馈给转交或移送机构。

第十五条 县级以上人民政府住房和城乡建设主管部门对本行政区域内发现的违法发包、转包、违法分包及挂靠等违法行为，应当依法进行调查，按照本办法进行认定，并依法予以行政处罚。

（一）对建设单位存在本办法第五条规定的违法发包情形的处罚：

1. 依据本办法第六条（一）、（二）项规定认定的，依据《中华人民共和国建筑法》第六十五条、《建设工程质量管理条例》第五十四条规定进行处罚；

2. 依据本办法第六条（三）项规定认定的，依据《中华人民共和国招标投标法》第四十九条、《中华人民共和国招标投标法实施条例》第六十四条规定进行处罚；

3. 依据本办法第六条（四）项规定认定的，依据《中华人民共和国招标投标法》第五十一条、《中华人民共和国招标投标法实施条例》第六十三条规定进行处罚；

4. 依据本办法第六条（五）项规定认定的，依据《中华人民共和国建筑法》第六十五条、《建设工程质量管理条例》第五十五条规定进行处罚；

5. 建设单位违法发包，拒不整改或者整改后仍达不到要求的，视为没有依法确定施工企业，将其违法行为记入诚信档案，实行联合惩戒。对全部或部分使用国有资金的项目，同时将建设单位违法发包的行为告知其上级主管部门及纪检监察部门，并建议对建设单位直接负责的主管人员和其他直接责任人员给予相应的行政处分。

（二）对认定有转包、违法分包违法行为的施工单位，依据《中华人民共和国建筑法》第六十七条、《建设工程质量管理条例》第六十二条规定进行处罚。

（三）对认定有挂靠行为的施工单位或个人，依据《中华人民共和国招标投标法》第五十四条、《中华人民共和国建筑法》第六十五条和《建设工程质量管理条例》第六十条规定进行处罚。

（四）对认定有转让、出借资质证书或者以其他方式允许他人以本单位的名义承揽工程的施工单位，依据《中华人民共和国建筑法》第六十六条、《建设工程质量管理条例》第六十一条规定进行处罚。

（五）对建设单位、施工单位给予单位罚款处罚的，依据《建设工程质量管理条例》第七十三条、《中华人民共和国招标投标法》第四十九条、《中华人民共和国招标投标法实施条例》第六十四条规定，对单位直接负责的主管人员和其他直接责任人员进行处罚。

（六）对认定有转包、违法分包、挂靠、转让出借资质证书或者以其他方式允许他人以本单位的名义承揽工程等违法行为的施工单位，可依法限制其参加工程投标活动、承揽新的工程项目，并对其企业资质是否满足资质标准条件进行核查，对达不到资质标准要求的限期整改，整改后仍达不到要求的，资质审批机关撤回其资质证书。

对2年内发生2次及以上转包、违法分包、挂靠、转让出借资质证书或者以其他方式允许他人以本单位的名义承揽工程的施工单位，应当依法按照情节严重情形给予处罚。

（七）因违法发包、转包、违法分包、挂靠等违法行为导致发生质量安全事故的，应当依法按照情节严重情形给予处罚。

第十六条 对于违法发包、转包、违法分包、挂靠等违法行为的行政处罚追溯期限，应当按照法工办发〔2017〕223号文件的规定，从存在违法发包、转包、违法分包、挂靠的建筑工程竣工验收之日起计算；合同工程量未全部完成而解除或终止履行合同的，自合同解除或终止之日起计算。

第十七条 县级以上人民政府住房和城乡建设主管部门应将查处的违法发包、转包、违法分包、挂靠等违法行为和处罚结果记入相关单位或个人信用档案，同时向社会公示，并逐级上报至住房和城乡建设部，在全国建筑市场监管公共服务平台公示。

第十八条 房屋建筑和市政基础设施工程以外的专业工程可参照本办法执行。省级人民政府住房和城乡建设主管部门可结合本地实际，依据本办法制定相应实施细则。

第十九条 本办法中施工总承包单位、专业承包单位均指直接承接建设单位发包的工程的单位；专业分包单位是指承接施工总承包或专业承包企业分包专业工程的单位；承包单位包括施工总承包单位、专业承包单位和专业分包单位。

第二十条 本办法由住房和城乡建设部负责解释。

第二十一条 本办法自2019年1月1日起施行。2014年10月1日起施行的《建筑工程施工转包违法分包等违法行为认定查处管理办法（试行）》（建市〔2014〕118号）同时废止。

三、司法解释

最高人民法院关于审理建设工程施工合同纠纷案件适用法律问题的解释

(2004 年 9 月 29 日最高人民法院审判委员会第 1327 次会议通过
2004 年 10 月 25 日公布　法释〔2004〕14 号
自 2005 年 1 月 1 日起施行)

根据《中华人民共和国民法通则》《中华人民共和国合同法》《中华人民共和国招标投标法》《中华人民共和国民事诉讼法》等法律规定，结合民事审判实际，就审理建设工程施工合同纠纷案件适用法律的问题，制定本解释。

第一条　建设工程施工合同具有下列情形之一的，应当根据合同法第五十二条第（五）项的规定，认定无效：

（一）承包人未取得建筑施工企业资质或者超越资质等级的；

（二）没有资质的实际施工人借用有资质的建筑施工企业名义的；

（三）建设工程必须进行招标而未招标或者中标无效的。

第二条　建设工程施工合同无效，但建设工程经竣工验收合格，承包人请求参照合同约定支付工程价款的，应予支持。

第三条　建设工程施工合同无效，且建设工程经竣工验收不合格的，按照以下情形分别处理：

（一）修复后的建设工程经竣工验收合格，发包人请求承包人承担修复费用的，应予支持；

（二）修复后的建设工程经竣工验收不合格，承包人请求支付工程价款的，不予支持。

因建设工程不合格造成的损失，发包人有过错的，也应承担相应的民事责任。

第四条 承包人非法转包、违法分包建设工程或者没有资质的实际施工人借用有资质的建筑施工企业名义与他人签订建设工程施工合同的行为无效。人民法院可以根据民法通则第一百三十四条规定，收缴当事人已经取得的非法所得。

第五条 承包人超越资质等级许可的业务范围签订建设工程施工合同，在建设工程竣工前取得相应资质等级，当事人请求按照无效合同处理的，不予支持。

第六条 当事人对垫资和垫资利息有约定，承包人请求按照约定返还垫资及其利息的，应予支持，但是约定的利息计算标准高于中国人民银行发布的同期同类贷款利率的部分除外。

当事人对垫资没有约定的，按照工程欠款处理。

当事人对垫资利息没有约定，承包人请求支付利息的，不予支持。

第七条 具有劳务作业法定资质的承包人与总承包人、分包人签订的劳务分包合同，当事人以转包建设工程违反法律规定为由请求确认无效的，不予支持。

第八条 承包人具有下列情形之一，发包人请求解除建设工程施工合同的，应予支持：

（一）明确表示或者以行为表明不履行合同主要义务的；

（二）合同约定的期限内没有完工，且在发包人催告的合理期限内仍未完工的；

（三）已经完成的建设工程质量不合格，并拒绝修复的；

（四）将承包的建设工程非法转包、违法分包的。

第九条 发包人具有下列情形之一，致使承包人无法施工，且在催告的合理期限内仍未履行相应义务，承包人请求解除建设工程施工合同的，应予支持：

（一）未按约定支付工程价款的；

（二）提供的主要建筑材料、建筑构配件和设备不符合强制性标准的；

（三）不履行合同约定的协助义务的。

第十条 建设工程施工合同解除后，已经完成的建设工程质量合格的，发包人应当按照约定支付相应的工程价款；已经完成的建设工程质量不合格的，参照本解释第三条规定处理。

因一方违约导致合同解除的，违约方应当赔偿因此而给对方造成的损失。

第十一条 因承包人的过错造成建设工程质量不符合约定，承包人拒绝修理、返工或者改建，发包人请求减少支付工程价款的，应予支持。

第十二条 发包人具有下列情形之一，造成建设工程质量缺陷，应当承担过错责任：

（一）提供的设计有缺陷；

（二）提供或者指定购买的建筑材料、建筑构配件、设备不符合强制性标准；

（三）直接指定分包人分包专业工程。

承包人有过错的，也应当承担相应的过错责任。

第十三条 建设工程未经竣工验收，发包人擅自使用后，又以使用部分质量不符合约定为由主张权利的，不予支持；但是承包人应当在建设工程的合理使用寿命内对地基基础工程和主体结构质量承担民事责任。

第十四条 当事人对建设工程实际竣工日期有争议的，按照以下情形分别处理：

（一）建设工程经竣工验收合格的，以竣工验收合格之日为竣工日期；

（二）承包人已经提交竣工验收报告，发包人拖延验收的，以承包人提交验收报告之日为竣工日期；

（三）建设工程未经竣工验收，发包人擅自使用的，以转移占有建设工程之日为竣工日期。

第十五条 建设工程竣工前，当事人对工程质量发生争议，工程质量经鉴定合格的，鉴定期间为顺延工期期间。

第十六条 当事人对建设工程的计价标准或者计价方法有约定的，按照约定结算工程价款。

因设计变更导致建设工程的工程量或者质量标准发生变化，当事人对该部分工程价款不能协商一致的，可以参照签订建设工程施工合同时当地建设行政主管部门发布的计价方法或者计价标准结算工程价款。

建设工程施工合同有效，但建设工程经竣工验收不合格的，工程价款结算参照本解释第三条规定处理。

第十七条 当事人对欠付工程价款利息计付标准有约定的，按照约定处理；没有约定的，按照中国人民银行发布的同期同类贷款利率计息。

第十八条 利息从应付工程价款之日计付。当事人对付款时间没有约定或者约定不明的，下列时间视为应付款时间：

（一）建设工程已实际交付的，为交付之日；

（二）建设工程没有交付的，为提交竣工结算文件之日；

（三）建设工程未交付，工程价款也未结算的，为当事人起诉之日。

第十九条 当事人对工程量有争议的，按照施工过程中形成的签证等书面文件确认。承包人能够证明发包人同意其施工，但未能提供签证文件证明工程量发生的，可以按照当事人提供的其他证据确认实际发生的工程量。

第二十条 当事人约定，发包人收到竣工结算文件后，在约定期限内不予答复，视为认可竣工结算文件的，按照约定处理。承包人请求按照竣工结算文件结算工程价款的，应予支持。

第二十一条 当事人就同一建设工程另行订立的建设工程施工合同与经过备案的中标合同实质性内容不一致的，应当以备案的中标合同作为结算工程价款的根据。

第二十二条 当事人约定按照固定价结算工程价款，一方当事人请求对建设工程造价进行鉴定的，不予支持。

第二十三条 当事人对部分案件事实有争议的，仅对有争议的事实进行鉴定，但争议事实范围不能确定，或者双方当事人请求对全部事实鉴定的除外。

第二十四条 建设工程施工合同纠纷以施工行为地为合同履行地。

第二十五条 因建设工程质量发生争议的，发包人可以以总承包人、分包人和实际施工人为共同被告提起诉讼。

第二十六条 实际施工人以转包人、违法分包人为被告起诉的，人民法院应当依法受理。

实际施工人以发包人为被告主张权利的，人民法院可以追加转包人或者违法分包人为本案当事人。发包人只在欠付工程价款范围内对实际施工人承担责任。

第二十七条 因保修人未及时履行保修义务，导致建筑物毁损或者造成人身、财产损害的，保修人应当承担赔偿责任。

保修人与建筑物所有人或者发包人对建筑物毁损均有过错的，各自承担相应的责任。

第二十八条 本解释自2005年1月1日起施行。

施行后受理的第一审案件适用本解释。

施行前最高人民法院发布的司法解释与本解释相抵触的，以本解释为准。

最高人民法院关于审理建设工程施工合同纠纷案件适用法律问题的解释 （二）

（2018年10月29日由最高人民法院审判委员会第1751次会议通过
2018年12月29日公布 法释〔2018〕20号
自2019年2月1日起施行）

为正确审理建设工程施工合同纠纷案件，依法保护当事人合法权益，维护建筑市场秩序，促进建筑市场健康发展，根据《中华人民共和国民法总则》《中华人民共和国合同法》《中华人民共和国建筑法》《中华人民共和国招标投标法》《中华人民共和国民事诉讼法》等法律规定，结合审判实践，制定本解释。

第一条 招标人和中标人另行签订的建设工程施工合同约定的工程范围、

建设工期、工程质量、工程价款等实质性内容，与中标合同不一致，一方当事人请求按照中标合同确定权利义务的，人民法院应予支持。

招标人和中标人在中标合同之外就明显高于市场价格购买承建房产、无偿建设住房配套设施、让利、向建设单位捐赠财物等另行签订合同，变相降低工程价款，一方当事人以该合同背离中标合同实质性内容为由请求确认无效的，人民法院应予支持。

第二条 当事人以发包人未取得建设工程规划许可证等规划审批手续为由，请求确认建设工程施工合同无效的，人民法院应予支持，但发包人在起诉前取得建设工程规划许可证等规划审批手续的除外。

发包人能够办理审批手续而未办理，并以未办理审批手续为由请求确认建设工程施工合同无效的，人民法院不予支持。

第三条 建设工程施工合同无效，一方当事人请求对方赔偿损失的，应当就对方过错、损失大小、过错与损失之间的因果关系承担举证责任。

损失大小无法确定，一方当事人请求参照合同约定的质量标准、建设工期、工程价款支付时间等内容确定损失大小的，人民法院可以结合双方过错程度、过错与损失之间的因果关系等因素作出裁判。

第四条 缺乏资质的单位或者个人借用有资质的建筑施工企业名义签订建设工程施工合同，发包人请求出借方与借用方对建设工程质量不合格等因出借资质造成的损失承担连带赔偿责任的，人民法院应予支持。

第五条 当事人对建设工程开工日期有争议的，人民法院应当分别按照以下情形予以认定：

（一）开工日期为发包人或者监理人发出的开工通知载明的开工日期；开工通知发出后，尚不具备开工条件的，以开工条件具备的时间为开工日期；因承包人原因导致开工时间推迟的，以开工通知载明的时间为开工日期。

（二）承包人经发包人同意已经实际进场施工的，以实际进场施工时间为开工日期。

（三）发包人或者监理人未发出开工通知，亦无相关证据证明实际开工日期的，应当综合考虑开工报告、合同、施工许可证、竣工验收报告或者竣工验收备案表等载明的时间，并结合是否具备开工条件的事实，认定开工日期。

第六条 当事人约定顺延工期应当经发包人或者监理人签证等方式确认，承包人虽未取得工期顺延的确认，但能够证明在合同约定的期限内向发包人或者监理人申请过工期顺延且顺延事由符合合同约定，承包人以此为由主张工期顺延的，人民法院应予支持。

当事人约定承包人未在约定期限内提出工期顺延申请视为工期不顺延的，按照约定处理，但发包人在约定期限后同意工期顺延或者承包人提出合理抗辩的除外。

第七条 发包人在承包人提起的建设工程施工合同纠纷案件中，以建设工程质量不符合合同约定或者法律规定为由，就承包人支付违约金或者赔偿修理、返工、改建的合理费用等损失提出反诉的，人民法院可以合并审理。

第八条 有下列情形之一，承包人请求发包人返还工程质量保证金的，人民法院应予支持：

（一）当事人约定的工程质量保证金返还期限届满。

（二）当事人未约定工程质量保证金返还期限的，自建设工程通过竣工验收之日起满二年。

（三）因发包人原因建设工程未按约定期限进行竣工验收的，自承包人提交工程竣工验收报告九十日后起当事人约定的工程质量保证金返还期限届满；当事人未约定工程质量保证金返还期限的，自承包人提交工程竣工验收报告九十日后起满二年。

发包人返还工程质量保证金后，不影响承包人根据合同约定或者法律规定履行工程保修义务。

第九条 发包人将依法不属于必须招标的建设工程进行招标后，与承包人另行订立的建设工程施工合同背离中标合同的实质性内容，当事人请求以中标合同作为结算建设工程价款依据的，人民法院应予支持，但发包人与承包人因客观情况发生了在招标投标时难以预见的变化而另行订立建设工程施工合同的除外。

第十条 当事人签订的建设工程施工合同与招标文件、投标文件、中标通知书载明的工程范围、建设工期、工程质量、工程价款不一致，一方当事人请求将招标文件、投标文件、中标通知书作为结算工程价款的依据的，人民法院应予支持。

第十一条 当事人就同一建设工程订立的数份建设工程施工合同均无效，但建设工程质量合格，一方当事人请求参照实际履行的合同结算建设工程价款的，人民法院应予支持。

实际履行的合同难以确定，当事人请求参照最后签订的合同结算建设工程价款的，人民法院应予支持。

第十二条 当事人在诉讼前已经对建设工程价款结算达成协议，诉讼中一方当事人申请对工程造价进行鉴定的，人民法院不予准许。

第十三条 当事人在诉讼前共同委托有关机构、人员对建设工程造价出具咨询意见，诉讼中一方当事人不认可该咨询意见申请鉴定的，人民法院应予准许，但双方当事人明确表示受该咨询意见约束的除外。

第十四条 当事人对工程造价、质量、修复费用等专门性问题有争议，人民法院认为需要鉴定的，应当向负有举证责任的当事人释明。当事人经释明未申请鉴定，虽申请鉴定但未支付鉴定费用或者拒不提供相关材料的，应当承担举证不能的法律后果。

一审诉讼中负有举证责任的当事人未申请鉴定，虽申请鉴定但未支付鉴定费用或者拒不提供相关材料，二审诉讼中申请鉴定，人民法院认为确有必要的，应当依照民事诉讼法第一百七十条第一款第三项的规定处理。

第十五条 人民法院准许当事人的鉴定申请后，应当根据当事人申请及查明案件事实的需要，确定委托鉴定的事项、范围、鉴定期限等，并组织双方当事人对争议的鉴定材料进行质证。

第十六条 人民法院应当组织当事人对鉴定意见进行质证。鉴定人将当事人有争议且未经质证的材料作为鉴定依据的，人民法院应当组织当事人就该部分材料进行质证。经质证认为不能作为鉴定依据的，根据该材料作出的鉴定意见不得作为认定案件事实的依据。

第十七条 与发包人订立建设工程施工合同的承包人，根据合同法第二百八十六条规定请求其承建工程的价款就工程折价或者拍卖的价款优先受偿的，人民法院应予支持。

第十八条 装饰装修工程的承包人，请求装饰装修工程价款就该装饰装修工程折价或者拍卖的价款优先受偿的，人民法院应予支持，但装饰装修工程的发包人不是该建筑物的所有权人的除外。

第十九条 建设工程质量合格，承包人请求其承建工程的价款就工程折价或者拍卖的价款优先受偿的，人民法院应予支持。

第二十条 未竣工的建设工程质量合格，承包人请求其承建工程的价款就其承建工程部分折价或者拍卖的价款优先受偿的，人民法院应予支持。

第二十一条 承包人建设工程价款优先受偿的范围依照国务院有关行政主管部门关于建设工程价款范围的规定确定。

承包人就逾期支付建设工程价款的利息、违约金、损害赔偿金等主张优先受偿的，人民法院不予支持。

第二十二条 承包人行使建设工程价款优先受偿权的期限为六个月，自发包人应当给付建设工程价款之日起算。

第二十三条 发包人与承包人约定放弃或者限制建设工程价款优先受偿权，损害建筑工人利益，发包人根据该约定主张承包人不享有建设工程价款优先受偿权的，人民法院不予支持。

第二十四条 实际施工人以发包人为被告主张权利的，人民法院应当追加转包人或者违法分包人为本案第三人，在查明发包人欠付转包人或者违法分包人建设工程价款的数额后，判决发包人在欠付建设工程价款范围内对实际施工人承担责任。

第二十五条 实际施工人根据合同法第七十三条规定，以转包人或者违法分包人怠于向发包人行使到期债权，对其造成损害为由，提起代位权诉讼的，人民法院应予支持。

第二十六条 本解释自 2019 年 2 月 1 日起施行。

本解释施行后尚未审结的一审、二审案件，适用本解释。

本解释施行前已经终审、施行后当事人申请再审或者按照审判监督程序决定再审的案件，不适用本解释。

最高人民法院以前发布的司法解释与本解释不一致的，不再适用。

最高人民法院关于建设工程价款优先受偿权问题的批复

（2002 年 6 月 11 日由最高人民法院审判委员会第 1225 次会议通过
2002 年 6 月 20 日公布　法释〔2002〕16 号
自 2002 年 6 月 27 日起施行）

上海市高级人民法院：

你院沪高法〔2001〕14 号《关于合同法第 286 条理解与适用问题的请示》收悉。经研究，答复如下：

一、人民法院在审理房地产纠纷案件和办理执行案件中，应当依照《中华人民共和国合同法》第二百八十六条的规定，认定建筑工程的承包人的优先受偿权优于抵押权和其他债权。

二、消费者交付购买商品房的全部或者大部分款项后，承包人就该商品房享有的工程价款优先受偿权不得对抗买受人。

三、建筑工程价款包括承包人为建设工程应当支付的工作人员报酬、材料款等实际支出的费用，不包括承包人因发包人违约所造成的损失。

四、建设工程承包人行使优先权的期限为六个月，自建设工程竣工之日或者建设工程合同约定的竣工之日起计算。

五、本批复第一条至第三条自公布之日起施行，第四条自公布之日起六个月后施行。

此复。

最高人民法院关于如何理解和适用《最高人民法院关于审理建设工程施工合同纠纷案件适用法律问题的解释》第二十条的复函

（〔2005〕民一他字第23号）

重庆市高级人民法院：

你院渝高法〔2005〕154号《关于如何理解和适用最高人民法院〈关于审理建设工程施工合同纠纷案件适用法律问题的解释〉第二十条的请示》收悉。经研究，答复如下：

同意你院审委会的第二种意见，即：适用该司法解释第二十条的前提条件是当事人之间约定了发包人收到竣工结算文件后，在约定期限内不予答复，则视为认可竣工结算文件。承包人提交的竣工结算文件可以作为工程款结算的依据。建设部制定的建设工程施工合同格式文本中的通用条款第33条第3款的规定，不能简单地推论出，双方当事人具有发包人收到竣工结算文件一定期限内不予答复，则视为认可承包人提交的竣工结算文件的一致意思表示，承包人提交的竣工结算文件不能作为工程款结算的依据。

最高人民法院民事审判庭

二〇〇六年四月二十五日

最高人民法院关于人民法院办理执行异议和复议案件若干问题的规定

（2014年12月29日由最高人民法院审判委员会第1638次会议通过
2015年5月5日公布　法释〔2015〕10号
自2015年5月5日起施行）

为了规范人民法院办理执行异议和复议案件，维护当事人、利害关系人和案外人的合法权益，根据民事诉讼法等法律规定，结合人民法院执行工作实际，制定本规定。

第一条 异议人提出执行异议或者复议申请人申请复议，应当向人民法院提交申请书。申请书应当载明具体的异议或者复议请求、事实、理由等内容，并附下列材料：

（一）异议人或者复议申请人的身份证明；

（二）相关证据材料；

（三）送达地址和联系方式。

第二条 执行异议符合民事诉讼法第二百二十五条或者第二百二十七条规定条件的，人民法院应当在三日内立案，并在立案后三日内通知异议人和相关当事人。不符合受理条件的，裁定不予受理；立案后发现不符合受理条件的，裁定驳回申请。

执行异议申请材料不齐备的，人民法院应当一次性告知异议人在三日内补足，逾期未补足的，不予受理。

异议人对不予受理或者驳回申请裁定不服的，可以自裁定送达之日起十日内向上一级人民法院申请复议。上一级人民法院审查后认为符合受理条件的，应当裁定撤销原裁定，指令执行法院立案或者对执行异议进行审查。

第三条 执行法院收到执行异议后三日内既不立案又不作出不予受理裁定，或者受理后无正当理由超过法定期限不作出异议裁定的，异议人可以向上一级人民法院提出异议。上一级人民法院审查后认为理由成立的，应当指令执行法院在三日内立案或者在十五日内作出异议裁定。

第四条 执行案件被指定执行、提级执行、委托执行后，当事人、利害关系人对原执行法院的执行行为提出异议的，由提出异议时负责该案件执行的人民法院审查处理；受指定或者受委托的人民法院是原执行法院的下级人民法院的，仍由原执行法院审查处理。

执行案件被指定执行、提级执行、委托执行后，案外人对原执行法院的执行标的提出异议的，参照前款规定处理。

第五条 有下列情形之一的，当事人以外的公民、法人和其他组织，可以作为利害关系人提出执行行为异议：

（一）认为人民法院的执行行为违法，妨碍其轮候查封、扣押、冻结的债权受偿的；

（二）认为人民法院的拍卖措施违法，妨碍其参与公平竞价的；

（三）认为人民法院的拍卖、变卖或者以物抵债措施违法，侵害其对执行标的的优先购买权的；

（四）认为人民法院要求协助执行的事项超出其协助范围或者违反法律规定的；

（五）认为其他合法权益受到人民法院违法执行行为侵害的。

第六条 当事人、利害关系人依照民事诉讼法第二百二十五条规定提出异议的，应当在执行程序终结之前提出，但对终结执行措施提出异议的除外。

案外人依照民事诉讼法第二百二十七条规定提出异议的，应当在异议指向的执行标的执行终结之前提出；执行标的由当事人受让的，应当在执行程序终结之前提出。

第七条 当事人、利害关系人认为执行过程中或者执行保全、先予执行裁定过程中的下列行为违法提出异议的，人民法院应当依照民事诉讼法第二百二十五条规定进行审查：

（一）查封、扣押、冻结、拍卖、变卖、以物抵债、暂缓执行、中止执行、终结执行等执行措施；

（二）执行的期间、顺序等应当遵守的法定程序；

（三）人民法院作出的侵害当事人、利害关系人合法权益的其他行为。

被执行人以债权消灭、丧失强制执行效力等执行依据生效之后的实体事由提出排除执行异议的，人民法院应当参照民事诉讼法第二百二十五条规定进行审查。

除本规定第十九条规定的情形外，被执行人以执行依据生效之前的实体事由提出排除执行异议的，人民法院应当告知其依法申请再审或者通过其他程序解决。

第八条 案外人基于实体权利既对执行标的提出排除执行异议又作为利

害关系人提出执行行为异议的，人民法院应当依照民事诉讼法第二百二十七条规定进行审查。

案外人既基于实体权利对执行标的提出排除执行异议又作为利害关系人提出与实体权利无关的执行行为异议的，人民法院应当分别依照民事诉讼法第二百二十七条和第二百二十五条规定进行审查。

第九条 被限制出境的人认为对其限制出境错误的，可以自收到限制出境决定之日起十日内向上一级人民法院申请复议。上一级人民法院应当自收到复议申请之日起十五日内作出决定。复议期间，不停止原决定的执行。

第十条 当事人不服驳回不予执行公证债权文书申请的裁定的，可以自收到裁定之日起十日内向上一级人民法院申请复议。上一级人民法院应当自收到复议申请之日起三十日内审查，理由成立的，裁定撤销原裁定，不予执行该公证债权文书；理由不成立的，裁定驳回复议申请。复议期间，不停止执行。

第十一条 人民法院审查执行异议或者复议案件，应当依法组成合议庭。

指令重新审查的执行异议案件，应当另行组成合议庭。

办理执行实施案件的人员不得参与相关执行异议和复议案件的审查。

第十二条 人民法院对执行异议和复议案件实行书面审查。案情复杂、争议较大的，应当进行听证。

第十三条 执行异议、复议案件审查期间，异议人、复议申请人申请撤回异议、复议申请的，是否准许由人民法院裁定。

第十四条 异议人或者复议申请人经合法传唤，无正当理由拒不参加听证，或者未经法庭许可中途退出听证，致使人民法院无法查清相关事实的，由其自行承担不利后果。

第十五条 当事人、利害关系人对同一执行行为有多个异议事由，但未在异议审查过程中一并提出，撤回异议或者被裁定驳回异议后，再次就该执行行为提出异议的，人民法院不予受理。

案外人撤回异议或者被裁定驳回异议后，再次就同一执行标的提出异议的，人民法院不予受理。

第十六条 人民法院依照民事诉讼法第二百二十五条规定作出裁定时，应当告知相关权利人申请复议的权利和期限。

人民法院依照民事诉讼法第二百二十七条规定作出裁定时，应当告知相关权利人提起执行异议之诉的权利和期限。

人民法院作出其他裁定和决定时，法律、司法解释规定了相关权利人申请复议的权利和期限的，应当进行告知。

第十七条 人民法院对执行行为异议，应当按照下列情形，分别处理：

（一）异议不成立的，裁定驳回异议；

（二）异议成立的，裁定撤销相关执行行为；

（三）异议部分成立的，裁定变更相关执行行为；

（四）异议成立或者部分成立，但执行行为无撤销、变更内容的，裁定异议成立或者相应部分异议成立。

第十八条 执行过程中，第三人因书面承诺自愿代被执行人偿还债务而被追加为被执行人后，无正当理由反悔并提出异议的，人民法院不予支持。

第十九条 当事人互负到期债务，被执行人请求抵销，请求抵销的债务符合下列情形的，除依照法律规定或者按照债务性质不得抵销的以外，人民法院应予支持：

（一）已经生效法律文书确定或者经申请执行人认可；

（二）与被执行人所负债务的标的物种类、品质相同。

第二十条 金钱债权执行中，符合下列情形之一，被执行人以执行标的系本人及所扶养家属维持生活必需的居住房屋为由提出异议的，人民法院不予支持：

（一）对被执行人有扶养义务的人名下有其他能够维持生活必需的居住房屋的；

（二）执行依据生效后，被执行人为逃避债务转让其名下其他房屋的；

（三）申请执行人按照当地廉租住房保障面积标准为被执行人及所扶养家属提供居住房屋，或者同意参照当地房屋租赁市场平均租金标准从该房屋的变价款中扣除五至八年租金的。

执行依据确定被执行人交付居住的房屋，自执行通知送达之日起，已经给予三个月的宽限期，被执行人以该房屋系本人及所扶养家属维持生活的必需品为由提出异议的，人民法院不予支持。

第二十一条 当事人、利害关系人提出异议请求撤销拍卖，符合下列情形之一的，人民法院应予支持：

（一）竞买人之间、竞买人与拍卖机构之间恶意串通，损害当事人或者其他竞买人利益的；

（二）买受人不具备法律规定的竞买资格的；

（三）违法限制竞买人参加竞买或者对不同的竞买人规定不同竞买条件的；

（四）未按照法律、司法解释的规定对拍卖标的物进行公告的；

（五）其他严重违反拍卖程序且损害当事人或者竞买人利益的情形。

当事人、利害关系人请求撤销变卖的，参照前款规定处理。

第二十二条 公证债权文书对主债务和担保债务同时赋予强制执行效力的，人民法院应予执行；仅对主债务赋予强制执行效力未涉及担保债务的，对担保债务的执行申请不予受理；仅对担保债务赋予强制执行效力未涉及主债务的，对主债务的执行申请不予受理。

人民法院受理担保债务的执行申请后，被执行人仅以担保合同不属于赋予强制执行效力的公证债权文书范围为由申请不予执行的，不予支持。

第二十三条 上一级人民法院对不服异议裁定的复议申请审查后，应当按照下列情形，分别处理：

（一）异议裁定认定事实清楚，适用法律正确，结果应予维持的，裁定驳回复议申请，维持异议裁定；

（二）异议裁定认定事实错误，或者适用法律错误，结果应予纠正的，裁定撤销或者变更异议裁定；

（三）异议裁定认定基本事实不清、证据不足的，裁定撤销异议裁定，发回作出裁定的人民法院重新审查，或者查清事实后作出相应裁定；

（四）异议裁定遗漏异议请求或者存在其他严重违反法定程序的情形，裁定撤销异议裁定，发回作出裁定的人民法院重新审查；

（五）异议裁定对应当适用民事诉讼法第二百二十七条规定审查处理的异议，错误适用民事诉讼法第二百二十五条规定审查处理的，裁定撤销异议裁定，发回作出裁定的人民法院重新作出裁定。

除依照本条第一款第三、四、五项发回重新审查或者重新作出裁定的情形外，裁定撤销或者变更异议裁定且执行行为可撤销、变更的，应当同时撤销或者变更该裁定维持的执行行为。

人民法院对发回重新审查的案件作出裁定后，当事人、利害关系人申请复议的，上一级人民法院复议后不得再次发回重新审查。

第二十四条 对案外人提出的排除执行异议，人民法院应当审查下列内容：

（一）案外人是否系权利人；

（二）该权利的合法性与真实性；

（三）该权利能否排除执行。

第二十五条 对案外人的异议，人民法院应当按照下列标准判断其是否系权利人：

（一）已登记的不动产，按照不动产登记簿判断；未登记的建筑物、构筑物及其附属设施，按照土地使用权登记簿、建设工程规划许可、施工许可等相关证据判断；

（二）已登记的机动车、船舶、航空器等特定动产，按照相关管理部门的登记判断；未登记的特定动产和其他动产，按照实际占有情况判断；

（三）银行存款和存管在金融机构的有价证券，按照金融机构和登记结算机构登记的账户名称判断；有价证券由具备合法经营资质的托管机构名义持有的，按照该机构登记的实际投资人账户名称判断；

（四）股权按照工商行政管理机关的登记和企业信用信息公示系统公示的信息判断；

（五）其他财产和权利，有登记的，按照登记机构的登记判断；无登记的，按照合同等证明财产权属或者权利人的证据判断。

案外人依据另案生效法律文书提出排除执行异议，该法律文书认定的执行标的权利人与依照前款规定得出的判断不一致的，依照本规定第二十六条规定处理。

第二十六条 金钱债权执行中，案外人依据执行标的被查封、扣押、冻结前作出的另案生效法律文书提出排除执行异议，人民法院应当按照下列情形，分别处理：

（一）该法律文书系就案外人与被执行人之间的权属纠纷以及租赁、借用、保管等不以转移财产权属为目的的合同纠纷，判决、裁决执行标的归属于案外人或者向其返还执行标的且其权利能够排除执行的，应予支持；

（二）该法律文书系就案外人与被执行人之间除前项所列合同之外的债权纠纷，判决、裁决执行标的归属于案外人或者向其交付、返还执行标的的，不予支持；

（三）该法律文书系案外人受让执行标的的拍卖、变卖成交裁定或者以物抵债裁定且其权利能够排除执行的，应予支持。

金钱债权执行中，案外人依据执行标的被查封、扣押、冻结后作出的另案生效法律文书提出排除执行异议的，人民法院不予支持。

非金钱债权执行中，案外人依据另案生效法律文书提出排除执行异议，该法律文书对执行标的权属作出不同认定的，人民法院应当告知案外人依法申请再审或者通过其他程序解决。

申请执行人或者案外人不服人民法院依照本条第一、二款规定作出的裁定，可以依照民事诉讼法第二百二十七条规定提起执行异议之诉。

第二十七条 申请执行人对执行标的依法享有对抗案外人的担保物权等优先受偿权，人民法院对案外人提出的排除执行异议不予支持，但法律、司法解释另有规定的除外。

第二十八条 金钱债权执行中，买受人对登记在被执行人名下的不动产提出异议，符合下列情形且其权利能够排除执行的，人民法院应予支持：

（一）在人民法院查封之前已签订合法有效的书面买卖合同；

（二）在人民法院查封之前已合法占有该不动产；

（三）已支付全部价款，或者已按照合同约定支付部分价款且将剩余价款按照人民法院的要求交付执行；

（四）非因买受人自身原因未办理过户登记。

第二十九条 金钱债权执行中，买受人对登记在被执行的房地产开发企业名下的商品房提出异议，符合下列情形且其权利能够排除执行的，人民法院应予支持：

（一）在人民法院查封之前已签订合法有效的书面买卖合同；

（二）所购商品房系用于居住且买受人名下无其他用于居住的房屋；

（三）已支付的价款超过合同约定总价款的百分之五十。

第三十条 金钱债权执行中，对被查封的办理了受让物权预告登记的不动产，受让人提出停止处分异议的，人民法院应予支持；符合物权登记条件，受让人提出排除执行异议的，应予支持。

第三十一条 承租人请求在租赁期内阻止向受让人移交占有被执行的不动产，在人民法院查封之前已签订合法有效的书面租赁合同并占有使用该不动产的，人民法院应予支持。

承租人与被执行人恶意串通，以明显不合理的低价承租被执行的不动产或者伪造交付租金证据的，对其提出的阻止移交占有的请求，人民法院不予支持。

第三十二条 本规定施行后尚未审查终结的执行异议和复议案件，适用本规定。本规定施行前已经审查终结的执行异议和复议案件，人民法院依法提起执行监督程序的，不适用本规定。

图书在版编目(CIP)数据

建设工程施工合同纠纷裁判精要 / 周峰著. -- 北京：法律出版社, 2020
(民商事裁判精要与规范指导丛书)
ISBN 978-7-5197-4631-5

Ⅰ. ①建… Ⅱ. ①周… Ⅲ. ①建筑施工-合同纠纷-审判-研究-中国 Ⅳ. ①D923.65

中国版本图书馆 CIP 数据核字(2020)第 099349 号

建设工程施工合同纠纷裁判精要
JIANSHE GONGCHENG SHIGONG HETONG JIUFEN CAIPAN JINGYAO

周　峰 著

策划编辑 邢艳萍
责任编辑 邢艳萍
装帧设计 李　瞻

出版 法律出版社
总发行 中国法律图书有限公司
经销 新华书店
印刷 三河市兴达印务有限公司
责任校对 马　丽
责任印制 吕亚莉

编辑统筹 法律应用出版分社
开本 710 毫米×1000 毫米　1/16
印张 36
字数 590 千
版本 2020 年 7 月第 1 版
印次 2020 年 7 月第 1 次印刷

法律出版社/北京市丰台区莲花池西里 7 号(100073)
网址/www. lawpress. com. cn
投稿邮箱/info@ lawpress. com. cn
举报维权邮箱/jbwq@ lawpress. com. cn
销售热线/400-660-8393
咨询电话/010-63939796

中国法律图书有限公司/北京市丰台区莲花池西里 7 号(100073)
全国各地中法图分、子公司销售电话：
统一销售客服/400-660-8393/6393
第一法律书店/010-83938432/8433　西安分公司/029-85330678　重庆分公司/023-67453036
上海分公司/021-62071639/1636　深圳分公司/0755-83072995

书号：ISBN 978-7-5197-4631-5
定价：128.00 元
(如有缺页或倒装,中国法律图书有限公司负责退换)